本書爲宿遷學院中文系、北方民族大學中文系共同資助出版

新唐書紀傳歷代考校資料匯證

王東◎著

中國社會科學出版社

图书在版编目(CIP)数据

新唐書紀傳歷代考校資料匯證 / 王東著 .—北京：中國社會科學出版社，2019.11

ISBN 978-7-5203-2136-5

Ⅰ.①新… Ⅱ.①王… Ⅲ.①中國歷史—唐代—紀傳體②《新唐書》—研究 Ⅳ.①K242.042

中國版本圖書館 CIP 數據核字(2018)第 037785 號

出 版 人	趙劍英
責任編輯	任　明
責任校對	石春梅
責任印製	李寡寡

出　　版	中國社會科學出版社
社　　址	北京鼓樓西大街甲 158 號
郵　　編	100720
網　　址	http://www.csspw.cn
發 行 部	010-84083685
門 市 部	010-84029450
經　　銷	新華書店及其他書店

印刷裝訂	北京君昇印刷有限公司
版　　次	2019 年 11 月第 1 版
印　　次	2019 年 11 月第 1 次印刷

開　　本	710×1000　1/16
印　　張	37.5
插　　頁	2
字　　數	643 千字
定　　價	168.00 圓

凡購買中國社會科學出版社圖書，如有質量問題請與本社營銷中心聯繫調換
電話：010-84083683
版權所有　侵權必究

前　　言

　　五代劉昫等的舊唐書，製作較爲粗糙，如部分章節還保存著實録的痕跡，亦存在著一人兩傳，一文複見等現象。宋初，在歐陽修主持下，便重修唐史。嘉祐五年，書成。其進表曰："其事則增於前，其文則省於舊。至於名篇著目，有革百因，立傳紀實，或增或損，義類凡例，皆有據依，纖悉綱條，具載别録。"相較舊書，别撰宰相、方鎮及宗室世系、宰相世系四表，續撰及新創儀衛、選舉、兵及藝文四志；列傳方面，新唐書削舊書六十一傳而增傳三百三十一，新創藩鎮、公主、卓行、奸臣四傳。通常來說，舊書有傳的，新書便在其基礎之上改寫，並增加了一些材料，若舊書無傳，新書便採用碑誌、傳狀、雜史、筆記小說等加以撰寫。從筆法來看，新書仿效春秋筆法，用筆更加嚴謹。因此，新書的修撰質量相較舊書有了顯著提高，加之其爲宋代官修史書，問世後，在社會上便廣泛流傳。

一　宋金元时期新唐書研究

　　新唐書成書後，由於其具有官方背景，便迅速取代舊唐書傳播開來。總的來說，人們對其褒貶不一。褒者如王稱，曰："舊書則紀次無律，懲勸不明，不可以訓。祁與諸儒博采舊聞，作爲新史，於是一代之典粲然大備。然其爲書，事雖增而失之冗，文雖省而失之略，此未免有是非、輕信之蔽。雖然，能與班、馬并驅，則雖長於載記者有不能。烏虖，祁亦良史也哉。"[①] 王稱雖指出新書一些缺點，但稱之爲"一代之典"，贊撰者能與班、馬并驅，稱宋祁爲良史。因此，其對新書態度更多的是褒揚。與此同時，人們開始有意識的校證其誤，如晁說之宋故贈承議郎陳公墓誌銘曰："（王君玉）每與（陳造）論新唐書牴牾而不吏之也。"[②] 此事發生於熙寧初，距離新書鏤板完畢之年很接近。

　　新書修撰崇尚春秋筆法，一爲尚簡，二於簡語中蘊含褒貶。關於其褒貶，宋史全文卷一二下曰："王珪曰：'近修唐書，褒貶亦甚無法。'上

[①] 王稱，東都事略卷六五，齊魯出版社，2005 年，第 539 頁。
[②] 晁說之，嵩山文集卷二〇，四部叢刊影舊鈔本。

曰：'唐太宗治僭亂以一天下，如房、魏之徒，宋祁、歐陽輩尚不能闚其淺深，及所以成就功業之實。爲史官者才不足以過其一代之人，不若實錄事迹，以待賢人去取褒貶爾。'"① 對於新書之褒貶，宋神宗及王珪均謂其"無法"。因此，北宋末期，朝野對新書漸行批評態度。

專書研究方面，應首提唐書直筆，該書分爲兩部分，一爲直筆，二爲新例須知。直筆是對新書撰寫體例主要是本紀部分進行探析，新例須知則主要是對新書撰寫内容作一大體定則。本書是吕夏卿在修撰新書時所寫，當然間被歐、宋二人採用。總的來說，唐書直筆對新書研究具有重大意義。②

新書沿襲原史料中較多古字，再加上宋祁好用奇字，致人多不明，竇苹便作唐書音訓。該書現已亡佚，郡齋讀書志卷七曰："唐書音訓四卷，右皇朝竇苹撰。新書多奇字，觀者必資訓釋。苹問學精博，發揮良多，而其書時有攻苹者，不知何人附益之也。苹，元豐中爲詳斷官。相州獄起，坐議法不一，下吏。蔡確笞掠之，誣服，遂廢死。"③ 直齋書錄解題卷四亦曰"四卷"，曰："宣義郎汶上竇苹叔野撰。"④ 考竇苹，續資治通鑑長編卷二八九載其元豐元年四月因受賄之事，被追查，無狀；卷二九〇載其同年六月被停詳斷官一職。另據卷四五四，可知其於元祐六年正月任大理司直，則郡齋稱其"遂廢死"不確。唐書音訓儘管已經亡佚，但海錄碎事、能改齋漫錄等有所徵引。如海錄碎事卷八上恐懼門曰："辟易：上頻易切，下音亦，謂驚而改易其處。唐書音訓。"⑤ 又如同卷陰險門："表合：謂外合同而中異。唐書音訓。"⑥ 由此可以看出，唐書音訓是一部解釋新書中字音及字義之書。另能改齋漫錄卷二曰："正五九月不上任：本朝士大夫相傳正月、五月、九月不上任，以火德王天下，正、五、九月皆火德，生壯老之位，其說無稽也。其後見竇苹唐書音訓，其注高祖紀'正、五、九三月不行死刑'，引釋氏智度論曰：'天帝釋以大寶鏡照四大神洲，每月一移。察人善惡，正月、五月、九月照南贍部洲，故以此月省刑修善。'予以是知正、五、九所以不上任者，

---

① 佚名，宋史全文卷一二下，影印文淵閣四庫全書本，台北台灣商務印書館，1986 年 \ 史部，第 330 册，第 425 頁。
② 關於唐書直筆，參見拙作唐書直筆及其與新唐書關係考，中國典籍與文化，2015 年 1 期。
③ 晁公武，郡齋讀書志校證卷七，孫猛校證，上海古籍出版社 2011 年版，第 299 頁。
④ 陳振孫，直齋書錄解題，上海古籍出版社 1987 年版，第 107 頁。
⑤ 葉廷珪，海錄碎事卷八上，中華書局 2002 年版，第 337 頁。
⑥ 海錄碎事，第 342 頁。

政以此耳。"① 又卷五曰："不如識一丁字：唐書張洪靖傳'背挽兩石弓，不如識一丁字'，舊史亦同。竇苹唐書音訓云：'丁恐當作个。'予嘗以竇說雖當而無所據。偶讀孔毅父續世說引洪靖曰：'汝曹能挽兩石弓，不若識一箇字。'乃作此箇字，因知箇誤爲丁，無可疑者。"② 據此，唐書音訓不但訓解新書字音義，而且對新書加以校勘并作一定考證。

而後，關於新書音義方面的專著有唐書音義與新唐書釋音。唐書音義現已亡佚，郡齋讀書志卷七曰："唐書音義三十卷，右未詳撰人。比竇氏書大略同而稍異，乃析爲三十卷。"對此，孫猛考證曰："按王圻續文獻通考卷一七六經籍考史評類有唐書音義六十卷，云'同安呂科著'。此書置姚寬、舒津書與徐次鐸、李繪書之間，疑亦北宋、南宋間人，未知是否讀書志所載之作者。"③ 鄭堂讀書記卷一五曰："當即苹書，不知何以有三十卷也。按胡身之通鑑注自序有云：'唐書之竇苹、董衝注，吾無取焉，蓋此書出宋人手。'"④ 據此，疑是書乃宋人根據唐書音訓加以改編而成。

關於新唐書釋音，郡齋讀書志、直齋書錄解題、文獻通考均不載，宋史卷二〇二藝文志曰："董衝唐書釋音二十卷。"⑤ 學林卷七曰："唐書釋音，饒州老儒董衝所進，頗爲詳悉。"⑥ 則唐書釋音一定產生於宋。但著者"董衝"武英殿本唐書釋音署作"董衝"，增修校正押韻釋疑、資治通鑑釋文等所引是書均署作"董衝"，則"董衝"應是。是書按新書卷目次序，依次將新書疑難之字用反切法加以注音，間或附以簡單註釋。關於該書的研究，何占濤對其聲母作過系統梳理，其曰："該語音系統的聲母與廣韻的聲母比較，唇音由一類分化爲兩類，輕唇從重唇中分化出來，泥、娘的情況一致，是合爲一母的，齒音的情況相同，都是分爲精、莊、章三組，牙音的情況也相同，喉音略有不同，喻三、喻四有合併的跡象。我們認爲新唐書釋音聲母系統應該是一個反映宋代讀書音的聲母系統，既有對前音義反切的繼承，又透露出作者在不經意之間反映的時音特點。"⑦ 而後，呂勝男又對韻母進行簡單歸納，其曰："我們認爲唐書釋音的音系主流爲宋代通語音系，但這個

---

① 吳曾，能改齋漫錄，上海古籍出版社 1979 年版，第 34 頁。
② 能改齋漫錄，第 117—118 頁。
③ 郡齋讀書志校證卷七，第 300 頁。
④ 周中孚，鄭堂讀書記卷一五，民國十五年刻吳興叢書本。
⑤ 脫脫等，宋史卷二〇二，中華書局 1977 年版，第 5077 頁。
⑥ 王觀國，學林，湖海樓叢書本。
⑦ 何占濤，新唐書釋音聲類研究，學林出版社 2009 年版，第 129 頁。

音系與北邊邵雍等相比，顯得較爲保守，發展速度較慢。"① 除此之外，蜀中廣記卷九二載簡州趙全叔唐書韻記，疑亦是類著作。

在對新書文字進行訓注同時，亦有對新書作注者。吹劍錄外集曰："虞丞相允文持所注新唐書干秦檜，爲同舟者竊之以獻，公乃獻以他文。"② 宋史卷三八三虞允文傳載其嘗注唐書、五代史，藏於家。王敬巖亦對新書作注，齊東野語卷一〇曰："王元敬大卿伋，强直自遂，不輕許可，嘗註唐書，自以爲人莫能及。括蒼老士某者深於史學，亦嘗增註唐書，因推以求正焉，王讀至建成、元吉之事，遽笑云：'建成儲君也，當以弑，書豈得謂殺，此書殊未然。'遂擲還之，某士者大不平，徐起答之曰：'殺兄之字，蓋本孟子，"象日以殺舜爲事"。今卿弑兄之字，出於何書？'王倉卒無以爲對，是知文字未可以輕訾議也。"③ 另據宋史卷二〇三藝文志，李繪曾補注唐書；郡齋讀書志卷七載注唐紀十卷，曰其"題爲樊先生而不詳其名，近代人所註新書紀也"④。惜上述諸書均不存。對新書進行訓釋及作注在很大方面是由於傳播需要。由此可見，新書於有宋一代有著巨大影響。

在系統研究方面，專著首推新唐書糾謬。新唐書糾謬乃吴縝所作，主要採用本校法，對新書之誤以類相從，每卷一類，共二十類，從新書之書法乃至史實考證，均有詳細分析。儘管吴縝所誤甚多，但對新書之研究是系統且深入，在新書研究史上具有重要意義。⑤

除此之外，還有汪應辰唐書列傳辨證、韓子中新唐史辨惑。唐書列傳辨證，直齋書錄解題卷四曰："二十卷，端明殿學士玉山汪應辰聖錫撰。專攻列傳，不及紀、志，以元祐名賢謂列傳記事毀於鑽削，暗於藻繪，故隨事辨證之。"⑥ 新唐史辨惑，宋史卷二〇三藝文志著錄作"韓子中新唐史辨惑六十卷"。大事記續編卷六〇曰："徐州降：解題曰：'按新舊史列傳李正己反將斷江淮路，令兵守埇橋渦口……'"條末小字注曰："韓子

---

① 吕勝男，唐書釋音的韻部系統研究，牡丹江大學學報2012年第10期。
② 俞文豹，吹劍錄外集，知不足齋叢書本。
③ 周密，齊東野語，中華書局1983年版，第182—183頁。
④ 郡齋讀書志校證，第307頁。
⑤ 關於新唐書糾謬，參見拙作新唐書糾謬失誤辨析——兼重討其創作動機，古籍整理研究學刊2015年1期。
⑥ 直齋書錄解題，第107—108頁。

中曰：'埇橋鎮在汴水上，大和七年置宿州，後移符離。'"① 據其內容，此韓子中疑即新唐史辨惑之作者。另王觀國學林卷三唐史疑曰："近時有唐史辨疑一帙，疏新唐史之舛誤，其事數百，頗爲詳悉，觀國讀唐史于辨疑之外復有可疑者，今列於下方。"② 據此，南宋初存在唐書辨疑一書，對新書之史實進行考辨。關於該書其它情況，因無史料，不得而知。惜以上三書均已亡佚。

因新書部頭巨大，將之讀完，必耗費大量時間與精力。因此，後世學者便將其節略，如洪邁撰唐書精語一卷，呂祖謙有新唐書略三十五卷。新唐書略，直齋書錄解題卷四載呂祖謙患新史難閱，抹出摘要而令門人鈔之。另後世有對新書遺留史料進行補充，如晦菴集卷九二篤行趙君彥遠墓碣銘載趙彥遠著唐書錄遺三十卷；又如玉海卷五四藝文載唐書文藝補六十三卷，乃紹興中樊汝霖集唐人文不見於新書傳者五百二十九篇。

總的來說，宋新書一經刊行，對其訓釋、注解，乃至考證、校勘者甚多，蔚爲大觀矣。

再看金代，總體來說，史學荒蕪，至中後期方漸有起色。金史卷一二五文藝傳曰："世宗、章宗之世，儒風丕變，庠序日盛，士繇科第位至宰輔者接踵。當時儒者雖無專門名家之學，然而朝廷典策、鄰國書命，粲然有可觀者矣。"③ 與此相應，史學亦繁榮起來，相繼修撰了太宗實錄、睿宗實錄、世宗實錄等。這樣，一批文人長居史館，對修史便形成獨到心得，如王若虛、雷淵等。據歸潛志卷八所載，於史書撰寫上，王若虛主張語言平實，如家常語，雷則主張用字考究。王若虛史學研究存於其著作滹南遺老集中，面對新書，王從史書修撰角度出發，主張平實完備的表現歷史事件，宋祁則主張文簡事繁，二者便有了衝突。其便從新傳中找出大量與自己史書修撰觀點不吻合的地方，對宋氏加以指責。

因金代史學荒蕪，王若虛批評就顯得彌足珍貴，時人將其比作劉知幾。總的來說，金代之史學乃對北宋史學之繼承。

進入元代，儘管其爲民族統治，但對史學較爲重視，忽必烈執政後第二年便設立翰林國史院，并於同年討論修撰遼、金史問題。思想上，控制相對鬆弛，加之繼承南宋豐富的史學遺產。總的來說，元代史學取得了一

---

① 王褘，大事記續編卷六〇，影印文淵閣四庫全書本，史部，第333—334冊，第211頁。
② 王觀國，學林，湖海樓叢書本。
③ 脫脫等，金史，中華書局1975年版，第2713頁。

新書研究方面，元承南宋而來，眾多文人對新書仍有微詞，如王惲曰："自史、漢而下，文字率猥併無法，如新唐書雖'事增於前，辭省於舊'，字愈奇而氣愈索，不若新五代一唱而三歎，有餘音者矣。"① 但虞集曰："宋景文公著唐書列傳，文法嚴簡，其勢無由汎及散漫。"② 虞集對宋祁之書寫是作正面評價的。三史修撰之時，採用何種方式修史，討論頗爲激烈，劉岳申策問三史曰："或曰：'漢司馬父子、班氏父子相繼爲史，至宋歐陽公、司馬公、朱文公，而史法經意始無遺憾矣。……'或曰：'修遼、金史當如歐公之五代史，修宋史當如歐公之唐書，以司馬遷、班固之筆力，而用司馬公、朱文公之法程，然歟否歟？'"③ 因此，元人對新書呈二元式評價，具體於史書創作中，新書之創作模式是得到相當認同的。

元人之新書研究開始出現宏觀化傾向，也就是將新書放於眾多歷史著作中研究。劉岳申的策文三史，首先從尚書諸篇入手，再談到春秋、史記、新書等，應該說，視野比較宏大。除此之外，劉實敏求機要亦是典型代表，其於卷九史書中先列出"十史十七史"及"作史人名"兩條，然後列出史記紀、世家、表、八書與類傳名稱，再後便分條列出前漢、後漢、吳志等史書新增序目，於新書，其指出新增了儀衛志、選舉志、兵志、公主傳、藩鎮傳五種，這是本卷第一部分。第二部分從史書五例寫起，首先指出史書紀、表、書、世家、傳五例，然後分條談"帝紀"、"表"、"書志離合"、"書志因革"、"書志獨有"、"世家"、"列傳"等。其於"書志獨有"條曰："唐書獨與諸史異儀衛、選舉及兵志，其他亦有依倣者，惟此三志無人継。"可以看出劉實對諸史進行宏觀研究，找出其因襲創新之處，應該說，對於史書研究尤其是新書研究是一種進步。

在具體研究方面，李治對新書藝文志書目排序提出了批評。其曰：

> 唐藝文志次第絕無法式。甲部經錄禮類中，載周禮、儀禮，自可以類推。而于樂類中，乃載崔令欽教坊記、南卓羯鼓錄。夫教坊、羯鼓，何得與雅樂同科。乙部史錄雜傳記類中，載圈稱陳留風俗傳三

---

① 王惲，秋澗先生大全文集卷九四，四部叢刊影弘治本。
② 虞集，道園學古錄卷一一，四部叢刊影明翻元小字本。
③ 劉岳申，申齋集卷一五，影印文淵閣四庫全書本，集部，第1204冊，第356頁。

卷，而于地理類亦載之。崔豹古今注，于儀注類中言一卷，于雜家類中言二卷。"世說"則小說之屬也，劉義慶世說八卷，劉孝標續世說十卷，既載之小說類中矣，而王方慶續世說十卷，復載諸雜家類，是不可曉也。……①

李治之問題可歸爲兩類，一爲對書目歸屬的合理性提出質疑；二是有些書目重複出現，此等現象後世書目亦有，有的乃撰者有意識重複著錄，可將其稱爲"互注"。

在考證與校勘上，目前發現材料比較少。考證方面，文獻通考有所涉及，如卷二對新書卷五二食貨志所載租庸調之內容，馬端臨根據陸宣公奏議、通典、唐會要、通鑑所載內容相同，從而推斷新志爲誤。仔細比較陸宣公奏議與後者，亦有不同，因此，并不能簡單斷定新志爲誤。

校勘方面，山居新話錄有一條：

漢書中有"錄囚"，唐書中有"慮囚"，集韻載"錄"音力倨切，分曉是錄囚，其義且明白。蓋北音"錄"爲"慮"。高麗人寫私書皆以鄉音作字，中國人觀之皆不可，知余嘗見"條環"二字寫作"唾環"，餘皆類此。唐書一時書手誤寫，後人因而訛之。②

"慮囚"之說并不是唐書一時誤寫，白氏長慶集、曲江集均有載，楊瑀之說未必可信。

由上可見，元人儘管對新書考證校勘較少，但能廣泛收集史料，在此基礎上進行推理，從而得出結論，但其考校尚欠縝密，仍留有較大的討論空間。

二 明清及民國時期新唐書研究

今人評價明代學術，常用"學風空疏"一語，四庫館臣曰："明人學無根柢，而最好著書。"③我國學術以實學爲主，對於虛語之論甚不重視，

---

① 李治，敬齋古今黈，中華書局1995年版，第96頁。
② 楊瑀，山居新話，知不足齋叢書本。
③ 永瑢等，四庫全書總目卷五八今獻備遺提要，中華書局，1965年，第524頁。

張三夕先生曾列表歷代史著，史評者甚少，在這甚少之史評又以考證爲主。① 因此，相對於實學傳統的我國史學，明代史學必然被有所貶低。

縱觀整個明代史學，相較金、元，則較爲發達。明初，元史便修纂完畢，與此同時，大量史抄性質的"史鑒"作品出現，如洪武元年之女戒、八年之臣戒錄，據楊艷秋統計，達二十九部之多，涉及各個階層之人。② 私人著作方面，如晏璧史鉞，分爲君道、臣道、子道、弟道，君道又分爲聖君、賢君、庸君、亡國，臣道分爲列國、聖賢、賢臣、武臣、文臣、高節、忠義、剛直等等。③ 晏璧將歷史上史料分類抄寫，且分類相當細致，究其原因，是要爲各類人提供標榜，以供借鑒。整個明代，這種抄寫成爲一種非常普遍歷史現象，有的在簡單抄寫後便加以論述，如朱正色涉世雄談，其亦按類編寫，分馭虜、弭盜、處番、兵機、軍務、玄悟、朗鑒、泛應，在每一則故事後加以評論，所評論內容均依仁義標準。除此之外，張大齡玄羽外編、張溥歷代史論亦爲如此。因此，曰明人好發議論不爲虛矣。

明初，百廢待興，強大的專制集權需要良好的教化，史鑒類書籍因此應運而生。一方面是與實際統治需要有關，另一方面是理學發展至明代的必然產物。理學至明，已深入人心，其獨特的倫理觀必然催生教化的工具，讀史以明鑒之傳統便催生了此類史學著作。理學以教化爲目的，教化與被教化之興起，必催生議論之風，以獨特之倫理觀反觀史料，必然要作一番論述，因此，論史之作便油然而生。

涉及唐書之史著甚多，如以上所舉歷代史論等，以唐書命名的有李東陽新舊唐書雜論、袁祥新舊唐書折衷等。新舊唐書雜論，四庫館臣曰："是編摘唐史事蹟，辨其是非，所論太宗、明皇之事爲多，持論亦皆平允。"④新舊唐書折衷，明史卷九七藝文志著錄爲二十四卷，該書已亡佚，疑亦爲摘抄唐書事蹟并加以議論之書。

在歷史觀方面，總的來說，明人尚古，尤認爲宋、遼、金三史修撰不當，于是便按己之史觀對其改寫。宋史方面，如王洙宋史質、柯維新宋史

---

① 張三夕，批判史學的批判上卷第一章導論，華中師範大學出版社，2010年，第6—7頁。
② 楊艷秋，明代史學探研，人民出版社，2005年，第32—35頁。
③ 晏璧，史鉞\\ 續修四庫全書，史部，第 449 冊，上海古籍出版社，2002年。
④ 四庫全書總目卷八九，第 758 頁。

新編，錢茂偉先生曰："宋史質、宋史新編的指導思想是理學化的春秋思想。"① 對兩唐書進行改寫有孫慤之唐紀，孫慤曰："若夫一史而兩家爲政，重複不清，方圓各畫，則獨新唐書已。……且舊書之是非頗謬，字句蕪僿，而新書又好爲聲軋結轖之辭，以文其短。子瞻以爲破壞文體，戒學人勿讀此兩書。"② 其認爲新舊書無論從考證還是從文辭方面都有很大毛病，因此，便決定重纂唐史。唐紀在體例上以紀帶傳，一代皇帝之後書當朝大臣之傳，并於天頭處對史事作出評論。總的來說，是書并未達到其所期望之高度。

明代以專書研究新書者，目前暫未發現；專章方面，有陳士元諸史夷語解義卷上唐書篇、朱明鎬史糾新舊唐書異同篇。另李中孚廿一史糾謬應有新書考證，惜是書已亡佚。除此之外，均散見於各書，如楊慎升菴集、胡應麟少室山房筆叢等。在書法方面，明人善作宏觀之論，具體內容偶有涉及，便爲四庫館臣"學無根柢"之語落以口實。到明末，方有朱明鎬對新書之書法作了系統研究。考證方面，明人涉及較少，以歸納爲主，此於史糾中表現較爲明顯，若自己加以考證，往往致誤，這亦是明人疏於考證之表現。對新書之考證較爲深刻者，當屬胡應麟，其對前代成果歸納的同時，往往結合證據，作一全新判斷。總的來說，明代新書研究成果既少，又較爲膚淺，因此，相較於清之實學，爲"空疏"矣。

進入清代，學風始爲一變。四庫總目提要曰："蓋明代說經，喜騁虛辨。國朝諸家，始變爲徵實之學，以挽頹波。古義彬彬，於斯爲盛。"③ 此雖從經著眼，從整個學術來講，亦爲如此。但考據至於明，并不能說明人不會運用，只能說在那種學術氛圍之下，明人不爲。從明之王世貞、胡應麟等人考證來看，均已達到很高水平。漆永祥先生在梳理考據學源流之時，指出考據學有兩個興盛，一爲南宋、二爲清之乾嘉時期。④ 從考證方法來看，本校、它校、理校、南宋學者均已涉及，近代學者爲乾嘉考據量身定做之歸納法、演繹法、溯源法、南宋學者均已很好運用，至明代，王、胡二人亦爲此。因此，考據之方法前代已基本掌握。究其原因，單純

---

① 錢茂偉，明代史學的歷程，社會科學文獻出版社，2003年，第175頁。
② 孫慤，唐紀序\\四庫存目叢書，齊魯書社，1997年影印\\史部，第33冊，第2—4頁。
③ 永瑢等，四庫全書總目卷一六，中華書局，1965年，第132頁。
④ 參見漆永祥乾嘉考據學研究前言，中國社會科學出版社，1998年。

從歷史考證分析，此乃我國傳統之信史垂鑒後世之史觀，迫使一代又一代學者去探尋歷史真實、文本真實而致。絕非至清受西方學術發展而致。

相較前代，清人開始有意識的去系統考證前代作品，以史爲例，有十七史商榷、廿二史考異、廿二史劄記、陔余叢考等，把是書與前代相較，可以說更系統化、更體例化。而新書研究正是在這種系統化中達到一個新的高度。至此，乾嘉考據只能說清代學者開始有意識的運用考據方法，對前代作品進行系統研究，至於方法，包括王國維後來提出的"二重考據法"，此只不過是新瓶裝舊酒，宋之前賢已經運用，其換個名詞實質無任何創新而已。至清代晚期，傳教士進入中國，如麥斯都、傅蘭雅、艾約瑟，這樣西術漸入，近人研究考據亦會誇大西方學術思維對中國考據之影響，可能方法層面上更重視數理邏輯，但實質性幾乎沒有，以民國時岑仲勉爲例，其之突厥集史很難說受沙畹之影響，確切的說，沙畹之論相較我國前賢考證很爲膚淺，其方法亦未有獨到之處。因此，我國傳統考據乃自身之考據，與西學無甚關聯。

新書研究同樣如此。清初，沈炳震以舊書爲基礎，將新舊二書進行比較，不同之處以小字分注於文中，著成新舊唐書合鈔。新舊書比較，明人朱明鎬已初步作系統比較，相較朱氏，沈氏則全面且系統。① 而後，王鳴盛十七史商榷、錢大昕廿二史考異、趙翼廿二史劄記均設唐書專章，王氏重書法，錢氏重考證，趙氏以新舊比較爲主，書法、考證并重，相較王、錢二家，則深入性不夠，但系統性較強。至趙紹祖，新書研究到一頂峰，趙氏依照新書內容順序，次第對新書書法、考證作一系統研究，與此同時，趙氏非常注意前賢成果之運用，如新唐書糾謬、新舊唐書合鈔等。

合鈔成書後，部分學者對其主要於兩唐書中對勘、互證，而它史料較少運用深感遺憾，故王先謙著新舊唐書合注。合注一書僅存稿本，共二百二十五卷、目錄三卷、舊唐書傳贊一卷，分訂爲一百八十九冊，共十三函。爲五十年代中後期由商務印書館經瞿蛻園等編輯完成的一部準備付印稿，現藏於中國科學院圖書館，筆者未曾寓目。網上有該書魏征傳影像，根據此影像，以注爲主，間或有考證。謝保成先生曾發文研究，文中亦以魏征傳爲例，用的是王先謙新舊唐書合注魏征列傳單刊本，並附有魏鄭公

---

① 關於新舊唐書合鈔，參見拙作新舊唐書合鈔與新唐書關係考，西南交通大學學報，2015年1期。

諫錄，疑與網上圖像相同。①

清代末期，除王先謙以外，唐景崇亦規劃爲新書作系統註釋，其史料運用豐富，如冊府、唐會要、通鑑等唐代重要史料均有涉及。其辛苦運作半生，最終定稿僅僅紀、志部分，紀部分最爲完善，後刊刻，命名唐書注。從其內容來看，僅僅爲資料堆積，校證很少，因此，價值不大。

地理學至清末比較發達，尤其是邊疆地理學，出現一大批著作，如朔方備乘、西域考古錄等，涉及唐書的乃丁謙蓬萊軒輿地學叢書，從對新書四夷傳邊疆地名考證來看，有許多錯誤，岑仲勉於突厥集史提出較嚴厲批評。

在曆法方面，汪曰楨撰寫了二十四史月日考，其新唐書月日考將新書中干支紀日換算成數字紀日，與此同時，將干支月日之記載與舊書、通鑑、唐會要等比較，多有考證。

因此，相較前代，清對新書之研究呈現系統化，且比較深入。

除上述專書方面，清人於學術筆記中大量涉及新書研究，如李慈銘，採用日記體的形式，大量記下新書閱讀心得。此種日記體的形式在清代很爲普遍，如段玉裁經韻樓集卷七有書新唐書忠義傳後篇，此爲"辛未九月三日"日記，此篇首提李翰不爲許遠立傳，且不載雷萬春事，韓愈引以爲憾，段氏同意其觀點，其考舊書不載雷萬春事，而新書詳載，認爲新書甚當。這裡就涉及一史料選擇問題，段氏從信史鑒世觀點出發，從而認爲應詳載雷萬春之事。除此之外，顧炎武的日知錄、張燧讀史舉正、卞永譽式古堂書畫彙考、蔡世遠古文雅正、陳康祺郎潛紀聞二筆、陳僖燕山草堂集、陳兆崙紫竹山房詩文集等等，對新書頗有所涉及。在金石方面，清人對出土文獻極爲重視，並將其與傳統文獻相較，相較前代，無論從意識還是技巧，均有極大進步，如畢沅山左金世志、王昶金石萃編等等。

進入民國後，在唐史研究精深方面，學者們則更進一步，視野亦更廣闊，典型如陳寅恪、岑仲勉等。新唐書研究方面，以岑仲勉爲例，相關著作有西突厥史料補闕、突厥集史、唐史餘瀋等，在史料輯佚、考證方面均達較高水準。如唐史餘瀋卷一太宗始有孫，對于高宗初入東宮而生忠，舊書卷八六燕王忠傳曰"初有此孫"，新書卷八一燕王忠傳亦曰"始有孫"，

---

① 謝保成，一部研究治兩唐書的集大成之作——王先謙新舊唐書合注，載唐研究第三期，第 395—404 頁，北京大學出版社，1997 年。

岑氏結合新舊書相關史料，根據年齡推出乃有"太孫"，史書相轉，語病則現。岑氏善用相關史料進行推理，其之它校、理校均達到一很高水準。除此之外，史念海兩唐书地理志互勘①、白寿彝新唐书大食传校注②、岑仲勉新唐书突厥传拟注③等等，均達到較高水準。其它，如在新唐書修撰方面，罗香林作唐书源流考，對新舊唐書的修撰經過進行了詳細考證。④綜合來說，民國時期新書研究在某一問題的系統、深度方面超過清代，但系統性則有所不足。

三　新唐書研究成果分類

梳理新唐書歷代研究情況，可以分爲如下幾類：

首先是各類續書、續傳、補志、補表。如陳鱣續唐書、羅振玉補唐書張義潮傳等。

其次，有些著作，雖以十七史、二十四史、二十五史甚至以唐書爲名，但其内容是作者綜合各種歷史材料而進行的二次創作，與史書本身關聯并不大。如段長基的二十四史三表，本書是段長基綜合各種史料的基礎之上創作了歷代統紀表、歷代疆域表、歷代沿革表，與二十四史本身無直接關聯。又如古今律曆考，此書是邢雲路結合各種曆法對古曆進行詳細考訂，唐書篇是對唐代曆法進行考訂，儘管採用了部分唐書内容，但與唐書本身關係不大。

以上二類著作是學者在史料基礎上的二次創作，儘管涉及到新書中内容，嚴格來說，與新書關聯不大，很大程度只是對新書不足之處的補充。

一部正史是對一個朝代的政治、經濟、文化等系統總結，所載内容可以對後世形成借鑒，又可形成文化上的傳承，加之我國學者有述的傳統，因此，摘抄正史材料便蔚爲大觀。新書亦不例外，首先是類書中對新書的節選，其次是方志中對新書的節選。另有專書節選，如十七史詳節中對唐書的節選。此類著述，若從新書接受史角度，有一定意義，從考校角度，則意義不太明顯。

其次，有部分研究是對新書史實進行評述。如李東陽新舊唐書雜論、

---

① 載禹貢，1935 年第 3 卷第 3、5、6、9 期。
② 載史学集刊，1937 年第 3 期。
③ 載輔仁学志，1937 年第 6 卷第 1—2 期。
④ 載国立中山大学文史学研究所月刊，1934 年年第 2 卷第 5 期。

彭孫貽著茗香堂史論唐書，從考校角度，此類研究無甚意義。

第三、從史源、書法等角度去研究新書。從史源角度去研究新書，可以梳理出新書史料來源情況；書法，主要分爲史料選擇、篇目增補及先後順序的安排、屬詞章句等，從這個角度，可以透析出新書修撰者的史學思想以及新書本身的藝術風格，如唐書直筆、綱目續麟中關於新書的論述；註釋，是緊扣書的本身內容，或解釋，間或考證，而通過註釋，我們可以更好的理解新書，如唐書注、新唐書藝文志注。此類著述，對於新書研究意義甚大，注釋中若存在考證，從考校角度著眼，意義較大。

第四、從考證、校勘角度著眼。考證，是對新書本身的史實進行辨析，指出其錯誤的成份，通過考證，我們可以得知新書中的記載哪些是訛誤的，這樣可以透過歷史現象，還原歷史事實，如清考史三家對新書的考證；校勘，學界目前公認的觀點就是改正（標識）書面材料上由於種種原因而形成字句篇章上的錯誤，使之恢復或接近本來面目。當然，這裡還包括作者手誤之字。關於新書校勘，從新唐書糾謬始，吳縝便指出其誤字，到近代，張元濟百衲本二十四史校勘記新唐書校勘記通過版本對校的方式已作初步梳理。綜上所述，本類著述是緊扣新書本身，通過對本類研究的整理，可以清晰的展現新書的考校成就及脈絡。

本書是在我博士論文新唐書研究之考論下編基礎上刪改而成。談起我的博士論文，原計劃寫上中下三編，上編爲新唐書研究史；中編爲考證編；下編爲理論編，爲新唐書歷代考證的理論式思考。後時間太緊，便把下編刪去，至今，下編僅形成四萬餘字，分成兩篇文章發表了。考博的時候，我年齡已經偏大，蒙恩師武秀成先生不棄，收入門下，並加入其新唐書修訂項目。在接下來的三年時間里，我便沉在唐史的天地里，但研究室里是歡快的，有爽朗的吳瓊師姐，可愛的曉靜師妹，活潑的黃麗靜師妹，包括庶洋師兄、軼倫、李豪二師弟，樹芬、婷婷二師妹等等。現在回想起來，還是那時的時光最快樂，但是，最快樂是看到吾師武秀成先生爽朗的笑，並與趙益師肆無忌憚的爭論。武老師在學術上是嚴謹的，一絲不苟，每每學術討論的時候，我們則"如臨大敵"，文章的修改亦細致如微，於是乎，漸漸我懂得什麼是學術，如何以嚴謹的態度對待它；在生活中，老師則極富情調，對我們亦極爲關心，記得一次很晚，老師與我、曉靜、麗靜師妹一同做地鐵回南大仙林校區，空曠的車廂里，老師爲我們輕輕的唱起了甜蜜蜜。一晃五年過去了，過去的場景至今歷歷在目。博士畢業後的這五年，有兩年因自身原因，除了教學，幾乎未涉及學術。其餘的三年裡，一周二十餘節課，除了教學後的疲憊以及瑣事，似乎再也沒有其他感覺，留下的只有漸漸增多的白髮，空蕩蕩的，學術似乎慢慢荒廢掉了。一六年底，拾起博士論文下編，刪掉表、志部分，對照目錄，一一增添，部分材料獲取太困難，如新舊唐書合注，曾努力過，但沒成功，民國的材料獲取亦是困難，我在西北，去年，專程到南京與上海，獲得甚微，想想，人生總有不如意，一切就如此吧，遺憾則留待以後吧。本書出版，還是有一些波折，幸虧左宏閣老師、郭艷華老師、楊蕤老師的鼎力相助，總算出版了，真誠感謝。校勘過程中，請李寧、劉莉、朱軍紅同學對校了一些材料，亦表感謝。最後，感謝妻子艷梅女士的默默支持，以及我漸漸長大的毛毛球，當然，最需感謝的是我的恩師武秀成先生。

王東

戊戌年四月書于興夏苑寓所

凡　　例

　　一、本編收錄自宋迄民國重要校勘和考證成果，尤以考證爲主，且以其後加以按斷。

　　二、若前賢所據之版本發生錯誤，且據此誤本立說，指出是誤，則不錄入。

　　三、同一問題出現多人論證，若後出者觀點錯誤或其理據未出前人，且無學術史意義，則僅列時間較早者。

　　四、對新唐書漏載史事進行補充，蓋不錄入。

　　五、前賢以新唐書與他書相較，所論述凡是不涉及具體史實，而是史學觀點、敘述角度、史料處理等不同者，均不錄入。或由於新書修撰體例問題而以新書爲誤者，亦不錄入。

　　六、爲節省篇幅，僅羅列二者史料差異且未作按斷，一般不錄入。

　　七、版本校勘方面，張元濟新唐書校勘記錄入甚詳，本書不再一一錄入。

　　八、若相同錯誤重複出現，則於新唐書第一次出現進行辨證。

　　九、若前賢指出因避諱而造成史實上的差異，擇其較爲複雜者錄入。

　　一〇、因簡潔需要，對前賢考證進行節略，若需補充說明，則於括號內標出。原文中註釋，用小體字標出。

　　一一、新唐書版本及引書簡稱：新唐書張元濟商務印書館影印本簡稱百衲本、皕宋樓十四行本簡稱皕宋樓本、南宋魏仲立刻十行本簡稱大字本、雙鑒樓十六行本簡稱小字本甲、丁丙藏十六行本簡稱小字本乙；新唐書糾謬簡稱糾謬、新舊唐書合鈔簡稱合鈔、廿二史考異新唐書考異簡稱新書考異、新舊唐書互證簡稱互證、二十四史月日考新唐書月日考簡稱月日考。

目　录

上編　本紀考校資料匯證

卷一……………………（3）	德宗本紀…………………（101）
高祖本紀………………（3）	順宗本紀…………………（110）
卷二……………………（18）	憲宗本紀…………………（111）
太宗本紀………………（18）	**卷八**……………………（116）
卷三……………………（27）	穆宗本紀…………………（116）
高宗本紀………………（27）	敬宗本紀…………………（119）
卷四……………………（40）	文宗本紀…………………（120）
則天皇后本紀…………（40）	武宗本紀…………………（124）
中宗本紀………………（55）	宣宗本紀…………………（129）
卷五……………………（60）	**卷九**……………………（134）
睿宗本紀………………（60）	懿宗本紀…………………（134）
玄宗本紀………………（65）	僖宗本紀…………………（139）
卷六……………………（84）	**卷一〇**…………………（155）
肅宗本紀………………（84）	昭宗本紀…………………（155）
代宗本紀………………（91）	哀皇帝紀…………………（173）
卷七……………………（101）	

下編　列傳考校資料匯證

卷七六…………………（177）	昭成竇皇后傳……………（182）
后妃傳序………………（177）	玄宗皇后王氏傳…………（182）
長孫皇后傳……………（177）	貞順皇后武氏……………（182）
高宗廢后王氏傳………（178）	楊貴妃傳…………………（183）
則天皇后傳……………（179）	**卷七七**…………………（185）
中宗庶人韋氏傳………（181）	章敬吳太后傳……………（185）
上官昭容傳……………（181）	貞懿獨孤皇后傳…………（187）

王賢妃傳 …………… (187)	嗣曹王皋傳 …………… (203)
卷七八 …………… (189)	**卷八一** …………… (204)
南陽公延伯傳 ………… (189)	燕王忠傳 ……………… (204)
畢王璋傳 ……………… (189)	許王素節傳 …………… (204)
江夏王道宗傳 ………… (190)	孝敬皇帝弘傳 ………… (205)
李涵傳 ………………… (190)	章懷太子傳 …………… (207)
淮陽王道玄傳 ………… (191)	懿德太子重潤傳 ……… (207)
長平肅王叔良傳 ……… (191)	譙王重福傳 …………… (208)
新興郡王德良傳 ……… (192)	節愍太子重俊傳 ……… (208)
長樂王幼良傳 ………… (192)	惠文太子範傳 ………… (209)
襄武王琛傳 …………… (192)	**卷八二** …………… (210)
河間元王孝恭傳 ……… (192)	奉天皇帝琮傳 ………… (210)
淮安王神通傳 ………… (193)	太子瑛傳 ……………… (210)
膠東郡王道彥傳 ……… (193)	懷思王敏傳 …………… (211)
李昺傳 ………………… (194)	越王係傳 ……………… (211)
世祖四子傳 …………… (194)	襄王僙傳 ……………… (211)
卷七九 …………… (196)	肅王詳傳 ……………… (212)
隱太子傳 ……………… (196)	順宗諸子傳 …………… (212)
衛懷王玄霸傳 ………… (196)	憲宗諸子傳 …………… (213)
楚哀王智雲傳 ………… (196)	宣宗諸子傳 …………… (214)
荊王元景傳 …………… (197)	**卷八三** …………… (216)
韓王元嘉傳 …………… (197)	同安公主傳 …………… (216)
鄭惠王元懿傳 ………… (198)	高祖諸公主傳 ………… (216)
虢王鳳傳 ……………… (198)	太宗諸公主傳 ………… (216)
鄧康王元裕傳 ………… (199)	高宗諸公主傳 ………… (218)
滕王元嬰傳 …………… (200)	中宗諸公主傳 ………… (219)
卷八〇 …………… (201)	睿宗諸公主傳 ………… (220)
常山王承乾傳 ………… (201)	玄宗諸公主傳 ………… (222)
鬱林王恪傳 …………… (202)	肅宗諸公主傳 ………… (224)
庶人祐傳 ……………… (202)	順宗諸公主傳 ………… (225)
蜀王愔傳 ……………… (202)	**卷八四** …………… (226)
紀王慎傳 ……………… (203)	李密傳 ………………… (226)

卷八五 …………………… (227)
　王世充傳 …………… (227)
　竇建德傳 …………… (227)
卷八六 …………………… (230)
　薛仁杲傳 …………… (230)
　劉黑闥傳 …………… (230)
　徐圓朗傳 …………… (231)
卷八七 …………………… (232)
　輔公祐傳 …………… (232)
　沈法興傳 …………… (233)
　張善安傳 …………… (233)
卷八八 …………………… (234)
　裴寂傳 ……………… (234)
　劉思禮傳 …………… (235)
　樊興傳 ……………… (235)
　張平高傳 …………… (235)
　李安遠傳 …………… (236)
卷八九 …………………… (237)
　張大安傳 …………… (237)
　唐儉傳 ……………… (237)
　唐次傳 ……………… (238)
　段志玄傳 …………… (238)
　段文昌傳 …………… (239)
卷九〇 …………………… (241)
　劉弘基傳 …………… (241)
　許紹傳 ……………… (242)
　程知節傳 …………… (242)
卷九一 …………………… (244)
　溫大雅傳 …………… (244)
　溫造傳 ……………… (245)
卷九二 …………………… (246)
　李子和傳 …………… (246)
卷九三 …………………… (247)
　李靖傳 ……………… (247)
　李勣傳 ……………… (247)
卷九四 …………………… (249)
　侯君集傳 …………… (249)
　劉蘭傳 ……………… (249)
卷九五 …………………… (251)
　高儉傳 ……………… (251)
　竇抗傳 ……………… (251)
　竇德玄傳 …………… (251)
卷九六 …………………… (253)
　房玄齡傳 …………… (253)
　杜如晦傳 …………… (254)
　杜元穎傳 …………… (255)
卷九七 …………………… (256)
　魏徵傳 ……………… (256)
　魏謩傳 ……………… (256)
卷九八 …………………… (257)
　王珪傳 ……………… (257)
卷九九 …………………… (258)
　李大亮傳 …………… (258)
　崔湜傳 ……………… (258)
卷一〇〇 ………………… (259)
　陳叔達傳 …………… (259)
　楊師道傳 …………… (259)
　封倫傳 ……………… (259)
　裴矩傳 ……………… (259)
　鄭善果傳 …………… (260)
　閻立本傳 …………… (260)
　韋弘機傳 …………… (261)
　韋岳子傳 …………… (261)

卷一〇一 …………………（262）	卷一〇八 …………………（281）
蕭瑀傳 …………………（262）	劉仁軌傳 ………………（281）
蕭俛傳 …………………（262）	裴行儉傳 ………………（281）
蕭倣傳 …………………（262）	裴光庭傳 ………………（282）
蕭遘傳 …………………（263）	婁師德傳 ………………（283）
卷一〇二 …………………（264）	卷一〇九 …………………（284）
岑文本傳 ………………（264）	竇懷貞傳 ………………（284）
岑羲傳 …………………（264）	王璵傳 …………………（284）
格輔元傳 ………………（265）	卷一一〇 …………………（287）
虞世南傳 ………………（265）	阿史那忠傳 ……………（287）
褚亮傳 …………………（266）	契苾何力傳 ……………（287）
姚思廉傳 ………………（267）	尚可孤傳 ………………（288）
令狐德棻傳 ……………（267）	裴玢傳 …………………（288）
卷一〇三 …………………（269）	卷一一一 …………………（289）
韋雲起傳 ………………（269）	王方翼傳 ………………（289）
卷一〇四 …………………（270）	蘇定方傳 ………………（289）
于志寧傳 ………………（270）	薛嵩傳 …………………（290）
張行成傳 ………………（271）	卷一一二 …………………（291）
卷一〇五 …………………（272）	王義方傳 ………………（291）
長孫無忌傳 ……………（272）	員半千傳 ………………（291）
褚遂良傳 ………………（273）	韓思彥傳 ………………（292）
來濟傳 …………………（274）	王求禮傳 ………………（292）
卷一〇六 …………………（275）	柳澤傳 …………………（293）
杜求仁傳 ………………（275）	卷一一三 …………………（294）
崔知溫傳 ………………（275）	張錫傳 …………………（294）
郭正一傳 ………………（276）	徐有功傳 ………………（294）
崔敦禮傳 ………………（277）	卷一一四 …………………（295）
楊纂傳 …………………（277）	蘇味道傳 ………………（295）
劉審禮傳 ………………（277）	卷一一五 …………………（296）
卷一〇七 …………………（279）	狄仁傑傳 ………………（296）
呂才傳 …………………（279）	卷一一六 …………………（297）
陳子昂傳 ………………（279）	韋思謙傳 ………………（297）

韋弘景傳	(297)	卷一二六	(316)
陸象先傳	(298)	魏知古傳	(316)
李日知傳	(298)	盧懷慎傳	(316)
杜景佺傳	(299)	李元紘傳	(317)
卷一一八	(300)	杜暹傳	(317)
張廷珪傳	(300)	張九齡傳	(317)
韋見素傳	(300)	卷一二七	(320)
辛替否傳	(301)	韓休傳	(320)
李渤傳	(301)	張延賞傳	(320)
卷一一九	(302)	張弘靖傳	(322)
武平一傳	(302)	源乾曜傳	(322)
賈至傳	(302)	裴耀卿傳	(322)
白居易傳	(303)	卷一二八	(323)
白敏中傳	(303)	王志愔傳	(323)
卷一二〇	(304)	許景先傳	(323)
桓彥範傳	(304)	卷一二九	(325)
楊元琰傳	(304)	裴行立傳	(325)
敬暉傳	(305)	崔沔傳	(325)
張柬之傳	(305)	嚴挺之傳	(326)
卷一二一	(307)	嚴武傳	(326)
王琚傳	(307)	卷一三〇	(328)
卷一二三	(308)	解琬傳	(328)
李嶠傳	(308)	卷一三一	(329)
蕭至忠傳	(308)	李峴傳	(329)
韋巨源傳	(309)	李回傳	(330)
卷一二四	(310)	卷一三二	(331)
姚崇傳	(310)	蔣乂傳	(331)
宋璟傳	(310)	沈詢傳	(332)
卷一二五	(313)	卷一三三	(333)
蘇頲傳	(313)	郭虔瓘傳	(333)
張說傳	(314)	郭英傑傳	(333)
張垍傳	(315)	王忠嗣傳	(334)

卷一三四	(335)	卷一四四	(357)
宇文融傳	(335)	來瑱傳	(357)
卷一三五	(336)	崔寧傳	(358)
哥舒翰傳	(336)	卷一四五	(359)
卷一三六	(337)	元載傳	(359)
李光弼傳	(337)	卷一四六	(360)
烏承玼傳	(339)	李栖筠傳	(360)
卷一三七	(340)	李吉甫傳	(361)
郭子儀傳	(340)	卷一四七	(365)
卷一三八	(342)	王思禮傳	(365)
李嗣業傳	(342)	魯炅傳	(365)
馬璘傳	(342)	辛雲京傳	(365)
路嗣恭傳	(343)	王虔休傳	(366)
卷一三九	(344)	李元素傳	(366)
房琯傳	(344)	卷一四八	(367)
房式傳	(344)	張孝忠傳	(367)
李泌傳	(344)	康承訓傳	(367)
卷一四〇	(347)	卷一四九	(369)
苗晉卿傳	(347)	劉晏傳	(369)
裴遵慶傳	(347)	劉潼傳	(369)
卷一四一	(348)	第五琦傳	(370)
崔光遠傳	(348)	班宏傳	(370)
李澄傳	(349)	卷一五〇	(371)
卷一四二	(350)	李揆傳	(371)
李麟傳	(350)	卷一五二	(372)
崔植傳	(350)	張鎰傳	(372)
柳渾傳	(352)	武元衡傳	(372)
卷一四三	(354)	李絳傳	(372)
高適傳	(354)	卷一五三	(374)
元結傳	(354)	段秀實傳	(374)
韋倫傳	(355)	顏真卿傳	(374)
辛祕傳	(356)		

卷一五四	（376）	李遜傳	（391）
李愬傳	（376）	卷一六三	（392）
李晟傳	（376）	孔戡傳	（392）
卷一五五	（378）	崔郾傳	（392）
馬燧傳	（378）	柳公綽傳	（393）
渾瑊傳	（378）	楊於陵傳	（393）
卷一五六	（379）	馬摠傳	（394）
戴休顏傳	（379）	卷一六四	（395）
李元諒傳	（379）	薛苹傳	（395）
韓游瓌傳	（379）	丁公著傳	（395）
卷一五七	（380）	崔弘禮傳	（396）
陸贄傳	（380）	卷一六五	（397）
卷一五八	（382）	鄭從讜傳	（397）
韋皋傳	（382）	鄭絪傳	（398）
張建封傳	（382）	卷一六六	（400）
韓弘傳	（383）	賈耽傳	（400）
卷一五九	（384）	杜佑傳	（400）
盧坦傳	（384）	杜悰傳	（400）
閻濟美傳	（385）	令狐綯傳	（401）
柳晟傳	（385）	卷一六七	（403）
崔戎傳	（385）	裴延齡傳	（403）
卷一六〇	（386）	韋渠牟傳	（403）
徐浩傳	（386）	李齊運傳	（403）
呂渭傳	（386）	王播傳	（404）
韋綬傳	（386）	王起傳	（405）
卷一六一	（388）	卷一六八	（406）
張薦傳	（388）	王伾傳	（406）
卷一六二	（389）	劉禹錫傳	（406）
獨孤及傳	（389）	卷一六九	（408）
韋瓘傳	（389）	李藩傳	（408）
呂元膺傳	（390）	韋溫傳	（409）
薛存誠傳	（390）		

卷一七〇	(411)	舒元輿傳	(427)
劉昌裔傳	(411)	卷一八〇	(428)
孟元陽傳	(412)	李德裕傳	(428)
郝玼傳	(412)	卷一八一	(430)
卷一七一	(414)	陳夷行傳	(430)
李光進傳	(414)	李紳傳	(430)
烏重胤傳	(414)	劉瞻傳	(431)
卷一七二	(415)	卷一八二	(433)
于頔傳	(415)	李固言傳	(433)
杜兼傳	(415)	李珏傳	(433)
卷一七三	(416)	崔珙傳	(434)
裴度傳	(416)	劉瑑傳	(434)
卷一七四	(418)	趙隱傳	(435)
李逢吉傳	(418)	王溥傳	(435)
元積傳	(418)	盧光啓傳	(435)
李宗閔傳	(418)	卷一八三	(436)
傳贊	(419)	崔彥昭傳	(436)
卷一七五	(420)	陸扆傳	(437)
竇群傳	(420)	卷一八四	(438)
楊虞卿傳	(420)	馬植傳	(438)
卷一七六	(421)	路巖傳	(438)
韓愈傳	(421)	韋保衡傳	(439)
卷一七七	(422)	盧攜傳	(439)
高鍇傳	(422)	卷一八五	(440)
馮宿傳	(422)	鄭畋傳	(440)
馮審傳	(423)	王鐸傳	(442)
高元裕傳	(423)	王徽傳	(444)
李景讓傳	(423)	張濬傳	(445)
卷一七八	(425)	卷一八六	(447)
劉蕡傳	(425)	周寶傳	(447)
卷一七九	(426)	楊守亮傳	(447)
李訓傳	(426)	顧彥暉傳	(448)

卷一八七 …………………（450）
　　王重榮傳 ………………（450）
　　李罕之傳 ………………（451）
　　王師範傳 ………………（451）
卷一八八 …………………（452）
　　楊行密傳 ………………（452）
　　朱宣傳 …………………（452）
卷一八九 …………………（456）
　　趙犨傳 …………………（456）
卷一九〇 …………………（457）
　　劉建鋒傳 ………………（457）
　　鍾傳傳 …………………（457）
　　盧光稠傳 ………………（458）
卷一九一 …………………（459）
　　羅士信傳 ………………（459）
　　安金藏傳 ………………（459）
　　王同皎傳 ………………（459）
　　李憕傳 …………………（461）
　　李源傳 …………………（462）
卷一九二 …………………（463）
　　顏杲卿傳 ………………（463）
　　忠義傳贊 ………………（463）
卷一九三 …………………（464）
　　符令奇傳 ………………（464）
　　賈直言傳 ………………（465）
　　龐玉傳 …………………（465）
　　黃碣傳 …………………（466）
卷一九四 …………………（467）
　　陽城傳 …………………（467）
　　司空圖傳 ………………（469）
卷一九五 …………………（470）
　　武弘度傳 ………………（470）

　　宋思禮傳 ………………（470）
　　裴敬彝傳 ………………（470）
　　張琇傳 …………………（471）
卷一九六 …………………（472）
　　盧鴻傳 …………………（472）
卷一九七 …………………（473）
　　李素立傳 ………………（473）
　　薛大鼎傳 ………………（473）
　　賈敦頤傳 ………………（473）
　　韋丹傳 …………………（474）
　　韋岫傳 …………………（474）
卷一九八 …………………（475）
　　儒學傳序 ………………（475）
　　孔穎達傳 ………………（475）
　　張後胤傳 ………………（476）
　　蕭德言傳 ………………（476）
卷一九九 …………………（477）
　　徐齊聃傳 ………………（477）
　　殷踐猷傳 ………………（477）
卷二〇〇 …………………（478）
　　褚遂良傳 ………………（478）
　　元行沖傳 ………………（478）
　　陸堅傳 …………………（478）
　　啖助傳 …………………（478）
　　陳京傳 …………………（479）
卷二〇一 …………………（480）
　　袁朗傳 …………………（480）
　　崔信明傳 ………………（481）
　　崔行功傳 ………………（481）
　　王勃傳 …………………（482）
　　王勵傳 …………………（482）
　　盧照鄰傳 ………………（483）

卷二〇二 ……（484）
孫成傳 ……（484）
王維傳 ……（484）
蕭穎士傳 ……（486）

卷二〇三 ……（488）
崔元翰傳 ……（488）
李賀傳 ……（489）
吳武陵傳 ……（490）
李商隱傳 ……（490）

卷二〇四 ……（491）
李淳風傳 ……（491）
張憬藏傳 ……（491）
嚴善思傳 ……（492）
姜撫傳 ……（492）
桑道茂傳 ……（492）

卷二〇五 ……（494）
王琳妻傳 ……（494）

卷二〇六 ……（495）
獨孤懷恩傳 ……（495）
武士彠傳 ……（496）
武攸暨傳 ……（496）
楊國忠傳 ……（498）
鄭光傳 ……（499）

卷二〇七 ……（500）
高力士傳 ……（500）
魚朝恩傳 ……（500）
仇士良傳 ……（501）

卷二〇八 ……（502）
田令孜傳 ……（502）

卷二〇九 ……（503）
來俊臣傳 ……（503）
周興傳 ……（504）

周利貞傳 ……（504）
王旭傳 ……（505）
吉溫傳 ……（505）
崔器傳 ……（505）

卷二一〇 ……（507）
藩鎮傳序 ……（507）
田承嗣傳 ……（507）
田悅傳 ……（509）
田緒傳 ……（510）
史憲誠傳 ……（510）

卷二一一 ……（511）
李寶臣傳 ……（511）
李惟簡傳 ……（511）
王景崇傳 ……（512）

卷二一二 ……（513）
朱滔傳 ……（513）
李載義傳 ……（513）
張仲武傳 ……（514）
李可舉傳 ……（514）
劉仁恭傳 ……（514）

卷二一三 ……（515）
程懷直傳 ……（515）
李同捷傳 ……（515）

卷二一四 ……（517）
吳元濟傳 ……（517）
劉悟傳 ……（517）

卷二一五上 ……（518）
突厥傳 ……（518）

卷二一五下 ……（526）
突厥傳 ……（526）

卷二一六上 ……（529）
吐蕃傳 ……（529）

卷二一六下 ……………	（531）	南蠻傳 ………………	（547）
吐蕃傳下 ……………	（531）	卷二二二中 ……………	（549）
卷二一七上 ……………	（532）	南蠻傳 ………………	（549）
回鶻傳 ………………	（532）	卷二二二下 ……………	（551）
卷二一七下 ……………	（534）	南蠻傳 ………………	（551）
薛延陀傳 ……………	（534）	卷二二三下 ……………	（553）
拔野古傳 ……………	（535）	崔昭緯傳 ……………	（553）
僕骨傳 ………………	（536）	卷二二四上 ……………	（554）
同羅傳 ………………	（536）	僕固懷恩傳 …………	（554）
渾傳 …………………	（536）	李懷光傳 ……………	（555）
拔悉蜜傳 ……………	（537）	陳少游傳 ……………	（556）
卷二一八 ………………	（538）	李錡傳 ………………	（556）
沙陀傳 ………………	（538）	卷二二四下 ……………	（557）
卷二一九 ………………	（540）	李忠臣傳 ……………	（557）
契丹傳 ………………	（540）	陳敬瑄傳 ……………	（557）
黑水靺鞨傳 …………	（540）	卷二二五上 ……………	（559）
卷二二〇 ………………	（541）	安祿山傳 ……………	（559）
高麗傳 ………………	（541）	史思明傳 ……………	（560）
新羅傳 ………………	（541）	卷二二五中 ……………	（561）
日本傳 ………………	（542）	朱泚傳 ………………	（561）
卷二二一上 ……………	（543）	卷二二五下 ……………	（562）
西域傳 ………………	（543）	黃巢傳 ………………	（562）
卷二二一下 ……………	（545）	秦宗權傳 ……………	（564）
西域傳 ………………	（545）	**參考書目** …………	（565）
卷二二二上 ……………	（547）		

上 編
本紀考校資料匯證

卷一

高祖本紀

襄公生昞，襲封唐公，周安州總管、柱國大將軍。（第一頁）
互證卷一：舊書"周安州總管、柱國大將軍"。按新書宗室世系表亦作"周"。考舊書下云高祖以天和元年生于長安，七歲襲封唐公，是昞未入隋也，當以舊紀爲是。又新紀下云文帝相周，復高祖姓李氏，不言復昞姓，"隋"字爲"周"字之誤必矣。

按：中華本新書改"隋"作"周"，所列理據均爲趙氏所考。

（大業十三年）周文舉據淮陽，號柳葉軍。（第三頁）
新書考異卷二：按紀於武德四年十一月書杞州人周文舉殺其刺史王孝矩，叛附於黑闥；五年二月書汴州總管王要漢敗徐圓朗於杞州，執周文舉。豈別有一文舉乎？抑已降而復叛乎？若文舉於武德四年始叛，又不當預書於此也。

互證卷一：按已降而復叛者，紀備書其降與叛，如朱粲、李子通等是也，非於隋末起事者，紀皆特書其時日，如李軌、蕭銑等是也。此周文舉當與左才相皆不知其事之所終，而四年杞州人周文舉必別一文舉也。

按：通鑑卷一八三曰："時又有外黃王當仁、濟陽王伯當、韋城周文舉、雍丘李公逸等皆擁衆爲盜。"則此周文舉乃韋城人，非武德四年之周文舉。

（大業十三年）六月己卯，傳檄諸郡。（第四頁）
月日考卷一：六月無己卯，乃五月三十日，創業起居注與此同訛，然起居注上有五月癸亥、甲子、丙寅，下又有六月甲申，則此六月己卯當是衍。

（大業十三年九月丙子）高祖自下邽以西。（第五頁）
　　月日考卷一：廿八日。舊紀系在乙亥日下，創業及居注、通鑑皆與此同。

（大業十三年十二月）甲辰，雲陽令詹俊徇巴、蜀。（第五頁）
　　月日考卷一：通鑑與此同，考異曰："創業注十一月甲子遣使慰諭巴、蜀，實錄在十二月甲辰，唐曆在十二月丙午，未知創業注所云者即俊等邪？爲別使也？今從實錄。"
　　按：舊紀卷一、御覽卷一〇八作"十二月丙午"，冊府卷七作"十二月甲辰"。

（武德元年）六月乙酉，奉隋帝爲酅國公。（第七頁）
　　月日考卷一：十二日。舊紀作"癸未"，通鑑與此同。

（武德元年）七月壬子，劉文靜及薛舉戰於涇州，敗績。（第七頁）
　　月日考卷一：九日。舊紀在丙午日下，通鑑與此同。

（武德元年）八月壬申，劉文靜除名。（第七頁）
　　月日考卷一：八月無壬申，乃七月廿九日，此訛，宰相表作"戊申"，亦訛。

（武德元年八月）辛巳，薛舉卒。（第七頁）
　　月日考卷一：九日。舊紀作"壬午"，通鑑與此同。

（武德元年八月）壬午，李軌降。（第七頁）
　　月日考卷一：十日。舊紀在丁亥日下，通鑑在辛巳日下。

（武德）二年正月甲子，陳叔達兼納言。（第八頁）
　　月日考卷一：廿四日。舊紀在乙卯日下，宰相表、通鑑與此同。

（武德二年二月）閏月，竇建德陷邢州，執總管陳君賓。（第八頁）
　　月日考卷一：閏二月一日，此與舊紀並脫朔字，辛丑即係朔日，而此紀于辛丑之前，書"竇建德陷邢州，執總管陳君賓"，誤也。按通鑑此事在殺化及之後，又殺化及舊紀在二月丁酉，通鑑在閏月，不書日，舊紀訛。

（武德二年三月）丁亥，竇建德陷趙州。（第九頁）

月日考卷一：十八日。通鑑作"九月庚寅"，考異曰："實錄：'今年三月，建德陷趙州。'此又云陷趙州，蓋重複，或三月是貝州，唐統紀唯有九月陷趙州，今從之。"曰楨按：此紀在三月，九月複見，蓋承實錄之訛。

（武德二年四月）辛丑，朱粲殺段確以反。（第九頁）

月日考卷一：三日。舊紀在閏月甲寅，通鑑與此同。

（武德二年）五月庚辰，涼州將安脩仁執李軌以降。（第九頁）

月日考卷一：十三日。舊紀在四月辛亥，通鑑與此同。

（武德二年）六月，王世充殺越王侗。戊戌，立周公、孔子廟於國子監。（第九頁）

月日考卷一：一日。此與舊紀並脫朔字，此紀于戊戌之前書"王世充殺越王侗"，誤也。按通鑑在五月，然六月事也。

（武德二年）八月丁酉，酅國公薨。（第九頁）

十七史商榷卷七〇：舊紀："武德二年五月己卯，酅國公薨，追崇為隋帝，謚曰恭。"隋書本紀同，而新紀作"八月丁酉"，當從舊書。

按："八月丁酉"，通鑑卷一八七同，舊紀作"五月己卯"，隋書卷六恭帝紀、北史卷一二隋本紀下、唐會要卷二四、冊府卷一七三皆作"五月"。

（武德二年八月）甲子，竇建德陷洺州，執總管袁子幹。（第九頁）

月日考卷一：廿八日。通鑑作"丁未"，乃十一日，考異曰："實錄作'甲子'，蓋奏到之日，今從革命紀。"

（武德二年）九月辛未，殺戶部尚書劉文靜。（第九頁）

月日考卷一：六日。舊紀在十月己亥日下，通鑑與此同。

（武德二年九月）丁丑，杜伏威降。（第九頁）

互證卷一曰：舊書同，按新舊二書杜伏威傳並云"秦王圍王世充，遣使招撫，伏威乃就款"，則是三年也，未知孰是。

按：舊紀卷一同，通鑑卷一八七曰："（武德二年九月）杜伏威請降，丁丑，以伏威爲淮南安撫大使、和州總管。"冊府卷一六四曰："（武德二年九月）以和州賊杜伏威爲淮南道安撫大使、和州總管。伏威大業末越王侗以爲東道大總管，封楚王，太宗之圍王世充，遣使詔之，伏威請降，故有是拜……（武德三年）六月，以和州總管、淮南道安撫大使杜伏威爲總管江淮……封吳王。"按武德三年七月，秦王方討王世充，則封、降唐及封吳王之事均在是事前，疑"太宗之圍王世充"爲衍，後新舊傳襲之。

（武德二年九月）庚辰，竇建德陷相州，總管呂珉死之。（第九頁）

月日考卷一：十五日。通鑑作"己巳"，乃四日，考異曰："實錄作'庚辰'，蓋亦奏到之日，今從革命紀。"

（武德二年九月）乙未，京師地震。（第九頁）

糾謬卷九武德時地震紀志月不同：今按五行志乃"十月乙未"，未知孰是。

合鈔卷五四曰：兩書紀乙未皆在九月，此十月誤。

（武德二年九月乙未）梁師都寇延州，鄜州刺史梁禮死之。（第一〇頁）

月日考卷一：是日，通鑑師都寇延州，九月丙寅，遣梁禮將[兵]擊之；乙未，復寇延州，禮戰歿。考異曰："太宗實錄云經數月又來寇，按丙寅九月朔寇延州，乙未九月晦也。今從高祖實錄。"

（武德二年）十月己亥，羅藝降。（第一〇頁）

通鑑考異卷九：創業注藝以武德元年二月降，舊云三年，新書云二年，皆誤也。今從實錄。

互證卷一：按：……觀舊紀二年十月所書，是藝此時已爲幽州總管，其降必不在二年，而在元年也。創業起居注云："二月，義寧二年之二月也，時高祖未即位。涿郡太守羅藝送款。"溫大雅當時人，必得其實，其封幽州總管當在高祖即位改元之後，爲十二月耳。

（武德二年）十一月丙子，竇建德陷黎州，執淮安王神通、總管李世勣。（第一〇頁）

月日考卷一：十一日。舊紀與此同，通鑑在十月，考異曰："實錄黎陽陷在十一月丙子，蓋亦奏到之日，今從革命記。"

（武德二年）十二月丙申，獵於華山。（第一〇頁）

月日考卷一：一日，脫朔字。舊紀作"甲辰"，則爲九日，通鑑作"庚申"，則爲二十五日，未知孰是。

（武德二年十二月）永安王孝基及劉武周戰于下邽，敗績。（第一〇頁）

糾謬卷一一高紀誤書戰地及漏書四將被執：今按孝基及劉武周、劉世讓、唐儉、獨孤懷恩等傳并太宗紀考之，是時，武周寇陷并州。十月，寇晉州，而夏縣人呂崇茂殺縣令反以應之。孝基奉詔討崇茂，攻夏縣，軍城南，而賊將尉遲敬德至，與崇茂夾攻官軍，大敗之，執孝基等四人。然則是時孝基在攻夏軍中，無緣在下邽與劉武周戰……況武周自入寇，止到晉、絳、蒲、澮之境，即未嘗涉河而南，此云戰于下邽，蓋誤也，乃夏縣耳。其孝基等四將戰敗被執，此不書，亦闕文也。

按：吳縝所考是。通鑑考異卷九曰："高祖實錄云：'戰于下邽縣。'按下邽乃在關中，去夏縣殊遠，實錄之誤也。"舊紀卷二曰："尋而永安王孝基敗於夏縣，于筠、獨孤懷恩、唐儉并爲賊將尋相、尉遲敬德所執。"舊書卷六〇永安王孝基傳亦曰"大戰於夏縣"。冊府卷二六九曰："武德二年，劉武周將宋金剛來寇汾澮，夏縣人呂崇茂殺縣令，舉兵自稱魏王，請援於武周，以孝基爲行軍總管討之。"則"下邽"爲"夏縣"之誤無疑。冊府卷四四三詳載此事，曰："永安王孝基爲鴻臚卿，時呂崇茂叛，孝基以兵攻之。于筠勸孝基急圍城……孝基將從之。獨孤懷恩陰懷反計，不欲崇茂早平，乃說孝基曰：'筠言非也……爲王計者不若頓兵，營攻具，待秦王破賊，則崇茂自孤，可爲不戰以屈人者也。'孝基又然之，於是停，營造攻具，會宋金剛遣其將尉遲敬德卒至，孝基表裏受敵，於是大敗。"

（武德三年二月）甲寅，獨孤懷恩謀反，伏誅。（第一〇頁）
月日考卷一：二十日。舊紀承庚子日下，通鑑與此同。

（武德三年三月）乙酉，劉季真降。（第一〇頁）
月日考卷一：廿二日。舊紀承甲戌日下，通鑑與此同。

（武德三年七月）甲戌，皇太子屯於蒲州，以備突厥。（第一一頁）
月日考卷一：十三日。舊紀即承壬戌日下，通鑑與此同。

（武德三年）十月戊申，高開道降。（第一一頁）
月日考卷一：十九日。舊紀作"庚子"，通鑑與此同。

（武德四年四月）戊申，突厥寇并州，執……左驍騎衛大將軍長孫順德。（第一二頁）
糾謬卷六高祖紀書長孫順德官誤：今按十六衛止有驍衛，未嘗有驍騎衛，又按突厥傳亦止云"左驍衛大將軍長孫順德"，然則此"騎"字實衍字也。

唐書注卷一：考本書百官志"唐初實有左右衛，武德五年始改爲驍騎府"。

唐書兵志箋正卷一：舊唐書四十四職官志左右驍衛條注："古曰驍騎，隋改左右備身爲左右驍衛，所領名豹騎，國家去騎字曰驍衛府。"……證以本文及六典之作驍騎，知兵志之是，而隋志通典或作驍騎，或作騎衛者，均有脫字，即六典之驍衛府亦當作驍騎府也。

按："左右驍衛"屬唐十六衛，設上將軍一人，大將軍各一人，新書卷五〇兵志曰："府兵之制，起自西魏、後周，而備於隋，唐興，因之。隋制十二衛，曰翊衛，曰驍騎衛，曰武衛……"通典卷二八曰："煬帝即位，改左右備身府爲左右驍衛府，所領軍士名曰豹騎，其備身府又別置焉。大唐因隋置左右驍衛府，龍朔二年去府字。"舊書卷四四職官志曰："古曰驍騎，隋改左右備身爲左右驍衛，所領名豹騎，國家去騎字曰驍衛府。""左右驍騎衛"簡稱"左右驍衛"。如冊府卷三五七曰："藺興粲爲驍騎將軍，武德元年，梁師都寇靈州，興粲擊破之……張綸以左驍騎衛將軍，爲絳州道行軍總管，武德元年討叛胡，平之。"

（武德四年四月）甲寅，封子元方爲周王，元禮鄭王，元嘉宋王，元則荆王，元茂越王。（第一二頁）

糾謬卷六武德四年封越王元茂誤：今按高祖諸子傳云："周王元方，武德四年始王，與鄭、宋、荆、滕四王同封。"……而又高祖諸子中無名元茂者，以是推之，實紀誤也。當書云"元懿滕王"爲是。

互證卷九：按新舊本紀，武德四年無元懿封滕王者，祇有元茂封越王，貞觀十年祇有滕王元懿封鄭王而越王元茂之名不復見，且高祖二十二子，新舊傳世系表皆無越王元茂，今按其得封次第，似元懿即元茂，而始封則越非滕也。史失記其改名及徙封滕事耳。

舊唐書校勘記卷三五：（元懿）歷鄭、潞二州刺史，册府三百八十一作"歷鄭、潞、絳三州刺史，甚有平允之譽"。

（武德四年）五月壬戌，秦王世民敗竇建德於虎牢，執之。（第一二頁）

月日考卷一：五日。舊紀、通鑑皆作"乙未"。

（武德四年五月）戊辰，王世充降。（第一二頁）

月日考卷一：十一日。舊紀、通鑑作"丙寅"，乃九日，册府作"戊辰"，與此同。

（武德四年七月）丙寅，竇建德伏誅。（第一二頁）

月日考卷一：十一日。舊紀承丁卯日下，通鑑與此同，沈氏合鈔曰："當從新書。"

（武德四年七月）丁卯，大赦，給復天下一年。（第一二頁）

月日考卷一：十二日。考異曰："伏伽表云'今月二日發雲雨之制'，而赦書乃十二日，或脱十字也。"曰楨按：通典一百六十九作"今月十三日"，文苑英華六百九十七作"今月十二日"，英華是也。

（武德四年）九月，盧祖尚降。乙卯，淳于難降。（第一三頁）

月日考卷一：（乙卯）一日，此與通鑑並脫朔字，此紀於乙卯之前書"盧祖尚降"，訛。按王世充自立，祖當即歸款于唐，當在武德二年。通鑑據實錄以祖尚爲光州總管，在是月廿二日丙子，然至此時始降也。

按：通鑑考異卷九曰："實錄'丙子，以光州豪右盧祖尚爲光州總管'，按舊傳世充自立，祖尚遂舉州歸款，而實錄至此始見之，蓋當時止爲刺史，至此乃遷總管耳。"

（武德四年九月）甲子，汪華降……（十一月）庚寅，李子通降。（第一三頁）

月日考卷一：（甲子）十日，曰楨謹按：汪氏世譜載越國公奉籍歸唐表末署武德四年九月甲子，正與此合。

互證卷一：以二傳（杜伏威傳、王雄誕傳）考之，子通之降，亦當在華前，未知孰是。

按：從舊書卷五六杜伏威傳、同卷王雄誕傳書寫內容看，降李子通爲主要書寫內容，放於前，降汪華爲次要書寫內容，則放於後，應與時間先後無關。

（武德四年十一月）丙申，子通謀反，伏誅。（第一三頁）

通鑑考異卷九：實錄"是月景申，會稽賊帥李子通伏誅"，按子通因杜伏威入朝始謀叛伏誅，於時未也。舊紀是月子通以其地來降，新紀"庚寅，以李子通降；丙申，謀反"，相去纔七日，亦不窹伏威未入朝也。

互證卷一：按杜伏威五年七月入朝，事見伏威、子通本傳，新紀與傳自相矛盾。

（武德四年十二月）庚午，陷魏州，總管潘道毅死之。辛未，陷莘州。（第一三頁）

通鑑考異卷九：實錄作"華州"，新書作"業州"，按地里志無業州，必莘州也。十道志"開皇十六年於莘縣置莘州"，舊志"武德五年置"。

互證卷一曰：按舊書地理志魏州下云"隋改名武陽郡，武德四年平竇建德，復爲魏州，又割莘、臨黃、武陽三縣置莘州"，是魏州、莘州皆武德四年置也。今紀上云陷魏州，則爲莘州無疑。惟舊志於莘下又云"武德五年置"，而溫公亦引之，若果於五年置，則此四年十二月不得有莘州也。新志莘下亦云"武德五年置莘州"，並誤。

中華本新書校記："莘"原本作"業"，通鑑卷一八九作"莘"。按本書卷三九地理志云："武德五年，以莘、臨黃、武陽、博州之武水置莘州。"是莘州乃由魏州析置。既云"庚午，陷魏州"，次日辛未所陷當爲莘州。據改。

按：業州，舊書卷四〇地理志曰："後周分巫縣置建始縣，義寧二年於縣置業州，領建始一縣，貞觀八年廢業州，縣屬施州。"此屬江南西道，魏州則屬河北道。

（武德）五年正月乙酉，劉黑闥陷相州，刺史房晃死之……丙申，相州人殺其刺史獨孤徹，以其州叛附于黑闥。（第一三、一四頁）

通鑑考異卷九：實錄云："祿州人殺刺史獨孤徹，以城應黑闥。"按地理志無祿州，新書作"相州"，尤誤也。

通鑑卷一九〇胡注：按劉黑闥攻拔相州、執刺史房晃，秦王兵至乃弃相州，故秦王復取之。新書帝紀拔相州、殺房晃在正月乙酉，相州人殺獨孤徹叛附黑闥在丙申，其誤明矣。

新書館臣注：按上文乙酉劉黑闥已陷相州矣，此州名疑有誤。

互證卷一：黃緗庭曰："考劉黑闥傳：'棣州人復殺刺史，叛歸黑闥。'實錄'祿'字或是'棣'字之誤。"……今按新黑闥傳，五年陷相州，秦王率兵次汲，數困賊，進下相州，棣州人復殺刺史，叛歸黑闥……蓋殺刺史者棣州人，而所殺則相州復置之刺史獨孤徹也。新紀特未分明其辭耳。

月日考卷一：（乙酉）三日，通鑑在四年十二月丙寅後旬日，考異曰："實錄黑闥陷相州在來年正月乙酉，蓋奏到之日也，今從革命記。"（丙申）十四日，沈氏合鈔曰："按上乙酉黑闥已陷相州矣，此後云相州人殺刺史以叛，誤也。"

（武德五年）三月戊戌，譚州刺史李義滿殺齊州都督王薄。（第一四頁）

互證卷一：考通鑑，盛彥師、王薄攻須昌，徵軍糧於李義滿，與薄有隙，閉倉不與，須昌降，彥師收義滿繫齊州獄，詔釋之。未至，義滿憂憤死獄中。薄還過譚州，戊戌夜，義滿兄子武意執薄殺之，彥師亦坐死。通鑑所據蓋實錄也……未知孰是。

按：通鑑考異卷九曰："實錄：'彥師奔王薄，与薄共殺李義滿，三月戊戌，王薄死。'"冊府卷九二〇曰："王薄爲齊州都督、托國公。初從竇建德在齊州，薄遣使歸國，及洛陽平，盛彥師安輯徐兗，薄率兵與彥師攻徐圓郎之須昌縣，徵軍糧於齊州。刺史李義滿與薄有隙，閉倉不與，及下須昌，彥師收義滿繫齊獄。高祖聞之，謂侍臣曰：'義滿忠誠，朕之所悉，此必薄所搆也。'遽令釋之，而使未至，義滿憂憤而卒。薄旋經齊州，頓於城內，其夜，義滿兄子武意執而殺之。"皆言李義滿之死因王薄系之於獄，而義滿不得殺王薄甚明。是新書"李義滿"下應脫"兄子武意"四字。

（武德五年七月）丙申，突厥殺劉武周于白道。（第一四頁）

史糾卷四：劉昫舊書以爲在武德之三年，司馬涑水棄新而取劉，其必有所據矣。

陔餘叢考卷一二：按綱目書秦王世民擊宋金剛，破之，劉武周及金剛亡走死，在武德三年夏四月，而分注謂是"時武周聞金剛敗，懼而走突厥，久之，謀歸馬邑，事泄，爲突厥所殺"，其曰"久之"，則原非一時之事，蓋武周之逃在三年而被殺在五年也。

互證卷一：按新書武周傳云起兵六年而滅，武周於大業十三年據汾陽宮反，則似其死當在五年。然武周自三年四月亡入突厥，不復見於紀、傳，豈能數載安寂者？又三年十一月梁師都説突厥云"今武周既滅，師都甘從亡破，亦恐次及可汗"，是武周果於三年七月死矣。當從舊書。

月日考卷一：十七日，舊紀在三年七月丙申，訛，通鑑書于三年四月，蓋因武周奔突厥事終言之。

按：綱目當來源於舊書卷五五劉武周傳，舊傳曰："未幾，金剛背突厥而亡，將還上谷，爲追騎所獲，腰斬之。武周又欲謀歸馬邑，事洩，爲突厥所殺。"乃"未幾"，非"久之"。舊紀卷一曰殺劉武周於武德三年七月丙申，御覽卷一〇八引唐書同。舊書卷五五劉武周傳云起兵六年而滅，新傳亦作是語，疑新紀據舊傳改作"五年"。

（武德五年七月）丁酉，馮盎降。（第一四頁）

月日考卷一：十八日。舊紀在丁亥日下，通鑑與此同。

（武德五年）十二月丙辰，獵於萬壽原。（第一五頁）

月日考卷一：九日。舊紀、通鑑並作校獵於華池。

按：冊府卷一一五曰："（武德五年）十二月丙辰，校獵於華池之萬壽原。"

（武德五年十二月）壬申，皇太子及劉黑闥戰於魏州，敗之。（第一五頁）

月日考卷一：廿五日。舊紀即承庚申日下云："皇太子破劉黑闥於魏州，斬之，山東平。"沈氏合鈔曰："按新書六年正月葛德威擒黑闥以降，二月斬之，舊書劉黑闥傳同，當從新書。"曰楨按：通鑑考異曰："高祖實錄：'壬申，太子與黑闥戰於魏州城下，破之，闥抽軍北遁。甲戌，追闥於毛州，賊背永濟渠而陣，接戰，又破之。'舊傳：'六年二月，太子破黑闥于館陶。'革命記：'闥遁至館陶，二十五日，官軍至，闥敗走。'按館陶即毛州也。長曆十二月壬申，二十五日，甲戌二十七日。蓋實錄據奏到之日也，舊傳尤疎，今從革命記。"按：據通鑑，則黑闥攻魏州不戰而遁，壬申敗於毛州耳，此紀所書即承實錄之文也。

（武德六年二月）丙寅，行軍總管李世勣敗徐圓朗，執之。（第一五頁）

合鈔卷一：按兩書徐圓朗傳皆云"太宗平黑闥，進師晉州，圓朗窮蹙，夜遁，為野人所殺"，是在六年二月矣，當從新書。惟兩傳皆云為"野人所殺"，而新紀云執之，亦誤。

月日考卷一：曰楨按：通鑑在六年二月丙寅云為野人所殺，最合。

互證卷一：舊書"七年五月，李世勣討徐圓朗，平之"。

按：舊紀卷二作"七年五月"，太平御覽卷一〇八同。舊紀卷二將平徐圓朗系於七年前，通鑑卷一九〇作"六年二月"，并曰"為野人所殺"。疑徐圓朗應於六年二月為野人所殺。

（武德六年）三月，苗海潮、梅知巖、左難當降。（第一六頁）

互證卷一：按上文言左難當據涇，苗海潮據永嘉，梅知巖據宣城。今考新地理志涇下"武德三年以縣置南徐州",宣城下"武德三年析置懷安縣",寧國下"武德三年析宣城置",永嘉下"武德五年以縣置東嘉州,并析置永寧、安固、橫陽、樂成四縣"。若三人以六年三月始降,唐何得於三年、五年置州析縣,然則梅知巖、左難當必于三年降,苗海潮必于五年降也。又按地理志池州"武德四年以宣州之秋浦、南陵二縣置,貞觀元年州廢,永泰元年復析宣州之秋浦、青陽、饒州之至德置",考元和郡縣志"永泰二年李勉因總管左難當所奏舊名置池州",是左難當于四年已為宣州總管,而梅知巖已調他郡矣。新紀之誤可知。

(武德六年四月)丁卯,南州刺史龐孝泰反,陷南越州。(第一六頁)

互證卷一:監本此處作"孝恭",而龍朔元年、二年仍作"泰"。按南蠻傳烏武獠武德六年反者乃甯道明,道明與高州首領馮暄、談殿據南越州反,攻姜州,甯純以兵援之。八年,長真陷封山縣,昌州刺史龐孝恭掎擊暄等,走之。則孝恭未嘗反也。且紀書其反,未書其降,而龍朔元年書左驍衛將軍龐孝泰為沃沮道行軍總管,二年書龐孝泰及高麗戰于蛇水,死之。則此疑是紀誤。紀云"泰",傳云"恭",會要亦作"恭",當為是。

按:唐會要卷六三、七九、冊府卷一一七、三三八、通鑑卷一九〇作"龐孝恭",舊書卷八二及新書卷二二三上許敬宗傳、新書卷二二〇東夷傳、御覽卷六〇三、冊府卷三七三、五六二、九八六、通鑑卷二〇〇均作"龐孝泰"。二者所述事跡相同,應為一人。通鑑卷一九〇曰:"(武德六年四月)丁卯,南州刺史龐孝恭、南越州民甯道明、高州首領馮暄俱反,陷南越州,進攻姜州,合州刺史甯純引兵救之。"疑武德六年反,後降,但史料脫落,無載,故致疑。

(武德六年四月)壬申,封子元璹為蜀王,元慶漢王。……(八年十一月)辛丑,徙封元璹為吳王,元慶陳王。(第一六、一八頁)

糾謬卷六高祖紀封子為蜀王名不同:今按子名元璹而封蜀王,使民吏若何稱之?雖璹字亦有壽音,然恐難戶曉,終似未安,其可疑者一也。又按此高祖子也,遍尋本傳則二十二人並無名元璹者,此可疑者二也。按霍王元軌傳云"武德六年始王蜀,與豳、漢二王同封,後徙吳"。與此高紀所書封徙皆同。又云"貞觀十年徙王霍",今以紀考之,武德六年王蜀及八年徙封吳者,皆名元璹,而貞觀十年徙封霍者則名元軌,然則元軌初名元璹，後改爲元軌歟？若然，則是傳漏載其改名一事矣。至於名璹而封蜀一事，訖未可曉，或者止名元軌，而高紀誤以爲元璹乎？設若果誤載，則又安得六年、八年皆誤歟？此二者雖不可得而考，然要之元璹、元軌在紀、傳不脫則誤，必有一者矣。又按舊唐書紀武德六年雖不載元璹初封蜀王等事，然八年亦書云十一月改封蜀王元軌爲吳王，其名止是元軌，不作元璹，已自與新書不同，由是觀之，疑新書之誤也。

月日考卷一：（辛丑）十一日。舊紀即承庚子日下，通鑑與此同。"元璹"，舊紀、通鑑皆作"元軌"。

按：通鑑考異卷九曰："實錄以皇子元真爲邵王、鶴爲豳王，新本紀封元璹爲蜀王。按高祖子無名元真、鶴、元璹及封邵王者。"據此，疑高祖諸子曾改名，而史脫載此事，從而致疑。

（武德六年）八月壬子，淮南道行臺左僕射輔公祐反。乙丑，趙郡王孝恭討之。（第一六頁）

月日考卷一：（乙丑）廿二日。舊紀即承壬子日下，通鑑與此同，考異曰："實錄八月乙丑已云'遣孝恭率兵趣江州'，至九月戊子又云，蓋因徐紹宗等侵邊而言之也。"

（武德六年十二月）庚戌，以奉義監爲龍躍宮，武功宅爲慶善宮。（第一七頁）

月日考卷一：九日。會要正作"九日"，舊紀作"乙巳"，則四日也。

（武德七年十月）丙子，謁樓觀老子祠。（第一八頁）

月日考卷一：十日。舊紀即承癸酉日下，通鑑與此同。

（武德八年七月）丁巳，秦王世民屯於蒲州，以備突厥。（第一八頁）

月日考卷一：廿五日。通鑑與此同，考異曰："舊本紀'八月六日，突厥寇定州，命皇太子往幽州，秦王往并州，以備突厥'，唐曆亦同。今據實錄，七月，秦王出蒲州，八月無太子往幽州、秦王往并州事。"曰楨按：今本舊紀作"六月甲子"，不作"八月六日"，後人所改，非原本。

（武德八年十一月）癸卯，秦王世民爲中書令，齊王元吉爲侍中。（第一八頁）

月日考卷一：十三日。舊紀即承庚子日下，宰相表、通鑑與此同。

（武德九年）三月庚寅，幸昆明池，習水戰。（第一九頁）

月日考卷一：二日。舊紀作"辛卯"，通鑑與此同。說見舊紀。

舊書月日考卷一：（辛卯）三日，校勘記曰："冊府百二十四'三月幸昆明池，辛卯，觀習水戰'，按新紀'三月庚寅，幸昆明池，習水戰'，冊府脫'庚寅'，新紀略去'辛卯'，通鑑亦作'庚寅幸昆明池'。"曰楨按：新紀此下有"壬辰至自昆明池"，通鑑亦云"壬辰還宮"。

（武德九年）四月辛巳，廢浮屠、老子法。……（六月丁巳）復浮屠、老子法。（第一九頁）

十七史商榷卷七〇：按舊紀"四月"作"五月"，而云："以京師寺觀不甚清淨，詔曰云云"，以下全載詔文，繹其詞，乃極贊釋迦闡教之妙，因末代猥賤之侶不遵其法，欲沙汰之，故下此詔。……觀此詔文，何嘗欲盡廢其法乎？而載畢詔文之下，乃又綴云"事竟不行"，然則此詔爲虛下矣，又何嘗既廢而旋復乎？

按："四月辛巳"，通鑑卷一九一同。按五月戊子朔，無"辛巳"日，舊紀疑誤。關於是否廢法，詔令曰："京城留寺三所，觀二所，其餘天下諸州，各留一所。""事竟不行"，疑詔令已下，不甚執行，故有後"復法"，亦定有詔令，疑新舊紀均不載，故致王氏之疑。

（武德九年六月）癸亥，立秦王世民爲皇太子。（第一九頁）

月日考卷一：七日。會要正作"七日"，舊紀即承庚申日下，舊太宗紀作"甲子"，宰相表、通鑑與此同。

（武德九年六月）庚辰，幽州都督、盧江郡王瑗反，伏誅。（第一九頁）

月日考卷一：廿四日。舊紀作壬午日，通鑑作"辛巳"。按通鑑"丙子，太子下令，六月四日以前事連東宮及齊王十七日前連李瑗者並不得相告言，違者反坐"，據此，則瑗謀和誅似當在十七日癸酉也。

（武德九年七月癸巳），宇文士及爲中書令，封德彝爲尚書左僕射。（第一九頁）

糾謬卷一高祖紀書封德彝左僕射誤：今按宰相表乃是"右僕射"，況是月辛卯方命蕭瑀爲左僕射，至此止隔兩日爾。而德彝本傳亦止云拜右僕射，且云是時瑀爲左僕射，然則德彝此拜實右僕射，而高紀書爲左則誤也。

按：舊紀卷二、唐會要卷三九、冊府卷六七、二九三、通鑑卷一二九均作"右僕射"，因此，吳縝是。

（貞觀）九年五月，（太上皇）崩于垂拱前殿，年七十一。（第一九頁）

合鈔卷一：按：自周天和元年丙戌至貞觀九年乙未止七十，當從舊書。

十七史商榷卷七〇：年七十一，舊作七十，皆當從舊。

按："七十一"，舊紀、唐會要卷一、太平御覽卷一〇八皆作"七十"。按唐會要卷一又載高祖於隋義寧二年五月受禪，時年五十三歲，據此推之，至貞觀九年亦正當七十歲。按舊紀及冊府卷二載高祖生於"北周天和元年"，據此推算，其享年正當七十。此疑衍"一"字。

卷二

太宗本紀

（武德元年）薛舉寇涇州，太宗爲西討元帥，進位雍州牧。七月，太宗有疾，諸將爲舉所敗。八月，太宗疾間，復屯於高墌城，相持六十餘日。已而舉死，其子仁杲率其衆求戰，太宗按軍不動。久之，仁杲糧盡，衆稍離叛，太宗曰："可矣！"乃遣總管梁實柵淺水原。仁杲將宗羅睺擊實……太宗率兵出其後，羅睺敗走，太宗追之，至其城下，仁杲乃出降。（第二五頁）

糾謬卷五太宗薛舉相持六十餘日事：今按高祖紀："武德元年六月癸未，薛舉寇涇州，秦王世民爲西討元帥。七月壬子，劉文靜及薛舉戰於涇州，敗績。八月辛巳，薛舉卒。己丑，秦王世民爲西討元帥以討薛仁杲。十一月己酉，秦王世民敗薛仁杲，執之。"然則薛舉以六月癸未寇涇州，至八月辛巳卒，共五十九日耳，若自七月壬子舉敗劉文靜後，至八月辛巳，止三十日耳。今本紀乃云八月太宗疾間，復屯於高墌城，相持六十餘日，已而舉死。參較高紀前後，無復有與舉相持可及六十餘日之處。

互證卷一：按舊書相持六十餘日者，舉死後太宗與仁杲相持也。文意本甚明，而新書移六十餘日之語於舉死之前，遂爲吳氏所糾。又按新書云"復屯於高墌城"，考八總管之敗，高墌已爲薛舉所拔。通鑑作"秦王至高墌，仁杲使宗羅侯拒之"，是秦王兵至高墌，非屯其城也。高墌、折墌地俱相近，地理志"高墌城在寧州定平，折墌城在涇州保定"。而仁杲時居折墌，則作"相持於折墌"，語亦無弊也，惟舉死在八月，而舊紀作九月亦誤。

按：互證所曰是，相持六十餘日乃秦王與薛仁杲事，非薛舉。舊紀卷二曰："武德元年七月，薛舉寇涇州，太宗率衆討之，不利而旋。九月薛舉死，其子仁杲嗣立，太宗又爲元帥以擊仁杲，相持於折墌城，深溝高壘者六十餘日。"通鑑卷一八六曰："（武德元年八月）辛巳，舉卒……（十一月）秦王世民至高墌，仁杲使宗羅睺將兵拒之，羅睺數挑戰，世民堅壁不出……相持六十餘日，仁杲糧盡，其將梁胡郎等帥所部來降……仁杲計窮，己酉來降。"因此，新紀"已而舉死"所放位置不當，從而致吳縝之不解。

通鑑卷一八六曰"（十一月）秦王世民至高墌，仁杲使宗羅睺將兵拒之，羅睺數挑戰，世民堅壁不出"，若世民十一月才至高墌，則何來六十日之說？此處應從新紀卷一"（八月）己丑，秦王世民爲西討元帥以討薛仁杲"，則秦王至高墌時間應爲八月底，"六十餘日"方可矣。

黑闥既降，已而復反。高祖怒，命太子建成取山東男子十五以上悉阬之，驅其小弱婦女以實關中。太宗切諫，以爲不可，遂已。（第二六頁）

通鑑考異卷九：按高祖雖不仁，亦不至有欲空山東之理。史臣專欲歸美太宗，其於高祖亦太誣矣。今采革命記及新書。

互證卷一：按溫公之言是矣，然新書此段正取實錄之意，而云今采新書，何也？又考黑闥洺水之敗，奔於突厥，復引突厥入寇山東，無既降之事。

按：通鑑曰平劉黑闥經過，采自革命記及新書，趙氏誤解。劉黑闥於山東經營頗深，其引突厥入寇山東，山東頗響應之，高祖之言，或非空穴來風。

（武德九年）十一月庚寅，降宗室郡王非有功者爵爲縣公。（第二七頁）

糾謬卷三降封宗室郡公紀書為縣公等事：今按膠東郡王道彥傳略云："高祖初，封義興郡公，例得王。於是唐始興，務廣支蕃鎮天下，故從昆弟子自勝衣以上皆爵郡王。太宗即位……於是疏屬王者皆降爲公，唯嘗有功者不降。故道彥等並降封公。"由是言之，則道彥等其初所封皆郡王也，太宗即位後所降封皆郡公也。……今本紀所書乃云爲縣公者，蓋舊史本紀其誤如是，而新書不加考證承誤而書，故遂失其實矣。今新書道彥本傳之首猶書爲郡王，亦誤也。又按此降封宗室乃武德九年十一月事，是歲八月甲子，高祖初遜位，自稱太上皇，而太宗新受禪位，即位纔三四月耳，而封德彝所對邊指高祖爲先朝，此又史臣書事之甚誤者也。

十七史商榷卷八六：按本紀武德九年八月，太宗即位，十一年庚寅，降宗室郡王非有功者爵爲縣公，渾而言之，不顯道彥名。膠東郡王道彥傳但言太宗即位降封公，并不言是郡公、縣公，惟是道彥既是郡王而云降封公，則自是郡公，而紀中僅失落一字，若云郡縣公，即得之。吳所糾似太苟，吾所嫌者，道彥傳前半篇但云"高祖初，封義興郡公"，例得王，竟不知所得何王，太欲簡省，愚見當云以例進膠東郡王。

按：舊書卷二太宗本紀曰："(武德九年十一月庚寅)，降宗室封郡王者并爲縣公。"貞觀政要卷三、唐會要卷六四、通鑑卷一九二同。舊書卷六〇永安王孝基傳曰："無子，以從兄韶子道立爲嗣，封高平郡王，九年降爲縣公。"因此，武德九年降爲縣公之事爲確。但新紀卷二、冊府卷二六九、卷九八五稱道彥爲膠東郡公，此爲何因呢，舊書卷六〇襄邑王神符傳曰："有子七人，武德初并封郡王，後例降封縣公。次子德懋、少子文暕最知名，德懋官至少府監，臨川郡公；文暕歷幽州都督，魏郡公。"神符子初降爲縣公，但所舉均爲郡公。以此推，疑後道彥立功，進縣公爲郡公。

(貞觀元年) 六月辛丑，封德彝薨。(第二八頁)

月日考卷二：廿一日。舊紀、通鑑皆作"辛巳"，則朔日也。宰相表與此同，然在壬辰之前，亦當是辛巳也。

(貞觀元年六月) 甲辰，太子少師蕭瑀爲尚書左僕射。(第二八頁)

月日考卷二：廿四日。舊紀、通鑑皆作"壬辰"，則十二日也，宰相表亦作"壬辰"，當是此紀誤。

(貞觀二年正月) 丁巳，徙封恪爲蜀王，泰越王，祐燕王。(第二八頁)

月日考卷一：九日。舊紀承辛丑日下，通鑑與此同。

(貞觀二年三月) 己巳，遣使巡關內，出金寶贖饑民鬻子者還之。(第二九頁)

月日考卷二：廿二日。舊紀作"丁卯"，通鑑與此同。

(貞觀二年) 七月戊申，萊州刺史牛方裕、絳州刺史薛世良、廣州長史唐奉義、虎牙郎將高元禮，以宇文化及之黨，皆除名，徙于邊。(第二九頁)

十七史商榷卷七〇：考隋書煬帝紀及通鑑第一百八十五卷，虎賁郎將元禮與司馬德戡、裴虔通同弒帝，無所謂高元禮者。"高"字衍。下文貞觀七年正月禁錮宇文化及等詔，仍作元禮。

　　按："高元禮"，舊書卷二太宗紀同，唐大詔令集卷一一四禁錮隋朝弒逆子孫詔、通鑑卷一八五作"元禮"。武秀成師舊唐書辨證曰："葉校本正無'高'字，是宋刻本原無'高'字，聞人本衍之，當據刪。""高元禮"，舊書卷一八六上侯思止傳曰其爲遊擊將軍，渤海人，此乃天授年間事，距貞觀二年相差有六十餘年，按此高元禮絕不是隋末之元禮，按此事譚賓錄卷九、大唐新語卷一二均載，疑新紀據此誤加"高"字，冊府卷一五二所載文字與舊紀同，僅無"高"字。因此，"高"應衍。

（貞觀二年）十二月壬辰，黃門侍郎王珪守侍中。（第二九頁）
月日考卷二：宰相表與此同。舊紀、通鑑作"壬午"，則爲十日。

（貞觀三年）四月乙亥，太上皇徙居於大安宮。（第三〇頁）
月日考卷二：四日。舊紀作"辛巳"，則爲十日，通鑑與此同。

（貞觀）四年正月丁卯朔，日有食之。癸巳，武德殿北院火。（第三一頁）
糾謬卷一一貞觀四年日食及火紀志脫字：五行志記武德殿北院火，同。今按天文志則云閏正月丁卯朔，蓋紀及五行志皆脫"閏"字也。
知不足齋叢書本糾謬錢大昕注：以曆推之，當是閏正月。
月日考卷二：曰楨按：今以傅仁均術推之，實閏上年十二月，然閏正月，錢氏不知用何術推之，以爲閏正月，其說殊訛，會要與此同，舊紀、舊天文志亦並作"閏正月"。

（貞觀四年）四月戊戌，西北君長請上號爲"天可汗"。（第三一頁）
月日考卷二：三日。舊紀承丁酉日下，通鑑作"三月戊辰"，並與此異。

（貞觀四年九月）己卯，如隴州。（第三一頁）
月日考卷二：十七日。舊紀作"十月壬辰"，通鑑與此同。

（貞觀五年）五月乙丑，以金帛購隋人沒於突厥者，以還其家。（第三二頁）

月日考卷二：七日。舊紀承四月壬辰日下，通鑑與此同。

（貞觀五年）十一月丙子，有事于南郊。（第三二頁）

月日考卷二：是年十一月十一日丙寅冬至，疑"丙子"爲"丙寅"之訛。

按：册府卷三三作"丙子"。

（貞觀五年）十二月丁亥，詔："決死刑，京師五覆奏，諸州三覆奏，其日尚食毋進酒肉。"（第三三頁）

月日考卷二：二日。舊紀在七月戊申，訛，通鑑在八月。

按：舊紀卷三作"八月戊申"，會要作"五年八月二十一日"，正是戊申，應是。

（貞觀七年）二月丁卯，雨土。（第三四頁）

糾謬卷九雨土紀志月不同：今按五行志乃三月丁卯，未知孰是。

合鈔卷五四：按三月無丁卯，新書紀在二月，當從紀。

（貞觀八年十一月）己丑，吐谷渾寇涼州。（第三五頁）

月日考卷二：廿一日。舊紀、通鑑作"丁亥"，則十九日也，又舊紀"涼州"作"源州"，訛。

（貞觀八年十二月）丁卯，從太上皇閱武於城西。（第三五頁）

月日考卷二：廿九日。會要作"二十九日"，舊紀作"乙卯"，則十七日也。

（貞觀九年）閏四月丙寅朔，日有食之。（第三五頁）

舊書月日考卷二："閏月丁卯，日有蝕之"，合鈔曰："新書丙寅朔，當從新書。"曰楨按：今閏四月定朔丙寅，非丁卯。新舊二書天文志皆作丙寅朔，惟會要作丁卯朔，與此同訛。通鑑不書此食，今以授時術上推，是月丙寅朔，交分二日有奇，不入食限，則通鑑是也。

（貞觀九年）十一月壬戌，特進蕭瑀參豫朝政。（第三六頁）

月日考卷二：三十日。舊紀在十二月甲戌日下，通鑑在十一月戊午，宰相表與此同。

（貞觀十年）六月壬申，温彦博爲尚書右僕射，太常卿楊師道爲侍中。（第三六頁）

月日考卷二：十四日。又楊師道爲侍中亦在是日，舊紀作"甲戌"，宰相表與此同。

按：通鑑卷一九四同新紀。

貞觀十二年正月乙未，叢州地震。癸卯，松州地震。（第三七頁）

糾謬卷九貞觀時地震紀志日不同：今按五行志則云："正月壬寅，松、叢二州地震。"未知孰是。

互證卷一：按新五行志與舊紀同也，今考舊五行志："正月二十二日，松、叢二州地震。"新舊二紀并云閏二月庚辰朔，以是推之，正月二十二日正是壬寅，當從舊紀與五行志。

按：新紀在編寫時參考了舊紀，此處作出改動，并有具體日期，當有所據。

（貞觀十二年）十月己卯，獵於始平，賜高年粟帛。（第三八頁）

月日考卷二：五日。舊紀作"乙卯"，訛，通鑑與此同。

（貞觀十三年）二月庚子，停世封刺史。（第三八頁）

月日考卷二：廿七日。舊紀作"丙子"，則三日也，通鑑與此同。

（貞觀十三年四月）壬寅，雲陽石然。（第三九頁）

糾謬卷九石然紀志月不同：今按五行志乃三月壬寅，未知孰是。

月日考卷二：曰楨按：五行志訛。

按：貞觀十三年三月甲辰朔，無壬寅日。

（貞觀十三年）十二月壬申，侯君集爲交河道行軍大總管，以伐高昌。（第三九頁）

月日考卷二：四日。舊紀作"丁丑"，則九日也，宰相表、通鑑與此同。

（貞觀十四年）五月壬寅，徙封靈夔爲魯王。（第四〇頁）

月日考卷二：六日。舊紀作"壬戌"，通鑑與此同。

（貞觀十四年八月）癸酉，侯君集克高昌。（第四〇頁）

月日考卷二：八日。舊紀作"癸巳"，通鑑與此同。

（貞觀十七年）四月乙酉，廢皇太子爲庶人。（第四二頁）

月日考卷二：六日。舊紀作"庚辰朔"，據通鑑乃庚辰告變，乙酉廢太子也，會要正作"六日"。

（貞觀十九年六月）己未，大敗高麗於安市城東南山。（第四四頁）

月日考卷二：廿三日。舊紀作"丁巳"，通鑑作"戊午"，並與此異。

（貞觀二十年九月）辛亥，靈州地震。（第四五頁）

月日考卷二：廿二日。新五行志、舊紀與此同，舊五行志作"九月十五日"，則爲甲辰，與此異。

（貞觀二十一年七月）丙申，作玉華宮。（第四六頁）

月日考卷二：十二日。舊紀、通鑑皆作"庚子"，則十六日也。

（貞觀二十一年十月）癸丑，褚遂良罷。（第四六頁）

月日考卷二：十月無癸丑，當從合鈔作"癸酉"，乃二十日，宰相表與此同訛。

（貞觀二十二年正月）丙午，左武衛大將軍薛萬徹爲青丘道行軍大總管，以伐高麗。……（六月）丙子，薛萬徹及高麗戰于泊灼城，敗之。（第四七頁）

糾謬卷九薛萬徹官及高麗城名紀傳不同：今按高麗及薛萬徹傳皆云"右武衛大將軍"，獨紀以爲"左武衛"，又此紀及高麗傳皆云"泊灼城"，而萬徹傳作"泊汋城"，未知孰是。按地理志第三十三卷下末有載賈耽考邊州入四夷之路，內有營州西北路一節內云"泊汋城"，又有登州東北路一節，內有"泊汋口"，以此觀之，似"泊汋"是也。

互證卷一：按舊書萬徹傳作"泊汋"，高麗傳作"泊灼"，"右"與"左"，"汋"與"灼"，皆字誤，不足深糾，亦不可勝糾。

按："左"，舊書卷一九九上高麗傳、通鑑卷一九八、冊府卷一三五、九八五作"右"。"泊灼城"，舊書卷一九九上高麗傳、新書卷二二〇高麗傳、冊府卷三五七、九八五同；舊書卷六九薛萬徹傳、新書卷四三地理志作"泊汋城"。此應爲譯音，無定字也。

（貞觀二十二年）九月庚辰，崑丘道行軍總管阿史那社爾及薛延陀餘部處月、處密戰，敗之。（第四七頁）

月日考卷二：二日。舊紀作"閏月丁丑朔"，通鑑與此同。

（貞觀二十二年九月）壬寅，眉、邛、雅三州獠反，茂州都督張士貴討之。（第四七頁）

月日考卷二：廿四日。舊紀作"十一月戊戌"，通鑑與此同。

（貞觀二十二年）十月癸丑，至自玉華宮。（第四七頁）

月日考卷二：六日。舊紀作"癸亥"，通鑑與此同。

（貞觀二十三年五月）己巳，皇帝崩於含風殿，年五十三。（第四八頁）

糾謬卷四太宗紀享年差三歲：今按虞世南傳敘太宗語曰："吾年十八舉義兵，二十四平天下，未三十即大位。"且太宗以隋煬帝大業十三年起義兵，是歲丁丑，而太宗自謂年十八，則是庚申歲生。又太宗紀云："大業中，突厥圍煬帝鴈門，詔書募兵赴援，太宗時年十六，往應募。"按隋書紀突厥以大業十一年圍煬帝於鴈門，是歲乙亥，而太宗年十六，則亦是生於庚申歲。以二者推較，則太宗以庚申生無疑矣。貞觀二十三年歲在己酉，自庚申至己酉，止是五十年，而本紀以爲年五十三，則誤也。

知不足齋叢書本糾謬錢大昕注：唐會要太宗以隋開皇十八年十二月戊午生於武功別館，武德九年八月即位，年二十七，貞觀二十三年五月二十六日崩於翠微宮含風殿，年五十二。

十七史商榷卷七〇：舊紀："貞觀二十三年五月己巳，上崩於含風殿，年五十二。"新紀作"五十三"，唐會要與舊同，新誤。吳縝糾謬謂止五十歲，尤非是。

互證卷一：按舊書太宗紀云："隋開皇十八年十二月戊午生於武功之別館。"竹汀先生何須引會要也，且會要祇云"武德九年六月七日冊爲皇太子，八月九日即位"，無年二十七之文，計太宗是時年二十九矣。

按：舊紀卷二曰："（太宗生於）隋開皇十八年十二月戊午。"卷三曰："（貞觀二十三年五月）己巳，上崩於含風殿，年五十二。"唐會要卷一、御覽卷一四八、冊府卷二均載其生於開皇十八年。因此，太宗應生於開皇十八年。糾謬所提，乃敘述中夸小，以顯其英勇，爲約數，非實指。

卷三

高宗本紀

（貞觀二十三年八月）庚寅，葬文皇帝于昭陵。（第五二頁）
月日考卷三：十八日。舊太宗高宗二紀及會要、通鑑並與此同，按太宗哀冊文乃作"庚子"，則是二十八日也。

（貞觀二十三年九月）乙卯，李勣爲尚書左僕射，同中書門下三品。（第五二頁）
月日考卷三：十三日。舊紀在八月，宰相表、通鑑與此同。

（貞觀二十三年）十一月乙丑，晉州地震。（第五二頁）
月日考卷三：廿四日。舊五行志、會要作"五日"，則爲丙午，新五行志、舊紀與此同。

（永徽元年六月）庚辰，晉州地震。（第五二頁）
月日考卷三：十三日。五行志、舊紀皆與此同，舊五行志、會要作"六月十二日"。

（永徽元年）九月癸卯，高侃俘突厥車鼻可汗以獻。（第五二頁）
月日考卷三：七日。通鑑作"庚子"，舊紀與此同。

（永徽元年）十月戊辰，李勣罷左僕射。（第五三頁）
月日考卷三：三日。舊紀在九月己未，宰相表、通鑑皆與此同。

（永徽二年正月）乙卯，瑤池都督阿史那賀魯叛。（第五三頁）
月日考卷三：廿一日。舊紀在元年十二月，通鑑在此年正月，不

（永徽二年八月）己卯，白水蠻寇邊。（第五三頁）

月日考卷三：十八日。舊紀在十一月，通鑑與此同。

（永徽二年十一月）戊寅，忻州地震。（第五三頁）

月日考卷三：十九日。舊紀作"戊辰"，新五行志與此同，舊五行志不載。

（永徽）四年二月甲申，駙馬都尉房遺愛、薛萬徹、柴令武、高陽巴陵公主謀反，伏誅。（第五五頁）

月日考卷三：二日。舊紀作"正月丙子謀反，二月乙酉伏誅"，宰相表、通鑑與此同。

（永徽四年二月）己亥，徐王元禮爲司徒，李勣爲司空。（第五五頁）

月日考卷三：十七日。通鑑即承戊子日下，宰相表、舊紀與此同。

（永徽六年）五月壬午，及高麗戰於貴端水，敗之。（第五六頁）

月日考卷三：十三日。舊紀在三月，通鑑與此同。

（永徽六年五月）壬辰，韓瑗爲侍中，來濟爲中書令。（第五六頁）

月日考卷三：廿三日。舊紀即承癸未日下，宰相表、通鑑與此同。

（永徽六年）七月乙酉，崔敦禮爲中書令。（第五六頁）

月日考卷三：十七日。舊紀作"乙亥"，宰相表、通鑑與此同。

（永徽六年十月）乙卯，立宸妃武氏爲皇后。（第五六頁）

互證卷二：按新舊武后本紀俱云"進爲宸妃"，而通鑑考異曰"按立武后詔書猶云昭儀，武氏然則未嘗爲宸妃也"。

月日考卷三：十九日。舊紀即在己酉日下，通鑑與此同，"宸妃"當從舊紀作"昭儀"。

按：舊紀卷六曰："進號宸妃，永徽六年，廢王皇后而立武宸妃爲皇后。"新紀卷四同。似新書高宗本紀爲是。但舊書卷八〇來濟傳曰："六年……時高宗欲立昭儀武氏爲宸妃，濟密表諫曰：'宸妃古無此號，事將不可。'"新書卷一〇五來濟傳同。關於來濟之諫始末，新書卷七六則天武皇后傳曰："久之，欲進號'宸妃'，侍中韓瑗、中書令來濟言：'妃嬪有數，今別立號，不可。'昭儀乃誣后與母厭勝，帝挾前憾，實其言，將遂廢之。長孫無忌、褚遂良、韓瑗及濟瀕死固爭，帝猶豫，而中書舍人李義府、衛尉卿許敬宗素險側，狙勢即表請昭儀爲后，帝意決，下詔廢后。"似武昭儀並未得封宸妃。通鑑卷一八九曰："唐因隋置後宮有貴妃、淑妃、德妃、賢妃，皆視一品，上欲特置宸妃，以武昭儀爲之，韓瑗、來濟諫以爲故事無之，乃止。"因此，武昭儀並未得封宸妃爲是。

（永徽六年十月）丁巳，大赦，賜民八十以上粟帛。（第五六頁）
月日考卷三：廿一日。舊紀亦承己酉日下，通鑑與此同。

（顯慶元年）八月丙申，崔敦禮薨。（第五七頁）
月日考卷三：四日。按敦禮碑作"三日乙未薨"，此與宰相表、舊紀、通鑑同訛。

（顯慶二年三月）癸丑，李義府兼中書令。（第五八頁）
合鈔卷四：（舊紀卷四作"甲子"。）按是月無甲子，當從新書。
月日考卷三：廿五日。宰相表、通鑑皆與此同，舊紀作"甲子"。

（顯慶二年十二月）丁巳，蘇定方敗賀魯于金牙山，執之。（第五八頁）
月日考卷三：三日。舊紀在三年二月，通鑑在十二月，與此同。
西突厥史料編年補闕：此條與舊書三年二月條敘異，是歲賀魯並未成擒也。新紀"執之"誤。考異一〇顯慶二年十二月曰："舊書賀魯傳云：'定方行至曳咥河西，賀魯率胡祿居闕啜等二萬餘騎列陳而待，定方率任雅相等與之交戰，賊衆大敗……賀魯及闕啜輕騎奔竄，渡伊西麗河……彌射、步真攻之，大潰。又與蘇定方攻賀魯於碎葉水，大破之。'舊書本紀'三年二月，定方平賀魯。'……今取實錄。"實錄蓋取終言之書法，新紀既失察，司馬復從而實之。

（顯慶三年）二月甲戌，至自東都。（第五九頁）

月日考卷三：廿一日。舊紀作"丁巳"，則四日也，通鑑與此同。

（顯慶四年）四月丙辰，于志寧爲太子太師，同中書門下三品。（第五九頁）

月日考卷三：十日。舊紀作"己未"，宰相表、通鑑與此同。

（顯慶四年）十月丙午，皇太子加元服。（第五九頁）

月日考卷三：三日。舊紀作"乙巳"，通鑑與此同。

（顯慶五年三月）辛亥，左武衛大將軍蘇定方爲神兵道行軍大總管，新羅王金春秋爲嵎夷道行軍總管，率三將軍及新羅兵，以伐百濟。（第六〇頁）

合鈔卷四：按蘇定方傳顯慶五年拜熊津道大總管，此即新書本紀五年三月神邱道大總管之命，且是時定方方討都曼，不應爲神邱道，疑屬下五年事，錯簡於此。

月日考卷三：十日。"（神）兵"，舊紀、通鑑作"（神）邱"，通鑑考異曰："舊書定方傳、新羅傳皆云'定方爲熊津道大總管'，實錄定方傳亦同，今從此年實錄、新唐書本紀。又舊本紀、唐曆皆云'四年十二月癸亥，以定方爲神丘道大總管，劉伯英爲嵎夷道行軍總管'。按定方時討都曼，未爲神丘道總管，舊書、唐曆皆誤，今從實錄。"曰楨按：今本舊紀作"十一月癸亥"，又與考異所引作"十二月"者不同。

按：新紀卷三："（顯慶）五年正月癸卯，蘇定方俘都曼以獻。"通鑑考異所曰爲是。

（顯慶五年七月）丁卯，盧承慶罷。（第六〇頁）

月日考卷三：廿八日。舊紀作"戊辰"，宰相表、通鑑與此同。

（顯慶五年十二月）己卯，如東都。（第六一頁）

月日考卷三：十三日。舊紀作"至自許州"，通鑑作"還東都"。

（龍朔元年）二月乙未，改元。（第六一頁）

互證卷二：舊書"三月丙申朔改元"，通鑑作"二月乙未晦改元"。按此雖無可考證，然恐當從舊書。

按：冊府卷一五曰："龍朔元年二月乙未晦，以百濟初平，又益、緜等五州皆言龍見，於是改元，盡三年。"考舊書原文，舊紀卷四曰："二月乙未，以益、緜等州皆言龍見，改元，曲赦洛州。龍朔元年三月丙申朔，改元。"因此，疑爲乙未日下詔，丙申日正式改元。

（龍朔元年）四月庚辰，任雅相爲浿江道行軍總管，契苾何力爲遼東道行軍總管，蘇定方爲平壤道行軍總管，蕭嗣業爲扶餘道行軍總管，右驍衛將軍程名振爲鏤方道行軍總管，左驍衛將軍龐孝泰爲沃沮道行軍總管，率三十五軍以伐高麗。（第六一頁）

月日考卷三：十六日。舊紀作"五月丙申"，則爲五月二日，宰相表、通鑑與此同，會要亦云四月十六日。

（龍朔元年四月）甲午晦，日有食之。（第六一頁）

月日考卷三：三十日，新天文志、舊紀、通鑑目錄皆作"五月甲子晦"，當是此紀訛，舊天文志、會要、通鑑不載此食。按是時用平朔，不用定朔，故食不在朔也。今以授時術上推，是年五月經朔乙未，交分一十二日有奇，不入食限，六月經朔甲子，交分一十四日三千九百一十一分，入食限。

互證卷二：新書"五月甲午晦，日有食之"，舊書"甲子晦"。按是年二月乙未晦，三月丙申朔，以是推之，五月不得爲甲午晦。又新紀下文書六月辛巳，若五月甲午晦，則六月不得有辛巳也。舊書書日多謬誤，而此處作五月甲子晦，獨爲是。又按新天文志亦作甲子晦。

按：互證系月爲誤，新紀卷三系於四月下，考龍朔元年四月乃乙丑朔，甲午正爲晦日。古今律曆考卷二十四曰："六月交一十四日三九，六月朔五十二刻甲子午時，推是年六月甲子朔午時日食，非五月晦。"

（龍朔二年）七月戊子，以子旭輪生滿月，大赦，賜酺三日。（第六二頁）

月日考卷三：一日。通鑑有朔字，此脱。舊紀作"丁亥朔"，沈氏合鈔曰："新書'戊子'，當從新書。"曰楨按：舊紀上書六月己未朔，皇子旭輪生，下書秋七月丁亥朔，以東宮誕育滿月，大赦天下，是六月中止有二十八日，其誤明矣。又舊紀稱皇子爲東宮，亦非，此時睿宗未爲太子也。

（龍朔二年）九月丁丑，李義府起復。（第六二頁）

月日考卷三：廿一日。舊紀作"戊寅"，宰相表與此同。

（龍朔二年）十一月辛未，貶許圉師爲虔州刺史。（第六二頁）

通鑑考異卷一〇：舊本紀"十一月辛未，圉師下獄"，新本紀"十一月辛未，圉師貶虔州刺史"，今據實錄"辛未，免官，久之，貶虔州刺史"，舊紀貶虔州刺史在三年二月，新本紀誤。

月日考卷三：十六日。宰相表與此同。曰楨按：據考異，則通鑑于圉師免官當書十一月辛未，今本不紀日，亦不紀月，乃承十月之下，蓋今本通鑑有脫文也。又舊紀左遷虔州刺史在三年三月，與考異所引作"二月"也不同，通鑑卻在三月。

麟德元年二月戊子，如福昌宮。癸卯，如萬年宮。（第六三頁）

月日考卷三：（戊子）十日。舊紀、通鑑皆作"戊子，幸萬年宮"，舍下文癸卯一條。

（麟德元年）八月己卯，幸舊第。（第六四頁）

月日考卷三：四日。舊紀、通鑑並作丙子日下，按舊紀"八月丙子朔，至自萬年宮，便幸舊宅；己卯，幸大慈恩寺；壬午，還蓬萊宮"，通鑑"八月丙子，車駕還京師，幸舊宅，留七日，壬午，還蓬萊宮"，此"己卯"當作"丙子"，乃與留七日相合。

（麟德元年十一月）丁亥，司列太常伯劉祥道兼右相。（第六四頁）

月日考卷三：十二日。舊紀作"戊子"，則爲十三日，合鈔作"戊午"，訛，宰相表、通鑑與此同。

（麟德二年十月）丁卯，如泰山。（第六五頁）

月日考卷三：廿九日。通鑑作"丙寅"，舊紀與此同。

（乾封元年正月）辛卯，幸曲阜。（第六五頁）

月日考卷三：廿四日。舊紀作"甲午"，通鑑與此同。

（乾封元年四月）庚戌，陸敦信罷。（第六五頁）

月日考卷三：十四日。舊紀在七月庚午，宰相表、通鑑與此同。

（乾封元年）十二月己酉，李勣爲遼東道行臺大總管，率六總管兵以伐高麗。（第六五頁）

月日考卷三：十八日。"臺大總"，宰相表作"軍"，宰相表作"十二月癸酉"，訛，舊紀作"十月己酉"，通鑑與此同。

（乾封二年）二月丁酉，涪陵郡王愔薨。（第六六頁）

月日考卷三：六日。舊紀作"戊戌"，通鑑與此同。

（乾封二年）六月乙卯，西臺侍郎楊武、戴至德、東臺侍郎李安期、司列少常伯趙仁本同東西臺三品。（第六六頁）

月日考卷三：廿六日。毛本"列"誤"烈"，通鑑作"四月己卯"，舊紀與此同。

（乾封二年八月）辛亥，李安期罷。（第六六頁）

月日考卷三：廿三日。舊紀作"丙辰"，宰相表、通鑑皆與此同。

（總章元年）二月丁巳，皇太子釋奠于國學。（第六六頁）

月日考卷三：三日。舊紀作"癸未"，則廿九日也，會要作"二十九日"。

（總章元年二月）戊寅，如九成宮。……三月庚寅，大赦改元。（第六六頁）

互證卷二：舊書"二月丙寅，下詔大赦，改元爲總章元年。二月戊寅，幸九成宮"。按舊紀兩云"二月"，下"二月"二字當爲衍文，否則爲三月之譌，而改元在"幸九成宮"前。新紀在"如九成宮"後也。通鑑作"三月庚寅，赦天下，改元；戊寅，上幸九成宮"，然三月有庚寅，則不得有戊寅，通鑑之誤必矣。

月日考卷三：（庚寅）六日，舊紀在二月丙寅日下，會要作二月二十九日，通鑑與此同。

按：關於"如九成宮"，新紀作"二月戊寅"，舊紀卷五同，冊府卷一一三曰："總章元年三月戊寅，幸九成宮。"通鑑卷二〇一同，三月乃乙酉朔，無戊寅，則"三"乃"二"之訛。因此，"二月戊寅如九成宮"爲是。

關於"改元總章"，新紀作"三月庚寅"，通鑑卷二〇一同，舊紀作"二月丙寅"，御覽卷一一〇作"二月戊寅"，舊唐書卷二二禮儀志曰："至乾封二年二月，詳宜略定，乃下詔曰：'採三代之精微，探九皇之至賾，斟酌前載，制造明堂。……宜命有司，及時起作，務從折中，稱朕意焉。'於是大赦天下，改元總章。"唐會要卷一一曰："乾封二年二月十二日詔……于是大赦改元總章。"二月乃乙卯朔，"二十二日"乃丙子，十二日乃"丙寅"。疑舊紀等襲此而誤"二月"，並將"二年"誤作"三年"。通典卷四四："三年三月，議定下詔改元爲總章。"冊府卷一五曰："總章元年三月，明堂成，大赦改元。"因此，乃乾封二年二月下詔修明堂，乾封三年三月庚寅，明堂成，乃大赦改元。

（總章元年二月）壬午，李勣敗高麗，克扶餘、南蘇、木底、蒼巖城。（第六六頁）

月日考卷三：廿八日。通鑑拔扶餘城在是日，拔南蘇等三城則在上年九月，與此異。

按：冊府卷九八六曰："（乾封三年）高麗乘勝而進，仁貴等橫擊之，賊大敗，斬首五萬餘級，遂拔其南蘇、木底、蒼巖等三城，與男生之軍相會。仁貴乘勝領二千人將攻餘城，諸將以兵少止之，仁貴曰：'在善用耳，不在多也。'遂先鋒而行，賊衆來拒，逆擊，大破之，殺獲萬餘人。餘城既降，扶餘州內四十餘城一時送款。"以此看，通鑑爲是。

（總章元年）四月乙卯，贈顏回太子少師，曾參太子少保。（第六六頁）

合鈔卷五：（舊書總章元年二月）贈顏回太子少師……按禮志，當從舊書。

月日考卷三：一日，脫朔字。舊紀在二月癸未，與皇太子釋奠同日。……曰楨按：新禮樂志元年無月日，舊禮儀志元年二月無日，孝敬皇帝傳亦作"元年二月"，唐會要作"二月一日"，又與新舊二書並異，疑當從會要作"二月乙卯朔"爲是。

按：通典卷五三作"元年二月"。

（總章二年）九月庚寅，括州海溢。（第六七頁）

合鈔卷五：新書在九月庚寅，誤。

月日考卷三：十四日。通鑑與此同，舊紀在六月戊申朔下。……曰楨按：舊五行志作"九月十八日"，新五行志作"六月"，新舊二書紀志各自舛異，安見新書之必誤耶？唐會要正作"九月十八日"，與舊志同，疑當作"九月甲午"爲是。

（咸亨元年八月）丁巳，至自九成宮。（第六九頁）

月日考卷三：十七日。舊紀作"甲子"，通鑑與此同。

（咸亨元年十月）乙未，趙仁本罷。（第六九頁）

月日考卷三：廿六日。舊紀作"丙申"，宰相表、通鑑與此同。

（咸亨）二年正月乙巳，如東都，皇太子監國。……（三年）十月己未，皇太子監國。……（十一月）甲辰，至自東都。（第六九、七〇頁）

通鑑考異卷一〇：舊本紀及太子弘傳"正月乙巳，幸東都，留太子於京師監國"，明年十月己未又云"皇太子監國"，新本紀、唐曆、統紀皆連歲言太子監國。按離長安時已留太子監國，及自東都將還，豈得又令監國。據實錄此月無監國事，唯明年十月有之，今從之。

合鈔卷五：按二年正月幸東都，詔皇太子宏監國，（三年十月）是月壬戌始還京師，則是去年至此皆皇太子監國，不必復書監國也。若以駕還京師，留太子於東都，雖太子宏傳監國下有召詣東都文，未知即是此年否。然駕幸東都，則京師重地，當以太子監國，若東都不過巡幸之地，駕還京師，何可亦云監國也，義似未長，疑屬衍文。

互證卷二曰：按二年正月如東都，令皇太子監國，至三年十月則已將還，豈至是時而始令監國。溫公雖言據實錄，殆不可從，或者三年十月一事爲衍文也。

月日考卷三：七日。通鑑作"正月甲子幸東都"，不云太子監國。……曰楨按：甲子乃廿六日，與此及舊紀異，監國當在離長安時，考異說似誤，當以沈氏合鈔爲是。

（咸亨三年）九月癸卯，徙封賢爲雍王。（第七〇頁）
月日考卷三：十五日。舊紀作"壬寅"，通鑑與此同。

（上元二年八月）庚子，張文瓘爲侍中，郝處俊爲中書令，劉仁軌爲尚書左僕射，戴至德爲右僕射。（第七二頁）
月日考卷三：廿九日。通鑑作"戊戌"，宰相表與此同，舊紀先書。

（儀鳳元年）十二月戊午，來恒、薛元超爲河南、河北道大使。（第七三頁）
月日考卷三：廿五日。宰相表作"丙午"，舊紀、通鑑與此同。

（儀鳳三年九月）丙寅，李敬玄、劉審禮及吐蕃戰於青海，敗績，審禮死之。（第七四頁）
通鑑考異卷一〇：按舊傳審禮永隆二年卒于蕃中，新紀誤也。
廿二史劄記卷一八：儀鳳三年，劉審禮與吐蕃戰於青海，敗績。舊書書審禮被俘。
互證卷二：舊書"審禮被俘"，按新舊二書審禮傳並云"被執，詔其子易從省之，既至，而審禮卒"，非死於戰也。舊紀爲是。
按：通典卷一八九曰："儀鳳中，工部尚書劉審禮又率兵十八萬，敗，歿於青海。"通典卷一九〇、舊書卷八一劉審禮傳略同，舊紀卷五則曰"審禮被俘"，舊書卷一〇九黑齒常之傳曰"沒賊"。大唐新語卷五曰："審禮子詣闕，自請入吐蕃以贖其父，詔許之。次子岐州司兵易從投蕃中省父，比至，審禮已卒。"因此，劉審禮首先是被俘，然後死。"死之"，此乃新紀書法，以劉審禮爲國而死，非誤。

（儀鳳三年）閏十一月丙申，雨木冰。（第七四頁）
月日考卷三：十四日。新五行志、舊紀"丙申"皆承十一月下，舊五行志、會要亦作"十一月十四日"。

（調露元年）四月辛酉，郝處俊爲侍中。（第七四頁）

月日考卷三：十二日。舊紀在戊午日下，通鑑與此同。

（永隆元年二月）乙丑，如東都。（第七五頁）

月日考卷三：二十日。舊紀作"甲子，自溫湯還東都"，通鑑作"乙丑，還東都"。

（永隆元年七月）辛巳，李敬玄及吐蕃戰于湟川，敗績。左武衞將軍黑齒常之爲河源軍經略大使。（第七五頁）

通鑑考異卷一〇：實錄："吐蕃大將贊婆及素和貴等帥衆三萬進寇河源，屯兵于良非川。辛巳，河西鎮撫大使李敬玄統衆與賊戰于湟川，官軍敗績。副使、左武衞將軍黑齒常之帥精騎三千，夜襲賊營，殺獲二千餘級，贊婆等遂退。擢常之爲河源軍經略大使，詔敬玄留鎮鄯州，以爲之援。"按儀鳳三年九月，敬玄已與吐蕃戰敗于青海，常之夜襲虜營，賊乃退，與此事頗相類。舊書敬玄傳止一敗，無再敗。常之傳："儀鳳中，從敬玄擊吐蕃，走跋地設，充河源軍副使。時贊婆等屯良非川，常之夜襲賊營，走之，擢爲大使。"事似同時。新書敬玄傳戰青海，又戰湟川，凡再敗。常之傳："儀鳳三年，襲跋地設。調露中，襲贊婆。"唐曆、統紀皆無今年敬玄敗事。又實錄今年八月丁巳，敬玄貶衡州刺史，辛巳至丁巳，纔三十七日……時高宗又在東都，若敬玄敗後，累表稱疾，得報乃來，至東都必數日，乃貶，非三十七日之内所能容也。今略去敬玄湟川敗事，但云吐蕃寇河源，常之擊却之而已。

月日考卷三：曰楨按：通鑑是也。舊紀亦與此紀同，蓋承實錄之誤，又通鑑下文云"敬玄軍既敗，屢稱疾，請還，上許之。既至，無疾，詣中書視事，上怒。丁巳，貶衡州刺史。"乃指上年青海之敗，非記湟川之敗也。

按：舊紀卷五曰："（儀鳳三年九月）丙寅，洮河道行軍大總管、中書令李敬玄、左衞大將軍劉審禮等與吐蕃戰于青海之上，王師敗績，審禮被俘。……（調露二年）秋七月，吐蕃寇河源，屯于良非川，河西鎮撫大使李敬玄與吐蕃將贊婆戰于湟中，官軍敗績，時左武衞將軍黑齒常之力戰，大破蕃軍，遂擢爲河源軍經略大使，令李敬玄鎮鄯州爲之援。"新紀卷三曰："（儀鳳）三年正月丙子，李敬玄爲洮河道行軍大總管，以伐吐蕃。……丙寅，李敬玄、劉審禮及吐蕃戰于青海，敗績，審禮死之。……（調露二年）七月己卯，吐蕃寇河源。辛巳，李敬玄及吐蕃戰于湟川，敗績，左武衛將軍黑齒常之爲河源軍經略大使。……（八月）丁巳，貶李敬玄爲衡州刺史。"新書卷一〇六李敬玄傳曰："與吐蕃將論欽陵戰青海……又戰湟川，遂大敗。"通典卷一八九曰："儀鳳中，工部尚書劉審禮又率兵十八萬，敗没於青海。調露中，中書令李敬玄又大敗。"可見李敬玄爲二敗。考異疑調露二年之戰爲虛，册府卷三五八曰："儀鳳中，吐蕃入寇，從河西道大總管李敬玄拒之，總管劉審禮之没於陣，敬玄欲抽軍，却阻泥溝而計無所出。常之夜率敢死五百人進斫賊營，賊酋跋地設棄軍宵遁。高宗大悦，擢授左武衛將軍。永隆二年，爲河源道經略大使，率兵以討吐蕃，軍至良非川，吐蕃大將贊婆引退，常之進軍，追討獲其羊馬甲仗而還。"調露二年爲永隆元年，均戰於良非川，疑此爲調露二年之戰。此事册府卷八四亦有敘述，曰："儀鳳中吐蕃犯邊，常之從李敬玄、劉審禮擊之……擢授左武衛將軍兼檢校左羽林軍，賜金五百兩、絹五百疋，仍充河源軍副使。吐蕃贊婆及素和貴等賊徒三萬餘屯於良非川，常之率精騎三千佚襲營，殺獲二千級，獲羊馬數萬，贊婆等單騎而遁，授常之爲河源道經略大使，又賞物四百疋。"册府卷四四三略同，并於李敬玄一敗後曰："高宗怒不見之。"疑此敗高宗并未對之施以處罰。册府卷三九〇曰："調露二年，吐蕃寇河源，河西鎮撫大使李敬玄敗績，常之爲副使，頻有戰功，擢爲河源軍經略大使。詔敬玄留鎮鄯州以爲之援。"因此，調露二年戰亦爲實，此戰黑齒常之亦夜襲。據册府卷三五八、四四三，儀鳳之戰跋地設夜遁，調露之戰乃贊婆遁逃。考異曰舊書李敬玄僅一戰，考舊書卷八一李敬玄傳曰："儀鳳元年，代劉仁軌爲中書令。調露二年，吐蕃入寇，仁軌先與敬玄不協，遂奏請敬玄鎮守西邊……竟以敬玄爲洮河道大總管兼安撫大使，仍檢校鄯州都督，率兵以禦吐蕃，及將戰，副將工部尚書劉審禮先鋒擊之……俄有詔留敬玄於鄯州防禦……貶授衡州刺史。"從敘述內容看，所述爲儀鳳三年之戰，調露二年應誤。至於考異曰三十七日時間太短，疑丁巳乃下詔日。

（開耀元年閏七月）庚戌，以餌藥，皇太子監國。（第七六頁）
月日考卷三：十四日。舊紀、通鑑皆作"庚申"，與此異。

（永淳元年）五月乙卯，洛水溢。（第七七頁）

月日考卷三：廿三日。通鑑與此同，舊紀作"丙午"，舊五行志作"六月十二日，連日大雨，至二十三日，洛水大漲"，新五行志作"五月丙午，東都連日澍雨，乙卯，洛水溢"，丙午乃五月十四日，舊五行志六月十二日，當爲五月十四日之訛，會要作"元年五月二十三日"，亦訛。

（弘道元年）五月乙巳，突厥寇蔚州，刺史李思儉死之。（第七八頁）

月日考卷三：十八日。舊紀在庚寅日下，通鑑與此同。

（弘道元年十一月）辛丑，皇太子監國。（第七八頁）

月日考卷三：十八日。舊紀、通鑑在戊戌日下，與此異。

（弘道元年十一月）戊申，裴炎、劉齊賢、郭正一兼於東宮平章事。（第七八頁）

月日考卷三：廿五日。宰相表與此同，"齊賢"作"景先"，舊紀在戊戌日下，作"齊賢"，通鑑亦在戊戌日下，作"景先"。

（弘道元年）十二月丁巳，改元，大赦。（第七九頁）

合鈔卷五：（舊書）十二月己酉。按正月甲午朔，則十二月之朔當是戊午，無己酉也。新書作"丁巳"，亦誤。

月日考卷三：四日。會要正作"四日改元"，舊紀作"己酉"，按此即高宗崩日，據會要、六典高宗實以十二月四日崩，則丁巳是也，舊紀訛。又沈氏合鈔曰……曰楨按：沈氏爲舊紀正月甲午下衍一"朔"字所誤，而未考通鑑目錄，故發此謬論。

按：正月甲申朔，則十二月之朔當爲甲寅，沈炳震誤。則十二月無己酉，丁巳是。

卷四

則天皇后本紀

而高宗春秋高，苦疾，后益用事，遂不能制。高宗悔，陰欲廢之，而謀洩不果。（第八一頁）

互證卷二：按高宗之崩也，年五十六歲，在癸未，其與上官儀謀廢武后，歲在甲子。舊紀高宗以貞觀二年六月生，歲在戊子，自戊子至甲子，高宗年三十七耳，不得云"春秋高"。

弘道元年十二月，甲子，皇太子即皇帝位。（第八二頁）

月日考卷四：十一日。舊紀即在丁巳日下，通鑑與此同，會要作"十二月六日"。

光宅元年正月癸未，改元嗣聖。（第八二頁）

合鈔卷六：（舊紀卷六"甲申朔"）按去年正月甲午朔，此年甲申朔，相去十日，未詳。

月日考卷四：按"癸未"詔，當從舊紀、通鑑作"甲申朔"，新書五行志於上年十二月仍作"壬午晦"，而此紀仍以癸未爲正月朔。蓋但據推步，實與當時詔旨不相符合，且此紀上文及宰相表均於上年十二月書"癸未，郭正一罷"，而於此又書正月癸未，其誤明矣。沈氏合鈔曰……曰楨按：沈氏不通推步，又未考通鑑目錄，故於上年甲午朔之詔文則信之，於此年之甲申朔不誤者轉疑之，是並新書、曆志及會要皆未一檢，疏略甚矣。

（光宅元年二月）庚申，廢皇太孫重照爲庶人，殺庶人賢于巴州。（第八二頁）

合鈔卷六：（舊紀卷六"庚午"）疑當從新書。

月日考卷四：曰楨按：通鑑與新紀同，……舊紀在三月（殺賢），通鑑云："二月辛酉，太后命丘神勣詣巴州檢校故太子賢宅，其實風使殺之。三月丁亥，神勣至巴州，幽賢於別室，逼令自殺，太后乃歸罪於神勣。戊戌，舉哀於顯福門。己亥，追封賢爲雍王。"考異曰："則天實錄賢死在二月，丘神勣往巴州下，舊本紀在三月，唐曆遣神勣，舉哀追封皆有日，今從之。"

（光宅元年二月）丁丑，太常卿王德真爲侍中，中書侍郎劉禕之同中書門下三品。（第八二頁）

　　月日考卷四：廿五日。舊紀即在庚午日下，宰相表、通鑑與此同。

（光宅元年九月）己巳，追尊武氏五代祖克己爲魯國公。（第八三頁）

　　月日考卷四：廿一日。旦楨按：舊傳與新紀正相反，通鑑與此紀同。
　　按：舊書卷一八三武承嗣傳曰："（天授元年）后五代祖贈太原靖王居常爲嚴祖成皇帝，高祖贈趙肅恭王克己爲肅祖章敬皇帝。"與新紀異。

（光宅元年十月丁酉）貶劉齊賢爲辰州刺史。（第八四頁）

　　互證卷二：按宰相表亦作"辰州"，考新舊二書齊賢傳並云貶普州刺史，未知孰是。通鑑作"普州"。
　　按：通鑑卷二〇三曰："劉景先貶普州刺史，又貶辰州刺史。"

（垂拱元年）五月丙午，裴居道爲納言……（二年）五月丙午，裴居道爲內史。……（三年四月）壬戌，裴居道爲納言。（第八五、八六頁）

　　合鈔卷六：新書（垂拱元年）作"納言"誤。
　　互證卷二：（垂拱元年）按宰相表與舊紀同……"納言"當爲"內史"之誤。……（垂拱二年）按上文四月庚辰，岑長倩爲內史，不應居道復爲內史。宰相表作"納言"，然下文三年四月壬戌，裴居道爲納言，又不應重書也。……舊紀是年不書居道官，然四月書岑長倩爲內史，三年四月書居道爲納言，通鑑同。當是居道此時與長倩并爲內史也。居道垂拱元年已爲內史，不必重書。
　　餘審卷一裴居道歷相位：除居道不論外，兩人同官內史者有長倩與光輔，文偉與秦客，欽望及昭德，及善及三思，互證"不應居道復爲內史"之言，宜有酌也……余頗疑居道爲納言實應依新紀在元年五月，其遷內史則應在三年四月，舊新書及通鑑均各有錯誤也。

按：岑氏將所有史料均歸誤，頗不穩。新紀"垂拱元年"有誤，"二年"明顯爲重複，當刪。舊紀卷六所曰甚明，當以舊紀爲是，其曰："（垂拱元年）五月，秋官尚書裴居道爲內史，納言王德真配流象州，冬官尚書蘇良嗣爲納言。……（三年）四月，裴居道爲納言。"

（垂拱元年五月己酉）封皇帝子成義爲恒王。（第八五頁）

合鈔卷六：（舊紀）三年春正月……按兩書本傳皆在三年，新書紀誤。

互證卷二：按新書睿宗諸子傳云"成義垂拱三年始王恒，與衛、趙二王同封"，與舊紀同。

月日考卷四：四日。舊本紀在三年正月，通鑑在三年閏正月丁卯，"成義"作"成美"，考異曰："唐曆、舊本紀、新傳皆作'成美'，今從實錄。"

（垂拱二年）五月丙午，裴居道爲內史。（第八五頁）

合鈔卷六：按表作"納言"，蓋此即元年五月之拜，紀於元年誤作"內史"，表于二年作"納言"，皆重出而誤，當從舊書。

月日考卷四：七日。宰相表作"納言"，舊本紀、通鑑不載此事。沈氏合鈔曰……曰楨按：三年四月壬戌又書居道爲納言，紀、表皆同，則此條爲重出，明矣。

（垂拱二年）十月己巳，有山出于新豐縣，改新豐爲慶山，赦囚，給復一年，賜酺三日。（第八五頁）

糾謬卷九垂拱二年新豐慶山事紀志不同：今五行志云："垂拱二年九月己巳，雍州新豐縣露臺鄉大風雨震電，有山湧出。"紀以爲十月己巳，而志以爲九月己巳，二者必有一誤。

月日考卷四：曰楨按：通鑑己巳亦承九月下，蓋承五行志之訛，通鑑考異曰："統紀在十二月，實錄在九月。"

按：垂拱二年九月戊戌朔，無己巳，十月壬辰朔，己巳爲二日。

（垂拱）三年閏正月丁卯，封皇帝子隆基爲楚王，隆範衛王，隆業趙王。（第八六頁）

月日考卷四：二日。舊紀作"正月"，通鑑與此同，沈氏合鈔曰："當從新書。"曰楨按：舊玄宗紀作"閏七月丁卯"，亦訛。會要云："三年閏正月二日封楚王。"亦與此合。

（垂拱三年）五月丙寅，夏官侍郎張光輔爲鳳閣侍郎，同鳳閣鸞臺平章事。（第八六頁）

月日考卷四：三日。舊紀在四月，宰相表、通鑑與此同。

（垂拱三年）十二月壬辰，韋待價爲安息道行軍大總管、安西大都護，閻溫古副之，以擊吐蕃。（第八六頁）

合鈔卷六：（舊紀卷六："永昌元年五月，命文昌右相韋待價爲安息道大總管以討吐蕃。"）按新書本紀及舊書本傳皆作垂拱三年，此疑即新書本紀垂拱三年十二月壬辰之拜。

月日考卷四：二日。通鑑考異曰："實錄十二月（丙）〔壬〕辰，命待價爲安息道總管，督（二）〔三〕十六總管以討吐蕃，不言師出勝敗如何，至永昌元年五月又云命待價擊吐蕃，七月敗於寅識迦河。按本傳不云兩曾將兵，今刪此事。"曰楨按：實錄作"丙辰"，則爲二十六日，與此紀異，舊紀不載此事，舊待價傳則在垂拱三年，與此合，疑舊紀、通鑑誤也。

按："永昌元年"，冊府卷三二三、四四五同，舊紀卷六作"永昌元年五月"，七月其被流繡州。但通鑑卷二〇四曰："（垂拱三年十一月）太后欲遣韋待價將兵擊吐蕃。"舊書卷九三唐休璟傳曰："垂拱中，遷安西副都護，會吐蕃攻破焉耆，安息道大總管、文昌右相韋待價及副使閻溫古失利……"冊府四〇五同。據此，則垂拱三年韋待價就被任命安西道大總管。考舊書卷七七韋待價傳，曰其垂拱三年上疏請自効戎旅之用，於是拜安息道大總管，至寅識迦河與吐蕃合戰，初勝後敗，與永昌元年之敗描述相同。據此，韋待價與吐蕃應爲一戰。按通鑑卷二〇四曰："（永昌元年）五月丙辰，命文昌右相韋待價爲安息道行軍大總管擊吐蕃……（七月）韋待價軍至寅識迦河，與吐蕃戰，大敗……待價除名流繡州。"但新紀卷四曰："（垂拱三年）十二月壬辰，韋待價爲安息道行軍大總管，安西大都護閻溫古副之，以擊吐蕃。……（永昌元年）五月丙辰，韋待價及吐蕃戰于寅識迦河，敗績……（七月）丙子，流韋待價于繡州，殺閻溫古。"據新紀，永昌元年五月爲出征，於丙辰戰敗，對此，舊傳曰："則天臨朝，命文昌右相韋待價爲安息道大總管、安西大都護，閻溫古爲副，永昌元年率兵往征吐蕃。"與新紀之述相符。因此，韋待價應於垂拱三年十二月被任命爲安西道大總管，至永昌元年方出征，五月戰敗，七月被流放於繡州。史書因誤書永昌元年五月丙辰戰敗日爲任命日，故致不解。

（垂拱四年正月）庚午，毀乾元殿，作明堂。（第八七頁）
月日考卷四：十一日。舊紀在二月，通鑑作"二月庚午"，訛。舊禮儀志云："垂拱三年春，毀東都之乾元殿，就其地創之，四年正月五日，明堂成。"與此異。

（垂拱四年）三月壬戌，殺麟臺少監周思茂。（第八七頁）
唐書注卷四：按天授初始改爲麟臺，此誤。

（垂拱四年八月）丙午，博州刺史琅邪郡王沖舉兵以討亂，遣左金吾衛大將軍丘神勣拒之。（第八七頁）
月日考卷四：廿一日。舊紀、通鑑作"壬寅"，通鑑考異曰："實錄作'丙午'，蓋據奏到之日也。舊傳、本紀作'壬寅'。按沖以戊申死，實錄又云'沖起兵七日而敗'，然則壬寅是也，今從之。"

（垂拱四年八月）庚戌，越王貞舉兵于豫州以討亂。（第八七頁）
月日考卷四：廿五日。通鑑不書日，但云"貞聞沖起，亦舉兵"，考異曰："實錄'庚戌，貞舉兵，九月丙寅，豫州平'。又云'舉兵二十日而敗'，庚戌至丙寅纔十七日，蓋皆據奏到之日耳'。"曰楨按：舊貞傳及貞舉兵等皆在三年七月，訛。

（垂拱四年九月）殺韓王元嘉、魯王靈夔、范陽郡王靄。（第八七頁）
糾謬卷六范陽王藹名不同：魯王靈夔傳云："子藹爲范陽王。"宗室世系表亦同。……"藹"、"靄"不同，未知孰是。
按：舊紀卷六、舊書卷六四魯王靈傳、舊書卷七六及新書卷八〇越王貞傳、冊府卷二八四、卷二八九、卷二九五、唐會要卷六四、通鑑卷二〇四均作"薈"，應是。

（垂拱四年九月丙寅，殺）東莞郡公融。（第八七頁）
月日考卷四：十一日。舊紀九月不書日，通鑑在十月己亥，與此及舊紀異。

（垂拱四年十二月）乙酉，殺霍王元軌、江都郡王緒及殿中監裴承光。（第八八頁）
互證卷二：按新書霍王元軌傳云"徙黔州，薨"，與舊紀同。
按：舊書卷六四霍王元軌傳曰："徙居黔州，仍令載以檻車行，至陳倉而死。"舊紀卷六、新書卷七九霍王元軌傳、大唐新語卷六同。

（永昌元年）五月丙辰，韋待價及吐蕃戰于寅識迦河，敗績。（第八八頁）
月日考卷四：五日。……通鑑從實錄，戰敗在七月丁巳之後，丙子之前，但丁巳、丙子相距止二十日，似之太近。

（永昌元年七月）戊寅，王本立同鳳閣鸞臺三品。（第八九頁）
月日考卷四：廿八日。舊紀在八月，宰相表、通鑑與此同。

（永昌元年）八月癸未，薛懷義爲新平道中軍大總管，以擊突厥。（第八九頁）
月日考卷四：三日。通鑑作"九月壬子"，又"中軍"作"行軍"。

（永昌元年八月）甲申，殺張光輔、洛州司馬弓嗣業、洛陽令弓嗣明、陝州參軍弓嗣古、流人徐敬真。（第八九頁）
月日考卷四：四日。舊紀作"辛巳"，宰相表、通鑑與此同。

（永昌元年八月）辛丑，殺陝州刺史郭正一。……（天授元年八月）甲子，殺流人張楚金。戊辰，殺流人元萬頃。（第八九、九〇頁）
通鑑考異卷一一：唐曆"（永昌元年）七月二十四日張楚金絞死，八月二十一日郭正一絞死"，年代紀"七月甲戌楚金絞死，八月辛亥郭正一絞死"，新書紀"八月辛丑殺郭正一"。今據實錄，楚金等皆流配，未死。舊書楚金正一萬頃傳皆云"流嶺南"。

互證卷二：按新書楚金傳云"流死嶺表"，萬頃傳云"坐誅"，亦參差不同，而郭正一傳則云"與元萬頃、張楚金皆爲周興所誣搆，殺之"。

月日考卷四：廿一日。通鑑作"乙未，張楚金、郭正一、元萬頃、魏元忠並免死，流嶺南"……曰楨按：通鑑下文陳子昂上疏云"九月二十一日敕，免楚金等死"，又與八月乙未不合，疑當以辛丑爲是，子昂疏九月乃八月之誤耳。

按：舊書卷一九〇中郭正一傳曰："永昌元年爲酷吏所陷，流配嶺南而死。"

關於張楚金，太平廣記卷一六二引御史臺記曰："唐則天朝刑部尚書張楚金爲酷吏周興搆陷，將刑……陰雲四塞，若有所感，旋降敕釋罪，宣示訖，天地開朗，慶雲紛糾。"陳伯玉集卷九諫刑書曰："又其月（九月）二十一日恩敕免楚金等死，初有風雨，變爲景雲。"據通鑑卷二〇四，此爲永昌元年之事。因此，永昌元年九月，張楚金等免死，至於是否爲天授元年所殺，不可知。

關於元萬頃，舊書卷一九〇中元萬頃傳曰："永昌元年爲酷吏所陷，配流嶺南而死。"至於是否爲天授元年所殺，亦不可知。

（永昌元年九月）閏月甲午，殺魏玄同，夏官侍郎崔詧。（第八九頁）

月日考卷四：閏九月十五日。舊紀在九月，宰相表、通鑑與此同。

（天授元年）五月戊子，殺范履冰。（第九〇頁）

月日考卷四：十三日。按此當從宰相表、通鑑作"四月丁巳"，通鑑考異曰："新紀五月戊子殺范履冰，今從實錄、唐曆。"

（天授元年五月）己亥，殺梁郡公李孝逸。（第九〇頁）

合鈔卷一一一：而本傳亦云卒於儋州，紀、傳互異，未詳何從。

廿二史劄記卷一八：按新書孝逸傳，討徐敬業有功，後爲武三思所譖，將置之死，后念其舊功，免死，流儋州。舊書孝逸傳亦然。是孝逸未被殺也。此新書之誤，亦在紀而不在傳也。

互證卷二：按舊書李孝逸傳亦云"配流儋州而卒"。

按：通鑑卷二〇四曰："（垂拱三年）十一月戊寅，減死除名，流儋州而卒。"其考異卷一一曰："孝逸初封梁郡公，以平徐敬業功，改封吳國公。垂拱三年，減死除名，配流儋州，當削爵矣。新傳云'流儋州薨'，紀、傳自相違。唐曆云：'四月十一日，誅益州長史李孝逸。'亦舊任也，統紀'誅李孝逸并其黨崔元昉、裴安期'，唐曆'并其黨崔知賢、董元昉、裴安期等'，今從實錄及舊傳。"

（天授元年）八月辛亥，殺許王素節之子璟，曾江縣令白令言。（第九〇頁）

月日考卷四：八日。舊紀"殺澤王、許王並其子數十人"即在七月丁亥日下，通鑑與舊紀同。

（天授元年八月）壬戌，殺將軍阿史那惠、右司郎中喬知之。（第九〇頁）

通鑑考異卷一一：唐曆："天授元年二月十日，誅喬知之。"新本紀："八月壬戌，殺右司郎中喬知之。"盧藏用陳氏別傳、趙儋陳子昂旌德碑皆云："契丹以營州叛，建安郡王武攸宜親總戎律，特詔左補闕喬知之及公參謀幃幄。及軍罷，以父年老，表乞歸侍。"攸宜討契丹在萬歲通天元年，明年平契丹，子昂集有西還至散關答喬補闕詩云："……歎此南歸日，猶聞北戍邊。"疑知之之死在神功年後。但唐曆、統紀、新紀殺知之皆在天授元年，今據子昂詩必無誤者，然云"猶聞北戍邊"，則軍未罷也。又武后云"來俊臣死後，不聞有反者"，故置於此（神功元年六月）。據朝野僉載，知之以婢碧玉事爲武承嗣諷人羅告之，斬於市南，破家籍沒。此時知之在邊，蓋承嗣先銜之，至此乃殺之耳。

互證卷二：按溫公所考是矣，然尚有疑者，陳子昂集有觀荊玉篇，其序云："丙戌歲，余從左補闕喬公北征，夏四月，軍幕次於張掖河。"丙戌是垂拱二年，疑知之與子昂從征，非武攸宜討契丹時也。雖別傳與旌德碑皆唐人所作，不應有誤，今二者不可得見，竊疑因子昂曾叅攸宜軍幕，又曾與知之共事，而牽合傅會之。孟棨本事詩載知之事云："時載初元年三月也，四月下獄，八月死。"載初九月始改元天授，與新紀合。

按：互證所疑亦是，陳伯玉集卷六燕然軍人畫像銘并序曰："龍集丙戌……是歲也，金徽州都督僕固始桀驁惑亂其人，天子命左豹韜衛軍劉敬同發河西士自居延海入以討之，特敕左補闕喬知之攝侍御史，護其軍。"通鑑卷二〇三亦曰："（垂拱元年六月）同羅、僕固等諸部叛，遣左豹韜衛將軍劉敬同發河西士出居延海以討之，同羅、僕固等皆敗散，敕僑置安北都護府於同城以納降者。"通鑑歸於垂拱元年，恐誤，此乃垂拱二年劉敬同討僕固之役。

（天授元年十月）丁卯，殺流人韋方質。（第九一頁）

通鑑考異卷一一：舊傳云"配流儋州，尋卒"，今從統紀、新本紀。

互證卷二：按新傳亦云流死儋州，自相違，何溫公之從之也。

按：新紀卷四曰："（天授元年一月）甲午，流韋方質于儋州。……（十月）丁卯，殺流人韋方質。"所述甚明，故溫公從之。

（天授元年十月）己巳，殺許王素節之子瑛、琪、琬、瓚、瑒、瑗、琛、唐臣。（第九一頁）

月日考卷四：廿六日。舊紀、通鑑即在七月丁亥日下。

（天授元年十月辛未）改唐太廟爲享德廟，以武氏七廟爲太廟。（第九一頁）

月日考卷四：廿八日。通鑑在二年正月辛巳，考異卷一一曰："按實錄此年三月己卯改唐太廟爲享德廟，據此已祔武氏七廟主，不當至三月方改唐廟，新本紀'元年十月辛未改唐太廟爲享德廟，以武氏七廟爲太廟'今從唐統紀。"

按：舊紀卷六在二年三月，舊書卷二五禮儀志作"二年"。

（天授二年正月）戊子，武承嗣爲文昌左相。（第九一頁）

合鈔卷六：舊書在元年一月戊子，新書表同此，疑誤。

月日考卷四：十六日。曰楨按：舊紀在元年一月，無日，新宰相表元年二月戊子，二月乃一月之訛，通鑑作"元年一月戊子"最合。

唐書注卷四：舊書在"元年一月"，通鑑在"元年一月戊子"，表在

"元年二月"，二應作"一"。"戊子"，新紀應誤。

（天授二年）五月丁亥，大風折木。岑長倩爲武威道行軍大總管，以擊吐蕃。（第九一頁）

月日考卷四：十七日。舊紀作"六月"，宰相表與此同。

（長壽）二年臘月癸亥，殺皇嗣妃劉氏、德妃竇氏。（第九三頁）

月日考卷四：三日。按此訛，舊紀作"一月癸亥"，亦訛，當從通鑑作"正月癸巳"，乃正月二日也。通鑑考異曰："新本紀云'臘月癸亥'，舊傳云'正月二日'，今從之。"曰楨按：唐會要永貞元年十二月，中書門下奏昭成皇后竇氏，按國史長壽二年正月二日崩，其時緣則天臨御，用十一月建子爲歲首，至中宗復舊用夏正，即正月行香廢務日，須改正，以十一月二日爲忌，據此知必非臘月矣。

（長壽二年一月）甲寅，殺尚方監裴匪躬、內常侍范雲仙。三月己卯，殺左衛員外大將軍阿史那元慶、白澗府果毅薛大信。（第九三頁）

糾謬卷六范雲仙等官誤：今按后妃傳則云："監門衛大將軍范雲仙，白澗府果毅薛大信。"未知孰是。

十七史商榷卷八六：按舊職官志內侍省，內常侍六人；左右監門衛大將軍各一員。二者雖其職不同，然方是時，宦官之兼十六衛將軍名號者多矣，內常侍乃其本職，監門衛大將軍則其兼官也。

新唐書糾謬校補卷六：地理志晉州、澤州俱有白澗府，武后紀作"白潤"誤。

月日考卷四：（甲寅）廿四日。舊紀在二月，通鑑與此同。（己卯）三月無己卯，疑當作二月己卯，乃二月十九日。

（長壽二年）五月乙未，殺冬官尚書蘇幹、相州刺史來同敏。（第九三頁）

糾謬卷一〇蘇幹之死紀傳不同：今按幹傳云："遷冬官尚書，來俊臣素忌之，誣幹與瑯琊王冲通書，繫獄，發憤卒。"與紀不同，未知孰是。

互證卷二：按舊傳亦云發憤卒，當是紀誤。

按：冊府卷五二二作"發憤而卒"，通鑑卷二〇五曰："（長壽二年）

夏四月乙未，殺之。"

（長壽二年九月辛丑）韋巨源同鳳閣鸞臺平章事。（第九四頁）

月日考卷四：十五日。宰相表作"癸丑"，舊紀、通鑑皆與此同。

延載元年臘月甲戌，突厥默啜寇靈州。右鷹揚衛大將軍李多祚敗之。（第九四頁）

餘審卷一新紀延載元年脫文：余按通鑑二〇五云："臘月甲戌，默啜寇靈州。"其下一段云："室韋反，遣右鷹揚衛大將軍李多祚擊破之。"是兩事。而新紀中間脫"室韋反"三字。新書一一〇多祚傳："室韋及孫萬榮之叛，多祚與諸將進討。"同書二一九室韋傳："長壽二年叛，將軍李多祚擊定之。"均可作證。

（延載元年八月）己巳，司賓少卿姚璹守納言；左肅政臺御史大夫楊再思爲鸞臺侍郎，洛州司馬杜景佺檢校鳳閣侍郎：同鳳閣鸞臺平章事。（第九四頁）

十七史商榷卷七一：舊紀："長壽三年五月，改元延載，八月，左肅政御史中丞楊再思爲鸞臺侍郎，洛川司馬杜景儉爲鳳閣侍郎，仍并同鳳閣鸞臺平章事。"……至"景儉"，新作"景佺"，下文"證聖元年一月，杜景儉左授刺史"，及神功元年十月所書杜景儉，新皆作"景佺"，則未知孰是。……舊書杜景儉傳在第四十卷，新書杜景佺傳在第四十一卷，各有所據，絕非傳寫之譌。

按：舊書所列及唐會要卷五一、通鑑作"景儉"，新書所列及通典卷二五、文苑英華卷三五八授杜景佺司刑少卿制、朝野僉載卷一、太平御覽卷二三一、六四〇、唐會要卷三、冊府作"景佺"，通鑑考異卷一一曰："實錄及新紀、表、傳皆作'景佺'，蓋實錄以草書致誤，新書因承之耳，今從舊紀、傳。"冊府、太平御覽及授杜景佺司刑少卿制等均作"景佺"，"景儉"僅舊書、唐會要亦爲一處，似不能用草書致誤來解。

（天冊萬歲元年正月）戊子，貶豆盧欽望爲趙州刺史。（第九五頁）

月日考卷四：八日。舊紀"戊子"承一月下，宰相表與此同。

（天册萬歲元年）四月戊寅，建大周萬國頌德天樞。（第九五頁）

月日考卷四：一日，脫"朔"字。舊紀在延載元年八月。據通鑑上年八月鑄天樞，至此年四月天樞成，是也。

（天册萬歲元年）九月甲寅，祀南郊。加號天册金輪大聖皇帝。（第九五頁）

平津讀碑記卷四封祀壇碑：舊唐書則天皇后本紀"證聖元年加尊號天册金輪聖神皇帝"……碑稱而册"金輪曁神聖皇帝"，足正新唐書之誤。

按：舊紀卷六、張燕公集卷二四爲留守奏慶山醴泉、通紀卷一一、文苑英華卷五五六代百官賀明堂成上禮表、卷五六一賀老人星見表、卷五六四賀天尊瑞石及雨表作"天册金輪聖神皇帝"，但通典卷四三、舊書卷二一禮儀志、通鑑卷二〇五均作"天册金輪大聖皇帝"。據此，疑當時正式之册號爲"金輪曁神聖皇帝"，後通稱爲"天册金輪聖神皇帝"，至後世，則訛轉爲"天册金輪大聖皇帝"。

（萬歲通天元年三月丁巳）大赦，改元，賜酺七日。（第九六頁）

月日考卷四：十六日。舊紀在四月，舊禮儀志作"四月朔日"，會要作"四月一日"，通鑑與此同。

（萬歲通天元年九月）丁巳，吐蕃寇涼州，都督許欽明死之。（第九六頁）

互證卷二：按新舊二書欽明傳並云"突厥默啜奄至，被執而死"，新舊紀乃並云吐蕃，誤也。

按：通鑑考異卷一一曰："實錄云'吐蕃寇涼州，都督許欽明爲賊所殺。'按明年正月默啜寇靈州，以欽明自隨，又默啜將襲孫萬榮，殺欽明以祭天，實錄云吐蕃誤也。"按新紀卷四、舊傳、舊紀卷六、通典卷一八九、册府卷四二五、九四七均作"吐蕃"。但舊書卷五九許欽明傳作"突厥默啜"，新書卷九〇許欽明傳同。

（聖曆元年八月）乙卯，寇定州，刺史孫彦高死之。（第九九頁）

月日考卷五：廿八日。舊紀作"己丑"，在庚子前則二日也，通鑑與此同。

（聖曆元年九月）壬申，立盧陵王顯爲皇太子，大赦，賜酺五日。（第九九頁）

月日考卷五：十五日。會要作"九月十五日"，正是，舊紀作"丙子"，則爲十九日，通鑑與此同，考異曰："實錄云'丙子'，據唐曆'甲戌，皇太子顯充河北道行軍大元帥'，狄梁公傳亦云'皇太子爲元帥，以公爲副'，是先立爲太子後爲元帥也。今從新本紀。"

（聖曆）二年正月壬戌，封皇嗣旦爲相王。（第九九頁）

月日考卷五：六日。舊紀作"二月"，通鑑與此同。

（聖曆二年）臘月戊子，左肅政臺御史中丞吉頊爲天官侍郎，檢校右肅政臺御史中丞魏元忠爲鳳閣侍郎：同鳳閣鸞臺平章事。（第九九頁）

月日考卷五：二日。舊紀在二月，通鑑與此同，宰相表誤入上年格內。

（聖曆二年）二月己丑，如緱氏。（第九九頁）

月日考卷五：四日。舊紀作"戊子，幸嵩山，過王子晉廟。丙申，幸緱山"，通鑑作"己丑，太后幸嵩山，過緱氏，謁升仙太子廟"，並與此微異。

（聖曆二年四月）辛丑，婁師德爲隴右諸軍大使。（第一〇〇頁）

月日考卷五：十七日。宰相表作"壬寅"，通鑑即承壬辰日下，並與此異，說見宰相表。

月日考卷一八：按（宰相表）元年已書四月辛丑師德爲隴右諸軍大使，仍檢校河西營田事，於此又複書之，本紀亦複書，與此表同。據通鑑師德以壬辰日爲天兵副大總管，仍充隴右諸軍大使……蓋表云"壬寅"亦重出。

（聖曆二年）八月庚子，王及善爲文昌左相、同鳳閣鸞臺平章事。（第一〇〇頁）

月日考卷五：十九日。通鑑作"鳳閣鸞臺三品"，考異曰："新紀、表及善同平章事，今從實錄。"

（聖曆二年九月）庚辰，王及善薨。（第一〇〇頁）

月日考卷五：廿九日。舊紀在十月乙亥下，通鑑作"庚子"。按舊傳文昌左相旬日而薨，疑其薨在八月庚戌，不在九月、十月也。

久視元年正月戊午，貶吉頊爲琰川尉。（第一〇〇頁）

月日考卷五：八日。舊紀、通鑑皆在戊寅日下，合鈔作"戊午"，蓋據新書改之，舊紀作"配流嶺表"，通鑑作"貶安固尉"，考異曰："實錄但云坐事貶流，僉載、新書皆云貶琰川尉，今從御史臺記。"

（久視元年正月）壬申，武三思罷。……（長安元年）十一月壬申，武三思罷。（第一〇〇、一〇二頁）

通鑑考異卷一一：新表、紀皆云"戊午，貶吉頊爲琰川尉"，"壬申，三思罷"，中間未嘗復入相。明年十一月壬申，又云"三思罷"，日及官皆同，蓋誤重複耳。

月日考卷五：（久視元年正月壬申）廿二日。舊紀、通鑑皆作"戊寅"。

（久視元年臘月）丁酉，狄仁傑爲内史。（第一〇〇頁）

月日考卷五：十七日。宰相表丁酉承正月下，訛。舊紀在辛巳日下，通鑑與此同。

（久視元年臘月）庚子，文昌左相韋巨源爲納言。（第一〇〇頁）

通鑑考異卷一一：先時不言巨源爲左相，舊紀、傳皆無之。蓋左丞誤爲左相耳。

按：册府卷四七八曰："唐韋巨源，則天時歷文昌左右丞，遷納言，爲政委碎，不達大體。"疑韋巨源應爲"尚書左丞"，非"左右丞相"。

（久視元年十月）丁巳，韋巨源罷。（第一〇一頁）

月日考卷五：十三日。舊紀在甲寅日下，宰相表、通鑑與此同。

（長安三年閏四月）己卯，李嶠知納言事。（第一〇三頁）

月日考卷五：十九日。舊紀在四月庚子日下，合鈔己卯仍承四月下，宰相表、通鑑與此同。

（長安三年）七月壬寅，正諫大夫朱敬則同鳳閣鸞臺平章事。（第一〇三頁）

月日考卷五：十三日。舊紀在九月，通鑑作"七月癸卯"，考異曰："新紀云'壬寅'，唐曆云'十四日癸卯'，今從之。"

（長安三年）八月乙酉，京師大雨雹。（第一〇三頁）

月日考卷五：廿六日。舊紀在九月，舊五行志但云十七日，而無月，新五行志在八月，不書日，當是舊書訛。

（長安四年正月）壬子，天官侍郎韋嗣立爲鳳閣侍郎、同鳳閣鸞臺三品。（第一〇四頁）

月日考卷五：廿六日。宰相表與此同，舊紀、通鑑作"平章事"。

（長安五年正月癸卯）張柬之……庫部員外郎朱敬則、司刑評事冀仲甫、檢校司農少卿兼知總監翟世言、内直郎王同皎率左右羽林兵以討亂。（第一〇五頁）

糾謬卷一九朱敬則預誅二張可疑：武后紀桓彦範、敬暉等誅二張，復中宗處，其人名内有庫部員外郎朱敬則。今按敬則傳，敬則當武后世已嘗爲相，罷後爲成均祭酒、冬官侍郎、鄭州刺史，致仕，且未嘗爲庫部員外郎，而本傳亦不言其同誅二張。雖有與敬暉密議誅之之策，然傳亦止云暉卒用其策，亦不言敬則同臨其事也，疑此一名誤載。

通鑑考異卷一二：中宗實錄："初，冬官侍郎朱敬則以張易之等權寵日盛，恐有異圖。時敬暉爲左羽林將軍，敬則謂之曰：'公若假皇太子之令，舉北軍誅易之兄弟，兩飛騎之力耳。'暉等竟用其策。及易之、昌宗伏誅，暉遂矜功自恃，故賞不及於敬則，俄出爲鄭州刺史。"按敬則長安四年以老罷知政事，累轉冬官侍郎，而則天實錄誅易之時有庫部員外郎朱敬則，恐誤。

按：此事冊府卷四六六有載，與中宗實錄略同。據此，誅二張，用朱敬則之策，其應未參與。但神龍元年其出任鄭州刺史爲真，那是否出任庫部員外郎，因無其它史料佐證，并不能否定。

中宗本紀

嗣聖元年正月，（中宗）廢居于均州，又遷于房州。聖曆二年，復爲皇太子。（第一〇六頁）

互證卷二：舊書"嗣聖元年二月，廢帝爲廬陵王。聖曆元年，召還東都，立爲皇太子"。按年月當以舊書所書爲是，觀新書武后紀可見。

按：舊紀卷七曰："（嗣聖）元年二月，皇太后廢帝爲廬陵王，幽於別所，其年五月，遷於均州，尋徙居房陵。聖曆元年，召還東都，立爲皇太子。"具體日期，新紀卷四曰："（光宅元年）二月戊午，廢皇帝爲廬陵王。……（聖曆元年九月）壬申，立廬陵王顯爲皇太子。"唐會要卷一曰："嗣聖元年二月六日，太后廢帝爲廬陵郡王，房州安置。聖曆元年九月十五日，冊爲皇太子，依舊名顯。"日期與新紀卷四合。

（長安）五年正月壬午，大赦。……（神龍元年正月）甲辰，皇太子監國，大赦，改元。（第一〇五、一〇六頁）

通鑑考異卷一二：按則天實錄"神龍元年正月壬午朔，大赦，改元"，舊紀、唐曆、統紀、會要皆同……新紀誤也。

按："大赦改元"乃"神龍元年正月壬午"，"皇太子監國"乃"神龍元年正月甲辰"。

（神龍元年二月甲寅）貶韋承慶爲高要尉。（第一〇六頁）

月日考卷五：四日。通鑑作"乙卯"，舊紀與此同。

（神龍元年四月）丁卯，高要尉魏元忠爲衛尉卿，同中書門下平章事。（第一〇七頁）

月日考卷五：十八日。舊紀作"乙丑"，通鑑與此同。

（神龍元年四月甲戌）太子右庶子李懷遠爲左散騎常侍。（第一〇七頁）

餘審卷一神龍初之左右庶子：舊書九〇懷遠傳："長安四年，以老辭職，聽解秋官尚書，正除太子左庶子……"新紀作"右"，殆訛。

（神龍元年）五月壬午，遷武氏神主于崇恩廟。（第一〇七頁）

月日考卷五：四日。舊紀、通鑑作"崇尊廟"。

按：通典卷四七曰："（神龍）三年，改武氏崇尊廟爲崇恩廟，依天授時享祭。"

（神龍元年五月）乙酉，立太廟社稷于東都。（第一〇七頁）

月日考卷五：七日。舊紀即在壬午日下，通鑑與此同。

（神龍元年五月）甲午，敬暉、桓彥範、張柬之、袁恕己、崔玄暐罷。（第一〇七頁）

月日考卷五：十六日，舊紀作"癸巳"，宰相表、通鑑與此同。

（神龍元年八月）壬戌，追冊妃趙氏爲皇后。（第一〇七頁）

月日考卷五：十五日。舊紀作"甲子"，通鑑與此同。

（神龍元年八月）乙亥，祔孝敬皇帝于東都太廟。（第一〇七頁）

月日考卷五：廿八日。舊紀六月丁卯，八月乙亥複書此事，通鑑作"六月丁卯"，會要作"六月十五日"，則爲癸亥，未知孰是。

按：舊書卷二五禮儀志曰："尋有制以孝敬皇帝爲義宗，升祔於太廟。其年八月，崇祔光皇帝、太祖景皇帝、代祖元皇帝、高祖神堯皇帝、太宗文武聖皇帝、皇考高宗天皇大帝、皇兄義宗孝敬皇帝於東都之太廟，躬行享獻之禮。"唐會要卷一二同。因此，乃六月祔太廟，八月祔東都之太廟。

（神龍二年三月）戊申，唐休璟罷。（第一〇八頁）

月日考卷五：五日。舊紀作"乙巳"，通鑑即在甲辰日下，宰相表與此同。

（神龍二年）四月己丑，李懷遠罷。（第一〇八頁）

月日考卷五：十六日。舊紀作"己卯"，宰相表、通鑑與此同。

（神龍二年四月）辛丑，洛水溢。（第一〇八頁）

月日考卷五：廿八日。舊紀作"辛巳"，舊五行志"四月"，不書日，新五行志與此同。

（神龍二年）七月戊申，立衛王重俊爲皇太子。（第一〇八頁）

月日考卷五：七日。會要作五日，與舊紀作"丙午"合，通鑑與此同。

（神龍二年七月）辛未，左散騎常侍致仕李懷遠同中書門下三品。（第一〇九頁）

月日考卷五：三十日。舊紀作"庚午"，宰相表、通鑑與此同。

（神龍二年七月）流敬暉于嘉州。（第一〇九頁）

糾謬卷九流敬暉處紀表與傳不同：宰相表亦同。今按暉本傳乃流瓊州，疑稱嘉州者誤。

互證卷二：新傳作流瓊州，舊傳作流崖州，未知孰是。通鑑從新傳。

按：新紀卷四曰："（神龍二年）六月戊寅，貶敬暉爲崖州司馬、桓彥範瀧州司馬、袁恕己竇州司馬、崔玄暐白州司馬、張柬之新州司馬……（七月）流敬暉于嘉州，桓彥範于瀼州，袁恕己于環州，崔玄暐于古州，張柬之于瀧州。"舊書卷九一桓彥範傳曰："乃長流彥範於瀼州，敬暉於崖州，張柬之於瀧州，袁恕己於環州，崔玄暐於古州，並終身禁錮。"册府卷五二一、六一九同。以此看，崖州是。但通鑑卷二〇八曰："長流暉於瓊州。"其考異卷一二曰："實錄初云嘉州，後云崖州，新本紀作嘉州，舊傳作崖州，今從統紀、新傳。"疑"崖"、"嘉"同音，史官著錄因疏忽致二字混用，後世著錄亦未做辨析。

（景龍元年二月）甲午，褒德廟、榮先陵置令、丞。（第一〇九頁）

月日考卷五：廿五日。舊紀作"壬午"，通鑑即承丙戌日下，考異曰："舊本紀'正月己巳，遣武攸暨、武三思往乾陵祈雨于則天皇后'，新本紀'甲午，褒德廟、榮先陵置令、丞'，按長曆正月庚子朔，無己巳，二月庚午朔，無甲午，今從實錄。"曰楨按：庚子朔則三十日得己巳，庚午朔則廿五日得甲午，考異所云殊誤。

（景龍元年）七月辛丑，皇太子以羽林千騎兵誅武三思，不克，死之。（第一一〇頁）

糾謬卷三節愍太子誅武三思事：今按節愍太子及武三思傳，其三思父子皆已爲節愍所誅，止是太子之衆自潰，故太子被害耳，不得謂之誅武三思不克也，當云"以羽林千騎兵誅武三思，已而衆潰，死之"。如此乃盡其實。

月日考卷五：（辛丑），（通鑑）考異曰："舊紀作庚子，今從實錄。"曰楨按："會要作五日，與庚子合。"

（景龍元年）八月丙戌，上尊號曰應天神龍皇帝，皇后曰順天翊聖皇后。魏元忠罷。（第一一〇頁）

月日考卷五：廿一日。舊紀在九月庚子，通鑑在八月戊寅。又魏元忠罷亦在是日，舊紀、通鑑與此同，通鑑考異曰："實錄元忠致仕在九月，今從（實錄本紀）〔舊本紀〕"

（景龍元年九月）辛亥，楊再思爲中書令，韋巨源、紀處訥爲侍中。（第一一〇頁）

月日考卷五：十六日。舊紀作"庚辰"，合鈔作"庚戌"，宰相表與此同。

（景龍三年）五月丙戌，貶崔湜爲瀼州刺史，鄭愔江州司馬。（第一一一頁）

月日考卷五：丙戌訛，當從通鑑作"丙寅"，乃十一日也，舊紀、宰相表與此並同訛。

（景龍三年）九月戊辰，吏部尚書蘇瓌爲尚書左僕射，同中書門下三品。（第一一一頁）

合鈔卷七：（舊紀卷七曰："蘇瓌爲尚書右僕射。"）新書"左"，誤。

月日考卷五：十五日。宰相表、舊紀"左"作"右"，沈氏合鈔……曰楨按：新書紀誤，表不誤也。

按：新書卷一二五蘇瓌傳、唐會要卷五一、冊府卷七二、三一五、三三五均作"右"，是。

（景龍四年）五月辛酉，封嗣虢王邕爲汴王。（第一一二頁）
月日考卷五：十一日。冊文作"二十八日戊寅"，乃之又冊之日也。

卷五

睿宗本紀

（景雲元年六月壬午）以刑部尚書裴炎、工部尚書張錫同中書門下三品。（第一一五頁）

月日考卷六：即景龍四年六月二日。舊紀、通鑑作"六月癸未"，宰相表與此同。

（景雲元年六月）甲申，乃發喪．又矯遺詔自立爲皇太后，皇太子即皇帝位，以睿宗參謀政事，大赦，改元曰唐隆。太后臨朝攝政，罷睿宗參謀政事，以爲太尉。（第一一五至一一六頁）

互證卷二：按紀所書似溫王重茂即位，以睿宗參謀政事，韋后臨朝而罷之也。今考蘇瓌傳，"帝崩，遺詔皇太后臨朝，相王以太尉輔政。后詔宰相議禁中，楚客猥曰：'太后臨朝，相王有不通問之嫌，不宜輔政。'瓌正色曰：'遺制安得輒改？'楚客等怒。卒削相王輔政事。"又考上官昭容傳，"草遺詔，即引相王輔政。臨淄王兵起，被收，婉兒以制草示劉幽求。"然則睿宗無參謀政事之事，況詔是韋后所矯，祇是一時群小商榷，婉兒草之而楚客削之也，何足以書。

月日考卷六：（甲申）四日。太子即位亦在是日，舊紀、通鑑作"丁亥"，按會要改元唐隆在六月四日。

按：互證所曰爲是，通鑑卷二〇九敘述較清，曰："太平公主與上官昭容謀草遺制，立溫王重茂爲皇太子，皇后知政事，相王旦參謀政事。宗楚客密謂韋溫曰：'相王輔政，於理非宜，且於皇后嫂叔不通問，聽朝之際何以爲禮？'遂帥諸宰相表請皇后臨朝，罷相王政事。蘇瓌曰：'遺詔豈可改邪？'溫、楚客怒，瓌懼而從之，乃以相王爲太子太師。甲申，梓宮遷御太極殿，集百官發喪，皇后臨朝攝政，赦天下，改元唐隆，進相王旦爲太尉。"

（景雲元年六月壬寅）紀處訥、韋溫、宗楚客、將作大匠宗晉卿、司農卿趙履溫伏誅。（第一一六頁）

月日考卷六：廿二日。舊紀即在庚子日下，宰相表與此同。

（景雲元年六月）乙巳，鍾紹京罷。（第一一六頁）

月日考卷六：廿五日。通鑑作"丙午"，宰相表與此同。

（景雲元年六月）丙午，太常少卿薛稷爲黃門侍郎，參豫機務。（第一一六頁）

月日考卷六：廿六日。通鑑在戊申，舊紀、宰相表與此同。

（景雲元年六月）丁未，立平王隆基爲皇太子。（第一一六頁）

月日考卷六：廿七日。舊睿宗紀在七月己巳，舊玄宗紀在六月丙午，宰相表、通鑑與此同，通鑑考異曰："劉子玄先撰太上皇實錄，盡傳位，後又撰睿宗實錄，終橋陵，文字頗不同。睿宗錄及舊紀皆云'丙午立太子'，今從太上皇錄。"又復則天大聖皇后號曰天后亦在是日，舊紀在七月丙辰，通鑑與此同，會要作"七月七日"，與此合。

（景雲元年六月）戊申，許州刺史姚元之爲兵部尚書，同中書門下三品。（第一一六頁）

月日考卷六：廿八日。舊紀作"丁未"，宰相表、通鑑與此同。

（景雲元年）七月庚戌，進封衡陽郡王成義爲申王，巴陵郡王隆範岐王，彭城郡王隆業薛王。（第一一七頁）

月日考卷六：一日，脱朔字。舊紀在六月戊申，通鑑在六月己酉，並與此異。

（景雲元年七月壬戌）崔湜罷。（第一一七頁）

月日考卷六：十三日。舊紀作"癸亥"，宰相表、通鑑與此同。

（景雲元年七月）丙寅，貶李嶠爲懷州刺史，姚元之兼中書令，蘇瓌爲尚書左僕射。（第一一七頁）

月日考卷六：十七日。舊紀貶嶠在戊辰，蘇瓌爲左僕射在丁卯，姚元之爲中書令舊紀在六月丙寅，通鑑與此同。

（景雲元年七月己巳）崔日用、薛稷罷。（第一一七頁）
月日考卷六：二十日。舊紀、通鑑皆在戊辰，宰相表與此同。

（景雲元年七月）乙亥，廢崇恩廟、昊陵、順陵。（第一一七頁）
月日考卷六：廿六日。舊紀作"己巳"，通鑑與此同。

（景雲元年十月）癸卯，出義宗于太廟。（第一一七頁）
月日考卷六：廿六日。舊紀、通鑑皆作"甲申"，則爲七日，與此異。

（景雲元年十一月）壬子，蘇瓌、韋安石罷。（第一一七頁）
月日考卷六：五日。舊紀作"辛亥"，宰相表、通鑑與此同。

（景雲元年十一月）己巳，宋王成器爲司徒。（第一一七頁）
月日考卷六：廿二日。舊紀作"戊辰"，宰相表與此同。

（景雲二年二月）甲申，貶姚元之爲申州刺史。（第一一八頁）
月日考卷六：九日。舊紀作"甲辰"，宰相表、通鑑與此同。

（景雲二年二月）丙戌，太子少保韋安石爲侍中。劉幽求罷。（第一一八頁）
月日考卷六：十一日。舊紀亦在甲辰日下，宰相表、通鑑與此同。又"復墨敕斜封官"亦在是日，舊紀作"戊子"，通鑑作"戊寅"，並與此異。

（景雲二年）三月癸丑，作金仙、玉真觀。（第一一八頁）
月日考卷六：八日。舊紀、通鑑在五月辛酉，則爲五月十七日，與此異。合鈔引新紀作"丁丑"，訛。

（景雲二年四月）辛卯，李日知爲侍中。（第一一八頁）
月日考卷六：十六日。舊紀作"丙寅"，宰相表、通鑑與此同。

（景雲二年五月）壬戌，殿中監竇懷貞官爲左御史臺大夫，同中書門下平章事。（第一一八頁）

糾謬卷九竇懷貞官名與紀不同：今按本傳止云左御史大夫，無臺字，未知孰是。

按：通典卷二四曰："御史之名，周官有之，蓋掌贊書而授法令，非今任也……至秦、漢爲糾察之任，所居之署，漢謂之御史府，亦謂之御史大夫寺，亦謂之憲臺……隋及大唐皆曰御史臺……武太后時改御史臺爲肅政臺……龍朔以後去肅政之名，但爲左右御史臺。"新書卷四八百官志曰："御史臺，大夫一人，正三品。……三司，謂御史大夫、中書、門下也。"因此，御史大夫可以稱御史臺大夫。如舊紀卷七曰："（景雲二年五月）壬戌，殿中監竇懷貞爲左臺御史大夫、同中書門下平章事。"新紀卷五則曰其爲左御史臺大夫。

（景雲二年）九月乙亥，竇懷貞爲侍中。（第一一八頁）

通鑑考異卷一二：睿宗實錄云："乙卯，御史大夫竇懷貞爲侍中。"太上皇實錄云："庚辰，御史大夫同中書門下三品竇懷貞爲侍中，知金仙、玉真公主邑司事。"舊紀："己卯，懷貞爲侍中。"新紀、新表："乙亥，懷貞守侍中。"按是月癸酉朔，無乙卯。今從舊紀。

合鈔卷七：（舊紀卷七作"丁卯"）按是月無丁卯，誤。通鑑註曰："舊紀作'己卯'，則又不知何時傳寫爲丁卯也。"

按：通鑑卷二一〇作"庚辰"，乃從太上皇實錄。

（先天元年正月）壬辰，陸象先同中書門下三品。（第一一九頁）

通鑑考異卷一二：新紀、表"壬辰，以陸象先同中書門下三品"，太上皇、睿宗實錄、舊紀皆無之，不知新書何出，今不取。

月日考卷六：廿二日。宰相表與此同。

按：全唐文卷二〇加封魏知古陸象先制曰："中書侍郎、同中書門下三品陸象先……"則新紀、表所曰有據。

（先天元年）二月丁巳，皇太子釋奠于國學。（第一一九頁）

月日考卷六：十八日。會要作"二十八日"，則爲丁卯，舊紀作"丁亥",訛。

（先天元年六月）甲子，幽州都督孫佺、左驍衛將軍李楷洛、左威衛將軍周以悌及奚戰于冷陘山，敗績。（第一一九頁）

互證卷二：舊書"庚申，孫佺及奚戰于硎山，爲賊所敗，佺没於陣"，按通鑑日同舊書，名及地同新書，又考新舊二書奚傳，"佺"舊傳作"儉"。以悌並爲奚所擒，送于突厥，默啜害之。新紀漏而舊紀未明也。

按：關於時間，通鑑卷二一〇作"庚申"，同舊紀卷七，其考異卷一二曰："皇錄云'甲子'，今從睿宗錄。"

"孫佺"，新書卷二二天文志、新書卷一三〇崔隱甫傳、卷一九七裴懷古傳、二〇二李白傳、卷二一五上突厥傳、卷二一九奚傳、冊府卷三三七、四四四、四四六、通鑑卷二一〇、朝野僉載同，舊紀卷七、舊書卷一九九下奚傳作"孫儉"。按"孫佺"新書卷一〇六有傳，應是。

"冷陘"，新書卷二一五上突厥傳、卷二一九奚傳、冊府卷四四四、四四六、通鑑卷二一〇同，舊紀卷七作"硎山"，舊書卷一九九下奚傳、新書卷一〇六孫佺傳作"冷硎"。按舊書卷一九九契丹傳曰："冷陘山在其國南，與奚西山相崎。"因此，"硎"乃"陘"之誤。

（先天元年七月）乙亥，竇懷貞爲尚書右僕射，平章軍國重事。（第一一九頁）

月日考卷六：八日。舊紀作"庚午"，宰相表、通鑑與此同。

（先天元年八月）丁未，立皇太子妃王氏爲皇后。（第一二〇頁）

月日考卷六：十日。舊紀作"丁巳"，通鑑作"丙午"，會要作"二十日"，並與舊紀合。

（先天元年八月）己酉，宋王成器爲司徒。（第一二〇頁）

月日考卷六：十二日。宰相表、舊紀及讓皇帝傳皆作"司空"，此訛。

按：舊紀卷七曰："景雲元年十一月戊辰，宋王成器爲司徒，兼領揚州大都督。……（先天元年八月）己酉，以宋王成器爲司空，依舊遙領揚州大都督。"卷八曰："（先天二年）九月，司空兼揚州大都督、宋王成器爲太尉，兼揚州大都督。"舊書卷九五讓皇帝傳稱其景雲元年十一月爲司徒，二年罷；先天元年八月爲司空，二年進位爲太尉。因此，新紀誤。

（先天元年八月）戊午，流劉幽求于封州。（第一二〇頁）

月日考卷六：廿一日。舊紀、通鑑作"癸亥"，宰相表與此同。

（先天元年九月）甲午，封皇帝子嗣昇爲陝王。（第一二〇頁）

月日考卷六：廿八日。舊紀作"甲申"，通鑑作"辛卯"，考異曰："睿宗實錄作'甲申'，太上皇錄作'甲午'，今從玄宗實錄。"

（先天元年）十月辛卯，獵于驪山。（第一二〇頁）

月日考卷六：辛卯訛。當從舊紀、通鑑作"癸卯"，乃七日也。

按：是月丁酉朔，無辛卯。

（先天二年六月）丙辰，郭元振同中書門下三品。（第一二〇頁）

月日考卷六：廿四日。舊紀、通鑑與此同，胡注云："考異曰：'六月辛丑，郭元振同三品'。下注曰：'舊紀在丙辰，今從睿宗實錄。'"余據考異，則通鑑正文當改'丙辰'爲'辛丑'。"

玄宗本紀

開元元年正月辛巳，皇后親蠶。（第一二二頁）

通鑑考異卷一二：玄宗實錄脫此年二月、三月事，祀先蠶詔乃三月丁卯也，而唐曆承其誤云："正月辛巳皇后祀先蠶。"太上皇錄云："三月辛巳，皇后親蠶……"太上皇、睿宗實錄、舊本紀皆云辛卯，按制書云"以今月十八日祀先蠶"，是月甲子朔，今從玄宗實錄。

月日考卷六：即先天二年正月十七日，舊禮儀志作"三月辛卯"，乃三月廿八日。按正月似太早，若三月廿八日又過，當從通鑑作"二月辛巳"爲是。……曰楨按："太上皇錄云"五字當爲"玄宗實錄云"五字之訛。

按：通鑑考異是，新紀亦承玄宗實錄之誤。但"太上皇睿宗實錄舊本紀皆云辛卯","太上皇"應衍,"今從玄宗實錄",應作"今從太上皇實錄"。

(開元元年七月)丁卯,大赦。(第一二二頁)
月日考卷六:六日。舊紀上承七月三日之明日,則爲乙丑也,通鑑與此同。

(開元元年七月)庚午,流崔湜于竇州。(第一二二頁)
月日考卷六:九日。舊紀作"丁卯",宰相表與此同。

(開元元年七月)乙亥,尚書右丞張說檢校中書令。(第一二二頁)
月日考卷六:十四日。舊紀在癸丑日下,宰相表、通鑑與此同,又舊紀、通鑑"右"作"左",此"右"字訛。
按:汪氏是,唐大詔令集卷四四張說檢校中書令制、冊府卷七二均作"左"。

(開元元年)八月癸巳,劉幽求爲尚書右僕射,知軍國大事。(第一二二頁)
月日考卷六:二日。舊紀作"壬辰",宰相表、通鑑與此同,又舊紀、通鑑"右"作"左",宰相表作"右",是也。

(開元元年)九月丙寅,宋王成器罷。(第一二二頁)
月日考卷六:六日。舊紀作"丁卯",宰相表與此同。

(開元元年九月)庚午,劉幽求同中書門下三品。(第一二二頁)
月日考卷六:十日。舊紀在丁卯日下,宰相表、通鑑與此同。

(開元二年七月)丁未,襄王重茂薨,追冊爲皇帝。(第一二三頁)
月日考卷六:廿二日。舊紀作"辛未",通鑑與此同。

(開元二年八月)乙亥,吐蕃寇邊。(第一二三頁)
月日考卷六:二十日。舊紀在七月,通鑑與此同。

（開元二年）九月庚寅，作興慶宮。（第一二三頁）

月日考卷六：六日。舊紀在七月丙午日下，此當從通鑑作"七月甲寅"爲是，說見舊紀。

舊書月日考卷六：曰楨按：新紀作"九月庚寅"，蓋"七"誤"九"，而"甲"又誤"庚"也，通鑑正作"七月甲寅"，與會要合。

（開元二年十月）甲子，薛訥及吐蕃戰于武階，敗之。（第一二三頁）

月日考卷六：十日。舊紀即在戊午日下，通鑑與此同。

（開元）三年正月丁亥，立郢王嗣謙爲皇太子。（第一二四頁）

月日考卷六：四日。通鑑在二年十二月辛巳，舊紀與此同，會要作正月十七日。

（開元四年）六月甲子，太上皇崩。（第一二五頁）

月日考卷六：二十日。舊玄宗紀作"癸亥"，舊睿宗紀與此同。通鑑亦作"癸亥"，考異曰："睿宗、玄宗實錄皆作'甲子'，按下云'己巳，睿宗一七齋度，萬安公主爲女道士'，今從舊本紀、唐曆。"曰楨按：會要作"五月二十五日"，"五月"乃"六月"之誤，據哀冊文作"六月二十日甲子"，然而"癸亥"訛也。

（開元四年十一月）丙申，尚書左丞源乾曜爲黃門侍郎，同紫微黃門平章事。（第一二五頁）

月日考卷六：廿四日。舊紀作"甲午"，宰相表、通鑑與此同。

（開元四年十二月）閏月己亥，姚崇、源乾曜罷。（第一二五頁）

月日考卷六：閏十二月廿七日。舊紀在十二月乙丑，宰相表、通鑑與此同。

（開元六年十一月）突厥執單于副都護張知運。（第一二七頁）

互證卷二：新舊二書突厥傳其事並在開元四年，新紀誤也。通鑑在四年。

按：互證是，通典卷一九八、舊書卷一〇八郭知運傳、舊書卷一九四上突厥傳、新書卷二一五下突厥傳、通鑑卷二一一均作"四年"。

(開元七年閏七月）甲申，慮囚。（第一二七頁）
月日考卷六：廿八日。舊紀作"七月丙辰，制以亢陽日久，上親錄囚徒，多所原免"，無甲申、丙戌慮囚事。
按：冊府卷一四四曰："甲申，親慮囚於宣政殿，事非切害，悉原之，詔曰……"

(開元七年）九月甲戌，徙封宋王憲爲寧王。（第一二七頁）
月日考卷六：十九日。舊紀作"甲子"，則爲九日，通鑑作"甲寅"，訛。

(開元七年）十月，作義宗廟于東都。（第一二七頁）
互證卷二：舊書"六年正月，韋湊上疏請遷孝敬神主，別立義宗廟。七年十月於東都來庭縣廨置義宗廟"。按新睿宗紀"景雲元年十月癸卯，出義宗於太廟"，舊紀"十月甲申，詔孝敬皇帝神主先祔太廟，有違古義，於東都別立義宗廟"，至此蓋十年矣。又考新元宗紀"四年十一月丁亥，遷中宗于西廟"，舊紀同。據舊書禮儀志睿宗祔廟從陳貞節、蘇獻等議，出中宗于別廟，雖非禮，然中宗且遷而孝敬未遷乎？又考新舊元宗紀並云"五年正月，太廟屋壞，十月，祔神主于太廟"，豈復並義宗而祔之，何緣六年韋湊始上疏而七年始作義宗廟于東都也。知二紀所書皆誤。又按舊書禮儀志云"時既別造義宗廟，韋湊上疏曰：'孝敬皇帝位止東宮，未嘗南面，立廟稱宗，恐非合禮，於是太常請以本謚孝敬爲廟稱，從之。'"然則韋湊之疏蓋云"孝敬不得稱義宗"，而新舊二紀乃誤書之，第舊禮儀志載其事於開元四年，此則當從舊紀作六年正月，唐會要載此疏在開元六年正月二十六日。當是景雲元年詔別立義宗廟於東都，至開元六年始成，乃額爲孝敬廟，不稱義宗廟，若孝敬神主則已於景雲元年十月遷入夾室安置，非至此始遷也。唐會要載姚元之、宋璟疏在景雲元年十二月。
按：據舊紀卷七、冊府卷三〇，景雲元年十月姚崇等奏於東都別造義宗廟，疑事未行。開元六年韋湊等重新上疏請遷孝敬神主，別立義宗廟，七年成，新舊紀不誤，至於是否棄義宗廟爲孝敬廟，舊紀卷二五禮儀志載韋湊之疏後僅曰"從之"，無它史料明證。

（開元八年）二月戊戌，子敏卒。（第一二七頁）

月日考卷六：十五日。通鑑考異曰："唐曆云二十八日辛卯，舊紀云己卯，按是月無辛卯，今從實錄。"曰楨按：據唐曆二十八日則辛巳是也。

（開元八年）六月庚寅，洛、瀍、穀水溢。（第一二八頁）

月日考卷六：九日。此訛，當從舊紀作"壬寅"，乃廿一日。

舊書月日考卷六：廿一日。五行志、會要作"二十一日夜"，正合。

（開元八年）十一月乙卯，至自溫湯。（第一二八頁）

月日考卷六：七日。舊紀作"乙丑"，則爲十七日，通鑑與此同。

（開元九年）十一月庚午，大赦。（第一二八頁）

月日考卷六：廿七日。舊紀云"庚午冬至，大赦天下"，今推是月廿五日戊辰冬至，不合。

（開元九年十二月）壬辰，至自溫湯。（第一二九頁）

月日考卷六：二十日。舊紀作"壬午"，通鑑與此同。

（開元十年七月）丙戌，安南人梅叔鸞反，伏誅。（第一二九頁）

月日考卷六：十七日。舊紀作"八月丙戌"，訛，通鑑作"八月"，不書日。

（開元十一年正月）癸巳，赦太原府，給復一年，下戶三年，元從家五年。（第一三〇頁）

月日考卷六：廿七日。舊紀、通鑑皆在辛卯日下，與此異。

（開元十一年）二月乙酉，貶張嘉貞爲幽州刺史。（第一三〇頁）

互證卷二：舊書作"幽州"，按宰相表作"幽州"，通鑑同舊紀作"幽州"，未知孰是。

月日考卷六：十三日。舊紀作"戊申"，宰相表、通鑑與此同。又舊紀、通鑑"幽"作"幽"，宰相表與此同。

按：舊紀卷八、舊書卷九九張嘉貞傳、唐大詔令集卷五七張嘉貞幽州刺史制、冊府卷三四三、八八五、通鑑卷二一二作"幽州"，新紀卷五、新書卷六二宰相表、新書卷一二七張嘉貞傳作"豳州"。

（開元十一年）三月辛未，至自汾陰，免所過今歲稅，赦京城。（第一三〇頁）

月日考卷六：六日。張說集云："三月庚午，飲至長安。"舊紀、通鑑皆作"庚午"，此訛。

（開元十一年）四月甲子，張說爲中書令。（第一三〇頁）

月日考卷六：三十日。舊紀作"癸亥"，宰相表、通鑑與此同，按張說集云："今月十一日制授臣中書令。"則爲乙巳，不合。

（開元十一年五月己丑）王晙持節朔方軍節度大使。（第一三〇頁）

月日考卷六：廿五日。舊紀作"己巳"，通鑑與此同。

（開元十二年）十一月庚午，如東都。（第一三一頁）

月日考卷六：十四日。舊紀作"庚申"，通鑑與此同。

（開元十二年十一月）庚辰，溪州首領覃行章反，伏誅。（第一三一頁）

互證卷二：舊書"五溪首領覃行璋反，遣鎮軍大將軍兼內侍楊思勖討平之"，通鑑在是年七月。按新書思勖傳亦但云"執行璋"，通鑑云"赦行璋，以爲洵水府別駕"。

月日考均六：廿四日。通鑑在七月癸亥，舊紀與此同。"章"並作"璋"。

按：舊書卷一八四楊思勖傳曰："生擒行璋"，新書卷二〇七楊思勖傳曰："執行璋。"冊府卷四一曰："（開元）十二年七月，黔中道招討使、內侍楊思勖討平溪州賊，帝謂賊帥覃行章等曰：'汝破傷州縣，殘害吏人，據汝罪名合實刑法，我好生惡殺，特捨汝命，可授汝商州洵水府別將，往欽哉。'"與通鑑卷二一二合。

（開元十二年十一月）辛巳，申王撝薨。（第一三一頁）

月日考卷六：廿五日。舊紀作"庚辰"，通鑑與此同。

（開元十四年）七月癸未，瀍水溢。（第一三二頁）

月日考卷六：八日。舊紀作"癸丑"，訛。五行志、會要作"七月十四日"，則爲己丑，此癸丑亦訛。

（開元十六年正月乙卯）瀧州首領陳行範反，伏誅。（第一三三頁）

月日考卷六：十八日。舊紀在庚子日下，通鑑與此同。

（開元十六年）十二月丁卯，幸温泉宫。丁丑，至自温泉宫。（第一三四頁）

月日考卷六：六日。通鑑但有十月己卯幸温泉宫事，而十二月不書。考異曰："實錄十二月丁卯又云'幸温泉宫'，不言其還，唐曆'丁卯幸温泉，丁丑還宫'，按此月已幸温泉，恐重複，不取。"

（開元十七年四月）乙亥，大風，震，藍田山崩。（第一三四頁）

月日考卷六：十五日。舊紀作"丁亥"，"震"下有"電"字，新五行志與此同，亦有"電"字，舊五行志、會要皆作"四月五日"，則當作"乙丑"。

（開元十八年六月）乙亥，瀍水溢。（第一三五頁）

月日考卷六：廿二日。舊紀作"壬午，東都瀍洛漲"，新五行志亦作"壬午"，舊五行志作"乙丑"，皆與此異。

（開元十九年）七月癸丑，吐蕃請和。（第一三五頁）

月日考卷七：七日。按十八年十月戊子已書吐蕃請和，舊紀、通鑑亦皆書於上年十月，而此年不書。據通鑑，十八年十月，吐蕃遣其大臣論名悉獵入貢，十九年正月辛未，遣鴻臚卿崔琳使于吐蕃，吐蕃使者稱公主求毛詩、春秋、禮記、正字，于休烈上疏，從裴光庭等奏，遂與之。至九月辛未，吐蕃復遣其相論尚它硉入見，請於赤嶺爲互市，許之。並無七月請和之事，此所書訛複，當刪。通鑑于上年十月考異曰："實錄'十九年七月癸巳，吐蕃遣其大臣名悉獵來朝，請固和好之，約且獻書'云云，按長曆十九年七月丁未朔，無癸巳，今從唐曆、舊本紀、吐蕃傳。"又於今年正月考異曰："實錄：'十八年七月壬申敕遣崔琳充入吐蕃使，癸未，命有司寫毛詩、禮記等賜金城公主，于休烈諫。丁亥，以崔琳爲御史大夫。八月辛卯，降書與吐蕃。'按吐蕃傳此年十月論名悉獵至京師，本紀、唐曆皆同，十九年正月辛未，乃遣崔琳報使，二月甲午，以琳爲御史大夫，三月乙酉，琳（享）[使]于吐蕃，金城公主因名悉獵請書，于休烈乃諫，實錄皆誤在前年七月、八月，按七月癸丑朔，亦無丁亥。"曰楨按：此紀蓋承實錄之誤，唯作"癸丑"與考異所云誤作"癸巳"者不同，疑歐陽公所見實錄與司馬公所見本異也。

（開元二十年）九月己巳，渤海靺鞨寇登州，刺史韋俊死之，左領軍衛將軍蓋福慎伐之。（第一三六頁）

互證卷二：舊書作"蓋福順"，按通鑑作"葛福順"，胡三省注以爲"去年黨王毛仲貶，今復敘用，恐非是，當是別一人"。

按："蓋福慎"，舊紀卷八、冊府卷九八六作"蓋福順"，通鑑卷二一三作"葛福順"。

（開元二十年十一月）庚申，如汾陰，祠后土，大赦。（第一三六頁）

月日考卷七：廿一日。舊紀作"庚午"，通鑑與此同。

（開元二十年）十二月辛未，至自汾陰。（第一三六頁）

月日考卷七：二日。舊紀作"壬申"，通鑑與此同。

（開元二十一年）三月乙巳，裴光庭薨。（第一三七頁）

月日考卷七：七日。按光庭碑作"三月癸卯薨"，宰相表、舊紀、通鑑並與此同，訛，"癸卯"乃五日也。

（開元二十二年）二月壬寅，秦州地震，給復壓死者家一年，三人者三年。（第一三八頁）

月日考卷七：十日。舊五行志、會要作"十八日"，則庚戌也，新五行志、舊紀、通鑑與此同。

（開元二十三年）十月戊申，突騎施寇邊。（第一三八頁）

月日考卷七：廿六日。舊紀作"辛亥"，通鑑與此同。

（開元二十四年十月）丁卯，至自東都。（第一三九頁）

月日考卷七：廿一日。舊紀作"丁丑"，通鑑與此同。

（開元）二十五年三月乙酉，張守珪及契丹戰于捺祿山，敗之。（第一三九頁）

月日考卷七：十一日。舊紀在二月癸酉，乃二月廿九日也，通鑑作二月乙酉，則訛。

（開元二十五年三月）辛卯，河西節度副大使崔希逸及吐蕃戰于青海，敗之。（第一三九頁）

月日考卷七：十七日。舊紀、通鑑作"己亥"，則廿五日也。

（開元二十五年十二月）丁巳，追冊爲皇后。（第一四〇頁）

月日考卷七：十八日。舊紀、通鑑即在丙午日下，與此異。

（開元二十六年三月）癸巳，京師地震。（第一四〇頁）

月日考卷七：廿五日。舊紀作"癸未"，舊五行志不載，新五行志與此同。

（開元二十六年）七月己巳，大赦。（第一四〇頁）

月日考卷七：二日。舊紀冊皇太子大赦天下、通鑑同，考異曰："元載肅宗實錄云'二十七年七月壬辰行典禮，今從玄宗實錄。'曰楨按：冊忠王爲皇太子文作"二十六年七月戊寅朔"，二日己卯，乃戊辰朔，二日己巳之訛。劉氏長術七月丁卯朔，非。今據小餘已越進朔之限，當進爲戊辰朔，適合。

（開元二十七年）八月乙亥，磧西節度使蓋嘉運敗突騎施于賀邏嶺，執其可汗吐火仙。（第一四一頁）

合鈔卷九：（舊紀卷九"七月辛丑"）按突厥傳"禽於二十六年，二十七年二月獻俘"。

月日考卷七：七日。曰楨按：通鑑與此同，考異引實錄作"二十八年三月甲寅獻俘"，突厥傳訛。

（開元二十七年）十月丙戌，幸温泉宫。（第一四一頁）

月日考卷七：廿七日。按鄧天師碣作"七日"，則爲丙寅，與此異。舊紀作"戊戌"，又承重書冬十月之下，訛，通鑑與此同。

（開元二十八年三月）壬子，益州司馬章仇兼瓊敗吐蕃，克安戎城。（第一四一頁）

互證卷二：舊書作"權判益州長史"，按新舊二書吐蕃傳並云"兼瓊代張宥節度"，或是以司馬權節度事。

按：舊書卷一九六上吐蕃傳敘之甚詳，曰："章仇兼瓊爲益州司馬、防禦副使，宥既文吏，素無攻戰之策，兼瓊遂專其戎事。俄而兼瓊入奏，盛陳攻取安戎之策，上甚悦，徙張宥爲光禄卿，拔兼瓊，令知益州長史事，代張宥節度。"

（開元二十九年正月）丁酉，立玄元皇帝廟，禁厚葬。（第一四二頁）

月日考卷七：十五日。舊紀及大唐郊祀録作"丁丑"，訛。沈氏合鈔曰："禮志作'己丑'。"曰楨按：合鈔本正文作"丁酉"，蓋沈氏改之，又考玉海亦作"丁酉"，與此同，乙丑乃七日。

（開元二十九年）七月乙亥，伊、洛溢。（第一四二頁）

月日考卷七：廿七日。舊紀作"乙卯"，通鑑與此同。

（開元二十九年）十二月癸未，吐蕃陷石堡城。（第一四二頁）

月日考卷七：六日。舊紀作"丁酉"，則爲二十日，通鑑作"乙巳"，則爲廿八日，皆與此異。

（天寶元年正月）甲寅，陳王府參軍田同秀言："玄元皇帝降于丹鳳門通衢。"（第一四二頁）

月日考卷七：八日。沈氏合鈔曰："禮志作'癸丑'。"曰楨按：郊祀録亦作"癸丑"，與會要作"七日"合，舊紀、通鑑與此同。

（天寶三載正月）辛丑，幸溫泉宮。（第一四四頁）

月日考卷七：六日。舊紀作"壬寅"，通鑑與此同。

（天寶三載正月）辛亥，有星隕于東南。（第一四四頁）

合鈔卷九：（舊紀天寶三載二月閏月辛亥，有星如月，墜於東南墜。）按天文志亦在閏月，新書紀誤。

月日考卷七：十六日。舊紀、會要、新天文志作"閏月辛亥"，舊天文志作"閏二月十七日"，正合。

（天寶三載）二月庚午，至自溫泉宮。（第一四四頁）

月日考卷七：六日。舊紀作"己巳"，通鑑與此同。

（天寶三載二月）閏月，令光伏誅。（第一四四頁）

月日考卷七：是年閏二月，合。舊紀、通鑑皆在四月，與此異。

（天寶三載）十月甲午，幸溫泉宮。（第一四四頁）

月日考卷七：五日。舊紀、通鑑皆作"癸巳"，則四日也。

（天寶三載）十二月癸丑，祠九宮貴神于東郊，大赦。（第一四四頁）

月日考卷七：廿四日。按通鑑與此同，文獻通考作"二十四日"，正合。又舊紀作"甲寅"，冊府元龜作"立春"，今推"甲寅"、"立春"又相合，未知孰是。

（天寶四載）八月壬寅，立太真爲貴妃。（第一四五頁）

月日考卷七：十七日。舊紀作"甲辰"，通鑑與此同，考異曰："統紀八月冊女道士楊氏爲貴妃，本紀甲（辰）〔寅〕，唐曆甲寅，今據實錄：'壬寅，贈太真妃父玄琰等官。'甲辰、甲寅皆在後，恐冊妃在贈官前，新本紀亦云'八月壬寅，立太真爲貴妃'，今從之。"

（天寶四載九月）甲申，皇甫惟明及吐蕃戰于石堡城，副將褚訥死之。（第一四五頁）

互證卷二：舊書作"褚直廉"，按新吐蕃傳又作"諸葛訥"，通鑑同新紀，胡三省音注曰："訥，直廉翻，豈舊紀以反語而誤爲名與？"

按："褚訥"，冊府卷四二五、通鑑卷二一五同，新書卷二一六上吐蕃傳作"諸葛訥"，舊紀卷九作"褚直廉"。

（天寶四載）十月戊戌，幸温泉宫。（第一四五頁）

月日考卷七：十四日。舊紀、通鑑皆作"丁酉"，則十三日也。

（天寶五載）七月，殺括蒼郡太守韋堅、播川郡太守皇甫惟明。（第一四五頁）

互證卷二：舊書"正月，刑部尚書韋堅貶括蒼太守，隴右節度使皇甫惟明貶播川太守，尋決死於黔中"。按舊紀云"尋決死"，或是要其終而言之。下文又云"七月，韋堅爲李林甫所搆，配流臨封郡，賜死"，知堅之死不在正月也。又按舊韋堅傳"正月，貶縉雲太守。七月，流臨封郡。十月，使羅希奭逐而殺之"，新書同，而無月，通鑑作縉雲太守，則堅之死亦不在七月也。且韋堅已流臨封，當書云"殺流人韋堅"，亦不當書其官。通鑑書二人之死在六載正月，不知何據。

（天寶五載）十月戊戌，幸温泉宫。（第一四五頁）

月日考卷七：二十日。舊紀作"丁酉"，通鑑與此同。

（天寶六載）三月甲辰，陳希烈爲左相。（第一四六頁）

月日考卷七：廿八日。舊紀作"四月戊午"，宰相表與此同。

（天寶六載）十月戊申，幸華清宫。（第一四六頁）

月日考卷七：六日。舊紀與此同，通鑑作"己酉"，考異曰："舊紀、唐曆皆作'戊申'，今從之。"曰楨按：考異有誤字，疑之"今從實錄"。

（天寶六載）十一月丁酉，殺戶部侍郎楊慎矜及其弟少府少監慎餘、洛陽令慎名。（第一四六頁）

月日考卷七：廿五日。舊紀作"乙亥"，舊傳仍作"二十五日"，通鑑與此同。

（天寶六載）十二月癸丑，至自華清宮。（第一四六頁）

月日考卷七：十二日。舊紀作"壬戌"，通鑑作"癸亥"，未知孰是。

（天寶八載）十月乙丑，幸華清宮。（第一四七頁）

月日考卷七：四日。舊紀作"丙寅"，通鑑與此同。

（天寶十載正月）丁酉，李林甫兼朔方軍節度副大使、安北副大都護。（第一四八頁）

月日考卷七：十三日。舊紀作"丁未"，宰相表、通鑑與此同。

（天寶十載）十月壬子，幸華清宮。（第一四八頁）

月日考卷七：三日。舊紀作"辛亥"，通鑑與此同。

（天寶十一載）二月庚午，突厥部落阿布思寇邊。（第一四八頁）

月日考卷七：廿二日。舊紀、通鑑皆在三月，與此異。

（天寶十一載四月）丙戌，殺御史大夫王鉷。（第一四八頁）

月日考卷七：十日。舊紀四月不書日，通鑑鉷、銲等之死並在戊子之後，按王鉷墓誌作"四月十三日"，乃是乙丑，通鑑是也。

（天寶十一載五月）甲子，東京大風拔木。（第一四九頁）

月日考卷七：十九日。舊紀作"六月戊子"，舊五行志不載，新五行志與此同。

（天寶十一載）十二月丁亥，至自華清宮。（第一四九頁）

月日考卷七：十五日。舊紀作"己亥"，通鑑與此同，考異曰："本紀、唐曆皆云己亥還宮，今從實錄。"

（天寶十二載）九月甲寅，葛邏祿葉護執阿布思。……（十三載）五月壬戌，觀酺于勤政樓，北庭都護程千里俘阿布思以獻。（第一四九、一五〇頁）

互證卷二：舊書"（天寶十三載）三月，程千里生擒阿布思，獻于樓下，斬之於朱雀街"。舊程千里傳"擒布思在十二載十一月，獻俘在十三載三月"。通鑑擒布思月同新紀，獻俘月同舊紀。按新舊程千里傳並云斬之，新紀不書伏誅，何也？

按：執阿布思，冊府卷九六五、通鑑卷二一六作"十二載九月"，冊府卷九七五曰："（天寶十二載九月）甲寅，葛邏祿葉護頓毗伽生擒阿布思，制授開府儀同三司，封金山王……"舊書卷一八七下程千里傳作"十二載十一月"。

關於獻俘，舊紀卷九作"天寶十三載三月壬戌"，舊書卷一八七程千里傳作"十三載三月"，冊府卷九八六同。

（天寶十三載）二月壬申，朝獻于太清宮，加上玄元皇帝號曰大聖祖高上大道金闕玄元天皇大帝。（第一四九頁）

月日考卷七：六日。舊紀作"癸酉"，通鑑與此同。

（天寶十三載二月）癸酉，朝享于太廟，增祖宗謚。（第一四九頁）

月日考卷七：七日。舊紀作"甲戌"，與會要八日合，通鑑與此同。

（天寶十三載二月）甲戌，群臣上尊號曰開元天地大寶聖文神武證道孝德皇帝，大赦。（第一四九頁）

月日考卷七：八日。舊紀作"乙亥"，又"孝德"在"證道"上，通鑑並與此同。按赦詔作"九日"，則"乙亥"是也。

（天寶十三載二月）丁丑，楊國忠爲司空。（第一五〇頁）

月日考卷七：十一日。舊紀作"戊寅，國忠守司空；甲申，受冊"，通鑑作"丁丑，進位司空；甲申，臨軒冊命"。

（天寶十三載六月）劍南節度留後李宓及雲南蠻戰於西洱河，死之。（第一五〇頁）

互證卷二：舊書"糧盡軍旋，馬足陷橋，爲閣羅鳳所擒"，按舊紀不言死，新舊南詔傳皆言敗不言死。

按："死之"，舊書卷一〇六楊國忠傳曰："死於陣。"新書卷二〇六楊國忠傳曰："敗死西洱河。"舊紀卷九曰："爲閣羅鳳所擒。"冊府卷四四四同，通鑑卷二一七曰："被擒。"

(天寶十三載) 八月丙戌，陳希烈罷。(第一五〇頁)
月日考卷七：廿三日。舊紀作"丁亥"，通鑑與此同。

(天寶十四載十一月) 丙子，至自華清宮。(第一五一頁)
月日考卷七：廿一日。舊紀作"戊寅"，通鑑與此同。

(天寶十四載十一月) 丁丑，榮王琬爲東討元帥，高仙芝副之。(第一五一頁)
月日考卷七：廿二日。舊紀作"甲申"，通鑑與此同。

(天寶十四載) 十二月丁亥，安祿山陷靈昌郡。(第一五一頁)
月日考卷七：二日。舊紀作"丙戌朔"，通鑑與此同。

(天寶十四載十二月) 辛卯，陷陳留郡，執太守郭納，張介然死之。(第一五一頁)
月日考卷七：六日。舊紀與此同，通鑑作"庚寅"，考異曰："舊紀辛卯，祿山事跡庚午，今從實錄。"

(天寶十四載十二月) 癸巳，安祿山陷滎陽郡，太守崔無詖死之。(第一五一頁)
月日考卷七：八日。舊紀作"甲午"，通鑑與此同，考異曰："唐曆、舊紀作'甲午'，今從實錄。"

(天寶十四載十二月) 己亥，恒山郡太守顏杲卿敗何千年，執之。(第一五一頁)
月日考卷七：十四日。舊紀即在丁酉日下，通鑑作"丙午"，考異引玄宗實錄與此同，並云乙亥十五日也，今從舊傳爲二十二日丙午。曰楨按：劉氏長術十二月爲乙酉朔，故考異云。然今推當進爲丙戌朔，與舊紀合，則己亥乃十四日，二十二日則丁未也。

（天寶十四載十二月）癸卯，封常清、高仙芝伏誅。（第一五一頁）

月日考卷七：十八日。舊紀作"丙午"，通鑑與此同。

（天寶十四載十二月）戊申，榮王琬薨。（第一五一頁）

月日考卷七：廿三日。舊紀作"辛亥"，通鑑與此同。

（天寶十五載正月）癸亥，朔方軍節度副使李光弼爲河東節度副大使，以討祿山。（第一五二頁）

月日考卷七：九日。舊紀作"庚申"，通鑑與此同。

（天寶十五載二月己亥）李光弼克常山郡，郭子儀出井陘會光弼，及安祿山將史思明戰，敗之。（第一五二頁）

月日考卷七：十五日。舊紀作"丙戌"，通鑑在己亥之明日。

（天寶十五載三月）丙辰，殺戶部尚書安思順、太僕卿安元貞。（第一五二頁）

月日考卷七：三日。舊紀"戶部"作"工部"，又丙辰承二月下，通鑑並與此同。

（天寶十五載三月）乙丑，李光弼克趙郡。（第一五二頁）

月日考卷七：十二日。通鑑作"三月壬午，以光弼爲范陽長史，河北節度使。四月庚子，攻趙郡，一日城陷"，考異曰："實錄云'乙丑，光弼拔趙郡'，按壬午三月二十九日，乙丑十二日也，河洛春秋收趙郡在四月，今從之。"

（天寶十五載）五月丁巳，魯炅及安祿山戰于滍水，敗績，奔于南陽。（第一五二頁）

月日考卷七：四日。舊紀作"戊午"，通鑑與此同。

（天寶十五載五月）戊辰，嗣虢王巨爲河南節度使。（第一五二頁）

月日考卷七：十五日。通鑑在丁巳日下，其戊辰乃巨引岳出藍田趣南陽之日也，舊紀巨授南陽在戊午日下，皆與此異。

（天寶十五載）六月癸未，顏真卿及安祿山將袁知泰戰于堂邑，敗之。（第一五二頁）

月日考卷七：一日。舊紀有朔字，此脫。又"賀蘭進明克信都"亦在是日，通鑑此事並在三月，考異曰："唐曆'三月四日乙酉，真卿充河北採訪使，時進明起義，兵北度河，與真卿同經略。六月，真卿破袁知泰於堂邑，進明再拔信都'，統紀皆在三月，舊紀破知泰、收信都皆在六月。按三月無乙酉，乙酉四月二日也，今從統紀。"曰楨按：此紀上書四月乙酉進明救平原，乙酉在四月，雖不誤，但事在敗知泰、拔信都之前，必不在四月也，舊紀書三月乙酉，以真卿爲河北採訪使，與唐曆同訛。

（天寶十五載六月）丙戌，哥舒翰及安祿山戰于靈寶西原，敗績。（第一五二頁）

月日考卷七：四日。又"郭子儀、李光弼敗史思明于嘉山"亦在是日，舊紀兩事皆在庚寅，通鑑戰嘉山在五月壬午，哥舒翰引兵出關在六月丙戌，遇崔乾祐軍于靈寶西原在己丑，戰敗在庚寅，考異曰："戰於嘉山，實錄云'六月壬午'，按長曆六月癸未朔，壬午五月二十九日也。汾陽家傳、舊祿山傳亦云六月戰嘉山，河洛春秋云'六月二十五日，光弼破賊於嘉山'，今從實錄而改其月。"又曰："肅宗實錄'乙酉，翰與乾祐會戰'，舊傳'四日，次靈寶西原，八日，與賊交戰'，新傳'丙戌，次靈寶西原，庚寅，與乾祐戰'，按翰軍既遇賊，必不留四日然後戰，玄宗實錄'丙戌，翰出關，己丑，遇賊，庚寅，戰'，此近是，今從之，幸蜀記亦然。"又曰："肅宗實錄'八月壬午子儀、光弼皆於常山郡嘉山大破賊'，汾陽家傳'六月八日破史思明於嘉山之下'，河洛春秋'六月二十五日大破賊於嘉山，二十六日覆陳'，邠志'六月八日敗史思明於嘉山'，玄宗實錄'六月壬午光弼、子儀破史思明於嘉山'，舊紀'六月癸未朔，庚寅，哥舒翰敗於靈寶，其日光弼破思明於嘉山'，子儀、光弼傳皆云六月，無日，按歲朔曆六月癸未朔，與舊紀同，玄宗實錄云壬午誤也。肅宗實錄'八月壬午朔日也，子儀、光弼皆於嘉山大破賊，領士馬至自河北'，以爲某官某官蓋壬午乃拜官日，因言已前事耳，汾陽家傳、邠志皆云'六月八日破思明'，與舊紀同，河洛春秋二十五日破賊，與諸書皆不合，恐太後也。今據舊玄宗紀、汾陽家傳、邠志、唐曆皆云'六月八日破史思明'，宜可從。"曰楨按：此以六月八日爲可從，與前作五月壬午日相違戾，實當以舊紀六月庚寅爲是，即六月八日也。

（天寶十五載六月）丙申，行在望賢宫。（第一五二頁）

月日考卷七：十四日。舊紀作"乙未凌晨自延秋門出，平明，渡便橋，辰時至咸陽望賢驛"，通鑑亦在乙未，考異曰："幸蜀記云：'丙申，百官尚赴朝。'此乙未日事，宋臣誤也。"又曰："天寶亂離記：'六月十一日，大駕幸蜀，至望賢宫。'按上九日幸蜀，溫畬云：'十一日，非也。'"曰楨按：乙未乃十三日，考異作"九日"，亦非。舊楊國忠傳作"十二日凌晨"，亦非。

（天寶十五載六月）丁酉，次馬嵬。左龍武大將軍陳玄禮殺楊國忠及御史大夫魏方進、太常卿楊暄，賜貴妃楊氏死。（第一五二頁）

月日考卷七：十五日。舊肅宗紀與此同，舊玄宗紀作"丙辰"，乃"丙申"之訛，通鑑正作"丙申"。又殺楊國忠即在是日，宰相表亦云"六月丙申，國忠死"，則此紀之誤明矣。

（天寶十五載）八月壬午，大赦。（第一五三頁）

月日考卷七：一日。……又通鑑大赦在癸未，考異曰："玄宗實錄、舊紀皆云八月癸未朔，肅宗實錄、唐曆、舊紀、長曆皆云壬午朔，今從之。"曰楨按：據考異則通鑑正文似當在壬午朔，不當云癸未也。

（天寶十五載八月）庚子，上皇天帝誥遣韋見素、房琯、崔渙奉皇帝册于靈武。（第一五三頁）

月日考卷七：十九日。舊紀、通鑑並作"己亥"，舊肅宗紀作"丁酉"，會要作"十五日"，宰相表與此同，通鑑考異曰："肅宗實錄'癸未，上奉表至蜀'，玄宗實錄'八月癸未朔，赦天下'，時皇太子已至靈武，七月甲子即位，道路險澁，表疏未達，及下是詔，數日北使方至，具陳群臣懇請太子辭避之旨，辛卯下詔，稱太上皇，庚子，遣韋見素等奉册，今從舊紀、唐曆。"

（天寶十五載）十一月甲寅，憲部尚書李麟同中書門下平章事。（第一五三頁）

月日考卷七：四日。舊肅宗紀及通鑑皆在明年正月，宰相表與此同。

（至德二載正月）甲子，劍南健兒賈秀反，伏誅。（第一五三頁）

月日考卷七：十五日。舊肅宗紀、通鑑皆作"丙寅"，則爲十七日也，與此異。

（至德二載）七月庚戌，行營健兒李季反，伏誅。（第一五三頁）

月日考卷七：四日。舊紀、通鑑不載此事，疑與郭千仞一事，此紀誤爲二事。

（至德二載）七月庚午，劍南健兒郭千仞反，伏誅。（第一五三頁）

月日考卷七：廿四日。舊肅宗紀作"庚戌夜"，通鑑作"戊申夜"，皆與此異。

（至德二載）十二月丁未，至自蜀郡。（第一五四頁）

月日考卷七：四日。新舊二書肅宗紀皆作"丙午"，據舊玄宗紀乃丙午至望賢橋，丁未至京師，通鑑與舊玄宗紀同，當以丁未爲是。

卷六

肅宗本紀

（開元）十五年，更名浚，徙封忠王。（第一五五頁）

互證卷三：舊書同，舊書考異曰"元宗紀在開元十三年正月"。

按："正月"，廿二史考異舊書卷一作"三月"，是。

"十五年"，冊府卷三同，唐會要卷一作"十五年三月"，舊紀卷一〇作"十五年正月"，御覽卷一一二同。舊紀卷八曰："（十三年）三月甲午，皇太子嗣謙改名鴻；郯王嗣直改名潭，徙封慶王；陝王嗣昇改名浚，徙封忠王……"通鑑卷二一二同，新紀卷五將封諸王亦系於"十三年三月甲午"，獨無肅宗。

（天寶十五載六月）朔方留後支度副使杜鴻漸、六城水陸運使魏少游、節度判官崔漪、支度判官崔簡金、關內鹽池判官李涵、河西行軍司馬裴冕迎太子治兵于朔方。（第一五六頁）

糾謬卷一〇肅宗紀即位事與裴冕杜鴻漸魏少游傳不同：考此數傳，杜鴻漸止爲朔方判官，而紀云朔方留後支度副使；魏少游本爲水陸轉運副使，而紀云六城水陸運使，鴻漸傳又云六城水運使；裴冕以河西行軍司馬已拜御史中丞兼左庶子，爲天下兵馬副元帥，赴召而還，而紀止云河西行軍司馬，此位號不同也。鴻漸傳云支度判官盧簡金，而紀云崔簡金，此姓不同也。裴冕傳云五請，而鴻漸傳云六請，此勸進之數不同也。

互證卷二：按舊書鴻漸傳云"天寶末，累遷大理司直、朔方留後、支度副使"，是新傳未詳而紀自不誤，裴冕爲御史中丞，諸傳皆同，而舊紀云"御史大夫"，亦誤。

按：紀爲總括性敘述，各人之傳爲以所述傳主爲中心，因此，詳略各有不同，不可大驚小怪爾。因一人兼數職，或職務之變化，因此，所述之職又爲不同，此亦不可苛責。

"盧簡金"，舊書卷一〇八杜鴻漸傳亦同，另金石萃編卷一〇五、一〇六均有記載，疑"盧簡金"是。

（天寶十五載十一月）戊午，崔渙爲江南宣慰使。（第一五七頁）

月日考卷八：八日。舊紀作"戊子"，通鑑在十二月辛酉日下，而下文又重書十二月，蓋此十二月乃十一月之訛，宰相表與此同。

（至德元載）十一月甲寅，憲部尚書李麟同中書門下平章事。（第一五七頁）

合鈔卷一〇：（舊紀卷一〇作"至德二載正月"）按本傳亦作"至德二載正月，元宗所命"，其拜之時日當從舊書。

（至德二載正月）乙卯，安慶緒弑其父祿山。（第一五七頁）

月日考卷八：六日。安祿山傳作"正月朔"，韋見素傳作"甲寅"，說見韋湊傳。

（至德二載正月）丙寅，河西兵馬使孟庭倫殺其節度使周佖，以武威郡反。（第一五七頁）

互證卷三：舊書"武威郡九姓商胡安門物等反"。按通鑑作"蓋庭倫與武威九姓安門物等殺節度使周佖"，而新紀下文二月又云"孟庭倫伏誅"，似非筆誤也。未知孰是。

（至德二載二月）戊戌，庶人璘伏誅。（第一五八頁）

月日考卷八：二十日。舊紀即承戊子日下，通鑑與此同。

（至德二載二月）庚子，郭子儀及安慶緒戰于潼關，敗之。（第一五八頁）

月日考卷八：廿二日。舊紀即承戊子日下，通鑑與此同。

（至德二載二月）壬寅，河西判官崔俛克武威郡。（第一五八頁）

月日考卷八：廿四日。按舊紀、通鑑即書於正月丙寅日下，通鑑云："旬有七日，平之。"疑此壬寅當爲壬午之訛，乃二月四日也。

（至德二載二月）甲辰，郭子儀及安慶緒戰于永豐倉，敗之，大將李韶光、王祚死之。（第一五八頁）

互證卷三：新舊子儀傳並同本紀，今考僕固懷恩傳則並云"敗績，懷恩至渭水，無舟，抱馬以渡"，疑得其實。

按：通鑑卷二〇一曰："（至德二載二月）庚子，郭子儀遣其子旰及兵馬使李韶光、大將軍王祚濟河擊潼關，破之，斬首五百級。安慶緒遣兵救潼關，郭旰等大敗，死者萬餘人。李韶光、王祚戰死，僕固懷恩抱馬首浮度渭水，退保河東。"其考異卷一五曰："汾陽家傳云：'偽關西節度安守忠率兵至，二十九日，公使僕固懷恩、王仲昇陳於永豐倉南，及暮，百戰，斬一萬級，李韶光、王祚決戰而死。'唐曆：'子儀襲下潼關及同州，盛兵潼關，以守之。賊將李歸仁來救，子儀戰，大敗，死者萬餘衆，退守河東……'舊僕固懷恩傳云：'懷恩退至渭水，無舟楫，抱馬以度，存者僅半，奔歸河東。'按子儀不得馮翊，則西路不通，後奉詔赴鳳翔，歷馮翊而去，則馮翊不陷也。潼關者，兩京往來之路，賊所必爭也，子儀不敗，則何以弃潼關而不守。"

（至德二年閏八月）丁卯，廣平郡王俶爲天下兵馬元帥，郭子儀副之。（第一五八頁）

月日考卷八：廿二日。通鑑廣平王爲元帥在元載九月，郭子儀爲副元帥在今年四月。考異曰："唐曆：'四月，子儀爲司空，尋以廣平王爲元帥、子儀爲副元帥。'按鄴侯家傳廣平在靈武已爲元帥，唐曆誤也。"

（至德二年）十月戊申，廣平郡王俶及安慶緒戰于新店，敗之，克陝郡。（第一五九頁）

月日考卷八：四日。舊紀在癸丑日下，通鑑作"己未"，乃十五日也。考異曰："實錄無新店戰日……汾陽家傳：'九月，安慶緒自洛疾使諸將至陝，兼收敗卒，猶十五萬，十月四日於陝西依山而陳……'汾陽家傳：'十月四日，破賊於陝西。八日，收洛陽。'年代記：'十月己未，破賊于新店。辛酉，慶緒聞軍敗，率其黨投相州。'舊紀：'庚申，慶緒奔河北。壬戌，廣平王入東京。'新紀：'戊申，敗賊新店，克陝郡。壬子，復東京。'按陝、洛之間幾三百里，汾陽傳、新紀太早，實錄壬戌收陝郡太晚，今從年代記、幸蜀記。"

（至德二年十月）壬子，復東京。（第一五九頁）

月日考卷八：八日。此與汾陽家傳合，其實非也。舊紀、通鑑皆作"壬戌"，乃十八日。又安慶緒奔河北，亦在是日，舊紀、通鑑作"庚申"。又吐蕃陷西平亦在是日，舊紀在乙巳朔下，通鑑與此同。

（至德二年）十一月丙子，張鎬率四鎮伊西北庭行營兵馬使李嗣業、陝西節度使來瑱、河南都知兵馬使嗣吳王祇克河南郡縣。（第一五九頁）

互證卷三：方鎮表至德元載"置東畿觀察使，乾元元年始爲陝虢華節度，上元元年始改爲陝西節度"，此時無陝西節度也。又考新舊書來瑱傳，是時爲淮南西道節度，其拜陝虢節度在乾元二年。

（至德二年十二月）壬申，達奚珣等伏誅。（第一六〇頁）

月日考卷八：廿九日。舊紀作"庚午"，通鑑與此同，疑是庚午下制，壬申伏誅也。

乾元元年正月戊寅，上皇天帝御宣政殿，授皇帝傳國、受命寶符，冊號曰光天文武大聖孝感皇帝。（第一六〇頁）

月日考卷八：五日。舊紀、通鑑授寶事皆在上年十二月甲子，冊皇帝等號則在是月戊寅是也。此紀於上年不書，而於此又承實錄之訛。通鑑考異曰："實錄：'戊寅，玄宗御宣政殿，授上傳國寶，禮畢，冊上加尊號。上上言讓曰'伏奉聖旨，賜臣典策曰光天文武大聖孝感皇帝，授傳國寶符、受命寶符各一。'按去年十二月癸亥，上已受國璽，告太清宮。甲子，玄宗御宣政殿，授上傳國璽，於殿下涕泣拜受。今又云授寶，事似複重，唐曆、統紀、年代記、舊紀皆云去年十二月授傳國璽，此年正月戊寅冊尊號，今從之。"

（乾元元年三月）戊寅，立淑妃張氏爲皇后。（第一六〇頁）

月日考卷八：六日。毛本"淑"誤作"俶"。舊紀作"四月己酉"，通鑑與此同。

（乾元元年）四月辛亥，祔神主于太廟。（第一六〇頁）

月日考卷八：十日。通鑑作"辛卯"，胡氏注曰："'辛卯'當作'辛亥',傳寫誤也。新書肅宗紀作'四月辛亥',此又逸'四月'二字。"曰槇按:胡注謂當作"辛亥",是也,至通鑑上文明書"四月"二字,乃全未檢照上文,亦太疏忽矣。

(乾元元年九月)庚寅,郭子儀率李光弼、李嗣業、王思禮、淮西節度使魯炅、興平軍節度使李奐、滑濮節度使許叔冀、平盧兵馬使董秦、鄭蔡節度使季廣琛以討安慶緒。(第一六一頁)

十七史商榷卷七三:"荊州長史季廣琛","季"當作"李",二年同。新紀於乾元元年九節度討安慶緒,亦作"季",恐非。

月日考卷八:廿一日。舊紀"淮西"作"襄陽",通鑑蓋以董秦乃兵馬使,故在九節度使之外,考異曰:"實錄有李(夐)[奐],無崔光遠,而云凡九節度。汾陽家傳有光遠,無(夐)[奐],又有河東兵馬使薛兼訓。蓋實錄脫光遠,汾陽傳脫(夐)[奐]名耳。兼訓蓋光弼裨將,光弼未至間,先遣赴鄴城也。汾陽傳又以炅爲襄鄧,廣琛爲淮西荆澧。舊本紀'廣琛爲荊州',今從實錄。汾陽傳又云:'公九月十二日出洛,師涉河而東。'今從實錄,庚寅,二十一日也。"曰槇按:今本舊紀亦作"鄭蔡節度使季廣琛",與溫公所見作"荊州"者不同。

按:舊紀卷一〇曰:"(至德三年五月)以荊州長史季廣琛赴河南行營會計討賊於河北。"疑"爲荊州"乃季廣琛後來所任。"季廣琛",舊書、新書、通鑑三書及唐會要卷五、太平廣記所引廣異記及酉陽雜俎同,冊府卷一二二、四四三、文苑英華卷六四八河西破蕃賊露布、南部新書卷二、唐語林卷八、酉陽雜俎卷六作"李廣琛"。

(乾元元年)十月甲辰,立成王俶爲皇太子。(第一六一頁)

月日考卷八:五日。宰相表及舊紀皆作"五月庚寅",會要亦云"五月十九日",通鑑"五月庚寅,立太子。十月甲辰,冊太子",是也。冊成王爲皇太子文正作"十月五日甲辰"。舊代宗紀作"四月庚寅",訛。

(乾元)二年正月己巳,群臣上尊號曰乾元大聖光天文武孝感皇帝。(第一六一頁)

月日考卷八:一日。舊紀有朔字,此脫。又"郭子儀敗賊于愁思岡"亦在是日,通鑑在上年十月。考異曰:"汾陽家傳'十月五日戰愁岡',

據實錄癸丑子儀破賊，擒安慶和，癸丑十四日也，蓋捷奏始到。"曰楨按：舊紀上年十月乙未及甲寅前書郭子儀奏破賊十萬於衞州，獲安慶緒弟慶和，進收魏州，即此戰也。唯據胡氏通鑑注愁思岡在相州湯陰縣界，舊紀作"衞州"，微異。

（乾元二年）四月庚子，王思禮及史思明戰于直千嶺，敗之。（第一六二頁）

月日考卷八：四日。舊紀作"丁酉朔"，通鑑與此同。

（上元元年）十一月甲午，揚州長史劉展反，陷潤州。丙申，陷昇州。壬子，李峘、淮南節度使鄧景山及劉展戰于淮上，敗績。（第一六三頁）

互證卷三：舊書"宋州刺史劉展赴鎮揚州，揚州長史鄧景山以兵拒之，爲展所敗，展進陷揚、昇、潤等州"。按壬子是丙申後十六日，不應展陷昇州如許之久，而李峘、鄧景山始與之戰也。通鑑考異雖云"從新紀"，而敘戰自在陷潤、昇前，但不能確指其日耳。考展當是先入揚州而後與峘、景山戰，始陷潤、昇等州也。舊紀云"進陷揚、潤、昇"亦非是。

按：舊書卷一一二李峘傳曰："（乾元）二年，以宋州刺史劉展握兵河南，有異志，乃陽拜展淮南節度使，而密詔揚州長史鄧景山與峘圖之。時展徒黨方強，既受詔，即以兵渡淮，景山、峘拒之壽春，爲展所敗，峘走渡江，保丹陽。"因此，李峘之敗在陷揚、潤之前，舊紀是。通鑑考異卷一五曰："實錄：'十一月壬子，淮南節度奏展反，鄧景山、李峘戰敗。八日，展陷潤州，十日，陷昇州。'按八日甲午，十日丙申，壬子二十六日，乃奏到日也。唐曆：'壬子，淮南奏宋州刺史劉展赴鎮，揚州長史淮南節度鄧景山、都統尚書李峘承詔拒之，兵敗，奔於壽州。乙未，劉展陷揚州；景申，陷潤州；丁酉，陷昇州。'壬子在前，蓋因實錄也。"實錄與新紀同，唐曆僅與新紀相差僅一、二日，或與定朔日有關，則劉展在十一月七日至十一日依次陷揚、潤、昇三州，壬子乃奏到日。

（上元二年正月）乙卯，劉展伏誅。（第一六三頁）

月日考卷八：廿九日。通鑑作"壬子"，考異曰："實錄：'乙卯，平盧兵馬使田神功生擒逆賊劉展。'舊神功傳亦然，今從劉展亂紀。"

（上元二年四月）乙亥，青密節度使尚衡及史朝義戰，敗之。（第一六四頁）

月日考卷八：廿一日。舊紀即在己未日下，通鑑與此同。

（上元二年四月）丁丑，兗鄆節度使能元皓又敗之。（第一六四頁）

月日考卷八：廿三日。舊紀即在己未日下，通鑑與此同。

（上元二年五月）庚子，李光弼爲河南道副元帥。（第一六四頁）

月日考卷八：十六日。舊紀作"乙未"，通鑑與此同。

寶應元年建寅月甲申，追冊靖德太子琮爲皇帝，妃竇氏爲皇后。（第一六五頁）

月日考卷八：四日。按舊傳作建寅月九日，則爲己丑，王縉奉天皇帝哀冊文作"建寅月二十六日"，則爲丙午，皆與此異。

（寶應元年建寅月）甲辰，李光弼克許州。（第一六五頁）

月日考卷八：廿四日。舊紀作"癸酉"，上闕年月，蓋建卯月廿三日也。

（寶應元年建卯月）壬子，羌、渾、奴剌寇梁州。（第一六五頁）

月日考卷八：二日。通鑑作"寇成固"，按此下建辰月又書寇梁州，當從通鑑爲是。

（寶應元年建巳月）丙寅，閑廄使李輔國、飛龍廄副使程元振遷皇后于別殿，殺越王係、兗王僴。是夜，皇帝崩于長生殿，年五十二。（第一六五頁）

月日考卷八：十七日。按代宗紀此等事皆在丁卯，考肅宗哀冊文作"十八日丁卯崩"，會要亦云十八日，舊紀、通鑑皆作"丁卯"，此丙寅訛。通鑑考異曰："肅宗實錄曰：'……丙寅，元振與輔國夜勒兵於三殿前，使人收捕越王及同謀内侍朱光輝、段恒俊等百餘人，殺之，移皇后於別殿。其夜，六宮内人、中官等驚駭奔走，及明，上崩。'代宗實錄曰：'乙丑，皇后召上，既夜，輔國、元振勒兵捕係，幽后。丁卯，肅宗崩。'

係傳：'乙丑，后召太子，丙寅夜，元振、輔國勒兵捕係，幽后，是日俱爲輔國所害。'舊肅宗紀：'丁卯，宣遺詔，是日，上崩。'代宗紀：'……丁卯，肅宗崩。'新本紀……按張后以乙丑日召太子，迨夜不至，則必知有變矣，輔國等安能待至來夜，然後勒兵收係等乎？蓋收係等在乙丑之夜也。……"曰楨按：據考異則新代宗紀以后召太子入宮，及輔國等殺係、幽后事皆書于丁卯日下，亦訛。舊代宗紀與代宗實錄悉同，然下文又云"四月十七日立功人並號'寶應功臣'"，則收係、幽后當在丙寅，非乙丑矣。

代宗本紀

乾元元年三月，徙封成王。四月，立爲皇太子。（第一六六頁）

史糾卷四：肅宗紀云："乾元元年十月，立俶爲皇太子。"……以舊書考之，代宗實以乾元元年五月正儲位，則十月、四月所紀皆舛。

互證卷三：舊肅宗紀在五月，蓋據下制之日，而新紀據冊立之日也。宰相表則仍在五月，此云四月並誤。

按：通鑑卷二二〇曰："（乾元元年五月）張后生興王佋，纔數歲，欲以爲嗣，上疑未決，從容謂考功郎中、知制誥李揆曰：'成王長，且有功，朕欲立爲太子，卿意何如？'揆再拜賀曰：'此社稷之福，臣不勝大慶。'上喜曰：'朕意決矣。'庚寅，立成王俶爲皇太子。"冊府卷二五七曰："肅宗乾元元年五月庚寅，詔成王俶宜立爲皇太子，改名豫，所司擇日行冊禮。"新紀卷六曰："十月甲辰，立成王俶爲皇太子。"冊府卷八〇、卷八七同，文苑英華卷四四三冊成王爲皇太子文曰："維乾元元年歲次戊戌，十月庚子朔五日甲辰……"因此，五月爲下制之日，十月爲冊立之日。

（寶應元年四月）乙亥，進封适爲魯王。（第一六七頁）

月日考卷九：廿六日。舊紀在五月丙戌，通鑑作"五月乙酉"，皆與此異。

（寶應元年）五月壬午，李輔國爲司空。（第一六七頁）

月日考卷九：四日。宰相表"五月"誤刊"正月"，舊紀作"己卯

（寶應元年）七月乙酉，殺山南東道節度使裴茙。（第一六七頁）

互證卷三：舊書作"裴義"。按新舊傳並作"裴茙"，紀並誤也。又按永王璘傳新書"裴戎以廣陵卒三千戍伊婁"，舊書作"裴茂"，通鑑亦作"裴茂"。不知是一人否。監本紀亦作"茂"。

校勘記："裴茙"，大字本、北監本同，汲古閣本、殿本作"裴茂"，殿誤，見傳六九。

按："裴茙"，舊紀卷一一同，舊書卷一一四、新書卷一四四有其傳。"裴茙"是。新書卷八二永王璘傳之裴戎，舊傳、通鑑卷二一九作"裴茂"，按舊書裴茙傳曰："以門蔭入仕，累遷京兆府司錄參軍。來瑱鎮陜州，引爲判官。"因此，非一人，疑作"裴茙"是。

（寶應元年八月）乙亥，徙封适爲雍王。（第一六七頁）

月日考卷九：廿九日。通鑑與此同，舊紀在九月丁丑朔，沈氏合鈔曰："按德宗紀，當從新書。"

（寶應元年十月）壬戌，盜殺李輔國。（第一六八頁）

月日考卷九：十七日。舊紀作"丁卯夜"，宰相表、通鑑與此同，舊輔國傳作"十月十八日"，則癸亥也。

（寶應元年十月）甲戌，敗史朝義于橫水。（第一六八頁）

月日考卷九：廿九日。通鑑作"乙亥"，與此及舊紀異。

（寶應元年十一月）己亥，朔方行營節度使僕固懷恩爲朔方、河北副元帥。（第一六八頁）

月日考卷九：廿四日。舊紀作"十二月辛未"，通鑑與此同。

廣德元年正月癸未，京兆尹劉晏爲吏部尚書，同中書門下平章事。（第一六八頁）

月日考卷九：九日。舊紀在甲午日下，宰相表、通鑑與此同。

（廣德元年三月）丁未，李光弼及袁晁戰，敗之。（第一六八頁）

月日考卷九：四日。舊紀、通鑑皆在四月庚辰，蓋奏到之日也。

（廣德元年）九月壬寅，裴遵慶宣慰僕固懷恩于汾州。（第一六九頁）

月日考卷九：二日。通鑑作"壬戌"，則爲廿二日，舊紀作"壬戌朔"，訛。

（廣德元年十月）癸巳，吐蕃潰，郭子儀復京師。（第一六九頁）

月日考卷九：廿四日。舊紀"庚寅，子儀收京城"，吐蕃軍奔潰則在庚寅之前，通鑑"吐蕃惶駭，庚寅，悉衆遁去"，與此不同。

（廣德二年正月）乙卯，立雍王适爲皇太子。（第一七〇頁）

月日考卷九：十七日。南監本作"乙亥"，訛。舊紀作"二月己巳朔"，蓋受册之日也，宰相表、通鑑與此同。

（廣德二年二月）甲戌，朝享于太廟。（第一七〇頁）

月日考卷九：六日。舊紀亦在癸酉，通鑑與此同，會要作"二十七日"。

（廣德二年）八月丙寅，王縉爲侍中，都統河南、淮南、山南東道節度行營事。（第一七〇頁）

月日考卷九：一日，脫朔字。舊紀作"丁卯"，宰相表、通鑑與此同。

（廣德二年十月）庚午，嚴武克吐蕃鹽川城。（第一七一頁）

月日考卷九：六日。舊紀在甲申日下，通鑑與此同。

（廣德二年十月）辛未，朔方兵馬使郭晞及吐蕃戰于邠西，敗之。（第一七一頁）

月日考卷九：七日。舊紀在丁卯日下，通鑑考異引實錄與此同，又引汾陽家傳十四日，邠志作"十七日"，皆與此異。

（廣德二年）十一月乙未，吐蕃軍潰，京師解嚴。（第一七一頁）

月日考卷九：二日。舊紀與此同，通鑑作"十月乙酉，虜涉涇而遁"，考異曰："實錄：'十月辛未夜，郭晞遣馬步三千人於邠州西斬賊營，殺千餘人。十一月乙未，懷恩及吐蕃等自潰，京師解嚴。'汾陽家傳曰：'十月七日，公誓師，及夜，出兵數萬陣于西門之外。未曙，懷恩、吐蕃、回紇、吐渾等已陣于乾陵北，長二十里。賊至于邠州，營于北原，十三日，攻其東門，不克，十四日橫陣于南原，請戰，晞等與之連戰，大破之，追奔數十里。二十一日，涉涇而還。'邠志：'懷恩寇邠、涇，十七日，衆渡（邠州）〔涇水〕，郭晞率衆禦之，戰于邠郊，我師敗之，明日引軍南出。'今從汾陽家傳，以實錄參之。"

（廣德二年十一月）癸丑，袁晁伏誅。（第一七一頁）

糾謬卷九李光弼傳平袁晁年月與紀不同：李光弼傳云："浙東賊袁晁反台州，建元寶勝，以建丑爲正月，殘剽州縣。光弼遣麾下破其衆於衢州，廣德元年，遂禽晁，浙東平。二年，光弼薨。"今按代宗紀，寶應元年八月辛未，台州人袁晁反；九月癸卯，陷信州；十月乙卯，陷溫、明。十二月甲戌，李光弼及袁晁戰于衢州，敗之。廣德元年三月丁未，李光弼及袁晁戰，敗之。二年七月己酉，李光弼薨。十一月癸丑，袁晁伏誅。以此而校本傳，則頗不相應，未知何者爲是。

互證卷三：上文"廣德元年三月丁未，李光弼及袁晁戰，敗之"，舊紀"三月丁未，袁傪破袁晁之衆於浙東。四月庚辰，河南副元帥李光弼奏生擒袁晁，浙東郡縣盡平"，新光弼傳亦云"廣德元年擒晁"，今紀書晁伏誅乃在二年十一月，去光弼薨又五閱月矣，疑誤。

按：舊紀卷一一曰："（寶應二年四月）庚辰，河南副元帥李光弼奏生擒袁晁，浙東州縣盡平。"通鑑卷二一二同。冊府卷二一二曰："（寶應）二年四月，袁晁平。"因此，袁晁之亂乃寶應二年四月平，是年七月改元廣德。冊府卷三五九、三八五曰："生擒袁晁。"可知其被生擒。新紀卷六曰："（廣德二年十一月）癸丑，袁晁伏誅，免越州今歲田租之半，給復溫、台、明三州一年。"冊府卷一〇六曰："唐代宗廣德二年，浙東諸州以討平賊帥袁晁，瘡痍初復，乃加賑恤。"與新紀"免田租"相吻合。據此推，袁晁廣德元年生擒以後，并未立即處死，至二年十一月方伏誅。

（永泰元年十月）丁卯，回紇、党項羌請降。（第一七二頁）

月日考卷九：九日。舊紀作"丁丑"，通鑑與此同。

（永泰元年十月）癸酉，郭子儀及吐蕃戰于靈臺，敗之。（第一七二頁）

月日考卷九：十五日。舊紀作"庚辰"，通鑑與此同。

（永泰元年十月閏月）辛亥，劍南西山兵馬使崔旰反。（第一七二頁）

月日考卷九：廿三日。通鑑作"辛巳"，訛。按此紀郭英乂被殺即書於此日下，舊紀在戊申日下，今考郭英乂碑作"甲子薨于靈池兵故也"，則爲十一月七日矣。

（大曆元年）三月癸未，劍南東川節度使張獻誠及崔旰戰于梓州，敗績。（第一七二頁）

月日考卷九：廿八日。舊紀作"辛未"，通鑑與此同。

（大曆二年九月）乙卯，寇邠州，郭子儀屯于涇陽，京師戒嚴。（第一七三頁）

月日考卷九：八日。舊紀即在甲寅日下，按通鑑云："九月，吐蕃圍靈州，游騎至潘原、宜祿，詔子儀自河中帥甲士三萬鎮涇陽。甲子，子儀移鎮奉天。"考異曰："汾陽家傳'八月十七日，吐蕃至涇西，二十七日詔統精卒一萬與馬璘合攻之'，今從實錄。實錄'甲寅寇靈州，乙卯寇宜祿'，蓋據奏到日，今從唐曆。"

（大曆三年）六月壬寅，幽州兵馬使朱希彩殺其節度使李懷仙，自稱留後。（第一七三頁）

月日考卷九：三十日。舊紀、通鑑作"壬辰"，與此異。

（大曆三年六月）閏月庚午，王縉兼幽州盧龍軍節度使。（第一七四頁）

月日考卷九：閏六月廿八日。舊紀、通鑑作"庚申"，宰相表與此同。

（大曆三年）八月己酉，吐蕃寇靈州。（第一七四頁）

月日考卷九：八日。舊紀、通鑑作"壬戌"，與此異。

（大曆三年）十二月辛酉，涇原兵馬使王童之謀反，伏誅。（第一七四頁）

月日考卷九：廿一日。舊紀在己酉日下，通鑑與此同。

（大曆）四年正月甲戌，殺潁州刺史李峘。（第一七四頁）

月日考卷九：五日。舊紀賜自盡，在戊子日下，通鑑作"壬午，流夷州，辛卯，賜死"。

按：唐大詔令集卷一二六有賜李峘自盡詔。

（大曆四年）五月丙戌，京師地震。（第一七四頁）

月日考卷九：十九日。沈氏合鈔曰："五行志無。"曰楨按：新五行志誤作"三年"，未嘗無也，舊五行志不載，乃羼入天文志中，亦未嘗無也。

（大曆四年十一月）壬申，杜鴻漸罷。（第一七五頁）

月日考卷九：八日。舊紀"乙亥，鴻漸卒"，不書罷，宰相表與此同，通鑑"鴻漸以疾辭位，壬申，許之；乙亥，薨"，是也，惟壬申、乙亥皆承十月下先書，十一月乃訛。

（大曆四年十一月）癸巳，裴冕兼河南、淮西、山南東道副元帥。（第一七五頁）

月日考卷九：廿九日。舊紀即在丙子日下，宰相表、通鑑皆不書此事，據裴冕碑則舊紀為是，說見下。

（大曆四年）十二月戊戌，裴冕薨。（第一七五頁）

月日考卷九：四日。宰相表、舊紀、通鑑皆與此同，按裴冕碑云："十有一月，旬又二日，兼河南、江淮副元帥、東都留守。是月辛酉薨於長安。"辛酉乃十二月廿七日，與該書不同，然碑云是月，則似是十一月，十一月無辛酉，亦非也。

（大曆五年）三月癸酉，內侍監魚朝恩有罪自殺。（第一七五頁）

月日考卷九：是日，舊紀作"己巳"，在四年七月下，沈氏合鈔以爲錯簡，移入此年三月下，則是三月六日也。

（大曆五年）四月庚子，湖南兵馬使臧玠殺其團練使崔瓘。（第一七五頁）

糾謬卷六紀書團練使崔瓘而傳乃觀察使崔瓘：今按崔瓘傳云："瓘，博陵人，以士行修謹聞，累官至澧州刺史。大曆中，遷湖南觀察使。時將吏習寬弛，不奉法，瓘稍以禮法繩裁之，下多怨。別將臧玠、判官達奚覯忿爭。覯曰：'今幸無事。'玠曰：'欲有事邪？'拂衣去。是夜，以兵殺覯，瓘聞難，惶懼走，遇害。"此即紀所書者而不同如此，蓋紀誤也。

知本糾謬錢氏注：唐制，節度團練諸史多兼本道觀察使。

十七史商榷卷八八：愚考舊書紀、傳，皆作"瓘"，新乃互異，傳寫之譌也……至舊紀書"湖南都團練使崔瓘"，新紀去"都"字，此字恐不可去。……湖南觀察使治潭州……不置節度，但置觀察……故瓘死，所屬道州刺史裴虬、衡州刺史楊濟出軍討玠，其兼團練明矣。然雖兼團練，不可云"都"，惟觀察稱之，故知"都"字不可去也。舊於瓘傳則云："……遷潭州刺史兼御史中丞，充湖南都團練觀察使……"

按："崔瓘"，冊府卷六七三、六九四、通鑑卷二二四同。考"崔瓘"，權載之文集卷一七載崔公神道碑銘，全唐文卷四一三有授崔瓘自澧州刺史除湖南觀察使制，可證王氏所曰爲是。

（大曆八年五月）壬辰，赦京師。（第一七六頁）

月日考卷九：十八日。赦文作"二十五日"，則爲己亥，不合。

（大曆八年）八月己未，吐蕃寇靈州，郭子儀敗之于七級渠。（第一七六頁）

月日考卷九：十六日。按通鑑無子儀敗吐蕃事，但云"己未，吐蕃六萬騎寇靈武，踐秋稼而去"，考異曰："汾陽家傳'八月，吐蕃五千騎至靈州南七級渠，公遣溫儒雅、後政等連兵救之，九月，大破之，今從實錄。"曰楨按：舊紀亦但云"己未，吐蕃寇靈州，庚午，靈武奏蕃軍退去"，則通鑑是也。

（大曆八年）十月庚申，吐蕃寇涇、邠。（第一七七頁）

月日考卷九：十八日。舊紀在丁巳日下，通鑑書于庚申之前，與此異。

（大曆八年十月）丙寅，朔方兵馬使渾瑊及吐蕃戰于宜祿，敗績。（第一七七頁）

月日考卷九：廿四日。舊紀作"甲子"，通鑑作"庚申"，考異曰："實錄作'甲子'，蓋奏到之日也，邠志云十八日，與唐曆合，今從之。"

（大曆九年）十月壬申，信王瑝薨。（第一七七頁）

月日考卷九：六日。按信王墓誌作"庚午薨"，則爲四日，舊紀、通鑑與此同，蓋奏聞之日也。

（大曆）十年正月丁酉，昭義軍兵馬使裴志清逐其節度使薛崿，叛附于田承嗣。（第一七七頁）

月日考卷九：三日。舊紀作"己酉"，通鑑與此同。

（大曆十年五月）甲寅，大雨雹，大風拔木。（第一七八頁）

月日考卷九：廿二日。按此即四月甲申事，重出。五行志但有五月事，無四月事，舊紀但有四月甲申事，無五月字。

（大曆十年九月）丙辰，李抱玉敗之于義寧。（第一七八頁）

月日考卷九：廿五日。舊紀即在癸丑日下，通鑑與此同。

（大曆十年九月）丁巳，馬璘又敗之于百里城。（第一七八頁）

月日考卷九：廿六日。通鑑在丙辰及戊午前，不書日。考異曰："（汾陽家傳）'九月，吐蕃略潘原西而還。八日，至小石門白草川。十八日，下朝那川。二十三日，至里城營、支磨原，入華亭。十月，公遣渾瑊、李懷光等與幽州、義寧、汴宋軍會于故平涼縣。三日詰朝，大破之。'今從實錄。"

（大曆十一年十月）丙午，田承嗣以兵援靈耀，李忠臣敗之于匡城。（第一七九頁）

月日考卷九：按丙子訛，當從舊紀、通鑑作"丙午"，乃廿二日。

按：殿本作"丙子"，大字本、百衲本作"丙午"。

（大曆十二年三月）辛巳，元載有罪伏誅。（第一七九頁）

月日考卷九：廿九日。本傳及通鑑作"庚辰"，考舊紀乃庚辰下獄，辛巳賜死也，宰相表與此同，通鑑蓋本舊元載傳。

（大曆十三年正月）癸酉，河東節度留後鮑防及回紇戰于陽曲，敗績。（第一八〇頁）

月日考卷九：廿六日。舊紀即在戊辰日下，通鑑與此同。

（大曆十四年）五月辛酉，不豫，詔皇太子監國。（第一八〇頁）

月日考卷九：廿一日。舊紀作"癸卯，不康。辛酉，太子監國"，通鑑與舊紀同。按魄鄾錄云："代宗五月二十一忌。"正合。唐會要作"二十日崩"，哀冊文作"二十二日崩"，舊天文志作"五月十一日崩"，皆傳寫之誤。

（大曆十四年五月辛酉）是夕，皇帝崩于紫宸內殿，年五十三。（第一八〇頁）

新書考異卷一一：按唐會要，代宗以開元十四年十月十三日生，年五十四。

十七史商榷卷七三：吳縝糾繆第一卷駁代宗母章敬吳皇后入宮事亦據此紀以推代宗生年當為開元十五年丁卯歲，舊紀則不言年若干，錢大昕云："唐會要'代宗以開元十四年十月十三日生'。"大曆十四年五月二十日崩，年五十四，新紀非也。

互證卷三：按舊紀前云"以開元十四年十二月十三日生"，則年五十四也。

按：關於代宗出生年月，舊紀作"十二月十三日"，冊府卷二曰："代宗以開元十四年十月十三日生於東都上陽宮之別殿。"通鑑考異卷一三曰："令狐峘代宗實錄云：'上以開元十四年十月十三日生，時玄宗幸汝州之溫湯，有望氣者云宫中有天子氣，玄宗即日還宫，是夜代宗降誕。'按玄宗實錄此月十六日庚申始幸溫湯，己巳乃還宫，與代宗實錄不同。"毘陵集卷四請降誕日置天興節表曰："願以十月十三日爲天興節。"唐會要卷二九同，據此，"十月十三日"應是。

卷七

德宗本紀

德宗神武聖文皇帝諱适，代宗長子也。（第一八三頁）

互證卷三：舊書作"孝文"，通鑑同舊書。

按：唐大詔令集卷一三德宗神武孝文皇帝謚議曰："請上尊謚曰神武孝文皇帝，廟號曰德宗。"因此，德宗被謚作"孝文"。但新紀卷七作"聖文"，通鑑卷二二六稱"孝文"，卷二二七至二三六均稱"聖文"，不知何據。

肅宗元年建丑月，封德宗奉節郡王。（第一八三頁）

合鈔卷一二：（舊紀卷一二"天寶元年四月癸巳生於長安大內之東宮。其年十二月拜，特進、封奉節郡王"。）新書"肅宗元年建丑月封"，疑誤。

按：唐會要卷一、冊府卷一一亦作"元年建丑月"。

（寶應元年）十一月，史朝義死。（第一八三頁）

互證卷三：新代宗紀"廣德元年正月甲申，史朝義自殺"，舊紀"寶應元年十一月，賊范陽尹李懷仙斬史朝義首來獻"。通鑑考異曰："實錄作十一月而舊紀因之，誤也。"以諸傳參考，新紀爲是。今德宗紀乃云"十一月史朝義死"，與代宗紀自相違背，而反與舊紀合。

（大曆十四年）八月甲辰，道州司馬楊炎爲門下侍郎。（第一八四頁）

月日考卷一〇：七日。舊紀作"庚辰"，宰相表、通鑑與此同。

（建中元年正月）辛未，有事于南郊。大赦，賜文武官階、勳、爵，遣黜陟使于天下。（第一八五頁）

月日考卷一〇：五日。大唐郊祀錄正作"五日"。又"遣黜陟使于天下"亦在是日。舊紀在二月丙申，通鑑在二月丙申朔。

按：舊書卷四八食貨志作"二月"，但唐會要卷七八曰："建中元年正月，制諸道宜分遣黜陟使，觀風俗，問疾苦。"冊府卷八九同，並曰"正月五日"，合。應正月下制，二月施行。

（建中元年）八月丁巳，遥尊母沈氏爲皇太后。（第一八五頁）

月日考卷一〇：廿六日。舊后妃傳作"十一月"，通鑑作"七月辛巳"。

按：舊紀卷一二同新紀。

（建中二年十一月）丁丑，馬燧及田悦戰于雙岡，敗之。（第一八七頁）

月日考卷一〇：廿三日。按此訛，當從通鑑在七月，疑是七月二十日丁丑也。

按：月日考於本年七月癸未條引通鑑考異卷一八曰："今據燧傳，先敗悦於雙岡，斬楊朝光，居五日，乃進至臨洺，即實錄此月癸未衆軍破悦於臨洺也，實錄在此年冬，與此相違。燕南記亦云：'七月，燧與抱真兵八萬，自潞府東下壺關，先收邯鄲盧家砦，朝光戰死臨洺城，又大破悦。'悦退走在李正已死前，與實錄此月相應。臨洺之戰，疑諸軍已集，燧等若未至，張伾必不能獨破悦軍。新本紀：'十一月丁丑，馬燧及田悦戰於雙岡，敗之。'不知此日何出，必與諸書相違，今止從七月。"

（建中三年正月閏月）庚戌，馬燧及田悦戰于洹水，敗之。（第一八七頁）

月日考卷一〇：廿七日。通鑑在正月，考異曰："實錄：'閏月庚戌，馬燧等破田悦於洹水。'按舊馬燧傳，洹水之戰李惟岳救兵與田悦兵猶連營相拒，又燕南記'惟岳見悦在圍，故謀歸順'，然則洹水戰在惟岳死前，實錄誤也。"

（建中四年）二月丁卯，克汝州。（第一八八頁）

月日考卷一〇：二十日。舊紀作"乙卯"，通鑑與此同。

（建中四年十月）癸丑，李希烈陷襄城，宣武軍兵馬使高翼死之。（第一八九頁）

　　互證卷三：舊書"李希烈陷襄城，哥舒曜走洛陽"。按李希烈傳云"襄城陷，曜奔東都"，又云"盛兵攻襄邑，守將高翼死之"，今考襄城屬汝州，襄邑屬宋州，此十月癸丑所陷者襄城也，襄邑之陷則在十二月陷汴州時，新舊紀皆不書，而新紀于此併書高翼之死，是誤以襄城襄邑爲一地也。

（建中四年十月）庚戌，泚殺司農卿段秀實及左驍衛將軍劉海賓。（第一八九頁）

　　月日考卷一〇：六日。通鑑作"辛亥"，較差一日。"李楚琳殺張鎰"亦在是日，舊紀、通鑑作"壬子"，奉天錄作"六日"，正與此合。

（建中四年十月）辛酉，靈鹽節度留後杜希全、鄜坊節度使李建徽及朱泚戰于漠谷，敗績。（第一九〇頁）

　　月日考卷一〇：十七日。舊紀、通鑑在十一月乙亥，奉天錄作"十月十七日"，正與此合。

（興元元年二月）甲子，李懷光爲太尉，懷光反。丁卯，如梁州。懷光將孟庭保以兵來追，左衛大將軍侯仲莊敗之于驛店。三月，李懷光奪李建徽、陽惠元兵，惠元死之。（第一九〇頁）

　　糾謬卷九德宗紀與李懷光傳不合：今按李懷光傳云："懷光遣將孟廷寶等輕騎趨南山，廷寶等率輕騎趨南山，廷寶等引而東，縱卒大掠，而百官遂入駱谷，追帝不及，還白懷光，懷光怒，悉罷其兵。"即不言有驛店之戰，且其名乃是廷寶，非庭保，未知孰是。

　　互證卷三：舊書"甲子，加李懷光太尉，仍賜鐵券，懷光怒投之于地。是日，懷光奪陽惠元、李建徽所將兵，惠元被害。丁卯，車駕幸梁州"。按是年正月癸酉朔，則甲子是二月二十三日，丁卯是二十六日，豈容二十六日駕已幸梁，懷光追襲之兵已敗，而惠元、建徽乃晏然，與懷光合營，至三月而始爲其奪兵，乃或走或死之耶？新書陸贄傳云："晟已徙營，不閱旬，懷光果奪兩節度兵，行在震驚，遂幸梁州。"其所載與舊贄傳同。然則奪兵必在幸梁之前明矣，當以舊紀爲是。

按：通鑑卷二三〇作"孟保"，所述與李懷光傳略同，其考異卷一八曰："邠志作孟廷寶，今從實錄。"又曰："實錄曰：'纔入駱谷，懷光遣其將孟保等以數百騎來襲，爲後軍將侯仲莊所拒而退，遂焚店驛而去。'舊嚴震傳曰：'時賴山南兵擊之而退，輿駕無警急之患。'今從邠志。"亦"店驛"爲"驛店"。因此，疑孟保等人無鬥志，一擊便潰，遂縱兵大掠。

互證所曰爲誤，參卷下文卷一五七陸贄傳所考。"懷光將孟庭保以兵來追"，據通鑑卷二三〇，乃"懷光遣其將孟保、惠靜壽、孫福達將精騎趣南山邀車駕"，此時懷光並未如新紀所曰已反，故"惠元、建徽乃晏然"。

（興元元年三月）癸酉，魏博兵馬使田緒殺其節度使田悅，自稱留後。（第一九一頁）

月日考卷一〇：二日。舊紀在四月己巳，通鑑在壬申。

（興元元年三月）甲戌，李懷光殺左廂兵馬使張名振、右武鋒兵馬使石演芬。（第一九一頁）

月日考卷一〇：三日。舊紀在四月己巳。通鑑在二月，考異引邠志作"三月三日"，與此合。

（興元元年三月）壬辰，次梁州。（第一九一頁）

月日考卷一〇：廿一日。舊紀作"壬申"，通鑑與此同。

按：御覽卷一一三曰："庚寅，車駕次城固。壬辰，至梁州。"

（興元元年三月）丁酉，劉洽權知汴滑宋亳都統兵馬事。（第一九一頁）

月日考卷一〇：廿六日。舊紀作"丁丑"，通鑑與此同。

（興元元年四月）甲寅，姜公輔罷。（第一九一頁）

月日考卷一〇：十四日。又"涇原兵馬使田希鑒殺節度使馮河清"亦在是日，舊紀在三月，通鑑引邠志正作四月十四日，與此同。

（興元元年六月）甲辰，朱泚伏誅。（第一九一頁）

月日考卷一〇：五日。舊紀、通鑑皆在癸卯日下，與誅令言同日，是也，此訛。

（興元元年六月）甲寅，渾瑊爲侍中。（第一九一頁）

月日考卷一九〇：十五日。舊紀在癸丑日下，通鑑與此同。

（興元元年七月月）壬午，至自興元。（第一九一頁）

月日考卷一九〇：十三日。通鑑考異引邠志作"十二日"，然奉天錄云"孟秋月十有八日，皇帝再復神京"，亦不合。

（貞元元年）六月己丑，幽州盧龍軍節度使朱滔卒。（第一九三頁）

月日考卷一〇：廿六日。舊紀、通鑑皆在辛卯日下，與此異。

（貞元元年六月）戊子，馬燧及李懷光戰于陶城，敗之。（第一九三頁）

月日考卷一〇：廿五日。按戊子不應在己丑、辛卯後，通鑑在三月戊午，乃三月廿三日，疑此訛。

（貞元元年八月）丙戌，李希烈殺宣慰使顏真卿。（第一九三頁）

陔餘叢考卷一二：舊書本紀："貞元元年正月，始聞顏真卿爲李希烈所殺，追贈司徒，諡文忠。"……則被害時尚在前也。據新書則是年八月始被害也。按綱目……是真卿被害于興元元年八月，贈諡於次年正月，與舊書同。新書蓋誤以上年八月爲是年八月耳。

月日考卷一〇：廿四日。按此訛，當從通鑑作"興元元年八月壬寅"。

按："關於顏真卿之死"，舊書卷一二八顏真卿傳作"興元元年八月"，冊府卷六六一曰："（興元）是歲八月三日，乃使閹奴與景臻等殺真卿……年七十七。及淮西平，貞元元年正月，陳仙奇使護送真卿喪歸京。"因此，"興元元年八月"是。

（貞元元年）九月辛亥，劉從一罷。（第一九三頁）

月日考卷一〇：十九日。通鑑作"乙未"，宰相表、通鑑與此同。

（貞元三年）三月丁未，李晟爲太尉。辛亥，馬燧罷副元帥。……（六月）丙戌，馬燧爲司徒。（第一九四、一九五頁）

合鈔卷一二：按燧之罷兵柄以吐蕃敗盟，當在閏月辛未之後，此時無緣遽罷也。當從舊書在六月。

互證卷三：舊書"三月丁未，李晟可太尉兼中書令。辛亥，河東馬燧來朝。六月丙戌，馬燧爲司徒兼侍中，以贊吐蕃之盟失策而罷兵柄也"。按興元元年八月李晟、馬燧皆爲副元帥，今年三月，李晟爲太尉。蓋罷其副元帥以將與吐蕃和，而罷其兵柄也。若馬燧此時方協贊和盟之策，必無罷副元帥之事，至閏五月吐蕃劫盟，燧以失策爲德宗所惡，始以司徒罷兵柄，則馬燧罷副元帥必在六月。舊紀得其實。新紀、宰相表皆誤。

按：通鑑卷二三二曰："（貞元三年）六月丙戌，以馬燧爲司徒兼侍中，罷其副元帥、節度使。"

（貞元三年三月）辛亥，馬燧罷副元帥。（第一九四頁）

月日考卷一〇：廿七日。沈氏合鈔曰："按燧之罷兵柄以吐蕃敗盟，當在閏月辛未之後，此時無緣遽罷也，當從舊書在六月。"曰楨按：宰相表與此同訛，通鑑但云"辛亥，馬燧入朝"，至六月丙戌始罷副元帥，悉本舊紀是也。

（貞元三年）六月，吐蕃寇鹽、夏二州。丙戌，馬燧爲司徒。（第一九五頁）

月日考卷一〇：五日。按此丙戌上又書"吐蕃寇鹽、夏二州"。據舊紀、通鑑則於此月驅二州居民，焚其州城而去耳。此紀於二月誤書克二州，於此月又復書寇二州，不知二州陷於去冬，至此吐蕃始棄去，中間並無克復再陷之事也。

（貞元三年十月）壬辰，射生將韓欽緒謀反，伏誅。（第一九五頁）

史糾卷四：德宗三年十月壬辰，射生將韓欽緒謀反，伏誅。按欽緒，游瓌之子也，欽緒逆連妖僧，德宗以功臣子特原之，所誅者止妖僧李廣弘及餘黨百餘人，欽緒未嘗正典刑也。

陔餘叢考卷一二：舊書本紀謂欽緒以游瓌子，特赦之。……按舊書游瓌傳……而不明言欽緒之或殺或赦。新書游瓌傳欽緒奔邠州，中人捕斬，以狀示游瓌，游瓌懼，并執欽緒二子送京師，帝赦之。既曰"捕斬以狀示游瓌矣"，則欽緒已被斬可知也。況游瓌懼誅，并以欽緒之子送京師，敢匿欽緒乎？通鑑欽緒亡抵邠州，械送京師，與軟奴等皆腰斬。是欽緒之伏誅，通鑑與新書皆同。舊書所謂赦之者，蓋誤以赦欽緒之子爲赦欽緒耳。

月日考卷一〇：十二日。舊紀作"丙戌"，通鑑丙戌告反，壬辰伏誅，是也。

（貞元三年）十一月己卯，京師、東都、河中地震。（第一九五頁）

月日考卷一〇：廿九日。舊紀作"丁丑"，而五行志作"己卯"，新五行志作"丁丑"，而此作"己卯"，紀、志各自互異，會要"十一月"，不書日。

（貞元四年正月）壬申，劉玄佐爲四鎮北庭行營、涇原節度副元帥。（第一九五頁）

月日考卷一〇：廿三日。舊紀、通鑑"玄佐"作"昌"，又舊紀在庚午日下，通鑑與此同。

按：據舊書卷一五二及新書卷一七〇劉昌傳，"劉昌"是。

（貞元八年）三月甲申，宣武軍節度使劉玄佐卒。（第一九八頁）

月日考卷一〇：三十日。舊紀作"二月庚午"，訛。通鑑作"三月庚午"，則三月十六日也。

（貞元八年四月）丁亥，殺左諫議大夫知制誥吳通玄。（第一九八頁）

月日考卷一〇：三日。舊紀作"丁丑"，通鑑與此同。

（貞元八年十一月）幽州盧龍軍節度使劉濟及其弟瀛州刺史瀍戰於瀛州，瀍敗，奔于京師。（第一九八頁）

糾謬卷四劉瀍入朝紀傳不同：今按瀍傳云："瀍，怦次子，濟母弟。怦得幽州，病且死，瀍輒以父命召濟於莫州，濟嗣總軍事，德瀍之讓，以爲瀛州刺史，有如不諱，許代已。久之，濟自用其子爲副大使。瀍不能無恨，因請以所部爲天子戍隴，悉發其兵千五百馳歸京師，無一卒敢違令者。"其事與紀全異，未知何者爲是。

按：劉瀸傳略去歸京師之原因，故致吳縝不解。冊府卷四一八有載，特錄於下，曰："瀸性輕財愛士，得人之死力。濟疑忌頗甚，人多間之，因召瀸不至，發兵攻之。瀸嬰城自守，以事上聞。城數月不拔，濟令引漳沱水灌之，城中益急。會有詔許瀸朝京師，瀸乃拔瀛州軍士及男女萬餘口歷鎮、魏數軍，直趨京師，人無離叛者。瀸號令嚴肅，所過芻蕘無所犯，其諸軍雖甚惡之，卒不能阻敗。"疑劉瀸傳原史料為劉濟諱，故略不載。

（貞元九年）五月甲辰，義成軍節度使賈耽為尚書右僕射。（第一九八頁）

月日考卷一〇：廿七日。舊紀"右"作"左"，宰相表、通鑑與此同。

（貞元）十年正月壬辰，南詔蠻敗吐蕃于神川，來獻捷。（第一九九頁）

月日考卷一〇：十八日。通鑑作"戊戌"，舊紀與此同。

（貞元十年六月）自春不雨，至于是月辛未，雨、大風拔木。（第一九九頁）

月日考卷一七：（舊書卷三四五行志曰："（貞元）十年春雨，至閏四月。"）舊紀"十年春霖雨，罕有晴日"，則霖雨事確在十年之春，入夏始止，此衍"閏"字耳。新紀"十年自春不雨，至六月辛未雨"，則訛。

（貞元十二年）六月己丑，宣武軍節度使李萬榮卒。（第二〇〇頁）

月日考卷一〇：三十日。舊紀在七月乙未，通鑑作"七月丙申"，疑此訛。

（貞元十五年）二月乙酉，宣武軍亂，殺節度行軍司馬陸長源，宋州刺史劉逸淮自稱留後。（第二〇二頁）

十七史商榷卷七三：又於十五年二月書："乙酉，宣武軍亂，殺節度行軍司馬陸長源，定州刺史劉逸準自稱留後。"……宋、汴相連，若定州，則甚遠。俱文珍急召劉逸準靜亂，必不舍近召遠，況定州別是一鎮，亦非宣武監軍所得召。"逸準"，通鑑同，新書乃作"逸淮"。逸準既係文珍召來，自必請朝命，必非自稱。

按："劉逸準"，新書卷一五一劉全諒傳、昌黎先生文集卷三二許公神道碑銘、李文公集卷一四故處士侯君墓誌、冊府卷八二五、因話錄卷六同，舊書卷一四五劉全諒傳、舊紀卷一三、唐大詔令集卷一二四平李迺詔、通鑑卷二三四、二三五作"劉逸準"，通鑑考異卷一九曰："'劉逸準'，韓愈集作'逸淮'，今從舊傳。""逸準既係文珍召來"，但并未獲朝廷任命，以新書之體例，則稱其"自稱留後"。"定州"，或爲王鳴盛版本之誤。

（貞元十五年）四月乙未，栗鍠伏誅。（第二〇二頁）

月日考卷一〇：廿一日。舊紀作"二月乙未"，通鑑作"二月庚辰"，並與此異。

（貞元十五年）十一月丁未，山南東道節度使于頔及吳少誠戰于吳房，敗之。（第二〇二頁）

月日考卷一〇：七日。舊紀、通鑑作"壬子"，乃奏到之日也。

（貞元十五年十二月）辛未，渾瑊薨。（第二〇二頁）

月日考卷一〇：二日。舊紀作"庚午"，宰相表、通鑑與此同。

（貞元十六年五月）壬子，徐泗濠節度使張建封卒。（第二〇二頁）

月日考卷一〇：十五日。舊紀"庚戌建封卒，壬子軍亂"，通鑑云"辛亥，以韋夏卿爲徐泗濠行軍司馬，敕下，建封已薨"，則舊紀是也。

（貞元十七年六月）己亥，浙西觀察使李錡殺上封事人崔善貞。（第二〇三頁）

月日考卷一〇：八日。舊紀在戊戌日下，通鑑與此同。

（貞元十七年）是歲，嘉王運薨。（第二〇四頁）

合鈔卷一八：（舊紀卷一七下嘉王運薨於開成三年。）按新書德宗紀及兩書諸王傳，嘉王運皆貞元十七年薨。循王遹雖亡薨年，然考代宗諸王，唯原王逵薨於大和六年，餘則未有在文宗朝者，此疑有誤。

十駕齋養新錄卷六：文宗紀開成三年八月又書"嘉王運薨"……予考宋敏求大詔令集載寶曆元年南郊赦文云"亞獻嘉王運，終獻循王遹，各賜物一百匹"，則敬宗初嘉王尚無恙，其卒於貞元十七年誤矣。

互證卷三：按新舊二書文宗本紀并于開成三年八月己亥書嘉王運薨，又舊紀開成二年十月戊戌詔"嘉王運、循王遹、通王諶並可光祿大夫、檢校司空，賜勳上柱國"，疑此紀爲誤。然新舊嘉王運傳又并云貞元十七年薨，與此紀同，未知孰是。

按：舊書卷一一七及新書卷八二嘉王運傳作"貞元十七年"，冊府卷三九載開成二年十月詔曰"嘉王運……等孝敬恭恪，敏裕齊莊，播蘭茞之清芬……"則開成二年十月其應在世，錢大昕所曰爲是。

順宗本紀

(大曆十四年) 十二月乙卯，立爲皇太子。(第二〇五頁)

合鈔卷一四：德宗紀在大曆十四年十二月乙卯，新書本紀同，當從德宗紀。

互證卷三：舊書在建中元年正月丁卯，通鑑同新紀。按新舊德宗紀皆在大曆十四年十二月，然考韓文公順宗實錄在建中元年，未知孰是。

月日考卷一一：十九日。韓愈順宗實錄作"建中元年"，會要作"建中元年正月"，舊紀作"建中元年正月"，沈氏合鈔曰……曰楨按：此蓋十二月乙卯下詔，至此年正月朔日受冊也。

按：冊府卷二五七曰："德宗以大曆十四年正月即位，十二月乙卯詔曰：'誦生知古制，既賢且長，聰明敏博……可立爲皇太子。'宜令所司擇日備禮冊命。'建中元年正月冊皇太子。"因此，大曆十四年十二月乙卯乃下詔日，建中元年正月丁卯乃冊封日。

(貞元二十一年四月) 戊申，以冊皇太子，降死罪以下，賜文武官子爲父後者勳兩轉。(第二〇六頁)

月日考卷一一：九日。實錄、通鑑皆作"乙巳"，舊紀與此同。按冊廣陵爲太子文正作"九日戊申"。

（貞元二十一年）七月辛卯，橫海軍節度使程懷信卒。（第二〇六頁）

月日考卷一一：廿四日。舊紀、通鑑作"癸巳"，通鑑考異引順宗實錄詳本亦作"癸巳"，當是此紀誤。

憲宗本紀

（元和元年）十一月庚戌，鄭餘慶罷。（第二〇九頁）

互證卷三：舊書"五月罷爲太子賓客，九月爲國子祭酒，十一月庚戌爲河南尹"。按新舊鄭餘慶傳並云"罷爲太子賓客，帝以叱滑渙事善之，改國子祭酒"，然則當以舊紀所書"五月罷"者爲是，而新紀云"十一月罷"，與宰相表所書"十一月罷爲河南尹"者並誤也。

按：互證是，唐大詔令集卷五五鄭餘慶太子賓客制曰："朝請大夫、守尚書左丞、同中書門下平章事、輕車都尉、賜紫金魚袋鄭餘慶……可守太子賓客，散官如故。"據舊紀卷一四："（五月）庚辰，左丞同平章事鄭餘慶爲太子賓客，罷知政事。"通鑑卷二三七同。因此，"五月庚辰"，其罷爲太子賓客。

（元和二年十月）乙丑，淮南節度使王鍔爲諸道行營兵馬招討使以討之。（第二〇九頁）

月日考卷一一：十一日。舊紀在壬戌日下，通鑑與此同。

（元和四年閏三月）丁卯，立鄧王寧爲皇太子。（第二一〇頁）

陔餘叢考卷一二：舊書元和四年十月立鄧王寧爲皇太子，大赦。新書立太子在是年閏三月，大赦在十月。按綱目是年閏三月制降系囚、蠲租稅，此即大赦也。是月又書立鄧王寧爲皇太子，是立太子在閏三月，與新書同。然綱目赦在前，立太子在後，非因立太子而赦也。三書俱不合，未知孰是。

按：御覽卷一一四同舊書，通鑑卷二三七作"三月"，唐大詔令集卷二七立鄧王爲皇太子制文後注曰"四月"，唐大詔令集卷二八冊鄧王爲皇太子文作"十月十八"。則"十月"爲正式冊封時間。關於大赦日期，綱目晚出，新舊紀均作"十月"，疑是。

（元和四年）十月辛巳，成德軍節度使王承宗反。（第二一一頁）

月日考卷一一：九日。舊紀、通鑑在九月庚戌日下，與此異。

（元和六年閏十二月）辛亥，皇太子薨。（第二一二頁）

糾謬卷五惠昭太子薨年紀傳不同：今按穆宗紀云"元和七年惠昭太子薨"，而惠昭太子傳……"以寧爲皇太子……冬十月，克行禮。明年薨，年十九。"以是推之，憲宗紀惠昭以元和四年立，六年十二月薨，而穆宗紀云"元和七年薨"，已爲舛錯，今惠昭本傳又云"冬十月克行禮，明年薨"，則是元和四年受冊成禮，而五年薨，愈見乖異，不知何者爲是？然要之，李絳嘗上言曰："陛下受命四年，而冢子未建。"於是乃立太子，則是元和四年立之無疑，但薨年則紀、傳交互爲難考爾。

月日考卷一一：當以此紀爲是，餘皆訛，舊傳作"十二月"，亦訛。

按：舊書卷一七五惠昭太子傳作"六年十二月薨"，舊紀卷一四、唐會要卷四作"六年閏十二月"，新紀卷六、通鑑卷二三八作"六年閏十二月辛亥"。因此，惠昭太子應薨於"六年閏十二月辛亥"，是月辛卯朔，辛亥乃二十一日，疑七年乃詔下之日。

（元和七年）十一月辛酉，赦魏、博、貝、衛、澶、相六州，給復一年。（第二一二頁）

月日考卷一一：六日。舊紀作"乙丑"，通鑑與此同。

（元和八年）二月丁酉，貶于頔爲恩王傅。（第二一三頁）

月日考卷一一：十三日。通鑑丁酉承正月下，訛。舊紀在二月辛卯日下。

（元和八年）十二月庚寅，振武將楊遵憲反，逐其節度使李進賢。（第二一三頁）

糾謬卷九李進賢被逐紀傳不同：今按嚴綬傳末云："進賢討回鶻，吏廩糧不實，次鳴砂，焚殺其將楊遵憲而還。進賢大怒，衆懼，攻進賢，奔靖邊軍。"與紀所書不同。

月日考卷一一：十一日。通鑑庚寅承十月下，舊紀與此同。……通鑑從傳，蓋紀誤也。

按：通鑑卷二三九曰："振武節度使李進賢不恤士卒，判官嚴澈，綬之子也，以刻覈得幸於進賢。進賢使牙將楊遵憲將五百騎趣東受降城以備回鶻，所給資裝多虛估，至鳴沙，遵憲屋處而士卒暴露，衆發怒，夜聚薪環其屋而焚之，卷甲而還。庚寅夜，焚門，攻進賢，進賢踰城走，軍士屠其家，并殺嚴澈。進賢奔靜邊軍。"冊府卷四三七曰："李進賢爲振武節度使。初，進賢領使事，怠於恤下，判官嚴澈年少用事，以刻剥爲能，邊軍苦之。初，回鶻之上鸊鵜泉也，振武發營將楊遵憲以五百騎赴於東受降城，所給資糧其價多不實，及至鳴砂，其將屋宿而師衆暴露，軍士益忿，至夜，各負一束薪積將舍而焚之，卷甲而還。進賢既令歸次而漏其責言，下益不安，遂燔城門而攻進賢，既帥左右射之，不能止，乃縋而亡。"因此，新紀所記不實，因楊尊憲部所爲，疑新紀用春秋筆法便歸罪於他。

（元和九年）閏八月丙辰，彰義軍節度使吳少陽卒，其子元濟自稱知軍事。九月丁亥，山南東道節度使嚴綬、忠武軍都知兵馬使李光顏、壽州團練使李文通、河陽節度使烏重胤討之。（第二一四頁）

合鈔卷一五：按本傳少陽之死亦在九月，且討淮西之詔在十月甲子，則不應九月先命將也。新書少陽之死在閏月丙辰，及此丁亥命嚴綬之文，疑皆誤。

月日考卷一一：（丁亥）十二日。舊紀在九月乙丑，乃己丑之訛，通鑑與此同。

按：通鑑考異卷二〇曰："實錄少陽卒在九月己丑下、壬辰上，而并元濟焚舞陽言之，統紀、舊紀少陽卒皆在九月，按舊傳曰：'少陽卒，凡四十日不爲輟朝。'唐紀：'張弘靖請爲少陽廢朝贈官。'而實錄辛丑贈少陽右僕射，然則己丑至辛丑才十二日耳，豈容四十日不輟朝乎？今從新紀。"

（元和十年）四月甲辰，又敗之于南頓。（第二一四頁）

月日考卷一一：三日。舊紀在三月乙酉日下，通鑑甲辰，承三月下，訛。

（元和十年）五月丙申，又敗之于時曲。（第二一四頁）

互證卷三：舊書："李光顏大破賊黨于洄曲。"胡三省通鑑注曰："據新書李光顏傳，洄曲即時曲，蓋溵水於此回曲，因以爲名。"按舊光顏傳云："引兵臨溵水，抗洄曲。明年五月，破元濟之師于時曲。"時曲、洄曲皆溵水之曲，而自兩地，蓋重質據洄曲而此戰在時曲也。

按：河南通志卷一二曰："洄曲，在郾城縣東三十里。……洄曲者，縣有蔡水在城東五里，即汝水也，源自魯山縣來。又有澧河，自舞陽縣來，至縣東螺灣渡北流合汝河，又東南流，其處故謂之洄曲也。"同卷曰："時曲，在商水縣西南五十里，溵水於此回曲，故名。"

（元和十年）是歲，丹王逾薨。（第二一五頁）

合鈔卷一五：按丹王逾，兩書紀傳皆云元和十五年薨，此誤。

十駕齋養新錄卷六：穆宗紀元和十五年二月又書"丹王逾薨"……丹王逾傳稱"元和十五年薨"，與穆宗紀同，則憲宗紀書於十年者誤。

按：舊紀卷一六、舊書卷一一六丹王逾傳、通鑑卷二一四作"元和十五年"。

（元和十一年二月）乙巳，中書舍人李逢吉爲門下侍郎，同中書門下平章事。（第二一五頁）

月日考卷一一：九日。舊紀在癸卯日下，通鑑與此同。

（元和十一年二月）乙丑，地震。（第二一五頁）

月日考卷一一：廿九日。沈氏合鈔曰："五行志無。"曰楨按：五行志作"丁丑"，乃今本脫誤。

（元和十一年）四月庚子，李光顏、烏重胤及吳元濟戰于淩雲柵，敗之。（第二一五頁）

月日考卷一一：五日。舊紀作"五月壬申"，通鑑兩書之，疑有重複。

按：舊紀卷一一曰："（元和十一年五月）壬申，李光顏破賊于淩雲柵。……（九月）乙酉，蔡州軍前奏拔淩雲柵。"通鑑卷二三九同。則五月爲敗，九月爲拔。

（元和十二年）十月癸酉，克蔡州。（第二一七頁）

月日考卷一一：十七日。舊紀作"己卯"，新李愬傳作"十一年十月己卯"，訛。藩鎮傳引平淮西碑爲壬申之夜半，通鑑爲壬申之四鼓，是與此同。

（元和十三年）三月戊戌，御史大夫李夷簡爲門下侍郎，同中書門下平章事。（第二一七頁）

月日考卷一一：十五日。舊紀作"庚子"，宰相表與此同，通鑑戊戌承正月下，訛。

（元和十四年）二月戊午，師道伏誅。（第二一八頁）

月日考卷一一：十日。舊紀"田弘正奏今月九日劉悟斬李師道"，通鑑在丙辰之次日，則爲丁巳，與九日合，此訛。

（元和十四年七月）己丑，群臣上尊號曰元和聖文神武法天應道皇帝。（第二一八頁）

月日考卷一一：十三日。舊紀作"辛巳"，通鑑與此同。

按：唐大詔令集卷七册文、白氏長慶集卷四四賀上尊號後大赦天下表作"七月十三日"，

（元和十四年七月）辛卯，沂海將王弁殺其觀察使王遂，自稱留後。（第二一八頁）

月日考卷一一：十五日。舊紀在癸卯日下，通鑑作"壬辰"，皆與此異。

（元和十四年）十一月辛卯，朔方將史敬奉及吐蕃戰于瓠蘆河，敗之。（第二一八頁）

月日考卷一一：十七日。"敬奉"，舊紀、通鑑皆作"奉敬"。

按：史敬奉，舊書卷一五三及新書卷一七〇有傳。

卷八

穆宗本紀

始封建安郡王，進封遂王。（第二二一頁）

糾謬卷四穆宗紀始封與憲宗紀異：今按憲宗紀："元和元年八月丁卯，進封子延安郡王宥爲遂王。"即穆宗也。穆宗紀以爲建安，憲宗紀以爲延安，二者必有一誤。

糾謬知不足齋本錢大昕注：唐會要亦作"延安"。唐大詔令與會要同。

按：舊紀一六、御覽卷一一四、冊府卷一一作"建安"，但唐大詔令集卷三三封鄧王等制、唐會要卷一、卷四六作"延安"，舊紀卷一四兩存。

元和七年，惠昭太子薨，乃立遂王爲皇太子。（第二二一頁）

互證卷三：憲宗紀"元和六年閏十二月辛亥皇太子薨。七年七月乙亥，立遂王宥爲皇太子"。

（元和十五年正月閏月）乙卯，尊母爲皇太后。（第二二一頁）

月日考卷一二：十二日。舊紀作"庚午"，通鑑與此同。

（元和十五年三月）辛未，楊清伏誅。（第二二二頁）

月日考卷一二：廿九日。舊紀作"六月丁丑"，又重見於八月甲戌，通鑑與此同。

按：冊府卷四三四曰："桂仲武爲安南都護，元和十五年六月奏'三月二十九日收尅安南，賊黨楊清等處置訖'。"

（元和十五年）十月庚辰，王承宗卒。（第二二二頁）

月日考卷一二：十一日。通鑑不書日，在庚辰之前，舊紀與此同。

（元和十五年十月）辛巳，成德軍觀察支使王承元以鎮、趙、深、冀四州歸于有司。（第二二二頁）

月日考卷一二：十二日。舊紀、通鑑作"庚辰"，與此異。

（元和十五年十月）癸未，吐蕃寇涇州。（第二二二頁）

月日考卷一二：十四日。舊紀作壬午，通鑑與此同。

（元和十五年十月）丙戌，吐蕃遁。（第二二二頁）

月日考卷一二：十七日。舊紀、通鑑作"乙酉"，與此異。

（長慶元年正月）己未，有星孛于翼。（第二二三頁）

月日考卷一二：廿二日。舊紀作"戊午"，新舊天文志與此同。

（長慶元年）三月庚戌，太白晝見。（第二二三頁）

月日考卷一二：十四日。舊紀作"是夜，太白近五車"，舊天文志亦作"太白犯車"，新天文志云"白犯車，因晝見"。按凌犯非夜不見，何以又云晝見，疑舊紀爲是。

（長慶元年）五月丙辰，建王審薨。（第二二三頁）

糾謬卷四建王已改名而薨時猶書故名：今按十一宗諸子傳云："憲宗二十子內澧王惲傳末云：'初惲名寬，深王察，洋王寰，絳王寮，建王審，元和七年並改今名。'"則是寬以下其名皆改從心，故審改名恪，而本傳書爲建王恪也。既於元和七年改爲恪，至長慶元年薨時，猶書爲審，其誤可見也。

按：新紀卷八曰："（大和二年十月）丁卯，洋王忻薨。"用改名。考舊紀卷一六曰："（長慶元年五月）丙辰，建王審薨。"因此，新紀爲沿襲原史料而來。此反映新紀修撰體例未很好統一。

（長慶元年六月）辛未，吐蕃寇青塞烽。（第二二三頁）

月日考卷一二：七日。舊紀、通鑑作"青塞堡"，胡氏通鑑注曰："新書吐蕃傳作'清塞堡'。"

（長慶元年八月）丙子，瀛州軍亂。（第二二四頁）

月日考卷一二：十三日。舊紀在辛巳日下，通鑑與此同。

（長慶元年十月）己卯，易州刺史柳公濟及朱克融戰于白石，敗之。（第二二四頁）

月日考卷一二：十六日。舊紀在戊寅日下，又"白石"下有"嶺"字，通鑑亦有"嶺"字，唯作"己卯"與此同。

（長慶元年十月）庚辰，橫海軍節度使烏重胤及王廷湊戰于饒陽，敗之。（第二二四頁）

月日考卷一二：十七日。舊紀亦在戊寅日下，通鑑與此同。

（長慶元年十月）辛卯，靈武節度使李進誠及吐蕃戰于大石山，敗之。（第二二四頁）

月日考卷一二：廿八日。合鈔引新書作"辛巳"，通鑑亦作"辛巳"，則十八日也。

（長慶元年十二月）丁丑，陳楚及朱克融戰于望都，敗之。（第二二四頁）

月日考卷一二：十五日。舊紀在乙亥日下，通鑑與此同。

（長慶二年）三月乙巳，武寧軍節度副使王智興逐其節度使崔群。（第二二五頁）

月日考卷一二：十四日。舊紀作"癸丑"，通鑑與此同。

（長慶二年四月）壬戌，成德軍節度使牛元翼奔于京師。（第二二五頁）

月日考卷一二：二日。舊紀作"三月戊午"，通鑑亦在三月。

（長慶二年）六月癸亥，宣武軍宿直將李臣則逐其節度使李愿。（第二二五頁）

月日考卷一二：四日。舊紀作"七月戊戌"，通鑑作"七月壬辰"，考異曰："實錄'戊戌，汴州監軍使奏六月四日夜軍亂，節度使李愿踰城以遁'，新紀亦云'六月癸亥，李睿反，逐李愿'。按李愿若以六月四日夜被逐，不應至此月十日方奏到，疑實錄'七'字誤爲'六'，舊紀止用此奏到日，今從愿傳七月四日。"

（長慶二年九月）丙申，德州軍亂，殺其刺史王稷。（第二二五頁）

月日考卷一二：九日。舊紀在癸丑日下，通鑑與此同。

（長慶二年十一月）癸酉，迎皇太后。（第二二六頁）

月日考卷一二：十七日。通鑑作"辛未"，舊紀與此同。

（長慶二年）十二月丁亥，不豫。（第二二六頁）

月日考卷一二：一日。又舊紀、通鑑得病皆在十一月庚辰，與此異。

（長慶）三年三月壬戌，御史中丞牛僧孺爲戶部侍郎，同中書門下平章事。（第二二六頁）

月日考卷一二：七日。舊紀在丁巳日下，宰相表、通鑑與此同。

（長慶四年正月）辛未，以皇太子權句當軍國政事。（第二二六頁）

月日考卷一二：廿一日。通鑑作"壬申"，與此及舊紀異。

敬宗本紀

（長慶四年三月）庚午，太白經天。（第二二七頁）

月日考卷一二：廿一日。舊紀但云"太白犯東井北轅"，沈氏合鈔曰："舊書天文志在壬申。"

（長慶四年）六月庚辰，大風壞延喜、景風門。（第二二八頁）

月日考卷一二：庚辰，二日，然此訛，當從五行志作"庚寅"，乃十二日也。舊紀亦作"庚辰"，而在辛巳後，明是庚寅之訛，舊五行志作"五月庚辰"，亦訛。

（長慶四年）十一月戊午，環王及黃洞蠻陷陸州，刺史葛維死之。（第二二八頁）

月日考卷一二：十三日。舊紀作"戊申"，通鑑與此同。

（寶曆元年）九月壬午，昭義軍節度使劉悟卒。（第二二八頁）

月日考卷一二：十二日。通鑑作"八月庚戌"，考異曰："據李絳疏云'悟八月十五日得疾，計是日便死'，故置此。"曰楨按：庚戌乃八月十日，並十五日則乙卯也，通鑑正文與考異不合。

按：舊紀卷一七上同新紀。

（寶曆二年）六月辛酉，觀漁于臨碧池。（第二二九頁）

月日考卷一二：廿五日。舊紀"臨"作"凝"，當是此訛。

（寶曆二年九月）壬午，李程罷。（第二二九頁）

月日考卷一二：十八日。舊紀、通鑑作"壬申"，宰相表與此同。

文宗本紀

大和元年二月乙巳，大赦，改元。（第二三〇頁）

新書考異卷二："太"當作"大"，唐石刻書文宗年號皆是"大"字，與魏明帝、晉海西公、後魏孝文、吳楊溥稱"太和"者各別。今刊本新舊史皆誤爲"太"矣。

月日考卷一二：毛本宰相表作"大和"，不誤。

校勘記：百衲宋樓本、大字本、北監本作"大和"，汲古閣本、殿本作"太和"，誤。

（大和元年）五月丙子，**橫海軍節度使烏重胤討李同捷**。（第二三〇頁）

互證卷三：舊書"以烏重胤爲橫海軍節度使，李同捷充兗海沂密等州節度使"，按五月丙子以重胤代同捷也，新紀誤以爲討耳。

（大和三年四月）乙亥，**滄德宣慰使柏耆以同捷歸于京師，殺之于將陵**。（第二三二頁）

月日考卷一二：廿六日。舊紀作"五月甲申"，通鑑與此同。

（大和三年十二月）庚戌，**雲南蠻寇成都**。（第二三二頁）

月日考卷一二：四日。舊紀在戊午日下，通鑑與此同。

（大和三年十二月）己未，**雲南蠻寇梓州**。（第二三二頁）

月日考卷一二：十三日。舊紀亦在戊午日下，通鑑與此同。

（大和六年）十一月甲子，**立魯王永爲皇太子**。（第二三四頁）

互證卷三：舊書作"十月甲子"。按新紀下文"十二月乙丑"，若十一月有甲子，則十二月不得有乙丑也，舊紀是。

月日考卷一二：十一月訛，當從舊紀、通鑑作"十月甲子"，乃十月五日。

按：通鑑卷二四四作"十月甲子"，按大和六年十一月己丑朔，無甲子日。

（大和六年十二月）己巳，**珍王誠薨**。（第二三四頁）

月日考卷一二：十一日。舊紀在戊辰日下，"誠"作"諴"，通鑑不書日，"誠"亦作"諴"。

（大和七年）三月辛卯，**幽州盧龍軍節度使楊志誠執春衣使邊奉鸞、送奚契丹使尹士恭**。（第二三四頁）

糾謬卷一〇文宗紀與楊志誠傳不同：今按楊志誠傳云："志誠果怨望，軍有媢言，因中人魏寶義及它使焦奉鸞、尹士恭。"與紀異同，未知孰是。

互證卷三：按舊志誠傳云"春衣使魏寶義、焦奉鸞"，通鑑作"官告使魏寶義、春衣使焦奉鸞"，考志誠本以不得僕射而怒，故執官告使，而並遷怒于它使耳。新傳、通鑑是也。

按：冊府卷六六三作"焦奉鸞"。

（大和八年七月）癸亥，郯王經薨。（第二三五頁）

互證卷三：舊書"覃王經薨"，二書諸王傳皆作"郯王經"，二紀並誤。考通鑑考異云："嗣覃王嗣周當是郯王經後，會昌中避武宗諱改。"舊紀或是史臣追改之。

中華本新書校曰："郯王經"，"郯"，各本原作"鄆"，據本書卷七順宗紀、卷七〇下宗室世系表、卷八二十一宗諸子傳及通鑑卷二四五改。

（大和九年四月）戊戌，浙江東道觀察使賈餗爲中書侍郎，同中書門下平章事。（第二三六頁）

月日考卷一二：廿三日。宰相表、舊紀"東"作"西"，疑此訛。

（大和九年九月）丁卯，李固言罷。（第二三六頁）

月日考卷一二：按通鑑考異作"九月二十五日"，是也。

按：通鑑卷二四五作"九月丁卯"，其考異卷二一曰："開成紀事：'注引舒元輿、李訓俱擢相庭，注自詣宰臣李固言求鳳翔節度，固言剛勁不許，唯王涯、賈餗贊從其事。'九月二十五日，紀事誤。今從實錄。"汪氏應誤讀考異。

（大和九年十一月）甲子，尚書右僕射鄭覃同中書門下平章事。（第二三六頁）

月日考卷一二：廿三日。舊紀作"癸亥"，宰相表、通鑑與此同。

開成元年正月辛丑朔，日有食之。（第二三七頁）

月日考卷一二：一日。舊紀作"丙辰望日，有蝕之"，沈氏合鈔曰："按是月辛丑朔，則丙辰爲十六日，天文志但云'十五日'，無干支，則又當爲乙卯，而新書之食又在朔日，未知孰是。"曰楨按：會要作"正月丙辰朔，日食"亦訛，新天文志、通鑑目錄與此同，通鑑不書此食，蓋本是月食誤爲日食也。

（開成元年）三月，京師地震。（第二三七頁）

合鈔卷一八：（舊紀卷一七下作"二月乙亥"）新書"三月"誤。

按：舊書卷三七五行志作"開成元年二月乙亥夜四更"，新書卷三五五行志作"開成元年二月乙亥"。

（開成二年二月）己未，均王緯薨。（第二三七頁）

月日考卷一二：廿五日。舊紀作"庚戌"，通鑑與此同。

（開成二年）八月庚戌，封兄子休復爲梁王，執中襄王，言揚杞王，成美陳王。（第二三七頁）

互證卷三：舊書"言揚汜王"。按新舊二書諸王傳俱作"紀王"，未知孰是。通鑑同新紀，作"杞王"，然考武宗紀，開成五年十二月，封子峻爲杞王，似當以"紀王"爲是。

按：互證應是，中華本舊紀卷一七下、唐會要卷五亦作"紀王"，但唐大詔令集卷三三封梁王等制作"杞王"，或爲源史料之誤耶？

（開成二年八月）癸丑，封子宗儉爲蔣王。（第二三七頁）

月日考卷一二：廿二日。舊紀即在庚戌日下，通鑑與此同。

（開成三年正月）戊申，大風拔木。（第二三八頁）

月日考卷一二："戊申"訛，當從五行志作"戊辰"，乃九日也。又"楊嗣復、李珏同平章事"亦在是日，舊紀、通鑑並作"戊申"，與此同訛，合鈔作"戊辰"是也，宰相表正作"戊辰"。

（開成）三年十月乙酉，義武軍節度使張璠卒，其子元益自稱留後。（第二三八頁）

新書考異卷二：按裴度傳"易定節度使張璠卒，軍中將立其子元益，度遣使曉譬禍福，元益懼，束身歸朝"，如傳所言，則元益未嘗自稱留後，紀所書失其實矣。若從紀所書，則元益初未束身歸朝，度在河東，雖嘗遣使，於事無濟，不足書也。二者恐有一誤。

互證卷三：舊書："九月辛未，易定節度使張璠卒。十月乙酉朔，易定軍亂，不納新使李仲遷，立張璠子元益爲留後。十一月壬申，以蔡州刺史韓威爲定州刺史、義武軍節度使。"按張璠父子事，遍檢新舊傳不得其始末，通鑑云："張璠在鎮十五年，胡三省注曰："長慶三年，璠代陳楚鎮義武。"疾甚，戒其子元益舉族歸朝，及薨，軍中欲立元益。十月，易定監軍奏軍中不納李仲遷，宰相議發兵討，上曰：'緩之則自生變。'頃之，軍中果有異議。十一月丁卯，張元益出定州。甲戌，以蔡州刺史韓威爲義武節度使。"通鑑考異自云從實錄，與舊紀約略相似。然云璠在鎮十五年，據新書文宗本紀，"大和三年三月乙巳，以太原兵馬使傅毅爲義武軍節度使，不受命，都知兵馬使張璠自稱節度使"，則至開成三年，僅十年耳，胡三省註恐是據十五年之文而逆數之，又據舊書陳楚傳長慶三年卒而傅會之，非有所考正也。新舊書陳楚傳並云："自義武徙河陽三城，入爲龍武統軍。"舊穆宗紀"長慶二年六月丁卯，以易州刺史柳公濟爲義武軍節度"，是陳楚去易定已久，而璠所代非陳楚明矣。又考舊文宗紀，"大和三年三月壬辰，易定節度使柳公濟卒"，則璠所代者公濟也。

武宗本紀

（開成五年正月）辛卯，殺陳王成美及安王溶、賢妃楊氏。（第二三九頁）

月日考卷一二：十四日。舊紀正作"十四日"，通鑑作"癸未"，與此異。

（開成五年正月）甲午，始聽政。（第二三九頁）

月日考卷一二：十七日。又"追尊母爲皇太后"亦在此日，舊紀在二月，通鑑在二月丙寅，並與此異。

（開成五年）五月己卯，楊嗣復罷。（第二四〇頁）

月日考卷一二：四日。舊紀在八月，又"崔珙同平章事"亦在是日，舊紀在二月，宰相表、通鑑與此同。

（開成五年八月）庚午，李珏罷。（第二四〇頁）

月日考卷一二：廿七日。舊紀亦在十七日下，通鑑與此同。

（開成五年十一月）魏博節度使何進滔卒，其子重霸自稱留後。（第二四〇頁）

糾謬卷六何重霸名紀傳不同：今按進滔傳其子乃名重順，未知孰是。

按：重霸賜名重順，舊紀卷一八上，曰："以魏博兵馬留後何重霸檢校工部尚書、魏州大都督府長史，充天雄軍節度使，仍賜名重順。"

（會昌元年九月）閏月，幽州盧龍軍將張絳殺行泰，自稱主軍務。（第二四一頁）

月日考卷一二：是年閏九月，合，舊紀在十月，通鑑與此同。

（會昌二年）二月丁丑，淮南節度副大使李紳爲中書侍郎，同中書門下平章事。（第二四一頁）

月日考卷一二：十二日。舊紀在元年二月壬寅，宰相表、通鑑與此同。

（會昌二年）四月丁亥，群臣上尊號曰仁聖文武至神大孝皇帝。（第二四一頁）

月日考卷一二：廿三日。舊紀作"戊寅"，通鑑與此同，按李德裕上尊號玉冊文作"四月乙丑朔十四日戊寅"，則舊紀是也。

（會昌二年）五月丙申，回鶻嗢沒斯降。（第二四一頁）

月日考卷一二：二日。舊紀五月不書日，通鑑作"四月甲申"，考異曰："一品集、異域歸忠傳序云：'二年四月甲申，回鶻大特勒嗢沒斯率其國特勒、宰相等內附。'而此四月十八日狀已言嗢沒斯送款者，蓋溫沒斯自欲誅赤心之時，已送款於田牟，至二十日乃帥衆至天德耳。"又曰："一品集嗢沒斯等狀五月四日上，實錄在五月丙申，改據奏到之日也，今從歸忠傳序。"

（會昌二年六月）河東節度使劉沔及回鶻戰於雲州，敗績。（第二四一頁）

通鑑考異卷二一：實錄："六月，回鶻寇雲州，劉沔出太原兵禦之。"又云："劉沔救雲州，爲回鶻所敗。"七月又云："烏介過天德，至杷頭烽，突入大同川，驅太原部落牛馬數萬，轉戰至雲州。"新紀："正月，回鶻寇橫水柵，略天德振武軍。三月，回鶻寇雲、朔。六月，劉沔及回鶻戰于雲州，敗績。"按一品集奏回鶻事宜狀："臣等見楊觀說，緣回鶻赤心下兵馬多散在山北，恐與奚、契丹、室韋同邀截可汗，所以未敢遠去。今因賜仲武詔……令奚、契丹等與其同力，討除赤心下散卒，遣可汗漸出漢界，免有滯留。"此狀雖無日月，約須在楊觀自回鶻還、赤心死、那頡啜未敗前也。又賜可汗書云："一昨數使却回，皆言可汗只待馬價。……"則是可汗邀求馬價，而朝廷于此盡以給之也。又七月十九日狀云："望賜可汗書：'得嗢沒斯表，稱在本國之時各有本分馬，其馬價絹並合落下，請充進奉。……'"然則給其馬價必在七月十九日前，當是時，回鶻必未寇雲州，敗劉沔，突入大同川，掠太原牛馬，故朝廷曲徇所求，欲其早離塞下北去，尚未有攻討之意也。又實錄："八月壬戌朔，李德裕奏請遣石雄斫營取公主，擒可汗。戊辰，又奏斫營事令且住。辛未，詔發陳、許、徐、汝、襄陽兵屯太原、振武、天德救援。"按一品集德裕論討襲回紇狀云："臣頻奉聖旨，緣回鶻漸逼杷頭烽……儻令石雄以義武馬軍兼退渾馬騎，精選步卒以為羽翼，銜枚夜襲，必易成功。"狀無月日，實錄據七日狀云："今月一日所商量石雄斫營事，望且令住。"故置之朔日耳。此時猶云漸逼杷頭烽，則是尚未知過杷頭烽南也。又八月七日論回鶻事宜狀云："回鶻自至杷頭烽北，已是數旬，奏報寂然，更無侵軼。察其情狀，只與在天德、振武界首不殊。臣等今月一日所商量石雄斫營事，望且令住，更審候事勢。"據此狀意，則是殊未知可汗深入犯雲州也。又八月十日請發陳許等兵狀云："臣等昨日已于延英面奏，請太原、振武、天德各加兵備，請更徵發陳、許、徐、汝、襄陽等兵。至河冰合時，深慮可汗突出過河，兼與吐蕃連結，則為患不細……"然則回鶻突入大同川犯雲州必在八月之初，一日、七日猶未知，九日始奏到，故議發兵守備驅逐。實錄、新紀皆誤，今從舊紀。

　　互證卷四：按新舊二書傳與舊紀同，無六月一戰，蓋新紀從實錄書之。

　　按：新書卷二一七下回鶻傳曰："明年，回鶻奉主至漠南，入雲、朔，剽橫水，殺掠甚眾，轉側天德、振武間，盜畜牧自如，乃召諸道兵合討。……嗢沒斯亦附使者送款，帝欲使助可汗復國，而可汗已攻雲州，劉沔與戰敗績。嗢沒斯率三部及特勒、大酋二千騎詣振武降。"據此，回鶻至雲、朔，殺掠甚眾，新紀卷八亦曰："正月，回鶻寇橫水柵，略天德振武軍。三月，回鶻寇雲、朔。"李文饒文集卷第十三亦曰："田牟都似不曉兵機，奏狀已出三千人拒回鶻。"回鶻此剽掠，李德裕奏未載，當屬實。再據新傳，嗢沒斯送款後，可汗攻雲州，劉沔敗績，又與新紀合，司馬氏僅用李德裕奏不載此事而推之，應不穩。

（會昌二年）十月丁卯，封子峴爲益王，岐兗王。（第二四二頁）

月日考卷一二：七日。舊紀在八月，通鑑與此同。

（會昌三年四月）乙丑，昭義軍節度使劉從諫卒，其子稹自稱留後。（第二四二頁）

合鈔卷一九：（舊紀以從諫姪稹爲兵馬留後。）新書作"子"，誤。

按：新書卷二一四劉稹傳曰："（劉從諫）從子稹，父從素，仕右驍衛將軍，從諫以爲嗣。"因此，稱其爲"子"，亦可通。

（會昌三年五月）及河中節度使陳夷行、河陽節度使王茂元、劉沔以討劉稹。（第二四二頁）

合鈔卷一九：按陳夷行八月始爲河中節度，此誤夷行同命，則宜在夷行拜節度之後，新書在五月者誤，當從舊書。

月日考卷一二：蓋夷行爲河中節度當在五月之前也。

按：舊紀卷一八上曰："（會昌三年八月）以右僕射平章事陳夷行檢校司空、兼河中尹、御史大夫，充河中節度、晉絳慈隰觀察等使。"册府卷三二二同。舊書卷一七三陳夷行傳作"會昌三年十一月"。但通鑑卷二四七曰："（會昌三年五月）河中節度使陳夷行以步騎一千守翼城，步兵五百益冀氏。"唐大詔令集卷一二〇討潞州劉稹制曰："仍委陳夷行、劉沔、王茂元各進兵同力攻討。"

（會昌三年五月）戊申，翰林學士承旨、中書舍人崔鉉爲中書侍郎，同中書門下平章事。（第二四二頁）

合鈔卷一九：（舊紀卷一八上在四年八月）按崔珙傳珙素與鉉不協，鉉既相，珙坐貶，新書珙三年二月罷，舊書珙四年六月貶，則鉉當已相矣，當從新書。

月日考卷一二：二十二日。通鑑作"壬寅"，宰相表與此同，舊紀在四年八月。

（會昌三年六月）辛酉，李德裕爲司徒。（第二四二頁）
月日考卷一二：四日。舊紀在二年五月，宰相表與此同。

（會昌四年）閏七月壬戌，李紳罷。（第二四三頁）
月日考卷一二：十一日。舊紀在七月，宰相表、通鑑與此同。

（會昌四年閏七月）丙子，昭義軍將裴問及邢州刺史崔嘏以城降。（第二四四頁）
月日考卷一二：廿五日。舊紀在七月，通鑑與此同。

（會昌四年八月）戊申，李德裕爲太尉。（第二四四頁）
月日考卷一二：廿八日。舊紀在戊戌日下，宰相表與此同。

（會昌五年五月）壬戌，杜悰、崔鉉罷。（第二四四頁）
月日考卷一二：十六日。舊紀鉉罷在三月，悰罷在四月，沈氏合鈔引新書作"二月壬戌"，訛，宰相表、通鑑與此同。

（會昌五年五月）乙丑，户部侍郎李回爲中書侍郎，同中書門下平章事。（第二四四頁）
月日考卷一二：十九日。舊紀在三月，宰相表、通鑑與此同。

（會昌六年）三月壬戌，不豫。（第二四五頁）
月日考卷一二：廿一日。舊紀作"壬寅"。按"立光王爲皇太叔"即在是日，舊宣宗紀作"三月一日"，即壬寅也，通鑑作"辛酉"，考異曰："舊紀'三月一日立爲皇太叔'，武宗實錄云'壬戌'，宣宗實錄云'辛酉'，按獻替記云'自正月十三日後至三月二十日，更不開延英'，蓋二十一日則宣宗見百僚也。今從宣宗實錄。"曰楨按：辛酉乃二十日，與考異所云二十一日不合，當以"壬戌"爲是。

宣宗本紀

（會昌六年）四月乙亥，始聽政。（第二四五頁）

月日考卷一二：五日。按"尊母爲皇太后"亦在是日，舊紀作"辛未"、通鑑作"辛未朔"，並與此異。

（會昌六年四月）丙子，李德裕罷。（第二四五頁）

月日考卷一二：六日。舊紀即在辛未日下，通鑑作"壬申"，宰相表與此同。

（大中元年）八月丙申，李回罷。（第二四七頁）

月日考卷一二：三日。舊紀在二年二月，通鑑與此同。

（大中元年）十二月戊午，貶太子少保李德裕爲潮州司馬。（第二四七頁）

月日考卷一二：廿七日。舊紀在七月，通鑑與此同。

（大中）二年正月甲子，群臣上尊號曰聖敬文思和武光孝皇帝。（第二四七頁）

月日考卷一二：三日。舊紀作"壬戌"，通鑑與此同。

（大中二年）五月己未朔，日有食之。（第二四七頁）

月日考卷一二：一日。舊紀脫"朔"字，又"周墀、馬植同平章事"亦在是日，宰相表作"正月己卯"，舊紀作"三月己酉"，又舊紀於會昌六年六月已書馬植同平章事，至此又復書之，訛。通鑑在五月己未朔下，與此紀同，哀冊文亦與此紀同。

（大中三年）四月乙酉，周墀罷。（第二四八頁）

月日考卷一二：一日。舊紀在三月乙卯，通鑑四月，不書日。

（大中三年四月）癸巳，幽州盧龍軍節度使張仲武卒。(第二四八頁)

月日考卷一二：九日。舊紀在五月，通鑑與此同。

（大中三年）十一月己卯，封弟惕爲彭王。(第二四八頁)

月日考卷一二：廿九日。舊紀在元年二月丁卯，沈氏合鈔曰："新書在三年十一月己卯，舊書傳同。"

（大中四年）六月戊申，魏扶薨。(第二四八頁)

合鈔卷二〇：舊書（大中四年）十月扶始罷知政事，扶無傳可核，未知何從。

按：通鑑卷二四九同新紀。

（大中）四年八月，幽州盧龍軍亂，逐其節度使張直方，衙將張允伸自稱留後。(第二四八頁)

通鑑考異卷二二：舊紀："（大中三年）十一月，幽州軍亂，逐張直方，軍人推周綝爲留後。四年九月，周綝卒，軍人立張允伸爲留後。"直方傳曰："直方多不法，慮爲將卒所圖，三年冬，託以遊獵，奔赴闕廷。"張允伸傳曰："四年，戎帥周綝寢疾，表允伸爲留後。"新紀："四年八月，幽州軍亂，逐張直方，張允伸自稱留後。"傳亦言直方出奔，即以允伸爲留後。實錄直方赴闕亦在去年八月至九月，又云張允伸知留後，皆無周綝姓名。今從舊書。

互證卷四：按考異之言不甚明了，當是實錄載直方赴闕在去年八月，張允伸知留後在今年九月。實錄雖無周綝姓名，不應間至一年之久而幽州無留後也。故從舊傳。

（大中四年）十月辛未，翰林學士承旨、兵部侍郎令狐綯同中書門下平章事。(第二四八頁)

月日考卷一二：廿七日。舊紀在十一月己亥日下，宰相表、通鑑與此同，通鑑考異曰："舊紀在十一月，今從實錄、新紀。"

（大中五年十月）戊辰，戶部侍郎判戶部魏謩同中書門下平章事。（第二四八頁）

月日考卷一二：三十日。舊紀在五月，宰相表、通鑑與此同。

（大中八年）九月，封子洽爲懷王、汭昭王、汶康王。（第二五〇頁）

合鈔卷二〇：（舊紀卷一八下作"五年春正月甲戌"）新書在八年九月，舊書傳同。

按：舊書卷一七五宣宗諸子傳、唐會要卷四六、冊府卷二六五、通鑑卷二四九均作"八年"，應是。

（大中）九年正月甲申，成德軍節度使王元逵卒，其子紹鼎自稱留後。（第二五〇頁）

合鈔卷一九三：按元逵之卒，舊書宣宗紀不書，然紀"大中十一年二月起復王紹鼎爲成德軍節度使"，不應元逵卒於八年至此始云起復也。當從舊書。

新書考異卷二：藩鎮傳作"大中八年"。

互證卷四：舊書"十一年二月，以成德軍節度起復王紹鼎"云云，通鑑同新紀。按舊傳云"元逵大中十一年卒"，舊紀于十一年言起復王紹鼎，下文三月又言起復王紹懿，又言王紹孚可落起復，舊傳又言紹鼎其年七月卒，紀在八月卒，雖小不同而似相應，疑當從舊書。

按：關於王元逵卒之年月，新書卷二一一王元逵傳作"八年"，新紀卷八、通鑑卷二四九作"九年正月甲申"，舊傳、冊府卷四三六作"十一年二月"，唐代墓誌彙編大中〇九六贈太師王公墓誌銘并序曰："以大中八年十二月四日棄邦國萬人而薨背。"因此，"八年"是，"九年正月"疑爲奏到之時。

關於"起復王紹鼎"，考舊紀卷一八下曰："以成德軍節度使，鎮冀深趙觀察處置等使、起復雲麾將軍、守左金吾衛大將軍同正、檢校兵部尚書、鎮州大都督府長史王紹鼎爲銀青光祿大夫、檢校尚書右僕射，餘官如故。"似沈氏、趙氏理解有誤。

（大中九年七月）丙辰，崔鉉罷。（第二五〇頁）

月日考卷一二：九日。舊紀在八月，通鑑作"七月甲午"，並與

（大中九年七月）是月，浙江東道軍亂，逐其觀察使李訥。（第二五〇頁）

合鈔卷二〇：按新書九年七月浙東軍亂，已逐觀察使李訥矣，舊書是年始遷浙東觀察使，未詳孰是。

按：通鑑卷二四九同新紀，會稽志卷二曰："李訥，大中六年八月自華州防禦使授，九年九月貶潮州刺史。"疑是。

（大中）十年正月丁巳，御史大夫鄭朗爲工部尚書，同中書門下平章事。（第二五一頁）

月日考卷一二：十三日。舊紀在七年四月，宰相表、通鑑與此同。

（大中十年）十月戊子，裴休罷。（第二五一頁）

月日考卷一二：十八日。舊紀在九年二月，沈氏合鈔曰："按本傳，當從新書。"曰楨按：通鑑十年二月丙戌休以疾辭位，不許，六月戊寅，以休充宣武節度使，亦與此及宰相表不同。

（大中十一年）七月庚子，兵部侍郎判度支蕭鄴同中書門下平章事。（第二五一頁）

月日考卷一二：五日。舊紀在六月，宰相表、通鑑與此同。

（大中）十二年正月戊戌，戶部侍郎、判度支劉瑑同中書門下平章事。（第二五一頁）

月日考卷一二：五日。舊紀作"三月"，又在二月之前，訛。通鑑作"戊午"，考異曰："東觀奏記曰：'十一年，上手詔追之，既至，拜戶部侍郎、判度支。十二月十七日次對，上以御按曆日付瑑，令於下旬擇一吉日。瑑不諭上旨，上曰："但擇一拜官日即得。"瑑跪奏。二十五日甚佳，上笑曰："此日命卿爲相。"祕，世無知者。高湜爲鳳翔從事，即瑑舊僚也。二十四日，辭瑑於宣平里私第，湜曰："竊度旬時，必副具瞻之望。"瑑笑曰："來日具瞻，何旬時也。"湜不敢發，詰旦，果爰立矣。始以此事洩於湜。'實錄瑑傳曰：'明年正月十七日，次對，帝以曆日付瑑，令擇吉日，璪跪奏二十五日。'今從之。"

（大中十二年二月）壬申，崔慎由罷。（第二五一頁）
月日考卷一二：九日。舊紀作"三月"，又在二月之前，訛，通鑑作"戊辰"，又異。

（大中十二年四月）戊申，兵部侍郎、諸道鹽鐵轉運使夏侯孜同中書門下平章事。（第二五二頁）
月日考卷一二：十七日。舊紀在五月，通鑑與此同。

（大中十二年）六月丙申，江西都將毛鶴逐其觀察使鄭憲。（第二五二頁）
互證卷四：舊書"洪州賊毛合"。按"鶴""合"聲相近。
按：文苑英華卷八七〇徐襄州碑、南部新書卷六、通鑑卷二四九作"毛鶴"，舊唐書校勘記卷九曰："沈本'合'上有'鶴'字……張氏宗泰云：'新紀"合"作"鶴"，"合"爲"鶴"音之誤。'按通鑑亦作'毛鶴'，沈以'合'字屬下讀，非。"

（大中十三年）八月壬辰，左神策軍護軍中尉王宗實立鄆王溫爲皇太子，權句當軍國政事。（第二五二頁）
月日考卷一二：九日。舊紀在八月七日，通鑑與此同。

（大中十三年八月）癸巳，皇帝崩于咸寧殿。（第二五二頁）
月日考卷一二：十日。舊紀在七日，通鑑上崩書於壬辰之前，至癸巳宣遺制，是以以爲七日庚寅崩也。會要云："宣宗八月七日崩。"與舊紀同。又云："懿宗立爲皇太子，翌日宣宗崩。"似又與新紀同。然據通鑑立太子實在宣宗崩後也。張氏宗泰舊唐書考正云："新紀立鄆王在壬辰，乃九日下，云癸巳皇帝崩。舊紀以立鄆王及崩於大明宮同日，則指癸巳爲言，是'七日'爲'十日'之誤。"

卷九

懿宗本紀

（大中十三年八月）癸巳，即皇帝位于柩前。（第二五五頁）

月日考卷一三：十日。舊紀作"十三日"，今據命皇太子即位册文作"十三日丙申"，當以舊紀爲是，通鑑亦作"丙申"。

（大中十三年八月）癸卯，令狐綯爲司空。（第二五五頁）

月日考卷一三：二十日。舊紀作"十月癸未"，宰相表與此同。

（大中十三年）十二月甲申，翰林學士承旨、兵部侍郎杜審權同中書門下平章事。（第二五六頁）

新書考異卷二：舊書本紀是歲十二月"以户部侍郎、翰林學士杜審權爲檢校禮部尚書、河中晉絳節度等使"，咸通元年二月"以河中節度使杜審權爲兵部侍郎、判度支，尋以本官同平章事"，與此紀除授年月不合。

月日考卷一三：三日。舊宣宗紀在（三）〔二〕月，沈氏合鈔曰："當從新書。"曰楨按：宰相表、通鑑與此同，又舊本紀此年十二月審權爲河中節度，後咸通元年二月復爲兵部侍郎、同平章事，宰相表、通鑑皆無……舊本傳爲河中節度在宣宗時，至懿宗即位拜吏部尚書，三年以本官同平章事，又與本紀不合。

（大中十三年十二月）丁酉，令狐綯罷。（第二五六頁）

月日考卷一三：十六日。舊紀在咸通元年二月，宰相表、通鑑與此同，沈氏合鈔曰："按本傳，當從新書。"

(咸通元年)七月,封叔恆爲信王。……(八年)十二月,信王恆薨。(第二五六、二六〇頁)

　　糾謬卷六信王憻名紀傳不同:今按十一宗諸子傳,憲宗二十子,無名恆者,止有信王憻,咸通八年薨。既封于信而又薨年與傳相符,則此信王恆即憻無疑,但紀、傳名不同,必有誤者。

　　按:通鑑卷二五〇曰:"(咸通元年七月)封憲宗子恆爲信王……(八年十二月)信王恆薨。"所記與新紀同,因此,新紀必言之有據,或有改名爾。

　　(咸通元年)八月,衛王灌薨。己卯,仇甫伏誅。(第二五六頁)

　　月日考卷一三:一日。己卯既是朔日,而己卯之上已書"衛王灌薨",紀文倒訛。

　　(咸通元年)九月戊申,白敏中爲中書令。(第二五六頁)

　　月日考卷一三:一日。宰相表亦脱"朔"字,而在癸酉之後,倒訛,通鑑作"辛亥",與此異。

　　(咸通元年十月)己亥,夏侯孜罷。(第二五六頁)

　　月日考卷一三:廿三日。又"畢誠同平章事"亦在此日,舊紀在二年九月,通鑑與此同。

　　(咸通四年正月)雲南蠻陷安南,蔡襲死之。……(二月)秦州經略使高駢爲安南經略招討使。(第二五八頁)

　　互證卷四:舊書"五年四月,南蠻寇邕管,以秦州經略使高駢率禁軍五千赴邕管,會諸道之師禦之"。按新高駢傳云:"咸通中,帝將復安南,拜駢爲都護,召還京師。於是容管經略使張茵不討賊,更以茵兵授駢。"南詔傳:"四年正月城陷,更以秦州經略使高駢爲安南都護。五年,南詔回掠巂州,以搖西南。明年,復來攻,夏侯孜以張茵懦不足事,悉以兵授高駢,駢以選士五千渡江。"如所言,則駢四年已爲安南都護,六年始率兵渡江,且夏侯孜以五年十一月已罷相,新紀宰相表皆同,何能至六年而悉以兵授駢也。由是言之,新紀、新傳之皆誤可知矣。考舊高駢傳云:"蠻攻安南,陷之。自是累年亟命將帥,未能收復。五年,移駢爲安南都護。"當以舊紀傳爲是耳。

按：通鑑卷二五〇曰："（咸通五年七月）夏侯孜薦驍衛將軍高駢代之，乃以駢爲安南都護、本管經略招討使。茵所將兵悉以授之。"其考異卷二三曰："補國史：'茵驍將，無遠略，經年不敢進軍。丞相夏侯貞孝公獨獻密疏，請用驍衛將軍高駢。有制，以本官充郡州進討使，旋拜安南節度使。其茵所領兵並付高公指揮。'按今年正月，詔茵進軍收復安南，若經年則孜已罷相，今從實錄附於此。實錄駢官爲右領軍上將軍，太高，今從補國史。"

（咸通四年）五月己巳，翰林學士承旨、兵部侍郎楊收同中書門下平章事。（第二五八頁）

月日考卷一三：七日。舊紀在三月，通鑑作"五月戊辰"，宰相表與此同。

（咸通四年五月）戊子，杜審權罷。（第二五八頁）

月日考卷一三：廿六日。舊紀在五年二月，宰相表、通鑑與此同，沈氏合鈔曰："本傳作'九年'，誤。"

（咸通四年）閏六月，杜悰罷。（第二五八頁）

月日考卷一三：按與長術合，"曹確同平章事"亦在是月，舊紀在十一月，沈氏合鈔曰："按本傳作'五年拜'。"曰楨按：宰相表、通鑑並與此同，疑傳訛。

（咸通五年）十一月戊戌，夏侯孜罷。（第二五八頁）

合鈔卷二一：按新書孜元年十一月免相，三年七月復相，五年十一月再免。舊書則自大中十二年相後至此始免，無再相再免文，疑當以舊書爲正。

月日考卷一三：十五日。宰相表與此同，新本傳及通鑑十一月，不書日，舊本紀在七年十月，舊本傳在八年。

（咸通七年）六月，魏博節度使何弘敬卒，其子全皞自稱留後。（第二六〇頁）

合鈔卷二一：按舊書（十年）是年正月，弘敬尚會討龐勛，新書疑誤。

按："七年"，通鑑卷二五〇作"七年六月"，新書卷二一〇何弘敬傳作"七年",舊紀卷一九上作"十年十月",舊紀卷一九上曰:"(十年正月),何弘敬奏當道點檢兵馬一萬三千赴行營。"據舊紀卷一九上,龐勛於十年九月溺水而死。若何弘敬以十年十月死,則子全暭傳"平龐勛,以功遷檢校司空、同中書門下平章事"句不穩,疑新紀是。

(咸通七年)十月壬申,楊收罷。(第二六〇頁)

合鈔卷二一:本傳亦云"八年十月",新書本傳云"收相凡五年而罷",按收自四年入相,至八年方始五年,新書在七年,疑誤,當從舊書。但紀在三月,傳云十月,紀、傳又互異也。

唐书注卷九:(宰相)表檢校工部尚書、宣歙池觀察使,舊紀在咸通八年三月,"工部"作"兵部","宣歙池"作"浙西";舊傳在八年十月,新傳云"收相凡五年而罷"。按收自四年入相,至八年方始五年。新書在七年,疑誤,當從舊書。但紀在三月,傳云十月,紀、傳又互異也。至宣歙池,舊書傳、新書表皆同,舊紀云浙西,疑誤。

按:新紀卷九曰:"(咸通七年)十月壬申,楊收罷。"考舊紀卷一九上在"八年三月",舊書卷一七七楊收傳在"八年十月",唐大詔令集卷五八楊收端州司馬制曰"去歲驗其事跡,未忍揭揚",文末系於八年八月。冊府卷三二二亦曰八年三月爲浙江西道觀察使。因此八年三月,楊收應罷爲檢校工部尚書、宣歙池觀察使,八年八月或十月貶爲端州司馬。宰相表及新紀疑誤。

(咸通七年)十一月辛亥,大赦。(第二六〇頁)

月日考卷一三:十日。舊紀正作"十日",通鑑作"壬子",則爲十一日矣。

(咸通八年七月)甲子,兵部侍郎、諸道鹽鐵轉運使于琮同中書門下平章事。(第二六〇頁)

月日考卷一三:廿七日。舊紀在三月,通鑑與此同。

(咸通九年十月)丁丑,陷徐州,觀察使崔彥曾死之。(第二六〇至二六一頁)

互證卷四:舊書"九月乙未,龐勛陷徐州,殺節度使崔彥曾"。

按新彥曾傳云："囚彥曾大彭館。"是非於陷徐日死也，紀蓋終言之。通鑑勛殺彥曾在十年四月，其陷徐月日同新紀。考異云"從彭門紀亂"。

（咸通九年十二月）是月，前天雄軍節度使馬舉爲南面招討使，泰寧軍節度使曹翔爲北面招討使。（第二六一頁）

糾謬卷六馬舉官及名紀傳不同：今按康承訓傳云："詔以馬士舉爲淮南節度使、南面行營諸軍都統，以隴州刺史曹翔爲兖海節度、北面都統招討使。"與本紀所書名及官號有不同。又按令狐綯傳，馬舉本左衛大將軍，遂代綯爲南面招討使，亦不言爲前天雄節度使，且又一名舉，一名士舉，莫知孰是。

知本糾謬錢氏注：方鎮表昭宗乾寧四年賜沂海節度使爲泰寧軍節度使。

按："南面招討使"與"淮南節度使、南面行營諸軍都統"，官號并無實際不同，"淮南節度使"爲其實任官職，吳縝此爲苛責。關於馬舉之名，舊紀卷一九上、舊書卷一七二令狐綯傳、舊書卷一八七下辛讜傳、冊府卷一二三及卷四三〇、通鑑卷二五一同，通鑑考異卷二三曰："彭門紀亂作'馬士舉'，今從新紀。"因此，史料中二名均見，疑爲名、字之別。

（咸通十一年）四月丙午，翰林學士承旨、兵部侍郎韋保衡同中書門下平章事。（第二六二頁）

月日考卷一三：廿四日。舊紀在正月，宰相表、通鑑與此同。

（咸通十三年）五月乙亥，殺國子司業韋殷裕。（第二六三頁）

月日考卷一三：六日。通鑑書于乙亥之前，考異曰："續寶運錄曰：'五月十四日，國子司業韋殷裕敕京兆府決痛杖一頓，處死。'今從實錄。"

（咸通十四年）三月，迎佛骨于鳳翔。癸巳，雨土。（第二六三頁）

月日考卷一三：（癸巳）廿九日。舊紀作"庚午"，與迎佛骨同日，通鑑迎佛骨在癸巳，與此紀迎佛骨在癸巳之前異。

卷　九　　　　　　　　　　　　139

（咸通十四年六月）王鐸罷。（第二六三頁）

合鈔卷二一五：舊紀在"乾符元年正月"，據新書則鐸爲保衡所逐，據舊書則鐸緣保衡而罷。按鐸爲保衡主文，故引以爲相，不應又遽逐之也。疑當從舊書爲正。

按：册府卷二三二作"乾符元年正月"，但通鑑卷二五二曰："（咸通十四年六月）以中書侍郎同平章事王鐸同平章事，充宣武節度使。時韋保衡挾恩弄權，以劉瞻、于琮先在相位，不禮於己，譖而逐之。王鐸，保衡及第時主文也，蕭遘同年進士也。二人素薄保衡之爲人，保衡皆擯斥之。"

僖宗本紀

（咸通十四年七月）辛巳，即皇帝位于柩前。（第二六四頁）

月日考卷一三：十九日。舊紀作"二十日"，則在壬午也，通鑑與此同。

（咸通十四年）十月乙未，尚書左僕射蕭倣爲中書侍郎，同中書門下平章事。（第二六四頁）

月日考卷一三：四日。舊懿宗紀在四月，宰相表、通鑑與此同。

（乾符元年二月）癸丑，降死罪以下。（第二六四頁）

月日考卷一三：廿四日。又"趙隱罷"亦在是日，舊紀在三月，通鑑二月不書日，宰相表與此同。

（乾符元年）八月辛未，瞻薨。（第二六四頁）

月日考卷一三：十五日。"崔彥昭爲平章事"亦在是日，舊紀在四月，宰相表、通鑑與此同。

（乾符元年）十一月庚寅，改元。（第二六四頁）

月日考卷一三：五日。又"群臣上尊號"亦在是日。舊紀作"二年正月己丑"，通鑑與此同。

（乾符二年四月）浙西突陣將王郢反。五月，右龍武大將軍宋皓討之。……（三年七月）鎮海軍節度使裴璩及王郢戰，敗之。（第二六五、二六六頁）

互證卷四：舊書"二年四月，海賊王郢攻剽浙西郡邑。三年正月，浙西奏誅王郢徒黨。"按新紀不書郢伏誅於何年月，通鑑載郢死在四年閏二月，與二書不同。考異云："四年郢執魯寔，始命皓討之。"新紀置此誤也。然考異不言所據何書，未知孰是。

按：唐大詔令集卷一二〇討王郢詔曰："（王郢）昨者拘留魯寔，已驗兇狂，今聞再犯溫州，顯與官軍鬪敵……前左神武軍大將軍宋皓……今除授檢校左散騎常侍、守右龍武大將軍，兼御史大夫，充江南諸道招討使，應新舊行營兵士悉取指揮。"故任命宋皓在執魯寔之後，通鑑考異卷二三曰："按四年二月郢執魯寔。"其應有據。

（乾符三年九月）丙子，王仙芝陷汝州，執刺史王鐐。（第二六六頁）

月日考卷一三：二日。舊紀在七月，通鑑與此同。

（乾符三年十二月）忠武軍節度使崔安潛爲諸道行營都統，宮苑使李琢爲諸軍行營招討草賊使，右威衛上將軍張自勉副之。（第二六六頁）

通鑑考異卷二三：實錄雖於此月載畋所上書，亦不言行與不行，新紀遂於此言安潛爲諸道行營都統，李琢爲招討草賊使，自勉副之。按明年威、元裕爲使副猶如故，新紀誤也。

互證卷四：按通鑑載鄭畋疏云："崔安潛威望過人，張自勉驍雄良將，宮苑使李琢西平王晟之孫，嚴而有勇。請以安潛爲行營都統，琢爲招討使，代威，自勉爲副，代元裕。"考世系表晟孫無琢，此當從新紀作"琢"也。又考新（紀）[書]崔安潛傳，無爲都統事，舊傳亦無之。止載使張自勉援宋州，賊夜解去，宋威忌自勉，乞盡得安潛軍，使自勉隸麾下。通鑑載此事在四年七月。然則此事必不行，乃新紀之誤，非實錄之誤也。

按：新書卷二二五下黃巢傳曰："威老且闇不任軍……帝亦知之，更以陳許節度使崔安潛爲行營都統……巢引兵復與仙芝合圍宋州，會自勉救兵至，斬賊二千級，仙芝解而南渡漢，攻荊南……帝詔崔安潛歸忠武，復起宋威、曾元裕，以招討使還之。……仙芝乃遣蔡溫球、楚彥威、尚君長來降。"據此，復起宋威、曾元裕乃在尚君長來降之前，尚君長之降據新紀卷九在四年十一月，則四年十一月之前，崔安潛便歸忠武，與司馬氏、趙氏所推不合。

（乾符四年二月閏月）宣武軍節度使王鐸檢校司徒，兼門下侍郎、同中書門下平章事。（第二六六頁）

合鈔卷二二：（舊紀作"乾符二年十一月"。）按本傳，當從舊書。
月日考卷一三：宰相表並與此同。
按：冊府卷七四同舊紀。

（乾符四年）十一月，尚君長來降，宋威殺之。（第二六七頁）

史糾卷四：宋威殺王仙芝賊黨尚君長，在乾符之五年，本紀乃以爲乾符之四年。
按：新紀卷九曰："五年正月丁酉，王仙芝陷江陵外郭……（二月）王仙芝伏誅。"通鑑卷二五三敘述次序與新紀同。舊紀卷一九下曰："（乾符四年）十一月，賊王仙芝率眾渡漢，攻江陵，節度使楊知溫嬰城拒守……十二月賊陷江陵之郭。……（五年）二月，王仙芝餘黨攻江西，招討使宋威出軍，屢敗之，仍宣詔書諭仙芝。仙芝致書於威，求節鉞，威僞許之。仙芝令其大將尚君長、蔡溫玉奉表入朝，威乃斬君長、溫玉以徇。仙芝怒，急攻洪州，陷其郛。宋威赴援，與賊戰，大敗之，殺仙芝，傳首京師。"御覽卷一一六略同。因此，尚君長來降是在攻江陵之前還是之後問題。若按舊紀，二月，王仙芝攻江西，宋威屢敗之，尚君長降，被殺，殺王仙芝，似時間太爲緊蹙。

（乾符五年）二月癸酉，雲中守捉使李克用殺大同軍防禦使段文楚。（第二六七頁）

通鑑考異卷二四：趙鳳後唐太祖紀年錄曰："乾符三年，河南水災，盜寇蜂起，朝廷以段文楚爲代北水陸發運、雲州防禦使，以代支謨。時歲荐饑，文楚削軍人衣米，諸軍咸怨。……眾因大譟，擁太祖上馬，比及雲中，眾且萬人，城中械文楚出以應太祖。"後唐閔帝時，史官張昭遠撰莊宗功臣列傳曰："……咸通十三年十二月，盡忠夜帥牙兵攻牙城，執文楚及判官柳漢璋、陳韜等，擊之於獄，遂自知軍州事，遣君立召太祖於蔚州。……"實錄："乾符元年十二月，李克用殺大同軍防禦使段文楚，自稱防禦留後，塞下之亂自茲始矣。"……舊紀："咸通十三年十二月，李國昌小男克用殺雲州防禦使段文楚，據雲州，自稱防禦留後。……"有唐末三朝見聞錄者……其書云："乾符五年戊戌，竇澣自前守京兆尹拜河東節度使，在任，便值大同軍變，殺防禦使段文楚。正月二十六日，軍於石窯。……"與舊紀五年事微合，實錄亦頗采之，云："五年正月壬戌，竇澣奏沙陀首領李盡忠寇石窯、白泊，至静邊軍。……"按莊宗列傳、舊紀，克用殺文楚在咸通十三年十二月，歐陽修五代史記取之。太祖紀年錄在乾符三年，薛居正五代史、新沙陀傳取之。見聞錄在乾符五年二月，新紀取之。惟實錄在乾符元年，不知其所據何書也。克用既殺文楚，豈肯晏然安處，必更侵擾邊陲，朝廷亦須發兵徵討，而自乾符四年以前皆不見其事。唐末見聞錄敘月日，今從之。

史糾卷四：李克用殺雲中防禦使段文楚，在懿宗咸通之十三年，本紀乃以爲僖宗乾符之五年。

新書考異卷二：按沙陀傳載此事在乾符三年，與紀自相牴牾。以舊書懿宗紀考之，蓋在咸通十三年十二月也。新史懿宗紀"咸通十四年正月沙陀寇代北"，正克用殺文楚以後事。

互證卷四：按舊懿宗紀於咸通十四年二月載賜盧簡方詔曰："近知大同軍不安，殺害段文楚。"溫公亦以爲不足據，此恐不然。且新紀與五代史皆歐公所作，而莊宗本紀仍書此事在十三年，似歐公未有定見也。至沙陀傳書此事在乾符三年，則"三"字爲"五"字之譌，觀上文王仙芝陷荊襄是四年事可見，竹汀先生不必以此爲難，惟新書段秀實傳後附文楚亦云"咸通末爲李克用所殺"，此則真與紀牴牾耳。新紀"五年丁酉，王仙芝陷江陵外郛"，丁酉是正月朔日，沙陀傳於"陷荊襄後"下接"三年"，爲"五年"之譌也。

按：舊紀卷一九上曰："（咸通十三年十二月）是月，李國昌小男克用殺雲中防禦使段文楚，據雲州，自稱防禦留後。"舊五代史曰："國昌已拒命，克用乃殺大同軍防禦使段文楚，據雲州自稱留後……明年，僖宗即位。"據此，段文楚之死爲咸通十三年。但舊五代史卷二五武皇紀曰："乾符三年，朝廷以段文楚爲代北水陸發運、雲州防禦使。時歲薦饑，文楚稍削軍食，諸軍咸怨。武皇爲雲中防邊督將，部下爭訴以軍食不充，邊校程懷素、王行審、蓋寓、李存璋、薛鐵山、康君立等，即擁武皇入雲州，眾且萬人，營於鬥雞臺，城中械文楚出，以應於外。"冊府卷七略同，據此，可知"三年"段文楚爲雲州防禦使，事變之年月不可知。通鑑卷二五三所敍亦略同，其據唐末見聞錄定爲乾符五年，與新紀同。新書卷二一八沙陀傳曰："乾符三年，段文楚爲代北水陸發運、雲州防禦使。"據趙氏考證，此"三年"爲"五年"之訛，是。册府卷七六六曰："後唐康君立，蔚州興唐人，世爲邊豪。唐乾符中，爲雲州牙校，事防禦使段文楚。"因此，殺段文楚必在乾符年間。舊五代史卷一四李克讓傳曰："乾符中，王仙芝陷荆襄，朝廷徵兵克讓，率師奉詔，賊平，以功授金吾將軍，留宿衛。初，懿祖歸朝，憲宗賜宅於親仁坊。自長慶以來，相次一人典衛兵，武皇之起雲中，殺段文楚，朝議罪之，命加兵于我，懼將逃歸，天子詔巡使王處存夜圍親仁坊捕克讓。"乾符四年底五年初，王仙芝陷荆襄，因此，殺段文楚應於五年。再據通鑑考異卷二四引唐末三朝見聞錄曰："乾符五年戊戌，竇瀚自前守京兆尹拜河東節度使，在任，便值大同軍變，殺防禦使段文楚。"舊紀卷一九下曰："（乾符）五年春正月丁酉朔，沙陀首領李盡忠陷遮虜軍，太原節度使竇瀚遣都押衙康傳圭率河東土團二千人屯代州。……朝廷以瀚非禦侮才，以前昭義節度使曹翔檢校尚書右僕射，兼太原尹、北都留守、河東節度使；又以左散騎常侍支謨爲河東節度副使。"與見聞錄合，"五年"應是。"三年"則應爲段文楚代支謨，支謨遷左散騎常侍，後五年事變，又任命其爲河東節度副使。

（乾符五年九月）黃巢陷越州，執觀察使崔琢。（第二六八頁）

互證卷四：舊書"六年五月，賊圍廣州，仍與廣南節度使李巖、_{新紀黃巢傳皆作"李迢"，通鑑亦作"迢"。}浙東觀察使崔璆書求保薦"。_{通鑑同舊紀。}按新黃巢傳云："轉寇浙東，執觀察使崔璆。"則此崔琢者，"璆"之譌也，下云："進寇廣州，貽節度使李迢書，求表爲天平節度，又脅崔璆言于朝。"似璆實爲所執，而舊紀、通鑑皆無其事，未知孰是。考新舊巢傳並云"璆爲巢宰相"，而孫光憲北夢瑣言有論儒將成敗一條云"至如越州崔璆，狼狽恐懼，求免不暇"，疑新紀得其實也。

按：舊紀卷一九下曰："（廣明元年十二月）（黃巢）以趙章爲中書令，尚讓爲太尉，崔璆爲中書侍郎、平章事。"舊書卷一六四王鐸傳曰："賊已僭名號，以前浙東觀察使崔璆、尚讓爲宰相。"因此，崔璆被俘，後爲黃巢宰相。

關於崔璆被俘時間，舊書卷一七八鄭畋傳曰："六年，陷安南府，據之，致書與浙東觀察使崔璆，求鄆州節鉞……廣明元年，賊自嶺表北渡江浙，虜崔璆。"冊府卷三一四同，舊書卷二〇〇下黃巢傳曰："尋南陷湖湘，遂據交廣，託越州觀察使崔璆奏乞天平軍節度……廣明元年，北踰五嶺，犯湖湘、江浙，進逼廣陵。"與鄭畋傳略同，無"虜崔璆"之載。若依此，則被俘時間爲廣明元年。

（乾符五年十二月）庚辰，崔季康、李鈞及李克用戰于洪谷，敗績。……（廣明元年）八月辛卯，昭義軍亂，殺其節度使李鈞。（第二六八、二七〇頁）

通鑑考異卷二四：舊紀："（乾符五年十二月）河東節度使崔季康與北面行營招討使李鈞與沙陀李克用戰于忻嵐軍之洪谷，王師大敗，鈞中流矢而卒。戊戌至代州，昭義軍亂，爲代州百姓所殺殆盡。"此年實錄略同。廣明元年八月實錄："河東奏昭義節度使李鈞爲猛虎軍所殺。"又曰："詔統本道兵由雁門出討雲州，與賊戰，敗歸，爲其下殺之。"新紀……薛居正五代史紀曰："乾符六年春，朝廷以昭義節度使李鈞充北面招討使，將上黨、太原之師，過石嶺關，屯于代州，與幽州李可舉會赫連鐸同攻蔚州。獻祖以一軍禦之，武皇以一軍南抵遮虜城以拒李鈞。是冬，……臨戰大敗，奔歸代州，李鈞中流矢而卒。"唐末見聞錄曰："十九日，崔尚書發往忻嵐軍……昭義節度使李鈞領本道兵馬到代州，軍變，被代州殺戮並盡，捉到李鈞，殘軍潰散，取鴉鳴谷各歸本道。"按昭義軍變必非李鈞所爲，代州百姓捉到李鈞，不知如何處之，今從舊紀。

按：舊紀卷一九下之乾符五年十二月戊戌，按此月乃壬戌朔，無戊戌日。三水小牘曰："詔以昭義軍三千五百人鎮焉，乾符戊戌歲也，兵至營於郡西郭。明年春，鈞節制上黨……鈞至上黨，統衆出雁門，兵既不戢，暴殘居民，遂爲猛虎軍所殺矣。"乾符戊戌歲乃五年，明年乃六年，與舊紀略合。

（乾符六年十一月）辛酉，黃巢陷江陵，殺李迢。（第二六九頁）

月日考卷一三：六日。通鑑作"九月，陷廣州，執節度使李迢，轉掠嶺南州縣，使迢草表，不可，巢殺之"，與此紀"五月陷廣州，執迢，十一月殺迢"，並異。考異曰："驚聽錄曰：'擁李迢在寇，復併蓺海隅，又陷桂州，次攻湖南，屯衡州，方知王仙芝已山東沒陳，又尚君長生送咸京，遂召李迢，怒而躓害。'新紀……新傳曰其十月巢據荊南，脅李迢草表報天子，迢不可，巢怒，殺之。北夢瑣言曰："黃巢入廣州，執李迢，隨軍至荊州，令迢草表述其所懷。迢曰："某骨肉滿朝，世受國恩，腕即可斷，表終不爲。"（領）[巢]於江津害之。'今從實錄。"舊紀賊至江陵在廣明元年二月，合鈔曰："王鐸傳在廣明元年。"

（乾符六年十一月）丁丑，山南東道節度使劉巨容及黃巢戰于荊門，敗之。（第二六九頁）

月日考卷一三：廿三日。舊紀在廣明元年二月，通鑑在此年十一月，不書日，沈氏合鈔曰："王鐸傳亦在廣明元年。"

（廣明元年）二月丙戌，李國昌寇忻、代二州。（第二六九頁）

月日考卷一三：二日。舊紀、通鑑在正月，與此異。

（廣明元年）五月，汝州防禦使諸葛爽爲蔚、朔招討副使。（第二七〇頁）

合鈔卷：（舊紀卷一九下作"三月"。）按下文李琢詔，疑當從舊書。

按：舊紀卷一九下曰廣明元年四月制以李琢爲招討使，冊府卷一二三、通鑑卷二五三同，並將諸葛爽爲招討副使繫於其後。

（廣明元年七月）辛未，劉漢宏降。（第二七〇頁）

月日考卷一三：十九日。通鑑"漢宏降戊辰，以爲宿州刺史"。考異曰："實錄：'漢宏寇擾荊、襄，王鐸遣前濠州刺史崔鍇招之，至是始歸降。辛未，漢宏奏請於濠州倒戈，歸降，優詔褒之。'按鐸奔襄陽，漢宏始掠江陵叛去，鐸尋分司，蓋未分司時遣鍇招之。又戊辰，漢宏除宿州。云至是始降，是已降也，辛未又云請於濠州歸降者，朝廷聞其降，戊辰已除官，而辛未漢宏表方至也。"

（廣明元年八月）癸卯，榮王憤爲司空，是月，憤薨。（第二七〇頁）

互證卷一〇：按舊傳薨在十月，亦與新紀小異，宰相表薨在八月，與紀同。

月日考卷一三：廿二日。舊傳作"八月十九日"（爲司空），則爲庚子，與此異。

按：舊書卷一七五憲宗諸子傳薨在"十月九日"。

（廣明元年十一月）丁卯，東都留守劉允章叛附于黃巢。（第二七〇頁）

月日考卷一三：十七日。舊黃巢傳正作"十七日"，舊紀作"己巳"，通鑑與此同。

（廣明元年）十二月壬午，黃巢陷潼關。（第二七一頁）

月日考卷一三：三日。舊紀作"辛巳"，舊王徽傳仍作"三日"，通鑑與此同。

（廣明元年十二月）丙戌，左金吾衛大將軍張直方率武官叛附于黃巢。巢陷京師。（第二七一頁）

月日考卷一三：七日。舊紀、通鑑、舊五代史梁太祖紀皆即在甲申日下，與此異。

中和元年正月壬子，如成都。……丁丑，次成都。（第二七一頁）

合鈔卷二二：按舊書乃在七月，日次歷歷，疑屬不誤，然通鑑亦在正月，未詳何從。

月日考卷一三：舊書訛。

按：冊府卷一五同舊紀卷一九下，但舊書卷三五禮儀志曰："中和元年夏四月，有司請享太祖已下十一室，詔公卿議其儀，太常卿牛叢與儒者同議其事，或曰：'……今非巡狩，是失守宗廟。……'"則此時已在成都，疑新紀是。

（中和元年六月）辛卯，邠寧節度副使朱玫及黃巢戰于興平，敗績。（第二七二頁）

月日考卷一三：十五日。舊紀在八月，通鑑在此月，不書日。

（中和元年六月）戊戌，鄭畋爲司空，兼門下侍郎，同中書門下平章事、京城四面行營都統。（第二七二頁）

月日考卷一三：廿二日。舊紀在三月，通鑑與此同，說見宰相表。

月日考卷一九：按本紀畋爲鳳翔節度使，加司空，同中書平章事，充京城諸道四面行營都統，非入相也。

（中和元年）九月丙午，鄜延節度使李孝章……及黃巢戰于東渭橋。（第二七二頁）

新書考異卷一二：按黨項傳作"李孝昌"，黃巢傳前書"孝昌"，後書"孝章"，鄭畋傳作"李孝恭"。

按："李孝章"，冊府卷一二三同，舊紀卷一九下、冊府卷一二四、通鑑卷二五四作"李孝昌"，冊府卷四二三作"李孝恭"。

（中和二年正月）辛未，王處存爲京城東面都統，李孝章爲北面都統，拓拔思恭爲南面都統。（第二七三頁）

月日考卷一三：八日。舊紀在元年七月，通鑑與此同，沈氏合鈔"按王鐸傳，亦以爲宜從舊書"，非也。

（中和二年二月）丙戌，李昌言爲京城西面都統。（第二七三頁）

月日考卷一三：十三日。舊紀在元年九月，通鑑在此月，不書日。

（中和二年）九月丙戌，黃巢將朱溫以同州降。（第二七四頁）

合鈔卷二二：（舊紀卷一九下在八月）新書在九月丙戌，舊書黃巢傳同。

十七史商榷卷七五：按舊書溫以八月降，新書云九月者，舊言其降時，新言其奏到時也。

按：通紀卷一一黃巢傳、舊書卷二〇〇下黃巢傳、舊五代史卷一、通鑑卷二五五均作"九月"。通鑑曰："黃巢所署同州防禦使朱溫屢請益兵以扞河中，知右軍事孟楷抑之不報，溫見巢兵勢日蹙，知其將亡，親將胡真、謝瞳勸溫歸國，九月丙戌，溫殺其監軍嚴實，舉州降王重榮。"

（中和三年正月）乙亥，王鐸罷。（第二七四頁）

月日考卷一三：八日。舊紀在五月，宰相表、通鑑與此同。

（中和三年）二月，魏博軍亂，殺其節度使韓簡，其將樂彥禎自稱留後。（第二七四頁）

新書考異卷一二：按藩鎮傳，韓簡攻河陽，爲諸葛爽所敗，奔歸，疽發背死。紀云軍亂見殺者，誤也。彥禎以中和三年癸卯有魏博，至文德元年戊申見廢，先後祇跨六年，而藩鎮傳云彥禎起凡七年，亦誤也。

按：新傳之"疽發背死"應源於舊傳，舊書卷一八二諸葛爽傳則作"簡爲牙軍所殺"，與新紀卷九同。通鑑卷二五五曰："澶州刺史樂行達先歸據魏州，軍中共立行達爲留後，簡爲部下所殺。"其考異卷二五曰："今從實錄。"疑簡被殺。

（中和三年）四月甲辰，又敗之于渭橋。（第二七四頁）

月日考卷一三：八日。舊紀、通鑑作"庚子"，乃四日，舊黃巢傳作"八日"，說見下。

（中和三年四月）丙午，復京師。（第二七四頁）

月日考卷一三：十日。按此訛，當從通鑑作"甲辰"，通鑑考異曰："舊紀：'四月庚子，沙陀等軍趨長安，賊拒之於渭橋，大敗而還，李克用乘勝追之。己卯，黃巢收殘衆，由藍田關而遁。庚辰，收京城，楊復光告捷。'按是月丁酉朔，無己卯、庚辰，敬翔梁太祖編遺錄：'四月乙巳，巢焚宮闕，省寺、居第略盡，擁殘黨越藍田而逃。明日，上與諸軍收復長安。'實錄：'甲辰，李克用與忠武將龐從……敗賊于渭橋，大破之。……乙巳，巢賊燔長安宮室，收餘衆，自光泰門東走，由藍田關以遁。諸軍進收京師。'新紀：'……四月甲辰，又敗之于渭橋。丙午，復京師。'舊傳曰：'四月八日，克用合忠武騎將龐從遇賊於渭南決戰，三捷，大敗賊軍。十日夜，賊巢散走。詰旦，克用由光泰門入取京師。……'……後唐太祖紀年錄：'乙巳，巢敗，焚宮室東走，太祖進收京師。'唐年補錄：'八日，克用等戰渭南，三敗賊軍。九日，巢走。'按楊復光露布云：'今月八日，楊守宗等隨克用自光泰門先入京師。'又云：'賊尚爲堅陳，來抗官軍，自卯至申，群兇大潰，賊即時奔遁，南入商山。'然則官軍以八日入城，賊戰不勝而走，此最可據，今從之，渭南之戰必在八日以前，諸書皆誤也。"

（中和三年）五月，鄭畋爲司徒，東都留守，檢校司空鄭從讜爲司空：同中書門下平章。（第二七四頁）

通鑑考異卷二五：按克用除河東及從讜復輔政，諸書月日不同。舊紀五月除克用，七月從讜赴行在，不言入相。新紀"五月已爲相"，尤誤。舊從讜傳"五月十五日離太原"，又與紀相違。唐年補錄五月制，止褒賞克用、朱玫、東方逵三人，制詞鄙俚，疑其非實。……從讜此年九月爲東都留守，光啓二年二月方再入相。

（中和三年）十一月壬申，劍南西川行軍司馬高仁厚及阡能戰于邛州，敗之。（第二七五頁）

月日考卷一三：九日。按通鑑考異引張彭耆舊傳"三年十一月五日，高仁厚進發討阡能，九日，收邛州境內諸寨，十日州縣豁平，二十二日回戈朝見"，句延慶耆舊傳"仁厚破阡能回戈朝見在二年十二月戊寅"，實錄"仁厚討阡能在二年十月"，續寶運錄作"三年冬"，與新紀及張彭耆舊傳合，又據賈緯唐年補錄及實錄所載三年十月十六日己酉，賜陳敬瑄鐵券文，有戮阡能如薙草句，則阡能之敗必在十月十六日之前，必非十一月事也。

（中和三年）十二月，忠武軍將鹿晏弘逐興元節度使牛勗，自稱留後。（第二七五頁）

糾謬卷六牛勗名不同：今按僖宗紀"中和三年十二月，忠武軍將鹿晏弘逐興元節度使牛勗，自稱留後"，紀以爲"勗"，傳以爲"頊"，未知孰是。

新書考異卷一二："牛勗"，田令孜傳作"牛頊"，五代史韓建傳作"牛叢"，舊本紀作"牛蔚"。蔚、叢皆僧孺之子，蔚嘗爲山南西道節度使，忤中官，以神策將吳行魯代還，不云爲晏弘所逐也。

按：新書卷二〇八田令孜傳作"牛頊"，舊紀卷一九下作"牛蔚"，新紀卷九、通鑑卷二五五、册府卷一七八作"牛勗"，新五代史卷四〇韓建傳、卷六三王建傳、册府卷二二三作"牛叢"。按舊紀卷一九下，鹿宴弘逐興元節度使亦在中和三年十二月。"牛蔚"，舊書卷一七二有傳，曰："咸通末，檢校兵部尚書、興元尹、山南西道節度使，在鎮三年。……及黃巢犯闕，乃自京師奔逬，避地山南，拜章請老，以尚書左僕射致仕。"牛勗，通鑑卷二五三曰："（廣明元年三月，田令孜）奏以敬瑄及其腹心左神策大將軍楊師立、牛勗、羅元杲鎮三川……（四月）以楊師立爲東川節度使，牛勗爲山南西道節度使。"卷二五四曰："中和元年春正月，車駕發興元，加牛勗同平章事。"牛蕘，舊書卷一七二、新書卷一七四有傳，舊書作"牛藂"，應爲字訛，舊書曰："黃巢之亂，從幸西川，拜太常卿。以病求爲巴州刺史，不許。駕還，拜吏部尚書。襄王之亂，避地太原，卒。"新書略同。由上可知，牛蔚爲避地山南，并無興元節度使之職；牛蕘時爲吏部尚書，後避地太原，并未任過興元節度使。牛頊則爲孤證，疑新傳誤書。據新紀及通鑑、冊府，"牛勗"應是。

（中和四年五月）癸酉，高仁厚爲劍南東川節度使以討楊師立。（第二七六頁）

月日考卷一三：十三日。通鑑在六月，考異引實錄作"六月丙申"，蓋此紀仁厚爲節度使以討楊師立，實錄則平師立及始節度東川也。

（中和四年）七月辛酉，楊師立伏誅。（第二七六頁）

月日考卷一三：三日。通鑑在六月壬辰。考異曰："張彭耆舊傳：'四年七月一日，高僕射羽檄入城云云，師立自殺。七月三日，張、鄭二將持師立首級出降。……'句延慶傳曰：'三年五月，高公進軍東川城下，飛檄入城，師立自刎。七月辛酉，師立首級至成都。'實錄：'六月丙申，高仁厚奏東川都將鄭君雄梟斬楊師立，傳首於行在。……'續寶運錄：'二月，梓州觀察使楊師立反，敕差蜀將高仁厚等討平。六月三日，牧得梓州並楊師立首級至駕前。'……今日從續寶運錄，事從實錄。"曰楨按：句傳誤作"三年"，蓋即上所云凡張傳四年事句傳皆移入三年也。

（光啟元年十二月）丙子，如鳳翔。（第二七七頁）

月日考卷一三：廿六日。舊紀即在乙亥日下，通鑑亦作"乙亥"，與此異。

（光啟）二年正月辛巳，鎮海軍將張郁陷常州。（第二七七頁）

通鑑考異卷二五：皮光業見聞錄曰："郁，潤州小將也。周寶差郁押兵士三百人戍於海次，因正旦酗酒，殺使府安慰軍將，度不免禍，遂作亂。潤州差拓跋從領兵討之，郁自常熟縣取江陰而入常州，刺史劉革到任方一月，親執牌印於戎門而降。"新紀曰……按皮錄但言郁以正旦殺安慰軍將耳，非當日即陷常州，新紀誤也。

（光啟二年）四月乙卯，朱玫以嗣襄王熅入于京師。（第二七八頁）

月日考卷一三：六日。舊紀作"壬子"，通鑑作"壬子，奉熅權監軍國事，乙卯，受冊"是也。

（光啟二年）十月丙午，嗣襄王熅自立爲皇帝。（第二七八頁）

月日考卷一三：一日。脫"朔"字，舊紀作"五月庚辰"，通鑑十月不紀日。

（光啟二年十月）丙辰，杭州刺史董昌攻越州，浙東觀察使劉漢宏奔于台州。（第二七八頁）

月日考卷一三：十一日。舊紀在元年三月，通鑑十月不紀日。

（光啟二年十二月）丙辰，朱玫伏誅。（第二七九頁）

月日考卷一三：十二日。舊紀作"辛酉"，通鑑作"甲寅"，與此異。

（光啟）三年三月癸未，蕭遘、裴澈、兵部侍郎鄭昌圖有罪伏誅。（第二七九頁）

月日考卷一三：九日。舊紀在甲申日下，通鑑與此同。

（光啟三年三月）壬辰，如鳳翔。（第二七九頁）

月日考卷一三：十八日。舊紀作"甲申"，通鑑與此同。

（光啟三年三月）癸巳，鎮海軍將劉浩逐其節度使周寶。（第二七九頁）

月日考卷一三：十九日。舊紀作"二月乙巳朔"，通鑑作"壬辰，寶出奔，癸巳，迎朗入府"，考異曰："實錄寶被逐在四月，恐四月奏到日，吳越備史三月壬辰，新紀癸巳，今從之。"

（光啟三年四月）甲子，淮南兵馬使畢師鐸陷揚州，執其節度使高駢。（第二七九頁）

月日考卷一三：廿一日。舊紀作"甲辰朔"，通鑑與此同。

（光啟三年五月）癸未，秦宗權陷鄭州。六月，陷孟州，河陽將李罕之入于孟州，張全義入于東都。（第二七九頁）

新書考異卷二：此事已見上年，蓋重出也。其時宗權爲朱全忠所敗，孫儒亦棄河陽而遁，故李罕之得入孟州。史因罕之事而追敘鄭、孟二州之陷，竟不檢照前文，亦太疏矣。

互證卷四：舊書"（光啟三年）五月壬午，鄆、兗、汴三鎮之師大敗蔡賊于邊孝村，宗權退走。孫儒聞秦賢敗，盡驅河陽之人殺之，焚燒閭井而去。諸葛爽舊將李罕之自澤州收河陽"。按新紀"二年十一月，宗權陷鄭州。十二月陷孟州"，舊紀"十一月，蔡賊孫儒陷鄭州。十二月，陷河陽"，其事同也，新紀三年五月復書陷，則其誤必矣。蓋宗權以來援秦賢而敗，故孫儒棄河陽而罕之得入也，當從舊紀書之。又按新書宗權傳"宗權忿，過鄭，焚郛舍，驅民入淮西"，改自忿其敗不能守而殘之，新紀誤以爲陷耳。

（光啟三年六月）丁巳，護國軍將常行儒殺其節度使王重榮，其兄重盈自稱留後。（第二七九頁）

月日考卷一三：十五日。舊紀、通鑑作"甲寅"，與此異。

（光啟三年）七月丁亥，降死罪以下。（第二七九頁）

月日考卷一三：十六日。此下文又重書"七月"，訛。

（光啟三年八月）壬寅，謝殷伏誅。（第二八〇頁）

月日考卷一三：一日。按壬寅既爲朔日，而此上已書"韋昭度爲太保"，紀文倒訛。

按：通鑑卷二五七作"丙子"。

（光啟三年十月）丁卯，鏐殺周寶。（第二八〇頁）

新書考異卷一二：五代吳越世家："鏐遣杜稜等攻常州，取周寶以歸，鏐具軍禮郊迎，館寶於樟亭，寶病卒。"不云爲鏐所殺也。

按："殺"，新五代史卷六七錢鏐傳爲"病卒"。通鑑考異卷二五曰："吳越備史：'寶病卒。'實錄：'鏐迎至郡，氣憤卒於樟亭驛。'新紀：'十月丁卯，鏐殺周寶。'十國紀年'此月乙未，寶卒'，或云'鏐殺之'。新傳云：'鏐迎寶舍樟亭，未幾，殺之。'今從吳越備史。""十月"，吳越備史卷一則曰周寶卒於十二月乙未。

文德元年正月甲寅，孫儒殺秦彥、畢師鐸。（第二八〇頁）

月日考卷一三：十六日。舊紀在己亥朔下，通鑑與此同。

（文德元年正月）丙寅，薛朗伏誅，錢鏐陷潤州。（第二八〇頁）

月日考卷一三：廿八日。通鑑"光啓三年十二月丙申，鏐克潤州，擒薛朗，文德元年正月丙寅，鏐斬薛朗"。考異曰："吳越備史'明年正月丙寅，克潤州，斬薛朗'，按朗斬於杭州必不同在一日，今從十國紀年。"又曰："……十國紀年'丁巳，斬朗'，今從吳越備史。"

（文德元年二月）庚寅，謁于太廟，大赦，改元。（第二八〇頁）

月日考卷一三：廿二日。舊紀作"戊子"，新五行志、通鑑與此同。

（文德元年二月）是月，魏博軍亂，殺其節度使樂彥禎，其將羅弘信自稱權知留後。（第二八〇頁）

互證卷四：舊書"逐其帥樂彥禎，新傳云：'迫爲桑門，尋殺之。'舊傳云：'彥禎危憤而卒。'并不言逐，未知孰是。其子相州刺史從訓率衆攻魏州牙軍，立其小校羅宗弁爲留後。"按新舊樂彥禎傳並云："衆推趙文㺹知留後事，從訓兵至，文㺹不出，衆怒，殺之，復推羅弘信爲留後。"新紀漏書趙文㺹，舊紀并文㺹、弘信姓名爲一人，皆誤也。

按：此事通鑑卷二五七敘述較清，曰："魏博節度使樂彥禎驕泰不法……從訓聚亡命五百餘人爲親兵，謂之子將，牙兵疑之，籍籍不安，從訓懼，易服逃出，止於近縣，彥禎因以爲相州刺史。從訓遣人至魏，運甲兵金帛，交錯於路，牙兵益疑，彥禎懼，請避位，居龍興寺爲僧，衆推都將趙文㺹知留後事，從訓引兵三萬至城下，文㺹不出戰，衆復殺之，推牙將貴鄉羅弘信知留後事。弘信引兵出，與從訓戰，敗之。"其考異卷二四曰："實錄：'彥禎懼，自求避位，退居龍興寺，軍衆迫令爲僧。'……今從實錄。"

（文德元年三月）壬寅，疾大漸。（第二八〇頁）

月日考卷一三：五日。按"立壽王爲皇太弟"即在此日，舊僖宗紀作"癸卯"，舊昭宗紀作"三月六日"，亦癸卯也，通鑑作"壬寅"，與此同。

卷一〇

昭宗本紀

母曰恭憲皇太后王氏。（第二八三頁）

糾謬卷四王環恭憲太后弟乃以爲惠安太后弟：宦官楊復恭傳云："王環者，惠安太后之弟也。"今按后妃傳，懿宗凡二后，一曰惠安皇后王氏，一曰恭憲皇后王氏。惠安傳則不載有弟環事，至恭憲傳則載弟環事甚詳，且又述其被害事，與復恭傳正合，然則環乃恭憲弟，非惠安弟也。

互證卷四：舊書"母曰惠安太后王氏"。按舊紀云："帝於僖宗，母弟也。"又云："追諡聖母惠安太后曰恭獻。""獻"與"憲"雖不同，改以惠安、恭憲爲一人故。舊皇后傳無恭憲也，新書以惠安爲僖宗母，恭憲爲昭宗母，故爲增傳，而楊復恭傳云："王環者，惠安太后弟也。"遂爲吳氏所糾。

按：舊紀卷一九下、新紀卷九曰："（僖宗）懿宗第五子，母曰惠安皇太后王氏。"舊紀卷二〇上曰："（昭宗）懿宗第七子也，母曰惠安太后王氏。"似與趙氏所曰吻合。但新紀卷一〇曰："（昭宗）懿宗第七子也，母曰恭憲皇太后王氏。"新書卷七七惠安王太后傳曰："生普王，七年薨。十四年王即位，是爲僖宗。"新書卷七七恭憲王太后傳曰："生壽王而卒，王立，是爲昭宗。"舊書卷五二惠安皇后王氏傳曰："僖宗皇帝之母也。"長安志卷一一曰："僖宗母惠安王太后壽陵在縣東北二十五里……昭宗母恭憲王太后安陵在縣東二十五里。"則二帝之母不應爲一人，昭宗之母應爲恭憲太后王氏。據此推，舊書卷一八四楊復恭傳曰："（昭宗時）國舅王環，頗居中任事。"因此，王環應爲恭憲皇后之弟。

乾符三年，領幽州盧龍軍節度使。（第二八三頁）

合鈔卷二三：（舊紀卷二〇上作"四年"。）新書"三年"，誤。

按：唐會要卷七八、冊府卷一一作"四年"。

（文德元年）四月戊辰，孫儒陷揚州，自稱淮南節度使。（第二八三頁）

月日考卷一四：一日，脫"朔"字。舊紀、通鑑作"壬午"，通鑑考異曰："實錄'儒陷揚州在五月'，恐是約奏到日，今據舊紀云'四月壬午朔'，新紀云'戊辰'，妖亂志云'四月癸未朔甲申，儒陷揚州'，吳錄、十國紀年無日，但云'四月'，今從舊紀、紀年。"曰楨按：今本舊紀"四月戊辰朔"下云"壬午"，不云"壬午朔"，此"朔"字衍，妖亂志作"癸未朔"，亦訛。

（文德元年）六月，閬州防禦使王建陷漢州，執刺史張頊。（第二八四頁）

通鑑考異卷二五：實錄："龍紀元年正月，建破鹿頭關，張頊來拒戰，敗之。"按光啓三年十二月，韋昭度討陳敬瑄，以漢州刺史顧彥暉爲軍前指揮使，蓋其年冬，建破漢州，顧彥朗即以彥暉爲刺史。新紀、實錄皆誤。

（文德元年十月）辛卯，葬惠聖恭定孝皇帝於靖陵。（第二八四頁）

月日考卷一四：廿七日。舊紀在十二月，通鑑與此同。

（文德元年）十一月丙申，秦宗權陷許州，執忠武軍節度使王縕。（第二八四頁）

月日考卷一四：廿八日。舊紀作"十二月甲子朔"，通鑑亦在十二月，皆與此異。

（龍紀元年）八月甲戌，孟遷叛附於李克用。（第二八四頁）

合鈔卷二三：（舊紀卷二〇上在下年二月）新書在龍紀元年八月甲戌，疑誤。

月日考卷一四：十五日。舊紀在大順元年二月，通鑑在大順元年正月，考異曰："唐末見聞錄'龍紀元年，大軍守破邢州城，孟遷投來。十一月四日，孟遷補充教練使。'太祖紀年錄及薛居正五代史皆曰'大順元年'而無月，薛史孟遷傳曰'大順元年二月'，今從實錄。"

按：通鑑卷二五八作"正月"，其考異卷二六曰："薛史孟遷傳曰：'大順元年二月，遷執王虔裕等乞降，武皇令安金俊代之'，今從實錄。"

新五代史卷四唐莊宗紀曰："大順元年，克用擊破孟遷，取邢、洺、磁三州，乃遣安金俊攻赫連鐸於雲州。"按安金俊攻赫連鐸於是年四月，故新紀誤。

（龍紀元年）十月，平盧軍節度使王敬武卒，其子師範自稱留後，陷棣州，刺史張蟾死之。（第二八四頁）

合鈔卷二三：（舊紀卷二〇上在大順二年二月。）新書在龍紀元年十月，誤。

互證卷四：舊書"大順二年二月，棣州刺史張蟾爲青州將王師範所敗"。按王師範傳雖不言陷棣州年月，然云敬武卒，昭宗以崔安潛爲節度，張蟾迎安潛，師範使盧宏攻之，宏與蟾連和，部將劉鄩斬宏，師範拔其城，斬蟾，而安潛不敢入，則非敬武卒之月可知。通鑑載此事在天順二年三月，與舊紀略同。

按：舊書卷一七七王師範傳曰："龍紀初，青州王敬武卒，以安潛代，敬武子師範拒命。"新書卷一八七王師範傳、通鑑卷二五八略同，"龍紀初"作"龍紀元年"，通鑑作"龍紀元年十月"。冊府卷一七八曰："（大順）二年三月，制以青州留後王師範加檢校兵部尚書、平盧軍節度使。是歲，鎮州王鎔曾有表薦曰：'去年，敬武卒，三軍以師範爲留後，表請旌節，朝廷不允，制以前陳許節度使崔安潛爲帥，棣州刺史張蟾迎之，師範遣將盧弘攻蟾。'"通鑑卷二五八於大順二年二月重複錄入王師範拒命，顯誤。因此，新紀爲是。

（龍紀元年十月）錢鏐陷潤州。（第二八五頁）

新書考異卷二：按文德元年已書鏐陷潤州矣，不應於此更書，當是楊行密取常州之後，乘勝又取潤州，而紀誤以爲鏐也。通鑑是年冬，孫儒將劉建鋒逐成及，取潤州，此錢鏐或孫儒之譌。

互證卷四：按竹汀謂不應重書，最是，而下二說皆非也。考新紀"龍紀元年十二月，孫儒陷常、潤二州"，通鑑所指即此事也，又所逐者成及，及爲鏐守潤，非爲行密守潤也。通鑑"五月，錢鏐使成及守潤"，至十二月而爲劉建鋒所逐，則中間無陷事可知。但考新書楊行密傳"遣安仁義襲成及，取潤州；又取常州，殺杜稜"，似行密有陷潤之事，然紀又當書於陷常之前，不當書于陷常之後，而通鑑又不得言建鋒逐成及也，或者紀于行密陷常之前漏陷潤之事，故復書錢鏐陷潤州乎？

（龍紀元年）十一月丁未，朝獻于太清宫。戊申，朝享於太廟。己酉，有事於南郊，大赦。（第二八五頁）

　　合鈔卷二三：按"辛亥宿齋"，下文"甲寅，圜丘禮畢"，疑是壬子朝獻，癸丑朝享，甲寅圜丘，舊書雖不詳書，然可按日而得。新書之丁未、戊申、己酉疑誤。

　　月日考卷一四：今推是年十一月己酉冬至，則新紀不誤，沈說非也。

　　按：册府卷三四曰："昭宗龍紀元年十一月甲寅，有事於南郊。"與舊紀合。但册府卷九一曰："十一月辛卯，祀圜丘，禮畢，御承天門大赦。"

（大順元年五月）壬寅，昭義軍將安居受殺其節度使李克恭，叛附于朱全忠。（第二八五頁）

　　月日考卷一四：十七日。舊紀作"丙午"，通鑑作"庚子"，考異曰："編遺錄：'八月甲寅，馮霸殺李克恭來降，上請河陽帥朱崇節領兵入潞，兼充留後。戊辰，李克用圍之，上遣葛從周率驍勇夜銜枚斫圍突入上黨，以壯潞人之心。'薛居正五代史梁太祖紀亦同。按克用未嘗自圍潞也。克恭傳：'李元審戰傷，收軍於潞，五月十五日，克恭視元審於孔目吏劉崇之第，是日，州縣將安居受引兵攻克恭，克恭、元審並遇害，州民推居受爲留後。居受遣人召馮霸於沁水，霸不受命，居受懼，將奔歸朝廷，至長子，爲野人所殺，傳首馮霸軍。霸乃引衆據潞州，自稱留後，求援於汴。武皇令康君立討之，汴將葛從周來援霸。'唐末見聞錄曰：'五月十七日，昭義狀申軍變，殺節使，當日點汾州五縣士團將（上）［兵］赴昭義。二十三日，昭義僕射家累入府。'新紀……按壬寅十七日乃報到太原日也，今從太祖紀年錄、薛史克恭傳，舊紀：'五月丙午，潞州軍亂，殺李克恭。監軍使薛繢本函克恭首獻之于朝，渣方起兵，朝廷稱賀。'此蓋克恭首到日也。舊紀又曰：'七月，全忠遣從周帥千騎入潞州。'唐太祖紀年錄、薛史唐紀'五月，葛從周入潞'，太早。蓋因克恭死終言之。編遺錄、薛史梁紀'八月，克恭死'，太晚，蓋因從周入潞推本之。又從周入潞，全忠始請孫揆赴鎮，當在揆被執前也，今克恭死從紀年錄，從周入潞從舊紀。"

卷一〇　　　　　　　　　　　　　　　　159

（大順元年六月）辛未，朱全忠爲河東東面行營招討使。（第二八六頁）

月日考卷一四：十七日。舊紀在五月，沈氏合鈔曰："新書誤。"旦槙按：舊五代史梁太祖紀與此同。

（大順元年八月）庚午，朱全忠爲中書令。（第二八六頁）

月日考卷一四：十七日。舊紀在二月丁巳日下，通鑑作"二月乙丑"，薛史梁太祖紀在龍紀元年三月，皆與此異。

（大順元年）十一月丁卯，李匡威陷蔚州。（第二八六頁）

月日考卷一四：十五日。通鑑在九月，考異曰："太祖紀年錄'是月，幽帥李匡威會赫連鐸引吐蕃黠戛斯之衆十萬寇我北鄙'，舊紀'九月，幽州、雲州蕃漢軍三萬攻鴈門，太原府將李存信、薛阿檀擊敗之'，實錄'閏月甲寅朔，李匡威下蔚州'，蓋約奏到日，唐末見聞錄'十一月十五日發往向北打鹿，有使報稱幽州李匡威收却蔚州'，今但繫此月，不書日。"

（大順）二年正月庚申，孔緯、張濬罷。（第二八六頁）

月日考卷一四：九日。舊紀在元年十二月丙寅，又崔昭緯、徐彦若同平章事亦在是日。舊紀亦在元年十二月庚午，宰相表、通鑑蓋與此同。

（大順二年二月）丁未，詔王建罷兵，不受命。（第二八六頁）

月日考卷一四：廿七日。通鑑亦在三月乙亥日下，考異曰："新紀'二月乙巳赦陳敬瑄，己未詔王建罷兵，不受命'，十國紀年亦曰'二月乙巳復敬瑄官爵'，按二月辛巳朔，無己未，新紀誤也，今從實錄。"旦槙按：今本新紀作"丁未"，不作"己未"，豈後人所校改歟？

（大順二年六月）丙午，封子祐爲德王。（第二八七頁）

糾謬卷六昭宗子裕紀書爲祐：今按昭宗諸子德王名裕，不名祐也，況乾寧四年立爲皇太子時名裕，即可見此誤也。

按：唐大詔令集卷二七立德王爲皇太子制曰："德王祐，朕之元子……可冊爲皇太子，仍改名裕。"詔後時間注爲乾寧四年正月，舊紀卷二〇上曰："（乾寧四年二月）己未，制德王裕爲皇太子。"制詔時間與唐大詔令集小異。"仍改名裕",疑原名"裕",後封德王改名"祐",乾寧四年冊皇太子時改名"裕"。考舊紀卷二〇上曰:"(天復元年正月)制皇太子裕降爲德王,改名祐。"因此,天復元年降爲德王又改名爲"祐"。

(大順二年)八月庚子,王建陷成都。(第二八七頁)
月日考卷一四:廿三日。舊紀在龍紀元年五月壬辰朔,沈氏合鈔曰:"當從新書。"曰楨按:通鑑"是年四月壬寅,陳敬瑄開門迎建,癸卯,建入城",亦與此異。

(大順二年)十月壬午,朱全忠陷宿州。(第二八七頁)
月日考卷一四:五日。舊紀在十一月,薛史太祖紀、通鑑與此同。

景福元年正月己未,朱全忠陷孟州,逐河陽節度使趙克裕。(第二八七頁)
舊五代史考異卷一:據通鑑,則克裕之移鎮因梁祖欲以張全義領河陽也,新唐書所紀疑非事實。
按:通鑑考異卷二六:"實錄在正月末云:'全忠欲全義得河陽,乃奏克裕有訕謗之言而貶。'……今從編遺錄。"此應爲歐陽修以實錄爲據,從唐室視角出發,以春秋筆法書之。

(景福元年)二月,劉崇望罷。(第二八七頁)
合鈔卷二三:(舊紀在大順二年十二月丙子)按本傳,當從舊書。
按:舊書卷一七九、新書卷九〇劉崇望傳無明確年月,通鑑卷二五九同新紀,冊府卷三二二同舊紀。

(景福元年)二月,錢鏐陷蘇州。(第二八七頁)
新書考異卷二:上年正月已書鏐陷蘇州,此重出。

(景福元年三月)丙寅,福建觀察使陳巖卒。(第二八七頁)
月日考卷一四:廿二日。通鑑在大順二年,考異曰:"蔣文懌閩中實錄云:'大順中,巖薨。'十國紀年在大順二年,昭宗實錄在明年三月,恐約奏到,今從閩中錄、十國紀年。"

（景福元年）四月辛巳，杜讓能爲太尉。（第二八七頁）

月日考卷一四：八日。舊紀在大順二年正月壬子朔，宰相表在今年四月，不書日。

（景福元年六月）己巳，鳳翔隴右節度使李茂貞陷鳳州。（第二八八頁）

月日考卷一四：六月無己巳，此上脫"七月"二字，通鑑作"七月己巳"，是也，己巳乃七月廿七日。

（景福元年）八月壬申，寇興元，楊守亮、滿存奔於閬州。（第二八八頁）

月日考卷一四：一日，脫"朔"字。舊紀在十一月辛丑，通鑑作"八月辛丑"，考異曰："舊紀'景福元年十一月辛丑，鳳翔、邠寧之衆攻興元，陷之'，實錄'乾寧元年七月，鳳翔、邠寧之兵攻興元，陷之'，新紀'景福元年八月，茂貞寇興元'，新復恭傳'景福元年，茂貞攻興元，破其城'，十國紀年蜀史'景福元年十一月，邠岐攻陷興元'，今年月從新紀。"曰楨按：通鑑從新紀而日作"辛丑"，不作"壬申"，乃以舊紀之日，附合于新紀之年月，不知何故，考異亦未明言所據也。

（景福元年）是歲，明州刺史鍾文季卒。（第二八八頁）

新書考異卷二：僖宗紀、劉漢弘傳俱作"季文"。

按："鍾文季"，通鑑卷二五九同。九國志卷五則作"季文"，此事吳越備史卷一敘述較清，且鍾季文出現兩次，疑"季文"是。

（景福二年）二月，楊行密陷常州。（第二八八頁）

通鑑考異卷二四：按行密自宣歸揚，過常州，已歎張訓之功，新紀誤也。今從十國紀年（作元年二月）。

新書考異卷二：上年三月已書行密陷常州，此亦重出。史能之毗陵志亦以紀爲無據。

互證卷四：上元年三月已書陷常州，此重出耳，通鑑亦未細考也。

（景福二年四月）丁亥，王鎔殺李匡威。（第二八九頁）

月日考卷一四：十九日。舊紀作"六月乙卯"，通鑑考異曰："實錄殺匡威在五月，恐約奏到。舊紀‘六月乙卯’，舊傳、唐太祖紀年錄皆云‘五月’，新紀‘四月丁亥’，按匡籌奏云‘四月十九日’，是月己巳朔，十九日丁亥也，今從之。"據考異則通鑑與此同，今本乃不書日，且在己丑之後，非也。

（景福二年）八月丙申，嗣覃王嗣周爲京西面招討使，神策大將軍李鐬副之，以討李茂貞。（第二八九頁）

糾謬卷一九覃王字可疑：古之封一字王皆國名，至唐則有以州名者，若延王、通王、沂王、韶王、彭王之類是也，而其内有封覃王者，不知此國名邪？州名邪？或"潭"之悞耶？若是州名，亦莫知其何在也。

知本糾謬錢氏注：通鑑考異云："順宗子經封郯王，嗣周當是其後，會昌後避武宗諱改‘郯’作‘覃’。"胡三省曰："案武宗諱瀍，後改諱炎，如考異所云，蓋避郯字旁從炎字也。"

（景福二年九月）甲申，茂貞犯京師。（第二八九頁）

月日考卷一四：十九日。舊紀、通鑑即在壬午日下，與此異。

（景福二年九月）乙酉，茂貞殺觀軍容使西門重遂、内樞密使李周潼、段詡。（第二八九頁）

月日考卷一四：二十日。舊紀作"甲申"，通鑑與此同。

（景福二年九月）壬辰，東都留守、檢校司徒韋昭度爲司徒，御史中丞崔胤爲戶部侍郎：同中書門下平章事。（第二八九頁）

月日考卷一四：廿七日。舊紀昭度同平章事在十一月，又"司徒"作"司空"。……又"崔胤同平章事"亦在此日，舊紀在明年十月戊申，宰相表、通鑑並與此同。

（乾寧元年六月）戊午，翰林學士承旨、禮部尚書李磎同中書門下平章事。庚申，磎罷。（第二九〇頁）

月日考卷一四：（"李磎同中書門下平章事"）宰相表、通鑑與此同，舊紀作"十月庚寅"，又云："制命不行。"亦與此戊午封、庚申罷不同。……（"庚寅"），通鑑即在戊午日，即舊紀所云"制命不行也"，疑此與宰相表皆訛。

按：舊書卷一五七李磎傳曰："景福二年十月，與韋昭度並命中書門下平章事，宣制日，水部郎中、知制誥劉崇魯掠其麻哭之，奏云：'李磎奸邪，挾附權倖以忝學士，不合爲相。'時宰臣崔昭緯與昭度及磎素不相協，密遣崇魯沮之也。乃左授太子少師。……至乾寧初，又上第十一表，乃復命爲相。數月，與昭度同爲王行瑜等所殺。"御覽卷一八七："韋昭度知政事，與李磎並命。時宰相崔昭緯專政，惡李磎之爲人，降制之日，令知制誥劉崇魯哭麻以沮之。"因此，舊紀云"乾寧十月劉崇魯沮李磎爲相"應誤，此爲景福二年十月事。新紀漏書景福二年之事，而紀乾寧中爲相之事，汪氏混二事爲一，故致不解。

（乾寧元年）十月丁酉，封子祤爲棣王，禊虔王，禋沂王，禕遂王。（第二九〇頁）

月日考卷一四：八日。舊紀在二年十二月，沈氏合鈔曰："新書在元年十月丁酉，舊書傳同。"

（乾寧二年七月）戊午，匡國軍節度使王行約奔於京師。庚申，左右神策軍護軍中尉駱全瓘、劉景宣、指揮使王行實、李繼鵬反。行在莎城。（第二九一頁）

新書考異卷二：按兵志："……同州節度使王行實，入迫神策中尉駱全瓘……"又宦者傳："同州節度使王行實奔京師……"又王行瑜傳："行瑜留弟行約宿衛，克用悉兵度河問行瑜等罪，行實棄同州趨長安，與行約謀劫乘輿，又不克，皆奔邠州。"以兵志及二傳參考之，行實、行約均行瑜之弟。其爲同州節度者，則行實，非行約也。行約先留宿衛，或即爲神策軍指揮使，亦未可知。紀云指揮使王行實，疑行約之誤爾。紀書反者有李繼鵬，而宦者傳云劉繼晟，未審即一人否。

互證卷二三：新書"行約"，按王行瑜傳當作"行實"。

互證卷四：按舊紀："王行瑜留弟行約、李茂貞留假子閻珪，各以兵二千人宿衛，"通鑑云："右軍指揮使李繼鵬，茂貞假子也，本姓名閻珪。"又宣諭河中曰：'朕以景宣、全瓘、行實、繼鵬爲表裏之奸謀。'"則李繼鵬非劉繼晟可知。

按：新紀卷一〇、舊五代史卷二六武皇紀、冊府卷七曰"王行約爲同州刺史"，通鑑卷二六〇曰："匡國節度使王行約敗於朝邑。戊午，行約棄同州走，己未至京師。行約弟行實時爲左軍指揮。"新紀卷一〇、冊府卷七亦曰王行實爲指揮使。因此，王行實爲左軍指揮使。舊紀卷二〇上曰："（景福元年正月）華州韓建、同州王行約、秦州李茂貞等上表……"冊府卷四五四略同。因此，同州刺史乃王行約。

關於李繼鵬，趙氏所曰是，舊五代史卷二六武皇紀："右軍指揮使李繼鵬，茂貞假子也，本姓名閻珪。"而劉繼晟乃劉景宣子，二者不應爲同一人。

（乾寧二年）八月戊戌，李克用爲邠寧四面行營招討使。（第二九二頁）

月日考卷一四：十四日。舊紀作"丁酉"，通鑑作"癸卯"，"招討"上皆又"都"字，並與此異。

（乾寧二年八月）辛丑，李克用爲邠寧四面行營都統。（第二九二頁）

月日考卷一四：十七日。通鑑在壬子日下，舊紀與此同。

（乾寧二年十月）丙戌，李克用及王行瑜戰于梨園，敗之。（第二九二頁）

月日考卷一四：三日。舊紀在甲申朔，薛史唐武皇紀、通鑑與此同。

（乾寧二年十一月）壬申，齊州刺史朱瓊叛附於朱全忠。（第二九二頁）

月日考卷一四：二十日。通鑑作"丁巳"，考異曰："薛居正五代史梁紀瓊降及死皆在十月，按編遺錄'十一月丁巳，瓊遣軍將三百新奉檄歸義，壬申，瓊自來，辛巳死。'今從之。"

（乾寧二年）是歲，安州防禦使宣晟陷桂州，靜江軍節度使周元靜部將劉士政死之，晟自稱知軍府事。（第二九二頁）

通鑑考異卷二七：唐烈祖實錄、新唐書本紀、路振九國志楚世家皆云"光化二年，殷克桂州"，馬氏行年紀及王舉大定錄云"天復元年"，惟曹衍湖湘馬氏故事云："天復甲子，宣晟自安州入桂州。天祐四年丁卯十二月，收嶺北七州，明年十月，平桂州。"差繆極甚。新唐書方鎮表"光化三年升桂管經略使爲靜江軍節度"，而本紀"乾寧二年，安州防禦使宣晟陷桂州……"歲月既已倒錯，又以士政爲元靜部將同死，尤爲乖誤。今據武安節度掌書記林崇禧撰武威王廟碑云："我王臨位五歲而桂林歸款。"自乾寧三年至光化三年五年矣，又與實錄合，故從之。

　　新書考異卷二：按劉建鋒傳稱："馬殷收邵、衡、永、道、郴、連六州，進攻桂管，執留後劉士政。"五代楚世家亦云："乾寧三年，馬殷遣其將秦彥暉、李瓊等攻連、韶、郴、衡、道、永六州，皆下之。桂管劉士政懼，遣其將陳可璠、王建武等率兵守全義嶺。殷遣使聘於士政，使者至境上，可璠等不納，殷怒，遣瓊等以兵七千攻之，擒可璠等，遂圍桂管，虜士政，盡取其屬州。"則是士政嘗爲靜江節度，非周元靜部將，且爲馬殷所執，初未死於宣晟也。紀書於乾寧二年，其時馬殷尚未據有湖南，與建鋒傳自相矛盾矣。及考通鑑，乃知是年宣晟襲殺周元靜而奪其地，士政乃晟部將，又殺晟而代之。紀文顚倒錯亂，恐係傳寫之譌，當云："靜江軍節度使周元靜死之，其部將劉士政殺晟，自稱知軍府事。"乃得其實，此紀云"宣晟"，通鑑作"家晟"，未知孰是。至劉士政之見執，乃在光化三年，本紀載"光化三年，馬殷陷桂、宜、嚴、柳、象五州"，即其事也，五代世家係之乾寧三年，亦未然。

　　互證卷四：按方鎮表"光化三年，升桂管經略使爲靜江軍節度使"，是此時尚不得稱靜江軍節度也，通鑑考異已辨及之，而竹汀獨遺此。

　　按：通鑑考異曰新唐書本紀以"光化二年，馬殷克桂州"，考新紀卷一〇乃"三年"。

（乾寧三年八月）乙丑，國子毛詩博士朱朴爲左諫議大夫，同中書門下平章事。（第二九三頁）

　　合鈔卷二三：（舊紀卷二二上在乾寧四年五月乙亥朔。）新書在三年八月。按本傳朴相數月爲韓建所害，朴之遇害新紀在二月，按是時建之反迹未著，未至專殺宰相也，疑當從舊書。

　　按：朱朴之遇害，舊紀卷二二上、舊五代史卷一五韓建傳在乾寧四年八月，新紀卷一〇、通鑑卷二六一在四年二月乙亥。其任相，冊府卷七四同舊紀，通鑑卷二六一同新紀。

（乾寧三年）十一月戊子，忠國軍節度使李師悅卒，其子繼徽自稱留後。（第二九三頁）

　　新書考異卷一二："繼徽"，通鑑作"彥徽"，此紀天復元年有靜難軍節度使李繼徽，則别是一人，乃李茂貞養子，即楊崇本也。

按："三年"，新書卷一八六周寶傳、通鑑卷二六〇同，通鑑考異卷二六曰："實錄：'乾寧二年四月，忠國節度使李師悦卒，以其孫彦徽知留後。'今從新紀、十國紀年。""繼徽"，實錄作"彦徽"，吴越備史卷一曰："李繼徽亦作彦徽。"

（乾寧四年二月）己未，立德王裕爲皇太子。（第二九四頁）

月日考卷一四：十四日。通鑑從實錄作"正月丁亥"，舊紀傳與此同，會要亦云"二月十四日"。

（乾寧四年二月）乙未，孫偓、朱朴罷。（第二九四頁）

月日考卷一四：三十日。舊紀偓罷在正月，朴貶在八月，宰相表、通鑑與此同。

（乾寧四年五月）壬午，朱全忠陷黄州，刺史瞿璋死之。（第二九四頁）

糾謬卷六紀云瞿璋而傳乃瞿章：今按楊行密傳云："汴將朱友恭、聶金率騎兵萬人與張崇戰泗州，金敗。瞿章守黄州，聞友恭至，南走武昌柵。行密遣將馬珣以樓船精兵助章守，友恭次樊港，章據險，不得前。友恭鑿崖開道，以彊弩叢射殺章别將，遂圍武昌。章率軍薄戰，不勝，友恭斬章，拔其壁。"然則書爲瞿璋者誤也。

月日考卷一四：八日。薛史梁紀"五月丁丑，朱友恭上言收復黄、鄂二州"，通鑑與此同。

按：九國志卷一馬珣傳、舊五代史卷一九、二〇、卷一三四楊行密傳、册府卷六五六、通鑑卷二六〇、二六一作"瞿章"。

（乾寧四年）八月，韓建殺通王滋、沂王禋、韶王、彭王、嗣韓王、嗣陳王、嗣覃王嗣周、嗣延王戒丕、嗣丹王允。（第二九四頁）

糾謬卷一一韓建害諸王紀書不盡：今按通王滋傳云："建乃將十一王并其屬至石隄谷殺之。"十一王，謂通王滋、沂王禋昭宗子、韶王失名、彭王惕憲宗子、嗣韓王失名、嗣陳王失名、嗣覃王嗣周、嗣延王戒丕、嗣丹王允、睦王倚,懿宗子、濟王失名。今紀中止載九王，而不記睦、濟二王，蓋脱誤也。

知本糾謬錢注：大昕按：吳氏以沂王禊爲九王之一，考昭宗諸子傳，并不言沂王爲韓建所殺，且昭宗諸子禊次居六，其時必未典兵，何故爲建所忌，又建所殺者十六宅諸王耳，昭宗子必不在十六宅，就令居之，亦不應獨禊一人，此傳"沂"字必是差誤，昭宗紀又以禊當之，失更甚矣。

互證卷四：按舊書昭宗子裕傳亦祇言九王而紀稱一十王，疑爲十一王之誤。皆不知孰是。又按新紀"光化三年十二月，劉季述殺睦王倚"，懿宗諸子傳亦同是。

（乾寧四年九月）靜難軍節度使李思諫爲鳳翔四面行營副都統，以討李茂貞。（第二九四頁）

新書考異卷一二：思諫本夏州節度使，當云定難軍，靜難則邠寧軍號也。考通鑑，乾寧三年九月，以前定難節度使李思諫爲靜難節度使，兼鳳翔四面行營副都統，蓋其時方下詔討李茂貞，因以邠寧節授之。至四年正月……而邠寧又爲茂貞所有矣。此又討茂貞故，仍以靜難節度授思諫，其實邠寧爲茂貞守，思諫不能有之也。

（乾寧四年十月）甲子，封子祕爲景王，祚輝王，祺祁王。（第二九五頁）

合鈔卷二三：（舊紀卷二〇五王乃同時封，在乾寧四年二月。）新書"景王、輝王、祁王在十月甲子封，雅王、瓊王在光化元年十一月甲寅封"，舊書傳同。然是時韓建方囚八王，請封皇子，昭宗不得已封之耳。若在十月始封，則建以害諸王，不應更封皇子，疑當存舊紀。

按：通鑑卷二六一同新紀，唐大詔令集卷三三封景王輝王祁王制，可見三王爲同時封，同卷亦有封雅王瓊王制，可見二王同時封。

（光化元年）四月丙寅，立淑妃何氏爲皇后。（第二九五頁）

月日考卷一四：廿七日。舊紀作"庚子"，通鑑在乾寧四年十一月戊寅，冊文作"四月二十七日丙寅"，蓋十一月戊寅下制，四月丙寅受冊也。

（光化元年五月）辛未，朱全忠陷洺州，刺史邢善益死之，又陷邢州。（第二九五頁）

月日考卷一四：三日。薛史梁太祖紀下洺州在四月丁卯，下邢州在五月己巳，此皆書於辛未，訛。通鑑拔洺州在四月戊辰。

（光化元年五月）馬殷陷邵、衡、永三州，刺史蔣勳、楊師遠、唐旻死之。（第二九五頁）

新書考異卷一二：“唐旻”，處訥傳作“唐行旻”。

按：通鑑卷二六一作“唐世旻”，疑史實避“世”諱，或改作“行”，或去之。

（光化元年十月）己亥，朱全忠陷安州，刺史武瑜死之。（第二九五頁）

月日考卷一四：三日。舊紀在丁酉朔下，通鑑與此同。

（光化元年十一月）甲寅，封子禎爲雅王，祥瓊王。（第二九六頁）

月日考卷一四：十九日。舊紀在乾寧四年二月辛酉，通鑑與此同，舊傳作十一月九日，則甲辰也。

（光化三年六月丁卯）王摶罷。己巳，殺之。（第二九六至二九七頁）

月日考卷一四：（丁卯）十一日。舊紀作“戊辰”，通鑑亦作“戊辰”，宰相表不書日。（己巳）十三日。舊紀王摶賜死即書於戊辰日下，通鑑與此同。

（光化三年九月）戊申，刑部尚書裴贄爲中書侍郎，同中書門下平章事。（第二九七頁）

月日考卷一四：廿三日。通鑑即在丙午日下，宰相表、舊紀與此同。

（光化三年十月）辛酉，陷莫州。（第二九七頁）

月日考卷一四：七日。舊紀在九月，薛史梁太祖紀在十一月，通鑑與此同。

（光化三年十月）辛巳，陷祁州，刺史楊約死之。（第二九七頁）

月日考卷一四：廿七日。舊紀在九月，通鑑與此同。

（光化三年十月）甲申，陷定州，義武軍節度使王郜奔於太原。（第二九七頁）

月日考卷一四：三十日。舊紀在九月，通鑑與此同。

（光化三年）十一月己丑，左右神策軍中尉劉季述、王仲先、內樞密使王彥範、薛齊偓作亂，皇帝居於少陽院。（第二九七頁）

月日考卷一四：五日。舊紀作"庚寅"，通鑑考異曰："按此月乙酉朔，己丑，五日，庚寅，六日也。廢立之日，舊紀云'庚寅'，舊宦者傳、唐年補紀皆云'六日'，無云'五日'者，而實錄、新紀云'己丑'，誤也。唐太祖紀年錄云'六日'，後云'七日'，尤誤也。"

（光化三年十一月）辛卯，季述以皇太子裕爲皇帝。（第二九七頁）

月日考卷一四：七日。舊紀作"庚寅，迎皇太子監國。甲午，太子登皇帝位"，通鑑作"辛卯，矯詔令太子嗣位。甲午，太子即皇帝位"，是也。

天復元年正月乙酉，左神策軍將孫德昭、董彥弼、周承誨以兵討亂，皇帝復於位。（第二九七頁）

月日考卷一四：二日。舊紀作"十二月癸未夜"，薛史梁太祖紀、通鑑作"正月乙酉朔"，薛史孫德昭傳作"正月一日未旦"。按是月實甲申朔，當以舊紀爲是。……又"皇太子降封（裕）〔德〕王"亦在乙酉，舊紀在丙戌，通鑑與此同。

（天復元年二月）戊辰，朱全忠陷河中，執護國軍節度使王珂。（第二九八頁）

月日考卷一四：十五日。薛史梁太祖紀作"正月庚午"，舊紀、通鑑與此同。

（天復元年）三月辛亥，昭義軍節度使孟遷叛附於朱全忠。（第二九八頁）

月日考卷一四：廿九日。舊紀在四月癸丑朔下，通鑑在三月壬子日下，是也。

（天復元年）四月壬子，全忠陷沁、澤二州。（第二九八頁）

月日考卷一四：按四月無壬子，乃三月三十日，通鑑陷沁州在三月辛亥，陷澤州在三月壬子，是也。

（天復元年）十一月己酉，陷同州。（第二九八頁）

月日考卷一四：一日，脱"朔"字，舊紀作"壬子"，通鑑與此同，有"朔"字，是也。

（天復元年十一月）丁巳，朱全忠陷華州，鎮國軍節度使韓建叛附于全忠。（第二九八頁）

月日考卷一四：九日。舊紀在乙卯，通鑑考異引實錄及梁太祖實錄並與舊紀同。

（天復元年十一月）辛酉，兵部侍郎盧光啟權句當中書事。（第二九八頁）

月日考卷一四：十三日。此下通鑑有壬戌至鳳翔，此紀及舊紀皆先書。

（天復二年六月）丙戌，朱全忠陷鳳州。（第二九九頁）

月日考卷一四：十二日。薛史梁太祖紀在七月，通鑑與此同。

（天復二年九月）武定軍節度使拓拔思恭叛附於王建。（第二九九頁）

新書考異卷一二：五代蜀世家作"思敬"，思敬蓋夏州節度拓拔思恭之弟，初爲保大軍節度，不知何時徙鎮武定也。宋人避諱往往改"敬"爲"恭"，遂與思恭二名相溷。五代史李仁福傳并夏州之思恭亦誤改爲思敬矣。

（天復二年十二月）己亥，朱全忠陷鄜州，保大軍節度使李茂勳叛附於全忠。（第三〇〇頁）

月日考卷一四：廿七日。舊紀作"癸酉"，薛史梁太祖紀作"十一月甲寅"，通鑑在十一月甲寅之次日，則爲十一月乙卯也。考異曰："編遺錄'十二月癸酉，遣孔勍、李暉領兵襲鄜州；己亥，我師攻陷鄜牆'，梁太祖實錄'十一月癸卯，鄜帥李周彝統州兵萬餘人屯於老聃祠之下，上命孔勍、李暉乘虛捷取之；壬子，勍等破中部郡；甲寅，大雨雪，大軍冒之夕進，五鼓，及其壘，克之'，按癸卯距己亥近六十日，鄜、汴相守，豈得全不交兵，今從唐、梁二實錄。"

（天復三年正月）壬子，工部尚書崔胤爲司空，兼門下侍郎，同中書門下平章事。（第三〇〇頁）

月日考卷一四：十日。舊紀、通鑑在丁卯，宰相表與此同。

（天復三年正月）庚午，崔胤及朱全忠殺中官七百餘人。（第三〇〇頁）

通鑑考異卷二七：舊紀："辛未，內官第五可範已下七百人并賜死於內侍省。"金鑾記："二十八日，處置第五可範已下四百五十人。"太祖紀年錄："內諸司百餘人及隨駕鳳翔群小二百餘人，一時斬首于內侍省。"舊傳與紀年錄同，新傳："胤、全忠議誅第五可範等八百餘人於內侍省。"梁太祖實錄："己巳翌日，誅宦官第五可範等五百餘人于內侍省，仍命畿內及諸道搜索處置以盡厥類。"唐年補錄云："誅宦官七百一十人。"按舊紀、編遺錄皆云正月辛未誅可範等，而梁實錄、唐補紀、續寶運錄、金鑾記、唐年補錄、薛居正五代史、梁紀、新唐紀或云己巳朔日，或云二十八日，今從之。蓋全忠、胤雖奏云罷諸司使務，追監軍赴闕，其實即日已擅誅之，至二月癸酉始下詔賜死，故昭宗哀而祭之耳。

新書考異卷一二：按宦者傳稱誅第五可範等八百餘人。

（天復三年正月）辛未，胤判六軍十二衛事。（第三〇〇頁）

月日考卷一四：廿九日。毛本"十"誤作"千"，舊紀在二月己卯日下，通鑑即在庚午日下，與此異。

（天復三年二月）庚辰，朱全忠爲太尉、中書令，副之。（第三〇〇頁）

月日考卷一四：九日。舊紀即在己卯日下，宰相表、通鑑與此同。

（天祐元年正月乙巳）兵部尚書崔遠爲中書侍郎，翰林學士、右拾遺柳璨爲右諫議大夫：同中書門下平章事。（第三〇一頁）

糾謬卷九柳璨官本紀與表傳不同：今按璨傳及宰相表皆左拾遺，非右也，未知孰是。

月日考卷一四：舊紀璨在丁酉朔，遠在己亥，通鑑皆作丙午，宰相表與此同。

按："右"，新書卷六三宰相表、舊紀卷二〇上、册府卷七四、通鑑卷二六四均作"左"，應是。

（天祐元年正月）己酉，朱全忠殺太子少傅崔胤及京兆尹鄭元規、威遠軍使陳班。（第三〇一頁）

新書考異卷一二：舊本紀在天復三年十二月，又舊紀胤責授太子賓客，而此云少傅；陳班官飛龍使，而此云威遠軍使，皆小異。

月日考卷一四：十三日。薛史梁太祖紀與此同，舊紀即在上年十二月丙申日下，通鑑作"正月戊寅"，亦與此異。

按：舊紀卷二〇上曰："天復三年十二月丙申，罷崔胤爲太子賓客，是日，朱友諒殺胤及鄭元規等。天祐元年正月己酉，遣牙將寇彥卿奉表請車駕遷都洛陽，丁巳，車駕發京師。"新紀卷一〇則曰："天祐元年正月乙巳崔胤罷。己酉，朱全忠殺太子少傅崔胤及京兆尹鄭元規等，戊午，全忠遷唐都於洛陽。"舊五代史卷二曰："天祐元年正月己酉，帝發自大梁，西赴河中，京師聞之，爲之震懼。是時，將議迎駕東幸洛陽，慮唐室大臣異議，帝乃密令護駕都指揮使朱友諒矯昭宗命收宰相崔胤、京兆尹鄭元規等殺之。"通鑑卷二六四曰："（天祐元年正月）乙巳，詔責授胤太子少傅分司……戊申，朱全忠密令宿衛都指揮使朱友諒以兵圍崔胤第，殺胤及鄭元規、陳班并胤所親厚者數人……戊午，驅徙士民號哭滿路。"由舊五代史可推知，天祐元年正月己酉前後，崔胤被誅，據新書卷六三宰相表"天祐元年正月乙巳，崔胤罷爲太子少傅，分司東都"，再據新紀及通鑑，乙巳，崔胤被罷官，三天後，也就是戊申，朱友諒圍其宅，應于當日殺之，十天後戊午日遷都，此載與新傳合。因此，舊紀所載爲誤，新紀己酉殺崔胤應爲誤。

（天祐元年正月）戊午，全忠遷唐都於洛陽。（第三〇一頁）

月日考卷一四：廿二日。舊紀"丁巳，車駕發京師"，通鑑"壬戌，車駕發長安"，並與此異。

（天祐元年二月）戊寅，次陝州，朱全忠來朝。（第三〇一頁）

月日考卷一四：十三日。舊紀作"正月癸亥，次陝州，全忠迎謁於路",通鑑作"二月乙亥,車駕至陝西;丙子,全忠自河中來朝",考異曰:"梁實錄:'……乙亥,天子駐蹕陝郡,翌日,上來覲于行在。'編遺錄:'……丁丑,到陝郊。戊寅,朝。……'唐太祖紀年錄'……乙亥駐蹕陝州。丙子,朱溫自汴州迎覲見……'唐年補錄'……二月丙寅,車駕駐陝郊'……實錄'……乙亥,駐陝州。丙子,全忠來朝'。"

(天祐元年)閏四月壬寅,次穀水。(第三〇二頁)
月日考卷一四:八日。通鑑作"癸卯",舊紀及薛史梁太祖紀與此同。

(天祐元年)七月乙丑,全忠以兵屯於河中。(第三〇二頁)
月日考卷一四:三日。薛史梁太祖紀、通鑑作"壬申,至河中"。

哀皇帝紀

(天祐元年十月)癸巳,朱全忠來朝。(第三〇三頁)
月日考卷一四:三日。舊紀作"壬辰",薛史梁太祖紀、通鑑與此同。

(天祐二年)三月甲子,裴樞罷。(第三〇三頁)
月日考卷一四:五日。通鑑作"甲申",宰相表、舊紀與此同。

(天祐二年三月)戊寅,獨孤損罷。(第三〇三頁)
月日考卷一四:十九日。舊紀亦在甲子日下,宰相表、通鑑與此同。

(天祐二年三月)甲申,崔遠罷。(第三〇三頁)
月日考卷一四:廿五日。舊紀亦在甲子日下,宰相表、通鑑與此同。

(天祐二年六月)戊子,朱全忠殺裴樞及靜海軍節度使獨孤損、左僕射崔遠、吏部尚書陸扆、工部尚書王溥、司空致仕裴贄、檢校司空兼太子太保致仕趙崇、兵部侍郎王贊。(第三〇三頁)
月日考卷一四:一日。舊紀、通鑑有"朔"字,此脫。按"戊子"既為朔日,而戊子之上已書"行襲克金州,楊行密陷婺州,執刺史沈夏",似此紀未必以爲朔日事。今考舊樞傳作"六月十一日",乃悟此"戊子"必"戊戌"之訛,非朔日也。

(天祐二年)十二月乙未,全忠爲天下兵馬元帥。(第三〇四頁)

月日考卷一四:十一日。宰相表作"丁酉",舊紀作"庚子",薛史梁太祖紀、通鑑與此同。

(天祐二年十二月)癸卯,柳璨爲司空。(第三〇四頁)

月日考卷一四:十九日。舊紀作"辛卯",宰相表與此同。

(天祐二年十二月)戊申,朱全忠弑皇太后。(第三〇四頁)

月日考卷一四:廿四日。通鑑作"乙酉",舊紀與此同。

(天祐二年十二月)辛亥,罷郊。(第三〇四頁)

月日考卷一四:廿七日。舊紀作"庚戌",通鑑與此同。

(天祐三年)十月辛巳,楊崇本會鳳翔、涇原、鄜延、秦隴兵以討朱全忠,戰於美原,敗績。(第三〇五頁)

月日考卷一四:一日。薛史梁太祖紀與此同,通鑑作"戊戌"。

下編

列傳考校資料匯證

卷七六

后妃傳序

婕妤、美人、才人各九，合二十七，是代世婦。（第三四六七頁）

互證卷九：舊書傳序"婕妤九人，正三品；美人九人，正四品；才人九人，正五品"。按新書百官志內官下注云："婕妤九人，正三品；美人四人，正四品；才人五人，正五品。"其人數與此不同。

按：隋書卷三六后妃傳序曰："初，文獻皇后功參歷試，外預朝政，內擅宮闈……不設三妃，防其上逼……至文獻崩後，始置貴人三員，增嬪至九員，世婦二十七員……煬帝時……帝又參詳典故，自製嘉名……婕妤一十二員，品正第三；美人、才人一十五員，品正第四，是爲世婦。"可以看出，隋代二帝其之內宮職官及員數有較大變化。唐代亦是如此，高宗，唐會要卷二曰："龍朔二年改易官名，置贊德二人，正一品，以代夫人；宣儀四人，正二品，以代九嬪；承閨五人，正四品，以代美人；承旨五人，正五品，以代才人……"玄宗，舊書卷四四職官志曰："隋依周制，立三夫人。武德立四妃……位次后之下。……（玄宗）乃改定三妃之位……下有六儀、美人、才人四等，共二十人，以備內官之位也。"唐六典卷一二曰："美人四人，正三品。"其注曰："隋氏依周官制，婕妤等二十七人，皇朝初因之，今上改制，美人之位以備其職焉。"因此，后妃傳序乃唐初依古制而說，新書百官志所據則不明。

長孫皇后傳

父晟，字季，涉書史，趫鷙曉兵，仕隋爲左驍衛將軍。（第三四七〇頁）

新書考異卷一一：隋書及宰相世系表作"季晟"。

互證卷九：舊書"隋右驍衛將軍晟之女也"，通鑑亦祇作"長孫晟"。

按：北史卷二二及隋書卷五一長孫晟傳、冊府卷七八六曰："晟字季晟。"疑新傳"季"下脫"晟"字。

嘗聞太穆勸撫突厥女，心誌之。每語晟曰："此明睿人，必有奇子，不可以不圖婚。"故晟以女太宗。（第三四七〇頁）

史糾卷四長孫皇后歸太宗：由此傳言之，則主婚者，后父長孫晟也。高儉傳曰："士廉，少識太宗非常人，以所出女歸之，是爲文德皇后。"由此傳言之，則主婚者后舅高士廉也。……按舊唐書高儉傳長孫晟生子無忌及女，晟卒，士廉迎妹及甥于家，恩情甚重，見太宗潛龍時非常人，以晟女妻焉。……此時晟捐館已久，煢煢母子惟依渭陽，則主婚者屬舅不屬父可知也。或曰："儉謫嶺南，中原隔絕，武德五年方議歸命，則文德結褵已久，主婚未必屬儉，或亦長孫晟遺命乎？兩存之可也。"夫史可兩存，則史可兩疑，去實錄也遠矣。

從幸九成宮，方屬疾，會柴紹等急變聞，帝甲而起，后輿疾以從。（第三四七一頁）

糾謬卷一九文德皇后傳所記恐誤：今按帝紀并柴紹傳，並未嘗有急變之事，莫知何謂，疑其無之。

互證卷九：按舊書"皇后從幸九成宮"在貞觀八年，不載此事。通鑑于十年長孫皇后崩時附載之云"前年從幸九成宮，柴紹等中夕告變"，是八年中實有此事，特史不能詳載之，莫知其爲何事耳。

按：趙氏所曰是。新傳來源於舊書卷五一文德皇后傳，舊傳末曰："會柴紹等急變聞，帝甲而起，后輿疾以從。"新傳"后輿疾以從"下曰："宮司諫止，后曰：'上震驚，吾可自安？'"通鑑卷一九四亦載此事，新傳增入，應言之有據，并不可疑其無。

高宗廢后王氏傳

初，蕭良娣有寵。（第三四七三頁）

互證卷九：舊書亦作"良娣"。高宗諸子傳云："蕭淑妃生素節公主。"傳云："義陽公主，蕭淑妃所生。"考唐制內官無良娣，太子內官有良娣二人，蓋高宗爲太子時，蕭氏曾爲良娣，及即位，進淑妃，而新舊書於此傳惟稱良娣者，非也。

則天皇后傳

繇是，惟良爲始州刺史；元慶，龍州；元爽，濠州，俄坐事死振州。元慶至州，憂死。韓國出入禁中，一女國姝，帝皆寵之。韓國卒，女封魏國夫人，欲以備嬪職，難於后，未決。后內忌甚，會封泰山，惟良、懷運以岳牧來集，從還京師，后毒殺魏國，歸罪惟良等，盡殺之，氏曰"蝮"，以韓國子敏之奉士䕶祀。初，魏國卒，敏之入弔，帝爲慟，敏之哭，不對。后曰："兒疑我！"惡之。俄貶死。楊氏徙鄭、衛二國，咸亨元年卒。（第三四七六頁）

新書考異卷一一：按二傳之文，大略相同，后妃傳"稱楊氏由榮國夫人徙鄭、衛二國"，外戚傳但稱榮國，不云徙封，其不同一也。外戚傳"元爽以惟良事緣坐死"，后妃傳先云"元爽坐事死振州"，後及"后毒殺魏國事"，似元爽別坐他事誅，其不同二也。據外戚傳賀蘭敏之死在楊氏卒之後，后妃傳敏之死在楊氏卒之前，魏國卒于乾封元年，在咸亨改元前四年，此傳云"俄貶死"，則爲時未久，不得遲至四載。其不同三也。

互證卷九：按舊書高宗本紀"咸亨元年九月，衛國夫人楊氏薨"。則新書后妃傳徙封鄭、衛者不誤而外戚傳誤也。舊紀"咸亨二年六月，武敏之以罪復本姓賀蘭氏"，則新書外戚傳死在楊氏卒後者不誤而后妃傳誤也。獨舊書武承嗣傳既云"元爽自濠州流振州死"，在惟良等死之前，又敘于惟良等死之後而云"元爽等緣坐流嶺外死"，數行中自相謬戾，爲不可解，又無怪新傳之一彼一此也。通鑑敘元爽死在惟良死前，亦不云以何罪死，餘同舊紀。

按：關於楊氏之封，外戚傳乃沿用舊稱，新舊傳多存是用，非爲誤也。

賀蘭敏之之死，舊書卷一八三武承嗣傳曰："咸亨二年，榮國夫人卒，則天出內大瑞錦，令敏之造佛像追福，敏之自隱用之。"通鑑卷二〇二曰："（咸亨二年）司衛少卿楊思儉女有殊色，上及后自選以爲太子妃，昏有日矣，敏之逼而淫之。后於是表言敏之前後皐惡，請加竄逐。六月丙子，敕流雷州，復其本姓，至韶州，以馬韁絞死。"因此，賀蘭敏之應卒於楊氏卒後。

關於武元爽之死，新書卷二〇六武士彠傳"元爽自濠州流振州死"句删"死"字，下曰"元爽等緣坐流嶺外死"，與外戚傳同。

敬業南度江，取潤州，殺刺史李思文。（第三四七八頁）

互證卷九：舊書敬業傳亦云"殺刺史李思文"，而新書敬業傳則云："叔思文爲潤州刺史，固守踰月，城陷，思溫等欲殺之，敬業不許，及揚、楚平，乃獨免，后遂賜姓武，歷春官尚書。"則舊敬業傳、新后妃傳皆誤也。通鑑"執刺史李思文"，"殺"字當爲"執"字之誤。

作瞾、𠀋、埊、𪚥、囝、〇、鳳、恖、𢑚、鳳、𥹢、舌十有二文。（第三四八一頁）

新唐書糾謬卷一一武后所撰字闕漏：今按集韵，𠀋作瓦，𪚥作囚，鳳作𩿀，外又有𡔈人、𥘆授、𡎳初、𡆧生、囫國、𡐓聖、𩰋證，共十九字，然則不止十二文也。

學林卷一〇孫休四子名：按集韵載則天自制者十有八字，於唐史十有二字之外，復有六字，如𡔈人字、囫國字之類，皆見於當時薛稷所書之碑，則知則天所自制者不止乎十有二字。蓋唐史所載未之盡也。

互證卷九：余謂武氏所作，本非典則，當時雖遵而書之，容有隨筆小誤，故所傳諸碑字各不同，亦不足深論也。

按：武后傳中載則天自制十二字，吳縝又舉出七例，則共十九例。考集韵，共列武后自制字十八例，吳縝所列七例均含，武后傳中十二例見十例，不見"〇"、"𢑚"，另於"青"韵"曐"字下曰："古作曑，唐武后作□文。""作"字下空一格。

尊周文王爲文皇帝，號始祖，妣姒曰文定皇后；武王爲康皇帝，號睿祖，妣姜曰康惠皇后。（第三四八一頁）

新唐書糾謬卷九睿祖名紀傳不同：本紀云："天授元年九月，追尊四十代祖平王少子武曰'睿祖康皇帝'。"……二説不同，未知孰是。

新書考異卷一一：今斷以傳爲誤。

互證卷九：按此一段與紀並同，惟此一句，自相矛盾。又按下文云

"太后祀天南郊，以文王、武王、士彠與高祖並配"，傳似自承其說，不以紀爲然，非偶誤也。

按：舊書卷一八三武承嗣傳曰："追尊周文王爲始祖文皇帝，王子武爲睿祖康皇帝。"

（神龍元年）是歲，后崩，年八十一。（第三四八四頁）

通鑑考異卷一〇：舊則天本紀"崩時年八十三"，唐曆、焦璐唐朝年代記、統紀、馬總唐年小錄、聖運圖、會要皆云"八十一"，……今從吳兢則天實錄爲"八十二"。

互證卷九：按舊書武后紀云"年八十三"。

中宗庶人韋氏傳

即表增出母服，民以二十三爲丁，限五十九免……三年，帝親郊，引后亞獻。（第三四八七頁）

合鈔卷一〇一：（舊書卷五一韋庶人傳作"神龍三年"。）按中宗紀在神龍元年，新書后妃傳作景龍二年事，誤。

按："三年，帝親郊"，乃景龍三年，沈氏便認爲"增出母服"乃景龍二年，應誤。冊府卷一八〇作"神龍初"，舊紀卷七、唐會要卷八五、通鑑卷二〇八作"神龍元年五月"，應是。

上官昭容傳

西臺侍郎儀之孫，父廷芝，與儀死武后時。（第三四八八頁）

糾謬卷五上官昭容傳誤：今按上官儀傳云："麟德元年，坐梁王忠事，下獄死，子廷芝亦被殺。"又本紀"麟德元年十二月丙戌，殺上官儀"，武后傳云："麟德初，后召方士爲蠱，宦人發之，帝怒，召上官儀草詔廢后。后諷許敬宗構儀，殺之。"然則武后以麟德元年造蠱，是年殺儀，方是時，高宗尚親政，武后止居中宮，後二十年方有臨朝稱制事，則當麟德初不得謂之武后時也。

昭成竇皇后傳

曾祖抗，父孝諶，自有傳。（第三四八九頁）

糾謬卷一裴巨卿竇孝諶無傳而云有傳：裴守真傳云："子子餘、耀卿、巨卿別有傳。"昭成竇皇后傳云："曾祖抗，父孝諶，自有傳。"今按裴耀卿、竇抗則已有傳，而巨卿、孝諶則無之。

知不足齋叢書本糾謬錢注：當云"祖誕自有傳，父孝諶某州刺史"。

互證卷一四：舊書"巨卿，衛尉卿。耀卿，別有傳"。按舊書不誤，新書脫去"衛尉卿"三字耳。

按："子子餘耀卿巨卿別有傳"，按新書卷一二九裴守真傳曰："子子餘、耀卿、巨卿，曾孫行立。耀卿、巨卿別有傳。"因此，吳氏所曰有脫文。

玄宗皇后王氏傳

玄宗皇后王氏，同州下邽人。（第三四九〇頁）

潛研堂金石文跋尾卷五贈太尉王仁皎碑：碑云"太原祁人"者，舉其族望也。

貞順皇后武氏

及妃進，麗妃恩亦弛，以十四年卒……將遂立皇后，御史潘好禮上疏……（第三四九一頁）

唐會要卷三：蘇冕駁曰："此表非潘好禮所作，且好禮先天元年爲侍御史，開元十二年爲溫州刺史、致仕，表是十四年獻，而云職參憲府，若題年恐錯，即武惠妃先天元年始年十四，王皇后有寵未衰，張說又未爲右丞相，竟未知此表是誰獻之。"

互證卷九：表有云"今人間皆言右丞相張說欲取立后功圖復相"。按舊書不載此事，今考新舊二書潘好禮傳，其先曾爲御史，開元初爲邠王府長史，遷豫州刺史，徙溫州別駕，卒。不言復爲御史，蘇氏所駁不爲無見。第二、書皆不言歷官之年，又所官亦不同，不知蘇何所據。

楊貴妃傳

開元二十四年，武惠妃薨。（第三四九三頁）

糾謬卷五武惠妃薨差一年：今按玄宗紀："開元二十五年四月乙丑，廢皇太子瑛及鄂王瑤、光王琚爲庶人，皆殺之。十二月丙午，惠妃武氏薨。"又按惠妃傳及庶人瑛等先死而後薨，既瑛等皆二十五年死，則妃之薨無由却在二十四年，其理甚明，然則楊貴妃傳所云差一年矣。

互證卷九：按新書承舊書而誤也，然舊書貞順皇后武氏傳以二十五年十二月薨，甚明，此偶誤耳。

按：舊紀卷九曰："（開元二十五年）十二月丙午，惠妃武氏薨，追謚爲貞順皇后，葬於敬陵。"通鑑卷二一四略同。文苑英華卷八三八真順皇后哀册文曰："維開元二十五年，歲次丁丑，十二月庚子朔七日丙午，惠妃武氏薨于興慶宮之前院，移殯春宮麗正殿之西階粤，翌日，乃命有司持節冊謚曰真順皇后，以旌德徽終也。"因此，"開元二十五年十二月丙午"爲是。

追贈父玄琰太尉、齊國公；擢叔玄珪光祿卿；宗兄銛，鴻臚卿；錡，侍御史。（第三四九三頁）

十七史商榷卷八六：考世系表，汪之子令本，庫部郎中。令本之長子友諒，昊陵令，友諒之子珣，宣州司士參軍，珣之子即國忠；令本之次子志謙，志謙三子，長元琰、次元珪、次國子司業元璹，銛則元琰子，錡則元珪子，鑑則元璹子也。據此，令本爲妃曾祖，舊云高祖誤……新皆以爲妃宗兄，則似無服之族兄，更誤矣。

於是嶺南節度使張九章、廣陵長史王翼以所獻最，進九章銀青階，擢翼戶部侍郎，天下風靡。（第三四九四頁）

新書考異卷一一：按方鎮表，至德元載始置嶺南節度使，此時似無節度之名。

按：通鑑卷二一五作"經略使"。

十載正月望夜，妃家與廣寧主僮騎爭闞門，鞭梃讙競，主墮馬，僅得去。主見帝泣，乃詔殺楊氏奴，貶駙馬都尉程昌裔官。（第三四九四至三四九五頁）

糾謬卷六程昌裔名不同：今按公主傳乃程昌胤也，未知孰是。

新唐書糾謬校補卷六：此宋人避諱作"裔"字。

卷七七

章敬吳太后傳

　　肅宗在東宮，宰相李林甫陰構不測，太子內憂，鬢髮班禿。後入謁，玄宗見不悅，因幸其宮，顧廷宇不汛掃，樂器塵蠹，左右無嬪侍，帝愀然謂高力士曰："兒居處乃爾，將軍叵使我知乎？"詔選京兆良家子五人虞侍太子……得三人，而后在中，因蒙幸。忽寢厭不寤，太子問之，辭曰："夢神降我，介而劍，決我脅以入，殆不能堪。"燭至，其文尚隱然。生代宗，爲嫡皇孫。生之三日，帝臨澡之，孫體攣弱，負姆嫌陋，更取他宮兒以進，帝視之不樂，姆叩頭言非是。帝曰："非爾所知，趣取兒來。"於是見嫡孫，帝大喜，向日視之，曰："福過其父。"帝還，盡留內樂宴具，顧力士曰："可與太子飲，一日見三天子，樂哉！"后性謙柔，太子禮之甚渥。（第三四九九至三四五〇頁）

　　糾謬卷一代宗母吳皇后傳：今按本紀，代宗以大曆十四年崩，時年五十三，是歲己未，推其生年，實開元十五年丁卯歲，而李林甫以開元二十年方爲宰相，且按林甫本傳，其未爲相之前，亦無謀不測以傾東宮之事，此其證一也。又按開元十五年，太子瑛尚居東宮，至二十五年瑛始廢，二十六年六月，肅宗方爲太子，是歲戊寅，則代宗已年十二矣，此其證二也。且肅宗既爲太子，其宮室之內汛掃廷宇，整飭樂器，宜各有典司，玄宗既臨幸其宮，則主者當掃洒整飭，以爲備豫，豈有乘輿方至，而有司恬然不加嚴飭除治以俟之者乎？就如肅宗誠憂林甫構扇不測，則懷危懼，不過中自隱憂而已，何豫於掌灑掃典樂器之人，而亦不舉其職歟？此其證三也。代宗既於玄宗爲嫡長孫，而又生之三日，玄宗親臨澡之，其事體亦已不輕，彼負姆者遽敢率爾取它兒易之，上欺人主，下易皇孫。靜尋其言，有同戲劇，雖人臣之家亦不至是，況至尊之前乎？此其證四也。由是言之，則吳后傳中所言虛謬可見，蓋出於傳聞小說增飾之言，不足取信於後世也。

武英殿二十三史考證之新唐書卷七七考證：按玄宗紀開元二十五年廢皇太子瑛，二十六年立忠王璵爲皇太子，代宗紀開元十四年十二月十三日生于東都之上陽宮，則代宗之生先于肅宗爲太子十有三年也。烏得云一日見三天子，預稱太子耶？且其事亦不經，其譌顯然。

　　新書考異卷一一：章敬皇后吳氏，負姆嫌陋，更取它宮兒以進，此事舊史所無，新史采柳氏舊聞增入，其實無稽之談也。唐會要代宗以開元十四年十月十三日生，其時肅宗未爲皇太子。

　　互證卷九：按舊書開元二十三年以吳后賜肅宗，明年生代宗，二十八年薨。新書吳后年十八薨，其年似相合。然舊代宗紀開元十四年生，大曆十四年崩，年五十四，其年數不誤。則新舊二書與此傳皆誤可知。然即使舊傳不誤而舊紀誤，而開元二十三年太子瑛未廢，亦只可如舊傳云"幸忠王邸"，不得如新傳所云"肅宗在東宮"也。又考舊德宗本紀生于天寶元年，劉賓客嘉話錄亦同，則代宗必于開元十四年生，至天寶元年年十七而生德宗無疑矣。

　　按：此條知本錢大昕有注，所述不出新書考異卷一一所載。關於此事，太平御覽卷一四一曰："唐書曰：'開元二十二年，玄宗幸忠王邸，見服御蕭然，……明年生代宗皇帝，二十八年薨，葬春明門外。'"舊書卷五二曰："開元二十三年，玄宗幸忠王邸，見王服御蕭然，傍無媵侍，命將軍高力士選掖庭宮人以賜之，而吳后在籍中。"後中華點校本考證，改作"十三年"，是。因此，可以肯定開元十三年，玄宗幸忠王邸。至於玄宗見其孫代宗事，吳縝曰似不可能，按新紀卷六曰："玄宗諸孫百餘人，代宗最長，爲嫡皇孫。"由此可以推測，長孫出生，玄宗之興奮，去視其長孫亦在情理之中。說郛卷五十二上明皇十七事李德裕於"生代宗事"後曰"吳操嘗言於先臣，與力士所說亦同"，"玄宗見其孫"後曰："吳秦嘗言於先臣，與力士言亦同"。至此，可以肯定，事定有其事，至於生代宗時吳后所夢、玄宗辨孫之事，乃好事者發帝王傳奇，誇大事實爾。

后性謙柔，太子禮之甚渥，年十八薨。（第三五〇〇頁）

　　合鈔卷一〇二：按后以開元十四年生代宗，至二十八年薨，年十八則當開元十四年后方四歲，烏得云生代宗耶。或舊書"二十八年"當作"十八年"，或新書"年十八"當作"二十八"耳。

貞懿獨孤皇后傳

天寶中，帝爲廣平王，時貴妃楊氏外家貴冠戚里，秘書少監崔峋妻韓國夫人以其女女皇孫爲妃，妃生子偲，所謂召王者。（第三五〇〇頁）

互證卷九：舊書"元宗選韓國之女嬪於廣平邸，禮儀甚盛，生召王偲"。按新舊二書肅宗諸子傳並云崔妃生召王偲，世系表作邵王偲，亦係于肅宗下，是妃爲肅宗之妃，偲乃肅宗之子，而二書后妃傳乃皆以爲代宗之妃、代宗之子，不知何以謬至於此。

按：楊太真外傳卷下曰"崔珣女爲代宗妃"，唐大詔令集卷四〇冊廣平王崔妃文曰："維天寶五載……咨爾太子宮門郎崔珣長女……命爾爲廣平郡王妃。"因此，崔珣之女確爲廣平王妃。但如趙氏所曰，新舊二書肅宗諸子傳、世系表均曰偲乃肅宗之子，唐會要卷五同，唐大詔令集卷一二三收復兩京大赦曰："第十一男倕封杞王，第十二男偲封邵王。"與新舊二書肅宗諸子傳合，新舊傳均僅曰崔妃生偲，具體不明，或此崔非彼崔邪？

"崔峋"，舊傳同，楊太真外傳卷下、唐大詔令集卷四〇冊廣平王崔妃文作"崔珣"。

王賢妃傳

俄而疾侵，才人侍左右。帝熟視曰："吾氣奄奄，情慮耗盡，顧與汝辭。"答曰："陛下大福未艾，安語不祥？"帝曰："脫如我言，奈何？"對曰："陛下萬歲後，妾得以殉。"帝不復言。及大漸，才人悉取所常貯散遺宮中，審帝已崩，即自經幄下。（第三五〇九至三五一〇頁）

夢溪補筆談卷一：按李衛公文武兩朝獻替記云："自上臨御王妃，有專房之寵，以驕妬忤旨，日夕而殞，群情無不驚懼，以謂上成功之後，喜怒不測。"與唐書所載全別，獻替記乃德裕手自記錄，不當差謬，其書王妃之死，固已不同，據獻替記所言則王氏爲妃久矣，亦非宣宗即位乃始追贈。按張祜集有孟才人歎一篇，其序曰："武宗皇帝疾篤，遷便殿，孟才人以歌笙獲寵者，密侍其右，上目之曰：'吾當不諱，爾何爲哉？'指笙囊泣曰：'請以此就縊。'上憫然。復曰：'妾嘗藝歌，願對上歌一曲，以泄其憤。'上以其懇，許之，乃歌一聲河滿子，氣亟立殂，上令醫候之，曰：'脈尚溫而腸已絕。'"詳此，則唐書所載者，又疑其孟才人也。

卷七八

南陽公延伯傳

南陽公延伯，蚤薨，無嗣。（第三五一四頁）
互證卷九：按宗室世系表延伯子有昭貴、昭仲，與傳互異。

畢王璋傳

（畢王璋）生二子，曰韶，曰孝基。韶死隋世，武德時追封東平王，生子道宗。（第三五一四頁）

糾謬卷九畢王璋子韶世系未明：今按宗室世系表畢王房止有子孝基，及失名者二人，無東平王韶，而東平王韶自是雍王房雍王繪之子，其世次甚明，與傳全不同，未知孰是。

新書考異卷一一：按世系表，以孝基入畢王房，韶入雍王房，又於永安壯王孝基下云："嗣王道立，以雍王繪男韶次子高平公繼。"則韶非畢王子明矣。

互證卷九：按舊傳本不誤，新傳易之而致誤也。

按：新書卷七八畢王璋傳曰："生二子，曰韶，曰孝基。韶死隋世，生子道宗。"但據新書卷七〇上宗室世系表，畢王璋子僅爲孝基，子道立，并曰"乃以雍王繪男韶次子高平公繼"，後生蔡國公景誤。而雍王房表曰其二子，爲贊與韶，韶子道宗，道宗生景誤。舊書卷六〇永安王孝基傳曰："無子，以從兄韶子道立爲嗣，封高平郡王。"冊府卷二八四曰："唐永安莊王孝基，高祖從父弟，武德二年戰歿，無子，以從兄韶子道立爲嗣，封高平郡王。"關於雍王繪之家況，冊府卷二九六敘述較清，曰："雍王繪，高祖從父，武德初追封。河南王贊，繪子，武德初追封。東平王韶，（高祖從父）[贊弟]，武德初追封。"據此，韶乃雍王繪之子，韶二子，道宗、道立，次子道立過繼於孝基，則景誤乃道立之子，封蔡國公。新書畢王璋傳誤。另據舊書卷六〇江夏王道宗傳曰"道宗子景恒，降封盧國公，官至相州刺史。"冊府卷二八一略同。道宗非畢王璋之孫，乃道立，新書卷七八將道宗傳置於畢王璋傳下，乃大誤。雍王房表之盧國公、相州刺史景誤當爲景恒。

江夏王道宗傳

助李靖破虜，親執頡利可汗。（第三五一五頁）

糾謬卷四江夏王道宗李靖等傳不同：今按李靖及突厥傳，禽頡利者張寶相也，而道宗傳以爲道宗親執，未知孰是。

互證卷九：舊書蘇尼失傳云尼失命子忠擒以獻，蓋道宗命張寶相逼之，而蘇尼失擒以獻也。尼失時爲沙鉢羅設，當從舊書始得其詳。

按：執頡利可汗上述諸人均有功，此爲敘述角度不同爾。

高宗永徽初，房遺愛以反誅。長孫無忌、褚遂良與道宗有宿怨，誣與遺愛善，流象州，道病薨，年五十四。（第三五一六頁）

糾謬卷五江夏王道宗傳誤：今按道宗本傳云："裴寂與劉武周戰度索原，寂敗，賊逼河東，道宗年十七，從秦王討賊。"且裴寂與劉武周度索原之戰，即武德二年九月，介州姜寶誼死之之戰是也。是年歲在己卯，時道宗年十七，則是生於隋仁壽三年癸亥歲也。而房遺愛之誅在永徽四年癸丑歲，自癸亥至癸丑正五十一年爾，不得云年五十四也。

按："十七"爲虛數，以顯其小。

李涵傳

蔬飯水飲，席地以瞑。（第三五一七頁）

糾謬卷二〇蕭遘桓彥範等傳：蕭遘傳云："迫畏不瞑。"桓彥範傳卷一二〇云："高枕而瞑。"李涵傳卷七八云："席地以瞑。"今按古字

"瞑"、"眠"通，其字當從目。

按：迫畏不瞑，"瞑"，新書百衲十四行本、小字本甲同，大字本作"眠"，中華本修作"瞑"。

高枕而瞑，"瞑"，新書百衲十四行本同，大字本、小字本甲作"眠"，中華本修作"瞑"。

席地以瞑，"瞑"，新書百衲十四行本、大字本作"眠"，小字本甲闕卷，中華本修作"瞑"。

淮陽王道玄傳

淮陽壯王道玄，性謹厚。（第三五一八頁）

新書考異卷一一：宗室世系表及會要俱云淮陽王，此云淮南，恐誤。傳云壯王，而會要作"忠"，未詳孰是。

按：新傳作"淮陽壯王"，此爲錢大昕版本之誤。册府卷二八四、通鑑卷一九〇作"壯"，通鑑考異卷九曰："高祖實錄謚曰'忠'，本傳謚曰'壯'，蓋後來改謚也。"

長平肅王叔良傳

薛仁杲内史翟長孫以衆降……委事於長孫乃克安。（第三五二〇頁）

糾謬卷六長平王傳薛仁杲傳不同：今按薛仁杲傳作内史令翟長懸，未知孰是。

互證卷九：按舊書薛仁杲傳作"長孫"。

按：新書卷八六劉武周傳作"翟長懸"，通典卷一五八、一六二、舊紀卷二、舊書卷五五薛仁杲傳、通典卷一五五、册府卷一九、四四均作"翟長孫"。

新興郡王德良傳

孫晉，先天中，爲雍州長史，治有名，襲王。（第三五二一頁）

互證卷九：舊書"紹封新興王"，按宗室俱例降爲公，晉何得獨襲王，考宗室世系表云新興郡公當爲是。

按：通鑑卷二一〇、大唐新語卷二曰"新興王晉"，舊紀卷七曰："（景龍四年六月甲申）進封雍王守禮爲邠王，壽春郡王成器爲宋王，宗正卿晉封新興王。"新傳"先天"則爲誤。

長樂王幼良傳

六世孫回，別傳。（第三五二一頁）

新書考異卷一一：按回傳云，"新興王德良六世孫"，世系表又別於長平王叔良下。

互證卷一四：考舊史回傳父名如仙，據表如仙爲叔良五世孫，則回出自叔良之後信矣。

襄武王琛傳

襄武郡王琛，字仲寶。（第三五二二頁）

新書考異卷一一：世系表作"惟寶"。

互證卷九：按表又云"一字道恭"。

河間元王孝恭傳

子崇義、晦。（第三五二四頁）

新書考異卷一一：世系表"晦"上亦有"崇"字。

互證卷九：舊書同。

淮安王神通傳

神通十一子，得王者七人：道彥、孝詧、孝同、孝慈、孝友、孝節、孝義。（第三五二八頁）

新書考異卷一一：世系表孝友止稱尚書左丞，無封號，其封河間郡公者，乃孝本也。未知孰是。

按：冊府卷二六五均同新傳，唐會要卷七九曰："（貞）贈右驍衛將軍、河間郡公孝友。"。

孝銳不得封，有子齊物顯。（第三五二八頁）

合鈔卷一六三七齊物傳：宗室傳作"曾孫"，新書作"子"，皆誤。

新書考異卷一一：世系表，孝銳子恒農太守璟，璟子刑部尚書齊物，則齊物乃孝銳之孫。

互證卷九：按舊書齊物傳亦云"鹽州刺史銳孫也"，則新書言"孝銳子"誤，舊書言"曾孫"亦誤。

膠東郡王道彥傳

太宗即位，舉屬籍問大臣曰："盡王宗子於天下，可乎？"封德彝曰："漢所封，惟帝子若親昆弟，其屬遠，非大功不王。如周郇滕、漢賈澤，尚不得茅土，所以別親疏也……"（第三五二九頁）

糾謬卷一一膠東郡王道彥傳誤：今按周之郇、滕，漢之賈、澤，皆嘗封國有土，安得謂之尚不得茅土乎？此蓋因舊書之文而誤易之耳。舊書則曰："兩漢已降，惟封帝子及親兄弟，若宗室疏遠者，非有大功，如周之郇、滕，漢之賈、澤，並不得濫封，所以別親疏也。"蓋謂宗室屬疏者，須有功如郇、滕、賈、澤，乃可得封云爾，今新書乃謂漢非大功不王，至如周郇、滕、漢賈、澤，雖宗室，然以無功，尚不得茅土，則誤矣。殊不知郇、滕、賈、澤皆封國有土者也。

互證卷九：按郇、滕皆文之昭，本非疏屬，德彝語已不能達意，而新書乃更以晦澁之辭出之，愈不可解矣。

李暠傳

孝節曾孫暠。（第三五三一頁）
新書考異卷一一：按世系表暠乃孝節之孫。
互證卷九：舊書："神通元孫，孝節孫也。"……按舊書曰"孝節孫"，即當云"神通曾孫"，稱"元孫"亦誤。

孝節四世孫說，字巖甫。父遇及，天寶時爲御史中丞。（第三五三二頁）
互證卷九：舊書"父遇"，按世系表亦作"遇"，而新傳獨云遇及，恐誤。若以"及天寶時"爲句語，亦未穩。

定遠懼，走乾陽樓，召麾下皆不至，自投下死。（第三五三二頁）
互證卷九：舊書"定遠墮城下，榱桷傷而不死，有詔削奪，長流崖州"。按通鑑云"爲枯桷所傷而死"，考異曰："從實錄。"余家藏內侍李輔光墓誌云："定遠爲亂兵所害。"當得其實。

世祖四子傳

世祖四子：長曰澄，次湛，次洪，次高祖神堯皇帝。（第三五三五頁）
新書考異卷一一：世系表，代祖（即世祖）四子：長高祖、次梁王澄、次蜀王湛、次漢王洪，與傳互異。
按：舊書卷六〇隴西王博乂傳曰："高祖長兄曰澄、次曰湛、次曰洪，并早卒。"冊府卷二九六曰："梁王澄、蜀王湛、漢王洪，皆高祖兄，并早卒，武德初追封。"

梁王澄蚤薨，無嗣。（第三五三五頁）
新書考異卷一一：世系表梁王澄子有彭城王士衍、江東郡王世證、衡山郡王世訓三人，又以蜀王第二子博乂繼。豈諸子薨絕，而後以博乂嗣之乎？然澄既有三子，不得云蚤薨矣。博乂傳亦不言出繼梁王事，蓋表、傳之文多不相應。

互證卷九：按舊書博乂傳云："澄、洪並無後。"世系表洪下有巴陵郡王盤陀，舊書又云"洪爲鄭王"，與世系表言"爲漢王"又異。

卷七九

隱太子傳

涼州人安興貴殺李軌，以眾降。（第三五四〇頁）

糾謬卷一一隱太子傳李軌事誤：今按李軌傳："安脩仁、興貴執軌，送之斬於長安。"又按高祖紀："武德二年五月庚辰，涼州將安脩仁執李軌以降。"然則非興貴殺軌也。

按：吳縝應是，但冊府卷二五九、舊書卷六四隱太子傳均曰："涼州人安興貴殺李軌。"與新傳應有源流關係。

衛懷王玄霸傳

（衛懷王玄霸）以宗室西平王瓊子保定嗣。（第三五四五頁）

新書考異卷一一：世系表作"平原王瓊"。

互證卷九：舊書同。

按：冊府卷二八四同新傳。

楚哀王智雲傳

貞觀二年，復以濟南公世都子靈龜嗣。（第三五四八頁）

互證卷九：舊書同，按宗室世系表定州刺史房作："嗣楚王靈夔出繼智雲，其父乃西平王普定，祖乃濟南公士都。"高祖子有魯王靈夔，表中"夔"字或"龜"字之誤。據表士都又有子世武，則傳中"世"字爲"士"字之誤，至士都爲靈龜之祖，而傳以爲父，差一世矣。

按：趙氏所據世系表有誤，據表，則靈龜之父乃普定，李普定之父乃

荆王元景傳

神龍初，復王爵，以孫遜嗣。（第三五四九頁）

合鈔卷一一五：新書名元遜，誤。

互證卷九：舊書"封其孫遜爲嗣"。按元景之孫不應名元遜，又世系表亦祇名遜，當從舊書。

中華本新書校記：各本"遜"上原有"元"字，據本書卷七〇上宗室世系表、舊書卷六四荆王元景傳及冊府卷二八四刪。

韓王元嘉傳

貞觀九年，更封韓，遷滑州都督。（第三五五一頁）

糾謬卷九韓王更封紀傳年不同：今按本紀乃"貞觀十年"也。

互證卷九：按新、舊二紀皆作十年徙封。又按荆王元景傳載世襲刺史詔，新舊書並云"潞州都督"，韓王元嘉蓋自潞州刺史授都督，未嘗遷滑州也。

按：舊紀卷三、舊書卷六四韓王元嘉傳、新紀卷二、唐會要卷四六、冊府卷二九五作"十年"，是。

關於潞州都督，冊府卷二八一曰："韓王元嘉，高祖第十一子也，貞觀六年授潞州刺史，十年加本州都督。"唐大詔令集卷三四載貞觀十二年冊潞州都督韓王元嘉文。因此，趙氏所曰爲是。

垂拱中，元嘉徙絳州刺史。（第三五五一頁）

十七史商榷卷八六：今有碧落碑，尚在絳州龍興宮……惟新書元嘉垂拱中爲絳州刺史，舊書則云歷刺潞、澤、定三州，不言其曾刺絳，疑舊書有闕。碑立於咸亨元年，必是其時元嘉刺絳而妃卒，故立之。倘如新書云在垂拱中，則當咸亨時元嘉尚未刺絳，碑何以豫立於此？疑新書有誤。

按：寶刻叢編卷一〇亦有唐太尉絳州刺史韓王元嘉碑，通鑑卷二〇四於垂拱四年下曰"絳州刺史韓王元嘉"。

元嘉六子。訓，潁川王，蚤卒。誼，武陵王。諶，上黨公。（第三五五一頁）

互證卷九：按下文云："諶，通音律，歷杭州別駕，與譔俱死。"兩行中自相剌謬。

中華本新書注：各本"蚤卒"二字原在"上黨公"下。按下文云"諶，通音律，歷杭州別駕，與譔俱死"，不得言"蚤卒"。舊書卷六四韓王元嘉傳謂"元嘉長子訓，高祖時封潁川王，早卒"，"蚤卒"乃指訓，據改。

鄭惠王元懿傳

始王滕，貞觀中，出爲兗州刺史，徙王。（第三五五二頁）

互證卷九：舊書"武德四年封滕王，貞觀十年改封鄭王"。按新舊本紀武德四年無元懿封滕王者，祇有元茂封越王，貞觀十年祇有滕王元懿封鄭王，而越王元茂之名不復見，且高祖二十二子新舊傳、世系表皆無越王元茂，今按其得封、次第似元懿即元茂，而始封則越非滕也。史失記其改名及徙封滕事耳。互見本紀武德四年下。

按：全唐文卷九九二大將軍上柱國郭君碑曰："至（貞觀）七年，又辟公滕王府司馬。"則貞觀七年，有滕王之稱，應爲元懿。

璥弟琳，安德郡公，生擇言。（第三五五三頁）

互證卷九：按宗室世系表"擇言以南海公璲次子繼"。

虢王鳳傳

七子……次子茂融。（第三五五四頁）

糾謬卷四虢王子次序不同：今按宗室世系表鳳止六子，而茂融第四，未知孰是。

互證卷九：按舊書云第五子，而世系表在四，疑表脫一人。

次子茂融。（第三五五四頁）

糾謬卷六東莞郡公融名不同：今按邢文偉傳云："東莞公融。"本紀垂拱（三）[四]年亦作"東莞郡公融"，皆無茂字，未知孰是。

按：舊紀卷六、舊書卷六四霍王鳳傳、冊府卷二八一、通鑑卷二○四均作"融"，新傳、世系表改作"茂融"，必有所據。

鄧康王元裕傳

貞觀五年始王鄶，十一年徙王。始王及徙，皆與譙、魏、許、密四王同封。（第三五五七頁）

糾謬卷九鄧康王徙封紀傳不同：今按本紀，貞觀五年二月己酉，封弟元裕為鄶王、元名譙王、靈夔魏王、元祥許王、元曉密王，即此鄧康王傳所書其始封者皆是也。至貞觀十一年則不然，止書正月丁亥徙封元裕鄧王、元名舒王，至六月己巳又書徙封元祥江王而已，其靈夔、元曉本紀皆不載其徙封，疑其徙封則不同，而元裕傳誤云始封徙封皆同也。靈夔又以貞觀十四年自燕王徙封魯，以本傳可見，然亦未見改燕王之年。

新唐書糾謬校補卷九：本傳題密貞王元曉，似無徙封之事。太宗紀："貞觀十年正月癸丑，徙封靈夔燕王。"

按：吳縝是。舊紀卷三曰："（貞觀十年正月）癸丑，徙封趙王元景為荊王，魯王元昌為漢王，鄭王元禮為徐王，徐王元嘉為韓王，荊王元則為彭王，滕王元懿為鄭王，吳王元軌為霍王，幽王元鳳為虢王，陳王元慶為道王，魏王靈夔為燕王……十一年春正月丁亥朔，徙鄶王元裕為鄧王，譙王元名為舒王。……（六月）己巳改封許王元祥為江王。"據此，魏王靈夔為燕王乃貞觀十年五月。與新紀同。唐會要卷四六曰："（貞觀）十一年正月，徙封鄶王元裕為鄧王、譙王元名為舒王，六月徙封任城王道宗為江夏郡王、趙郡王孝恭為河間郡王、許王元祥為江王。"亦與新紀同。因此，新傳所曰應誤。

滕王元嬰傳

長子脩琦嗣……神龍初，更以少子脩信子涉嗣。（第三五六〇頁）

合鈔卷一一五：（舊書卷六四滕王元嬰傳作"循琄"。）"循"，新書皆作"脩"；"琄"，新書作"信"，表作"琂"

互證卷九：舊書作"循琦""循琄"，按世系表作"脩琄"，"循"與"脩"，篆隸字形相，似"信"或"琂"之訛也。

按："脩琦"，通鑑卷二〇四、通鑑考異卷一一引統紀同，舊書卷六四滕王元嬰傳、冊府卷二八四作"循琦"。

"脩信"，舊傳、類篇卷一四作"脩琄"，冊府卷二八四作"脩珂"，世系表作"脩琂"。

卷八〇

常山王承乾傳

太宗即位，立爲皇太子，甫八歲，特敏惠，帝愛之。（第三五六四頁）

唐史餘瀋卷一承乾與魏王泰之年齡：舊書七六承乾傳："太宗即位，爲皇太子，時年八歲。"……按舊書二，武德九年十月，"癸亥，立中山王承乾爲皇太子"，依是推之，承乾生於武德二年乙卯。舊書七六濮王泰傳："永徽三年，薨於鄖鄉，年三十有五。"新書八〇略同，泰王生於武德元年戊寅。承乾爲太宗長子，泰爲四子，且復同母，不應弟長於兄也。抑舊承乾傳又云："生於承乾殿，因以名焉。"……余初疑承乾殿或爲晉陽宮之一殿，顧元龜二五八："唐廢太子承乾，太子（宗之訛）長子，武德初，文德皇后生於承乾殿，因以名焉。"舊書六四："自武德初，高祖令太宗居西宮之承乾殿。"會要三："武德五年七月五日，營弘義宮。初，秦王居宮中承乾殿，高祖以秦王有克定天下之功，建弘義宮以居之。"則承乾殿又似確在長安，職是而承乾與泰之年歲，尚有待乎解釋。

廢爲庶人，徙黔州，十九年死。（第三五六五頁）

糾謬卷五常山王承乾卒紀傳差一年：今按本紀"貞觀十八年十二月壬寅，庶人承乾卒"，與本傳差一年。

互證卷九：按舊紀亦在十八年十二月。

按：舊紀卷三作"十八年十二月辛丑"，通鑑卷一九七作"十八年十二月壬寅"，十二月辛丑朔，壬寅乃二日，新傳乃襲舊書卷七六恒山王承乾傳，疑新舊傳乃下詔之日。

鬱林王恪傳

鬱林王恪，始王長沙。（第三五六六頁）

互證卷九：舊書作"吳王"，按鬱林爲恪死後贈王，新書從其後封也。然世系表仍曰吳王房，或因恪子琨追封吳王而仍其舊封歟。

光宅中，仁遇赦還，適會榮以罪斥，故得襲爵鬱林縣男，歷岳州別駕，爵郡公。（第三五六七頁）

互證卷九：舊書"封仁爲鬱林縣侯，授襄州刺史"。按新傳上文云"以河間王孝恭孫榮爲鬱林侯嗣"，當從舊書。

按：冊府卷二九五曰："尋追封恪爲鬱林王，又封仁爲鬱林侯。"同卷又曰："成王千里，吳王恪之長子，本名仁，封鬱林侯。"至此，可以肯定，其初封爲侯。但舊紀卷七曰："（神龍元年二月）己未，封堂兄左金吾將軍鬱林郡公千里爲成紀郡王。"或後進爵爲公歟？

庶人祐傳

私署左右上柱國，光祿大夫，開府儀同三司，托東、托西等王。（第三五七三頁）

互證卷九：舊書作"拓東拓西"，按通鑑同舊書。

蜀王愔傳

以子璠嗣王，璠，武后時謫死歸誠州。神龍初，以朗陵王瑋子禬嗣。（第三五七四頁）

糾謬卷六朗陵王父子名皆未明：今按朗陵王即鬱林王恪之子也，恪傳云："四子仁、瑋、琨、璄。瑋早卒，中宗追封朗陵王，子祇，出繼蜀王愔。"由是言之，此蜀王傳所云以朗陵王瑋子禬嗣當作以朗陵王瑋子祇嗣也。況開元中有信安王禕，即琨之子，而朗陵之親姪，無容與伯父同名，以此益見朗陵王禕當作"瑋"字也。然三宗諸子傳內許王素節傳末云"乃以嗣蜀王褕爲廣漢王"，以宗室世系表考之，蓋袨本名褕也。

中華本新書校記："瑋"，各本原作"禕"。據本卷鬱林王恪傳、本書卷七〇下宗室世系表及舊書卷七六吳王恪傳、蜀王愔傳改。

紀王慎傳

神龍初，以證嗣王。（第三五七八頁）

互證卷九：舊書"封慎少子鐵誠爲嗣紀王，後改名澄。"按世系表云"澄初名鐵誠"，余家藏唐王訓墓誌作"鐵城"，似當從舊書、世系表作"澄"，從王訓誌作"鐵城"。

按：唐會要卷二一、冊府卷二八一、二八四作"澄"，是。

嗣曹王皋傳

凡戰大小三十二，取州五，縣二十。（第三五八二頁）

互證卷九：舊書"凡下州四，縣十七"，按皋取蘄州，平黃州，下安州，新舊書所同，舊書又云"李思登以隨州降"，是下州四也，如新書所言祇三州，安得五耶？當從舊書。

卷八一

燕王忠傳

帝始爲太子而忠生，宴宮中，俄而太宗臨幸，詔宮臣曰："朕始有孫，欲共爲樂。"（第三五八六頁）

餘審卷一太宗始有孫：按晉王治以貞觀十七年四月丙戌立爲皇太子，忠死麟德元年，年二十二，依舊傳言，忠生當在十七年四月丙戌之後。考舊書魏徵傳，"會皇孫誕育，召公卿賜宴。"敘在十二年下，與貞觀政要二魏徵所云（合），……而徵以十七年正月卒，是太宗早已有孫，非忠爲太宗長孫也。故謂忠生爲太宗始有"太孫"則可。

許王素節傳

（開元初）因詔外繼嗣王者皆歸宗……嗣曹王臻爲濟國公。（第三五八八頁）

新書考異卷一一：按曹王明傳，神龍初，以傑子胤爲嗣曹王後，改封傑弟備。備薨，復封胤，胤薨，子戢嗣，中間不應更有臻嗣王爵。

互證卷一〇：世系表"臻係价之子，价係傑之弟，備之兄也"，恐是備死無後，以价之子臻繼嗣，今因瑾與義珣事，詔外繼嗣王者皆歸宗，故臻降封濟國公，而復封傑之子胤爲嗣曹王也。傳于備薨後漏書臻嗣封及降封二事也。

孝敬皇帝弘傳

又命賓客許敬宗、右庶子許圉師、中書侍郎上官儀、中書舍人楊思儉即文思殿摘采古今文章，號瑤山玉彩。（第三五八九頁）

糾謬卷九修搖山玉彩人不同：今按藝文志"搖山玉彩"注云："孝敬皇帝令太子少師許敬宗、司議郎孟利貞、崇賢館學士郭瑜、顧胤、右史董思恭等撰。"其姓名惟許敬宗同，外皆與傳不同，未知孰是。

互證卷一〇：按修搖山玉彩，據舊書是龍朔元年事，"二年，圉師貶，敬宗爲太子少師，麟德元年，儀見殺"，書當表上于其後，故姓名不同也。

按：趙氏所曰是，舊書卷八六孝敬皇帝弘傳曰："龍朔元年，命中書令、太子賓客許敬宗、侍中兼太子右庶子許圉師、中書侍郎上官儀、太子中舍人楊思儉等於文思殿博採古今文集，摘其英詞麗句，以類相從，勒成五百卷，名曰瑤山玉彩。"舊書卷八九姚璹傳曰："與司議郎孟利貞等奉令撰瑤山玉彩書。"舊書卷一八五上高智周傳曰："預撰瑤山玉彩、文館辭林等。"舊書卷一九〇上孟利貞傳："受詔與少師許敬宗、崇賢館學士郭瑜、顧胤、董思恭等撰瑤山玉彩五百卷。"由此可以看出，瑤山玉彩乃集體項目，涉及人數眾多，二者均不爲誤。

又命賓客許敬宗、右庶子許圉師、中書侍郎上官儀、中書舍人楊思儉即文思殿摘采古今文章，號瑤山玉彩，凡五百篇。（第三五八九頁）

糾謬卷九搖山玉彩字：孝敬皇帝傳云："摘采古今文章，號榣山玉彩，凡五百篇。"又裴光庭傳云："撰榣山往則、維城前軌二篇獻之。"今按藝文志云："裴光庭搖山往則一卷。"又云："搖山玉彩五百卷。"其搖字在傳則皆從木，而藝文志皆從手，未知孰是。

互證卷一〇：又今汲古閣毛本傳、志皆作"搖"，裴光庭傳亦作"搖"，皆從手。

按：孝敬皇帝傳之"榣山玉彩"，"榣"，大字本同，百衲十四行本、舊書卷八六孝敬皇帝傳、卷八九姚璹傳、唐會要卷二、卷三六、冊府卷六〇七作"瑤"。

裴光庭傳之"榣山彺則"，"榣"，大字本同，百衲十四行本作"摇"，舊紀卷八、舊書卷八四裴光廷傳、唐會要卷三六作"瑶"。

義陽、宣城二公主以母故幽掖廷，四十不嫁。弘聞眙惻，建請下降。武后怒，即以當上衛士配之，由是失愛。（第三五八九頁）

　糾謬卷二義陽宣城二公主四十不嫁：今按義陽、宣城二公主皆高宗女，而蕭淑妃所生也。高宗以貞觀二年戊子歲生，而孝敬皇帝以上元二年乙亥歲薨。自戊子至乙亥則高宗纔四十八歲爾，何緣有四十歲之女乎？此當日史臣之過也，推原其意，蓋止欲甚武氏之惡云爾。然殊不顧事過其實，遽書於史，後之秉筆者又不能推窮其實，止襲其誤而載之。自吳兢、劉知幾修纂以來，迨今已數百年，而新書又不爲之討論詳究，紬其信實，但從而粉澤文飾之，豈修史之意哉？

　知不足齋叢書本糾謬錢氏注：此事載劉肅大唐新語，通鑑載其事云"年踰三十不嫁"，則溫公已悟其失矣。

　互證卷一〇：按舊書不載公主之年，新書武后傳云"幾四十不嫁"，語病較此爲輕。通鑑云"踰三十不嫁"，蓋已知新傳之失也。

　按：唐新語卷一二曰"垂三十年不嫁"，舊書卷八六孝敬皇帝傳未載其年齡，新書七六卷則天武皇后傳曰"幾四十"，卷八一孝敬皇帝傳則曰"四十"，疑當時二公主年歲較大，唐新語曰"垂三十年"，則年近三十，史官虛筆夸大，用"幾四十"，至孝敬皇帝傳，省約數爲確數，便爲"四十不嫁"。文苑英華卷九三三高安長公主神道碑曰其享年六十有六，高安公主始封宣城，於開元二年薨，則其爲貞觀二十三年生，太子弘上元二年薨，則其婚配距上元二年則未遠，上元二年，宣城公主則年二十七，義安公主則近三十，因此，唐會要語爲實。

而后將聘志，弘奏請數忤旨。上元二年，從幸合璧宫，遇酖薨，年二十四。（第三五八九頁）

　糾謬卷五孝敬皇帝年差一歲：又高宗紀："上元二年四月己亥，天后殺皇太子。五月戊申，追號皇太子爲孝敬皇帝。"今按燕王忠傳云："王皇后廢，武后子弘甫三歲。"又高宗紀："永徽六年十月己酉，廢皇后爲庶人。"是歲乙卯而弘三歲，則是以癸丑生，至上元二年歲在乙亥薨，止是二十三年，不得云二十四也。

按：如上所述，古人談及年齡時有敘述性誇張傾向，"甫三歲"以顯其小。

章懷太子傳

上元年，復名賢。是時，皇太子薨，其六月，立賢爲太子。（第三五九〇頁）

糾謬卷五章懷太子傳年誤：今按高宗紀及三宗諸子傳並云皇太子以上元二年薨，獨此傳以爲元年，蓋誤也。

按：舊書卷八六章懷太子傳曰："上元元年，又依舊名賢。上元二年，孝敬皇帝薨，其年六月，立爲皇太子。"疑新傳誤讀元史料而誤。

迫令自殺，年三十四。（第三五九一頁）

互證卷一〇：舊書作"三十二"。按上元二年孝敬薨，新舊書並言年二十四，至文明元年賢自殺，即光宅元年也，距上元二年凡九年，孝敬年三十三，賢是其弟，安得三十四乎？當以舊書爲是。

按：唐代墓誌彙編景雲〇二〇曰："以文明元年二月廿七日終於巴州之公館，春秋卅有一。"

守義爲犍爲王，徙封桂陽，薨。（第三五九一頁）

互證卷一〇：舊書"永安郡王"，按世系表亦作"永安郡王"，與舊書同。

按：冊府卷二九六同，冊府卷二六五、通鑑卷二〇四均作"永安郡王"。

懿德太子重潤傳

大足中，張易之兄弟得幸武后，或譖重潤與其女弟永泰郡主及主婿竊議，后怒，杖殺之，年十九。（第三五九三頁）

糾謬卷五懿德太子傳誤：今按重潤傳首云："重潤生，高宗喜甚，乳月滿，爲大赦天下，改元永淳。"而是年歲在壬午，大足止有元年，歲在辛丑，則是重潤年二十，謂之十九則誤也。

知本糾謬錢氏注：武后紀"長安元年（即大足元年）九月壬申，殺邵王重潤及永泰郡主婿武延基"。

按：舊書卷八六重潤傳亦作"年十九"，唐會要卷四作"十八"，疑此爲文學性敘述，顯其小以示則天之惡。

譙王重福傳

重福自均州與靈均乘馹趨東都，舍駙馬裴巽家。（第三五九四頁）

糾謬卷一九譙王傳裴巽未明：今按唐駙馬都尉裴巽有二，其一尚中宗女宜城公主，其一尚睿宗女薛國公主。今重福所舍之裴巽，其宜城歟？薛國歟？不可得而知。然意者重福即中宗子，今既作亂，必趨其所親姊妹之家，然則無乃宜城之裴巽是邪？史不明言，特以意度之爾。且又薛國初嫁王守一，守一以開元十二年死後始再嫁裴巽，以是言之，則宜城之裴必矣。然則裴巽者，一時果有二人邪，或薛國之巽即宜城之巽邪？皆不可得知，然此亦史氏之所宜辨析者，故載之云。

互證卷一〇：按此裴巽當以重福故獲罪，尚薛國者自別一人。

節愍太子重俊傳

自率兵趨肅章門，斬關入，索韋后、安樂公主、昭容上官所在。（第三五九五頁）

互證卷一〇：舊書同，新舊二書上官昭容傳並云："叩肅章門，索婉兒，婉兒曰：'我死，當次索皇后、大家矣！'以激怒帝。"則節愍未嘗索皇后，此傳所云未免重其罪也。

惠文太子範傳

初王鄭，改封衞。（第三六〇一頁）

互證卷一〇：舊書同，按惠莊太子傳云："初王恒，與衞、趙二王同封。"範何得先王鄭也。考新舊書武后本紀皆無此事。

按：趙氏所曰應是，當時鄭王爲璬，其於上元初嗣，永昌元年十月被殺。

卷八二

奉天皇帝琮傳

十載薨，贈太子，謚靖德。（第三六〇六頁）

糾謬卷五慶王琮薨差一年：今按玄宗紀云："天寶十一載五月戊申，慶王琮薨。"恐本傳之誤也。

合鈔卷一五八：新書"十載"，誤。

按：吳縝之言爲是，新傳乃襲舊書卷一〇七靖德太子琮傳而誤。冊府卷二八四、卷二九六作"十一年"，舊紀卷九、通鑑卷二一六作"十一載五月戊申"，可證本傳爲誤。

太子瑛傳

瑛子五人：儼、伸、倩、伖、備。（第三六〇八頁）

互證卷一〇：舊書"六男：儼、伸、倩、伖、備、儆"。按世系表，伖繼奉天皇帝琮嗣慶王外，尚有六子：儼、伸、倩、儆、備、倫，新傳無儆、倫二人，舊傳無倫也，世系表"倩"作"偆"，考下靖恭太子琬傳，其子有陳留王倩，宜從表作"偆"，又潁王璬子亦名"伸"，疑誤。

按：據世系表，陳王珪長子爲安南郡王倫，六子爲宣城郡王儼，另據新書卷八〇曹王明傳，其有子備，後嗣王。但唐大詔令集卷三八封廣平郡王等制曰："又封慶王之子儼爲新平郡王，伸爲平原郡王。"而唐會要卷四四、冊府卷二六五均曰："仲爲平原郡王。"同卷曰："璬子榮陽郡王伸。"故儼、仲應爲瑛子。

懷思王敏傳

懷思王敏，貌豐秀若圖畫，帝愛之，甫晬薨，追爵及諡。（第三六一一頁）

合鈔卷一五八：（舊書卷一〇七懷哀王敏傳作"哀"。）新書諡思。按元宗紀諡哀，當從舊書。

按：舊紀卷八、唐會要卷五、御覽卷一四一、冊府卷二九六均作"哀"。

越王係傳

至德二載十二月，進王趙，與彭、兗、涇、鄆、襄、杞、召、興、定九王同封。（第三六一七頁）

新書考異卷一一：按肅宗紀，與係同時封王者八人，彭、兗、涇皆由郡王進封，襄、杞、召、興、定皆始封，無鄆王名。又以衛王佖、鄆王榮兩傳考之，則鄆王始封靈昌郡王，早薨，寶應元年，與佖同追封，非至德中封也。

襄王僙傳

子宣爲伊吾郡王，寀樂安王。（第三六二〇頁）

新書考異卷一一：按敬宗子執中，亦封襄王，其子寀，封樂平郡王，兩襄王之子俱名寀，而封號相似，亦可疑也。

宣裔孫熅。（第三六二〇頁）

互證卷一〇：舊書不以熅爲宣裔，故不附之襄王僙傳，而附之昭宗諸子後也。考新書世系表伊吾郡王宣下亦不載嗣襄王熅，故錢氏疑及于兩襄王之子俱名寀而封號相似，蓋疑熅之誤而其意未申也。

肅王詳傳

建中二年薨，甫四歲。（第三六二五頁）

糾謬卷五肅王薨差一年：今按德宗紀："建中三年十月丙子，肅王詳薨。"與傳差一年。

按：舊書卷一五〇肅王詳傳："大曆十四年六月封，建中三年十月薨，時年四歲。"冊府卷五九〇略同，通鑑卷二二七曰："（建中三年十月）丙子，肅王詳薨。"新傳應誤。

順宗諸子傳

順宗二十七子：莊憲皇后生憲宗皇帝及綰，張昭訓生經，趙昭儀生結，王昭儀生總、約、緄，餘二十王，史亡母之氏、位，四王蚤薨，亡官諡。（第三六二六頁）

互證卷一〇：舊書："順宗二十三子，莊憲皇后王氏生憲宗皇帝，王昭儀生郯王經，趙昭儀生宋王結，王昭儀生鄜王綜。新書作"總"，舊書本紀亦作"總"。王昭訓生衡王絢，餘十八王不載母氏。"按新書"四王亡官諡"，雖云二十七子，所載與舊書同也。又按舊書憲宗本紀"元和元年八月甲子，鄜王母王昭儀、宋王母趙昭儀、郯王母張昭訓、衡王母閻昭訓各以其王並爲太妃"，此出當時之詔，似可依據，然與新舊二傳互有同異，未知孰是。

按：新書卷七〇下宗室世系表曰二十二子，具體與新舊傳所列同。

舊書卷一五〇順宗諸子傳"王昭儀生郯王經"，"王昭儀"，新傳、舊紀卷一四均作"張昭訓"，疑是。

舊傳"王昭訓生衡王絢"，"王昭訓"，舊紀卷一四作"閻昭訓"。

冀王絿，初名湑，爲太常卿，王德陽……和王綺，初名浥，王河東。（第三六二七頁）

陔余叢考卷一二：舊書："冀王絿本名淮，初封宣城郡王。和王綺本名潪，初封德陽郡王。福王綰本名溒，初封河東郡王。"

按：舊紀卷一四曰："德陽郡王潪封冀王，改名絿；河東郡王溒封和王，改名綺。"冊府卷二六五曰"冀王絿本名潪……貞元四年封德陽郡王；和王綺本名溒……貞元四年封河東郡王。"與舊紀同。唐大詔令集卷三三封欽王等制曰："德陽郡王潪封冀王，改名絿；河東郡王溒封和王，改名綺。"新傳應是。

憲宗諸子傳

（澧王惲）三子：曰漢，王東陽郡；曰源，安陸；曰演，臨安。（第三六二九頁）

諸史考異卷二：按唐大詔令大和八年八月封諸王男爲郡王，澧王第三男潢可封臨川郡王，此作"演"而封"臨安"，當有誤。又按宗室表臨川郡王演系于深王之下，蓋轉寫失其次耳。"演"、"潢"字形相涉，未知孰是。

按：舊紀卷一七下、舊書卷一七五澧王惲傳、冊府卷二六五同新傳，唐會要卷四六同大詔令集。

衡王憺，子涉，晉平郡王。（第三六三〇）

糾謬卷一一衡王傳誤：今按憲宗諸子鄜王憬傳云："長慶元年始王，與瓊、沔、婺、茂、淄、衢、澶七王同封。"又穆宗紀"長慶元年三月戊午，封弟憺衢王"。然則憺之所封衢也，而書爲"衡"則誤矣。

知本糾謬錢氏注：文苑英華載封諸王制"第十五弟憺可封衡王"，是"衡"字不誤，而作"衢"者誤也。唐大詔令與英華所載同。

互證卷一〇：按舊書穆宗紀亦作"衢王"，而傳作"衡王"，未知孰是。

中華本新書校記："衢"各本原作"衡"，本書卷八及舊書卷一六穆宗紀、冊府卷二六五、通鑑卷二四一和本卷上文均作'衢'，據改。

按：舊書卷一七五曰："衡王憺，長慶元年封，長子涉，晉平郡王。"內容與新傳相同，二者存源流關係。文苑英華卷四四四封諸王制詔令作封沔王制曰："第十五弟憺可封衡王。"唐會要卷五亦作"衡王憺"。但順宗之子絢亦封爲衡王，據舊紀卷一七、舊書卷一五〇順宗諸子傳、新紀卷八可知絢寶曆二年薨，不應在同一時期存兩衡王，憺應爲衢王。疑封諸王制詔令作封沔王制後世誤書作"衡"，舊傳及唐會要等便隨之而誤。

棣王惴，大中六年始王，與彭、信二王同封。（第三六三〇頁）

糾謬卷三憲宗子棣王彭王信王同封失實：今按本紀大中六年"十一月，封弟惴爲棣王"，即無彭、信二王同封之事，而大中三年紀云"十一月己卯，封弟惕爲彭王"，咸通元年紀云"七月，封叔恆爲信王"，然則彭、信二王未嘗與棣王同時受封，明矣。

知本糾謬錢氏注：唐大詔令但載大中六年十一月封棣王制。

互證卷一〇：按大中十四年，即咸通元年也。懿宗於十三年即位，至十四年十一月始改咸通元年耳。然考舊宣懿紀，信王不見封年，而棣王、彭王皆大中元年二月封，舊傳與新紀合，而與紀自相刺謬，未知孰是。又考通鑑彭王惕于大中十三年封，不知何據。

按：冊府卷二六五、唐會要卷四六所載均与新書本紀略同。

宣宗諸子傳

宣宗十一子，元昭太后生懿宗皇帝，餘皆亡其母之氏、位。（第三六三五頁）

新書考異卷一一：傳兼懿宗言之，當云"十二子"，宗室世系亦作"十一子"俱誤。

通王滋，會昌六年始王夔，與慶王沂同封。（懿宗時）**滋徙王。昭宗乾寧三年，領侍衛諸軍。**（第三六三五頁）

新書考異卷一一：考懿宗紀"咸通四年八月，夔王滋薨"，則滋薨懿宗朝，初未改封通王，安得於昭宗朝領軍，爲韓建所害乎？建所殺之通王，蓋別是一人，而新史強合之，妄之甚矣。德宗子有通王諶，意建所殺者，諶之後嗣王乎？舊史昭宗紀不載通王名。

互證卷一〇：按世系表亦祇作夔王滋，不云通王，與舊傳同，竹汀先生此考甚精。

按：舊書卷一五宣宗十二子傳曰："夔王滋，宣宗第三子也。會昌六年封，咸通四年薨。"新紀卷九曰："（咸通四年）八月，夔王滋薨。"但舊紀卷二〇上曰："（乾寧三年）二月壬子朔，制以通王滋爲開府儀同三司，判侍衛諸道軍事。"冊府卷四〇七曰："昭宗乾寧中，通王滋請故宰臣孔緯宅爲營。"據此，昭宗時滋封通王。

濟、韶、彭、韓、沂、陳、延、覃、丹九王，史逸其系胄云。（第三六三六頁）

糾謬卷四謂九王史失其系胄而自有系胄可見者：今按昭宗紀，乾寧四年韓建所害九王內，彭王名惕，即憲宗子；沂王名禋，即昭宗子。此二王舉其名而考其傳，則皆見系胄，安得一概云史逸之也。

知本糾謬錢氏注：吳氏以沂王禋爲九王之一，考昭宗諸子傳，并不言沂王爲韓建所殺，且昭宗諸子禋次居六，其時必未典兵，何故爲建所忌，又建所殺者十六宅諸王耳，昭宗子必不在十六宅，就令居之，亦不應獨禋一人，此傳"沂"字必是差誤，昭宗紀又以禋當之，失更甚矣。

新書考異卷一一：舊史昭宗紀有儀王，無沂王，疑"沂"乃"儀"之譌，新紀作"沂王禋"，又史家妄益之也。通鑑考異云："順宗子經封鄎王，會昌後避武宗諱改'剡'作'覃'。則嗣覃王嗣周當是經之後。"予謂嗣丹王允當是代宗子丹王逾之後；嗣延王戒丕當是玄宗子延王玢之後；嗣韓王當是高祖子韓王元嘉之後。玄宗子有濟王環，代宗子有韶王暹，敬宗子有陳王成美，此濟、韶、陳三王疑亦嗣王也。

按：憲宗爲元和十五年薨，據乾寧四年韓建誅諸王已近八十年，理不應爲惕，或爲其後。舊書卷二〇昭宗本紀曰："（乾寧二年十二月）第六子禋封沂王。"關於昭宗六子之封，舊書卷一七五及新書卷八二昭宗諸子傳、冊府卷二六五、唐會要卷五及卷四六均作"沂王禋"，而陸扆被貶作沂王傅，因此，昭宗六子禋封沂王。但據通鑑卷二六五，沂王禋於天祐二年正月戊戌被朱全忠所殺。因此，別爲儀王，非昭宗之子。關於諸王推斷，錢氏乃據兩唐書皇子封號，但唐室所封並未前後一定相襲，如韓王，一爲高祖子元嘉，一爲代宗子迥，因此其判或有偏頗。

卷八三

同安公主傳

同安公主，高祖同母娣也，下嫁隋州刺史王裕。……永徽初，賜實戶三百，薨年八十六。(第三六四二頁)

互證卷一〇：按新書王方翼傳，"祖裕，尚同安大長公主，方翼早孤，母李爲主所斥，居鳳泉墅。主薨，還京師，太宗聞，擢右千牛。"是主已薨太宗時，不得至永徽初也。

高祖諸公主傳

南昌公主，下嫁蘇勖。(第三六四四頁)
糾謬卷六南昌公主：今按蘇勖傳乃云南康公主，未知孰是。
互證卷一〇：按舊書亦作"南康公主"。
按：舊書卷八八蘇瓌傳、冊府卷三〇〇作"南康公主"。

淮南公主，下嫁封道言。(第三六四四頁)
糾謬卷六封道言名不同：今按封倫傳乃名言道，未知孰是。
互證卷一〇：按世系表與舊書皆作"言道"。
按：唐會要卷六作"道言"，舊書卷六三及新書卷一〇〇封倫傳、冊府卷三〇〇作"言道"，疑"言道"是。

太宗諸公主傳

豫章公主，下嫁唐義識。(第三六四六頁)
糾謬卷一一唐義識字誤：今按唐儉傳及宰相世系表皆作"善識"，然則"義"字誤矣。

金石錄卷二七唐唐儉碑："儉字茂約"，而唐書列傳云"字茂系"，又云"男尚識，尚豫章公主"，而唐書於儉傳云名善識，於公主傳云名茂識，皆其差謬。

互證卷一〇：舊書亦作"善識"。

按："字茂系"，新書作"茂約"，金石錄所據底本應有誤。"唐義識"，寶刻叢編卷九、長安志卷一六、唐會要卷六同，寶刻叢編卷九曰："唐駙馬都尉唐義識碑。"但舊書卷五八唐儉傳、唐會要卷二一、册府卷三〇〇作"唐善識"，金石萃編卷八四唐儉碑又作"唐尚識"，未知孰是。

清河公主名敬，字德賢，下嫁程懷亮，薨麟德時，陪葬昭陵。懷亮，知節子也。(第三六四七頁)

糾謬卷一一程處亮名不同：今按程知節傳云："子處亮，尚清河公主。"其名不同，未知孰是。

金石錄卷二四唐清河公主碑：碑云"下嫁程知節之子處亮"，知節碑及唐史知節列傳、元和姓纂所載皆同，惟公主列傳作"懷亮"，非是。

互證卷一〇：按舊書亦作"處亮"，趙明誠金石錄清河公主碑跋云："下嫁程知節之子處亮。"則言懷亮者誤也。

按：册府卷三〇〇作"處亮"。

蘭陵公主名淑，字麗貞，下嫁竇懷悊，……(竇懷悊)太穆皇后之族子。(第三六四七頁)

金石錄卷二四唐蘭陵長公主碑：據唐書列傳，公主太宗第十二女，而碑云第十九女，蓋傳誤也。

平津讀碑記卷四蘭陵長公主碑：傳云"下嫁竇懷悊，太穆皇后之族子"，碑作"太穆皇后之孫……德素之子"……以宰相世系表證之，德素爲太穆皇后之孫，懷悊爲曾孫也。

帝諸子，惟晉王及主（晉陽公主）最少，故親蓄之。(第三六四八頁)

互證卷一〇：按文德皇后所生高宗最少，非帝之子最少也。又下文新城公主，晉陽母弟也，則晉陽亦非最少。

高宗諸公主傳

　　義陽公主，蕭淑妃所生，下嫁權毅。高安公主，義陽母弟也，始封宣城，下嫁潁州刺史王勗。（第三六四九）

　　互證卷一〇：按孝敬皇帝傳"義陽、宣城二公主四十不嫁，宏聞，貽側建言下降，武后怒，即以當上衛士配之"，此傳云"宣城下降潁州刺史王勗"，則其言亦未確也，或者因義陽之降權毅而并誤書之。

　　按：冊府卷三〇〇曰："王遂古尚高宗女高安公主。"文苑英華卷九三三高安長公主神道碑曰"王勗字遂古"。

　　（太平公主）神龍時，與長寧、安樂、宜城、新都、定安、金城凡七公主，皆開府置官屬，視親王。（第三六五〇頁）

　　新書考異卷一一：按長寧、安樂、宜城、新都、定安皆中宗女，太平則高宗女也。神龍朝，公主別無封金城者，惟高宗女高安公主始封宣城，神龍初，進冊長公主，實封千戶，開府置官屬。此"金城"或"宣城"之誤。

　　互證卷一〇：按金城公主和蕃公主也，雍王守禮之女。神龍時，許降吐蕃耳。考唐會要神龍二年勅，公主設官屬，太平公主比親王，長寧、安樂惟不置長史，餘並同親王，宜城、新都、定安、金城非皇后生，官員減半，其金城公主以出降吐蕃特置司馬。新書自以不詳致疑。

　　按：通典卷三一曰："（神龍）二年閏正月敕'公主府設官屬，鎮國太平公主儀比親王，長寧、安樂唯不置長史，餘并同親王。宜城、新都、定安、金城等公主非皇后生，官員減半。其金城公主以出降吐蕃，特宜置司馬'。"唐會要卷六同，通鑑卷二〇八曰："閏月丙午，制太平、長寧、安樂、宜城、新都、定安、金城公主並開府置官屬。"因此，新傳所敘爲詔令，惜表達未清。據此，此公主就爲金城爾。

中宗諸公主傳

（宜城公主）下嫁裴巽，巽有嬖姝，主恚，刵耳劓鼻，且斷巽髮。帝怒，斥爲縣主。久之，復故封。（第三六五三頁）

糾謬卷一九宜城公主傳所書可疑：今按中宗自未改神龍未返正已前，止稱太子，神龍元年，始復帝位。今傳云"帝恚，斥爲郡主，久之，復故封"，則是神龍元年以前明矣，神龍以前曷嘗有帝，所稱者何帝乎？

按：此事說郛卷三十二上耳目記亦載，曰："駙馬、公主一時皆被奏，降公主爲郡主，駙馬左遷也。"并未提及"帝"字，或爲後世轉述中加入，從行文上看，此"帝"應是則天。

（安樂公主）又請爲皇太女，左僕射魏元忠諫不可，主曰："元忠，山東木強，烏足論國事？阿武子尚爲天子，天子女有不可乎？"（第三六五四頁）

十七史商榷卷八七：新魏元忠傳："安樂公主……求爲皇太女……曰：'山東木彊，安知禮？阿母子尚爲天子，我何嫌？'宮中謂武后爲阿母子，故主稱之……"……但兩"阿母子"皆當作"阿母"，誤衍"子"字，新又復載此事於公主傳，"阿武子"亦當作"阿武"，衍"子"字也。

按：通鑑考異卷一二載統紀亦作"阿母子"，疑魏元忠傳由此而來，"阿武子"除安樂公主外無載，考舊書卷五一高宗廢后王氏傳載王皇后罵武則天爲阿武，疑宋祁修公主傳時參考唐紀，又將之換做"阿武子"。

臨淄王誅（韋）庶人，（安樂）主方覽鏡作眉，聞亂，走至右延明門，兵及，斬其首。（第三六五五頁）

糾謬卷一〇武延秀安樂主被誅處不同：武延秀傳云："韋后敗，尚與主居禁中，同斬肅章門。"……二說不同，未知孰是。

按：通鑑卷二〇九曰："安樂公主方照鏡畫眉，軍士斬之，斬武延秀於肅章門外。"

睿宗諸公主傳

代國公主名華，字華婉，劉皇后所生。（第三六五六頁）

金石錄卷二六唐代國公主碑：公主，睿宗第四女也。新唐史以爲第五女，蓋史誤。碑云"公主壻鄭萬鈞撰"。

潛研堂金石文跋尾卷六代國長公主碑：碑云，公主字花婉。

按：見下荆山公主考證。

荆山公主，下嫁薛伯陽。（第三六五六頁）

糾謬卷一一溫曦尚涼國公主未明：今按公主傳止有睿宗女涼國公主，下嫁薛伯陽，非溫曦也。然睿宗女內又有荆山公主，亦下嫁薛伯陽，此二者未知孰是。無乃涼國實嫁溫曦，而史誤作伯陽乎？若以爲然，又薛稷傳云"伯陽，稷之子，尚仙源公主"，而仙源公主即涼國舊封，此又似非誤，無乃尚荆山者即溫曦乎？二者雖不可得而推，然必有一誤矣。

金石錄卷二六唐涼國長公主碑：公主，睿宗女也。新唐書列傳云字華莊，而碑云諱萰，字花粧，傳云下嫁薛伯陽，而碑云嫁溫彥博曾孫曦。按新史睿宗第三女荆山公主已嫁薛伯陽，當以碑爲正。

平津讀碑記卷五：鄎國長公主碑：……新唐書本傳鄎國公主睿宗第八女，碑云第七女，新唐書睿宗第三女荆山公主下嫁薛伯陽，兩唐書薛稷傳俱云子伯陽尚仙源公主，不云又尚荆山，且荆山爲鄎國初封邑號，不應相同，疑即鄎國，初嫁薛儆，而史誤以爲第三女下嫁伯陽也。

互證卷一一：趙子函石墨鐫華："涼國公主碑跋云：'公主先嫁薛伯陽，後嫁溫曦，而碑諱不言伯陽。'"按唐會要公主降薛伯陽，後降溫曦，然唐人不知諱，此觀張說所撰鄎國長公主碑均叙薛、鄭兩家，言之津津，不知此何以諱也。

餘審卷一鄎國公主初降薛儆：緣新傳，鄎國初嫁薛儆……據傳及全唐文，伯陽別尚涼國，而公主傳中他無嫁薛儆者……鄎國初嫁薛儆，絕無可疑，況假謂荆山信有其人，既出降而後卒，則荆山之號，不應重封其妹，而新傳"鄎國公主……始封荆山"之說爲不實。如謂荆山嫁人既卒，然後取此舊號以封鄎國，微論事有忌諱，不軌常情；縱謂有之，奈睿宗諸女年齡，相差不過數歲，鄎國寧待荆山既卒而後封乎？故知新傳"荆山公主，下嫁薛伯陽"，實鄎國（初封荆山）下嫁薛儆之重誤。

　　按：據新書卷八三睿宗十一女傳，睿宗諸女爲：壽昌公主、安興昭懷公主、荆山公主、淮陽公主、代國公主、凉國公主、薛國公主、鄎國公主、金仙公主、玉真公主、霍國公主。其中，曰："荆山公主，下嫁薛伯陽。"而下又曰："凉國公主，字華莊，始封仙源，下嫁薛伯陽。"再曰："鄎國公主，崔貴妃所生……始封荆山，下嫁薛儆，又嫁鄭孝義。"因此，這裡便出現兩荆山公主。據上文互證卷一一可知，凉國公主先嫁薛伯陽，後嫁溫曦，那兩荆山又作何解呢？考平津讀碑記卷六代國長公主碑曰："右代國長公主碑，在蒲城縣，碑稱公主睿宗第四女，新唐書傳作第五女，以傳重出，荆山公主本不在數中也。"再據平津讀碑記卷五曰鄎國長公主碑，其爲第七女而傳作第八女。長安志卷一〇曰："次南輔興坊：東南隅金仙女冠觀；景雲元年睿宗第八女西城公主；第九女昌隆公主并出家爲女冠。"至此，此排序相較新傳均少一序位。或曰安興公主早逝，不加以計算，考唐大詔令集卷四三新都郡主適盧咸等制曰"笄年在時……安興縣主可出適梁王府參軍薛琳"，因此，可以確定，其十四歲時許配給參軍薛琳。因此，安興公主應計算在內。冊府卷三〇〇按順序載睿宗諸公主駙馬之名，"崔真尚睿宗女（淮陽公主）[壽昌公主]；王承慶尚睿宗女淮陽公主；鄭萬均尚睿宗女代國公主……"這裡，獨缺三公主之薛伯陽載，而鄎國公主則始封荆山。考四庫版唐會要卷六，曰睿宗十女，排序與新書同，獨缺三公主荆山。至此，可以推出"荆山公主下嫁薛伯陽"爲衍出，而"凉國公主"處又脫"又嫁溫曦"，從而致不解。

太極元年，與玉真公主皆爲道士，筑觀京師，以方士史崇玄爲師。（第三六五六頁）

　　金石錄卷二七唐金仙長公主碑：據唐書本傳云大極元年与玉真公主皆爲道士，而碑云丙午度爲道士，蓋神龍二年也。

玉真公主字持盈，始封崇昌縣主。……薨寶應時。（第三六五七頁）

　　金石錄卷二七唐玉真公主墓誌：誌云"公主法號無上真，字玄玄，天寶中更賜號曰持盈"，而唐史但言字持盈爾，誌又云"中宗時封昌興縣主，睿宗時封昌興公主，後改封玉真，進爲長公主"，唐史但云"封崇昌縣主"，而以"昌興"爲"崇昌"者，皆其闕誤。誌又云"元年建辰月卒"，而史以爲卒于寶應中，亦非也。

按：新書曰"始封崇昌縣主"，新書考異卷五一曰："睿宗女玉真公主，始封崇昌縣主，本封隆昌，史家避明皇諱追改。"疑昌興之號乃墓誌撰者避諱所改。"元年建辰月"在"寶應年間"。因此，新書爲不誤。

玄宗諸公主傳

玄宗二十九女。（第三六五七頁）

糾謬卷四明皇帝公主數多一人：今按其名數乃有三十人，即不知其總凡之誤邪，名數之誤邪。然修書而至於如此，亦可謂疏謬矣。

新書考異卷一一：自永穆至壽安，實三十人，吳氏糾謬其自相違舛。今考唐會要載明皇二十八女……史合寧親與興信爲一人，又多懷思、普康、壽安三人。予謂公主早薨者多矣，獨普康公主以明皇女而追封于咸通之世，殊不近情。又考懿宗八女，自有封普康者，乃悟咸通九年追封者必是懿宗之女。史家轉寫，重複錯亂，若於明皇諸女中除去普康一人，則與二十九人之數合矣。

互證卷一〇：按咸通即懿宗建元，普康果懿宗女，則不得云追封也。考憲宗十八女中有普康公主，咸通追封，或是此人，新書屬之元宗女，誠不近情。然考唐會要，元宗三十女自有普康公主，錢氏所見本不知何以不同。

按：餘審卷二玄宗諸女對諸公主有詳考，文字繁複，不再錄入。

常芬公主，下嫁張去奢。（第三六五七頁）

糾謬卷六張去奢去盈不同：今按肅宗張皇后傳，其尚常芬公主乃張去盈，非去奢也，未知孰是。

知本糾謬錢氏注：唐大詔令開元十九年出降張去盈，與后妃傳合。

按：唐大詔令集卷四二常芬公主食實封制曰："可食實封五百戶用，今年九月丁巳出降張去盈。"舊書卷五二及新書卷七七肅宗張皇后傳亦作"去盈尚玄宗女常芬公主"，應是。

常山公主，下嫁薛譚，又嫁竇澤。（第三六五八頁）

糾謬卷一〇常山及薛譚字誤：今按薛稷傳，作恒山公主嫁薛談。且唐自穆宗以後始諱"恒"，方明皇帝時，未嘗避也。"譚"、"談"二字，未知孰是。

互證卷一〇：今考太宗女下已有常山公主，蓋宋真宗名恒，新書自避宋諱，初不因唐穆宗也。其有諱有不諱者，不能畫一耳。

經史避名匯考卷一六："常"避穆宗諱，"譚"避武宗諱，皆史追改之。

萬安公主，天寶時爲道士。（第三六五八頁）

通鑑考異卷一二：睿宗、玄宗實錄……（開元四年）己巳，睿宗一七齋，度萬安公主爲女道士。

互證卷一〇：通鑑在開元四年。

臨晉公主，皇甫淑妃所生，下嫁郭潛曜。（第三六五八頁）

糾謬卷六郭潛曜姓不同：今按孝友傳乃鄭潛曜，而其父萬鈞亦尚代國公主，證據甚明，爲郭姓者誤也。

中華本新書校記："郭"，各本及唐會要卷六同。本書卷一九五孝友傳、冊府卷三〇〇作"鄭"。

按：毘陵集卷十八鄭駙馬孝行記曰："特進、駙馬都尉滎陽鄭潛曜……公開元二十八年尚玄宗第十二女臨晉長公主。"南部新書卷一略同。因此，"郭潛曜"應誤。

衛國公主，始封建平，下嫁豆盧建。（第三六五九）

新書考異卷一一：唐會要作"豆盧達"，予謂建平主婿不當名"建"，恐當以"達"爲正也。"衛國"，會要作衡國。

互證卷一〇：按趙明誠金石錄有唐駙馬都尉豆盧建碑，恐會要未足據。後考會要亦作"豆盧建"，竹汀先生所見傳鈔者誤耳。

按：文苑英華卷三百九十七授崔惠童衛尉卿等制、长安志卷八、唐會要卷六作"豆盧達"，寶刻叢編卷八唐駙馬都尉豆盧建碑曰："建字立言，河南人，尚玄宗女建平公主。"因此，新傳是。唐會要亦作"衛國公主"，錢氏所據版本應誤。

齊國公主，始封興信，徙封寧親。下嫁張垍，又嫁裴潁，末嫁楊敷，薨貞元時。(第三六五九頁)

餘審卷二寧親與興信非同人：(一) 寧親爲第八女，見全唐文二三封唐昌公主制，亦與錢引會要之行第相同，與興信之行第，相差太遠。據大詔令四一，此制係開元十六年所行，是寧親是年嫁；又舊紀八，開元十八年四月壬戌，幸寧親公主第，正嫁後之事，可爲寧親非興信之確證。(二) 興信本封高陽，高陽之名，今有全唐文二四封制可證，如就聚珍本會要刪去普康，正與制云第二十女合。繼檢大詔令四一，此制係開元二十九年所行，制有云"方營魯館，宜啟沁園"，謂其將出閣也，與下文興信二十九年出降合，是興信本封高陽之說可信，非始封興信。(三) 寧親與四女唐昌、六女常山同封，在開元十六年，新傳謂由興信始改寧親，再合初封高陽言之，是寧親已爲第二次改號，殊與封唐昌公主制之時序相戾。(四) 大詔令四二冊興信公主出降文："維開元二十九年歲次辛巳，閏四月辛巳朔，十八日戊戌……興信公主……歸於外館，宜穆彝章。"是二十九年閏四月興信始行適人。又曲江集一一張說誌，開元二十年作，末云："次曰垍，駙馬都尉、衛尉卿。"駙馬之授，亦須待成禮行之，正與上文寧親十六年下降合。又舊書五二元獻皇后傳："……故寧親公主降說子垍。"……末檢元龜三○○云："張垍尚玄宗女寧親公主，又尚興信公主。"同書三○三同，惟倒"興信"爲"信興"，乃知垍實兩次尚主，新傳不察，致混兩公主爲一人也。舊書一一六倓傳："追謚承天皇帝，與興信公主第十四女張氏冥婚。"此爲興信適張氏之證。

肅宗諸公主傳

郜國公主，始封延光，下嫁裴徽，又嫁蕭升。升卒，主與彭州司馬李萬亂，而蜀州別駕蕭鼎、灃陽韋惲、太子詹事李昪皆私侍主家。(第三六六二頁)

互證卷一○：舊書蕭復傳"韋惲"作"韋恪"、"李昪"作"李昇"，通鑑從舊書作"李昇"也。然考新書李叔明傳，"又與子昪俱兼大夫"，下文云"子昪"，考昪爲禁軍將軍，以李泌言遷太子詹事，末爲大夫，然則叔明自有子昪官兼大夫，而昪與昇兄弟，非一人也。舊書叔明傳亦作"昇"。

按："韋憚"，唐大詔令集卷四二郜國大長公主別館安置敕同，舊書卷一二五蕭復傳、通鑑卷二三三作"韋恪"。

"李昇"，舊書卷一二二李叔明傳、舊書卷一三六及新書卷一四五竇參傳同，舊書卷一二五蕭復傳、通鑑卷二三三作"李昇"，按李昇，新書卷一四七有傳，乃李叔明之子，"與子昇俱兼大夫"乃大曆三年後事，"子昇，以少卿從德宗幸梁州……擢禁軍將軍"，均爲興元時，時間先後不同也。

順宗諸公主傳

襄陽公主，始封晉康縣主，下嫁張孝忠子克禮。（第三六六六頁）

糾謬卷一〇公主傳及張茂昭傳各記尚主而有不同：今按張茂昭傳，克禮乃茂昭之子，而孝忠之孫，且又云尚晉康郡主，非縣主也。

按：唐大詔令集卷四一封永陽長公主等制、舊書卷一四一張茂昭傳作"郡主"，據權載之文集卷二一贈太師張公墓誌銘，克禮乃茂昭之子。可證吳縝之論。

潯陽公主，崔昭儀所生。大和三年，與平恩、邵陽二公主並爲道士。（第三六六六頁）

新書館臣注："太和"乃"元和"之誤。

卷八四

李密傳

祖耀，邢國公。（第三六七七頁）

互證卷一一：舊書"周太保，魏國公"。按隋書李密傳亦云"祖耀，周邢國公"，新書世系表亦同，而祖君彦爲密移檄郡縣則云"周太保魏公之孫"。

按：周書卷一五李弼傳曰："（次子輝）尋襲爵趙國公，改魏國公。……耀既不得爲嗣，朝廷以弼功重，乃封耀邢國公。"

熊州副將盛彦師率步騎伏陸渾縣南邢公峴之下，密兵度，橫出擊，斬之。（第三六八六頁）

互證卷一一：按舊書略同，而無邢公峴名，通鑑考異引河洛記，"遣將劉善武追躡，驅密於邢公山"，新傳恐是參用此語。余謂李密入唐封邢國公，當是後人因密死於此而以名其山，河洛記不審其本末而書之，而新書遂誤襲之也。

按：邢公峴，此名史料罕見，古今類事卷一四引紀異志曰："李密歸國，封邢國公，後復叛，上遣兵征之，至六渾，乃斬於邢公山下。先是，山之側有亂石縱橫，頗妨行李，人謂之邢公厄，密果死於此。"恐此名流傳不廣，據元和郡縣志卷六，陸渾縣南乃三塗山，在縣西南五十里。

時徐世勣尚爲密保黎陽，帝遣使持密首往招世勣。（第三六八六頁）

合鈔卷一〇四：按李勣傳，是時勣已歸唐爲黎陽總管，非爲密守城也，當從舊書。

卷八五

王世充傳

出爲江都贊治，遷郡丞。（第三六八九頁）

讀史舉正卷七：按隋書百官志煬帝改贊務爲郡丞，此傳似贊務一官，郡丞又一官矣。

按：新書卷四九下百官志曰："武德元年，改贊治曰治中，高宗即位曰司馬，下亦置焉。"因此，二官應非爲一。

爲羽林將軍獨孤修德所殺。（第三六九五頁）

互證卷一一：舊書"爲定州刺史獨孤修所殺"，按通鑑"爲定州刺史獨孤修德所殺"，名從新書，官從舊書。

按："獨孤修德"，隋書卷八五王充傳、御覽卷一五七、通鑑卷一八九同，通鑑考異卷九曰："舊傳作'獨孤修'，今從河洛記。"舊書卷八五王世充傳作"獨孤修"。

"羽林將軍"，舊傳、通鑑卷一八九作"定州刺史"，隋書及御覽僅曰"讎人"。

竇建德傳

上谷賊王須拔自號"漫天王"，以兵略幽州，戰死。（第三六九八頁）

讀史舉正卷七：按本紀武德元年十一月竇建德敗王須拔于幽州，須拔亡入于突厥，則是須拔固未嘗戰死幽州也。

按：舊書卷五四竇建德傳、通鑑卷一八六與新傳同，通鑑考異卷九曰："革命記云'須拔眾散，奔突厥，突厥以爲南面可汗'，今從唐書。"

十三年正月，築壇場於河間樂壽，自立爲長樂王。十四年五月，更號夏王，建元丁丑。……冬至，大會僚吏，有五大鳥集其宮，羣鳥從之。又宗城人獻元圭一，景城丞孔德紹曰："昔天以是授禹，今瑞與之侔，國宜稱夏。"建德然之，改元五鳳。（第三六九八至三六九九頁）

合鈔卷一〇五：按十四年者，隋恭帝之義寧二年，唐高祖之武德元年也。煬帝三月遇弒，固無十四年五月之文，高祖五月受禪，亦無義寧二年五月之文，且是年亦爲戊寅，非丁丑，新書之誤無疑。

互證卷一一：舊書"十三年正月，自稱長樂王，年號丁丑。武德元年冬至日，有五大鳥降于樂壽，因改元爲五鳳。宗城人獻元圭，孔德紹曰：'昔禹天錫元圭，宜稱夏國。'建德從之。"按丁丑是大業十三年，當以舊書爲是，且十四年是恭帝義寧二年，即武德元年也，其年三月，宇文化及弒煬帝，十四年無五月也，又建德因宗城人獻元圭而改稱夏，亦宜從舊書在武德元年冬至後，而新書既云"五月改夏"，又于冬至後稱孔德紹之言云國宜稱夏，不自相矛盾乎。

按：通鑑卷一八三曰："（義寧元年正月）丙辰，竇建德爲壇於樂壽，自稱長樂王，置百官，改元丁丑。……（武德元年十一月）宗城人有得玄圭獻於建德者，宋正本及景城丞會稽孔德紹皆曰：'此天所以賜大禹也，請改國號曰夏。'建德從之。"所述與舊書卷五四竇建德傳同。

（十四年）七月，隋右翊衛將軍薛世雄督兵三萬討之。（第三六九八頁）

合鈔卷一〇五：新書蒙上十四年五月文作是年七月，按五月高祖受禪，隋已亡矣，安得七月隋復命將討賊，當從舊書作十三年

武德元年，宇文化及至魏縣……即引兵討化及。（第三六九九頁）

互證卷一一：按宇文化及至魏縣僭號在元年九月，建德討化及在二年二月……新書乃以化及至魏縣，與建德討化及，並敘于元年下，竟不分明其辭，而下文又有"二年，陷邢、趙、滄三州"之語，是真以誅化及爲元年事，語病甚大。

使人如灌津祠充墓。（第三七〇〇頁）

糾謬卷二〇竇建德傳：今按史記及前漢竇后傳地理志皆作"觀"，顏師古曰："觀津，清河之縣也。"舊書亦作"觀"，蓋唐初嘗於其地置觀

州，在地理志景州境内。然則未嘗有作"灌"字者，獨新書如是，蓋誤也。

按："灌津"，舊書卷五四竇建德傳、魏書卷一〇六上地形志同，晉書卷一一〇韓恒傳曰其灌津人也，但史記、漢書、後漢書、三國志均作"觀津"，北史二名俱存，可見宋前二字書寫出現混淆現象。

（武德四年三月）王進據虎牢……乃報建德以書，建德失二將，又聞唐兵精，得書猶豫，頓六十日不敢西。（第三七〇一頁）

互證卷一〇：舊書"經二月，迫于武牢，不得進"，通鑑考異引舊書有停留七十餘日之語，今檢舊書無之。通鑑考異曰："吳兢太宗勳史'三月己卯，建德率兵十二萬次于酸棗'，去敗纔四十一日。"按新書本紀"武德四年三月乙酉，竇建德陷管州，五月壬戌，秦王敗建德于虎牢，執之"，舊書本紀作"五月己未"，壬戌前三日也。今考乙酉至己未三十五日，至壬戌三十八日，而太宗報建德以書，乃在獲其將殷秋、石瓚之後，則新舊傳之誤可知。又考舊書太宗本紀作"相持二十餘日"，此最爲是。

卷八六

薛仁杲傳

舉與子仁杲及其黨劫瑗于坐，矯稱捕反者，即起兵。(第三七〇五頁)

金石萃編卷一三九游師雄題六駿碑：歐陽詢字今不復見，惟仲容之字獨存，如寫白蹄烏贊云"平薛仁果時乘。"由此益知唐史誤以"果"爲"杲"耳。

劉黑闥傳

攻定州，舊將曹湛、董康買先逃鮮虞，聚兵應之。(第三七一七頁)

互證卷一一：舊書作"曹湛"，按新書上文亦云"曹湛"，而此處作"曹該"，恐誤。又考新書高祖本紀"武德五年七月，貝州人董該以定州叛附於黑闥"，疑此因曹湛而誤爲曹該，紀又因曹該、董康買而誤爲董該也。

中華本新書校記："湛"，各本原作"該"，據本卷上文、舊書卷五五劉黑闥傳及通鑑卷一九〇改。

(武德五年)九月，略瀛州，殺刺史，詔齊王元吉擊之。(第三七一七頁)

合鈔卷一〇六：(舊書卷五五劉黑闥傳作"十一月，詔齊王元吉擊之"。)按高祖紀亦在十一月，當從舊書。

按：舊紀卷一曰："(武德五年)冬十月癸酉，遣齊王元吉擊劉黑闥於洺州。……十一月甲申，命皇太子率兵討劉黑闥。"新紀卷一曰："(武德五年九月)劉黑闥陷瀛州，刺史馬匡武死之。……十月己酉，齊王元吉討黑闥。"因此，新傳不誤。

徐圓朗傳

秦王已破黑闥……盛彥師謬說曰："公迎劉世徹，亡無日矣。"（第三七一八頁）

通鑑考異卷九：實錄"（武德五年）彥師奔王薄，与薄共殺李義滿，三月戊戌，王薄死，丁未，黑闥乃敗彥師"。在圓朗所時，黑闥未敗也，今稱或說以闕疑。

互證卷一一：舊書圓朗傳不載此事，然新舊二書盛彥師傳並云"武德六年，圓朗平，彥師得還"，似不取奔王薄事也，未知孰是。

卷八七

輔公祏傳

賊李子通據江都，伏威使公祏以精卒數千度江擊之。……伏威既遣使歸國，武德二年，詔授公祏淮南道行臺尚書左僕射，封舒國公。（第三七二四頁）

互證卷一一：按新舊高祖本紀並云"二年九月，杜伏威降"……又按本紀伏威降上有李子通自稱皇帝、沈法興自稱梁王，則伏威遣公祏擊破子通，雖不能確指其時，自在既降之後。通鑑在三年十二月後，蓋約略之辭，考舊本紀"三年六月，徙封楚王杜伏威為吳王，賜姓李氏"，或者破子通在三年六月前，以功而徙封也。今敘其事于二年之前，亦非也。

按：趙氏所曰不盡然，考杜伏威與李子通，舊書卷五六王雄誕傳曰："伏威後率眾渡淮，與海陵賊李子通合，後子通惡伏威雄武，使騎襲之……伏威復招集餘黨，攻劫郡縣，隋將來整又擊破之……後伏威令輔公祏擊李子通於江都……高祖聞伏威據有吳、楚，遣使諭之。"據此，輔公祏破李子通應在杜伏威降高祖前。

六年，伏威入朝。（第三七二五頁）

合鈔卷一〇七：新書作"六年"，誤。

互證卷一一：舊書"五年，伏威將入朝"，按舊紀"五年七月丁亥，吳王伏威來朝"。通鑑從舊書。

公祏復遣將馮惠亮、陳當世屯博望山，陳正通、徐紹宗屯青州山。（第三七二五頁）

合鈔卷一〇七：新書作"青州山"，誤。

互證卷一一：舊書"徐紹宗屯青林山"。通鑑從舊書。按新書闞稜傳，青山之戰，與陳正通遇，是青林山即當塗之青山。新書本傳作"青州山"，誤也。

中華本新書校記：本書卷九三李靖傳、舊書卷五六輔公祏傳、通鑑卷一九〇均作"青林山"。

沈法興傳

沈法興，湖州武康人……法興隋大業末爲吳興郡守。（第三七二六頁）

讀史舉正卷七：按隋書地理志烏程舊置吳興郡，平陳郡廢入焉。是大業中未嘗有吳興郡也，當爲吳郡之訛耳。

按：舊書卷五六沈法興傳、通鑑卷一八五作"吳興太守"，舊紀卷一曰："吳興人沈法興據丹陽起兵。"此"吳興"應爲沿襲舊稱。新書卷八七沈法興傳曰："法興懼，棄城與左右數百投吳郡賊聞人嗣安。"此可證非"吳郡"，"吳興太守"應是。

棄城與左右數百投吳郡賊聞人嗣安。（第三七二六頁）

互證卷一一：舊書作"聞人遂安"。通鑑從舊書。

按：舊書卷一〇一及新書卷一一二薛登傳同，舊書卷五六沈法興傳及同卷王雄誕傳、新書卷九二王雄誕傳、通鑑卷一八八、一八九均作"聞人遂安"。

張善安傳

武德六年反，輔公祏以爲西南道大行臺。善安掠孫州，執總管王戎。（第三七三〇頁）

互證卷一一：舊書"公祏之反也，善安亦舉兵相應"。按新書高祖本紀，善安反在六年三月，陷孫州在四月，而輔公祏之反則在八月，然則善安之反在公祏前，新舊二傳之誤可知。

按：通鑑卷一九〇曰："（武德六年三月）乙巳，前洪州總管張善安反。……（四月）張善安陷孫州，執總管王戎而去。……（八月，輔公祏）與張善安連兵，以善安爲西南道大行臺。"故執王戎在與輔公祏連兵前。

卷八八

裴寂傳

裴寂字玄真，蒲州桑泉人。（第三七三六頁）

糾謬卷四裴寂字不同：今按宰相世系表則字真玄，未知孰是。

互證卷一一：舊書同。

按：舊書卷五七裴寂傳、冊府卷三〇九、卷八一五、卷八九三作"玄真"，應是。

麟州刺史韋雲起告寂反，按訊無狀。（第三七三八頁）

糾謬卷四韋雲起嘗爲麟州刺史而本傳不載且是時未有麟州：今按雲起傳，雲起未嘗爲麟州刺史，亦無告裴寂反之事，且又按地理志麟州乃開元十二年始置，則方武德時，固未有麟州也。

知本糾謬錢氏注：地理志麟遊縣武德四年曰"麟州，貞觀元年州廢"，是唐初固有麟州；又鉅野縣，武德四年置麟州，五年州廢。

互證卷一一：考元和郡縣志麟遊下云"隋于此置西麟州"，雖與（新書）志所言武德元年不同，要之西麟州必在麟遊縣也。新書删之，遂生廷珍之疑。

按：舊書卷五七裴寂傳曰："麟州刺史韋雲起告寂謀反，訊之無端。"冊府卷三一九略同。冊府卷九三三曰："唐韋雲起爲麟州刺史，裴寂爲尚書右僕射，高祖有所巡幸，必令居守，雲起告裴寂謀反，鞫之無端而釋之。"舊書卷七五韋雲起傳曰："四年，授西麟州刺史、司農卿如故。"因此，韋雲起爲麟州刺史事爲真。

律師子承先，武后時爲殿中監。（第三七三九頁）

餘審卷一裴承先：七一上宰相世系表云律師生承光、承祿，承祿生景儼。余按"光""先"字形相近，其中當有一訛，唐人家諱甚嚴，承先之佺，似不當取名景儼。

劉思禮傳

少學相人於張憬藏。憬藏謂思禮歷刺史，位至太師。（第三七四三頁）

新書考異卷一二：按舊唐書："思禮少嘗學相術于張憬藏，相己必歷刺史、位至太師。"揆其文義，謂思禮自相當得太師，非憬藏許之也。新史改竄，失其本旨。

按：比較新舊二傳，儘管內容略同，但新傳某些地方較舊傳詳細，新傳并不是來源於舊傳。考通鑑卷二〇六，所述與新傳相同，疑舊傳誤。

樊興傳

又從李靖擊吐谷渾，爲赤水道行軍總管。後軍期，士多死，亡失器仗。（第三七四四頁）

互證卷一一：舊書同。按新書太宗本紀，"貞觀八年夏，吐谷渾寇涼州，段志元爲西海道行軍總管，樊興爲赤水道行軍總管以伐之。十二月，李靖爲西海道行軍大總管，道彥爲赤水道行軍總管以伐吐谷渾。"新舊二書道彥傳並云"李靖擊吐谷渾，道彥爲赤水道行軍總管"。是樊興爲赤水道總管乃與段志元俱，非從李靖時也。蓋樊興時亦在軍中，後期致罪耳，其赤水道總管自是道彥非樊興也。

張平高傳

張平高，綏州人。（第三七四六頁）

盤洲集卷六十二跋歐書丹州刺史碑：丹州爲何人，詳考其碑，隱然猶有"公諱崇字平高"六字，按唐史裴寂之左方有張平高一傳，史載其在隋，爲鷹揚府校尉，事唐，授左領軍將軍，封蕭國公，正觀初守丹州刺史，坐事，以右光祿大夫還第。所書與碑同，則知崇之姓張氏無疑矣。……然崇之本傳及忠義傳列凌煙功臣及裴寂傳所書皆云張平高，而不名。豈唐人多以字顯……今平高之碑既不載其以字行，蓋史家刪修，誤以平高爲名。

李安遠傳

積功，累封至廣德郡公。（第三七四六頁）

新書考異卷一二：石刻武德四年秦王告少林寺教有"德廣郡開國公安遠"名，傳作"廣德郡"，誤。

互證卷一一：舊書同。

按：唐會要卷四五、七九均作"廣德"。

卒，贈涼州都督，謚曰安。（第三七四七頁）

互證卷一一：舊書"謚曰密"，按會要同新書，余友端木星垣曰："易名之典，理無復斥其名者，當從舊書。"其言誠有理也。

按：唐會要卷七九作"安"。

卷八九

張大安傳

子悌，仕玄宗時爲集賢院判官，詔以其家所著魏書、說林入院綴修所闕。（第三七五六頁）

互證卷一一：舊書"大安子悅"。按世系表"悌，大素子；悅，大安子"，舊書"大素撰後魏書一百卷"，新書"詔悌以其家所著魏書、說林入院，綴修所闕"，則悌必大素子也，當以舊書及世系表爲是。

唐儉傳

然喪亂方剡，私當圖存，公欲拯溺者，吾方爲公思之。（第三七五九頁）

廿二史劄記卷一八：唐儉傳舊書儉勸高祖起兵，高祖曰"天下已亂，言私則圖存，言公則拯溺，吾將思之。"新書改……是竟以公指儉矣。

按：冊府卷七六六同舊傳，新傳乃參考舊傳而成，疑新傳誤改。

武德初進內史舍人，遷中書侍郎，散騎常侍。（第三七五九頁）

糾謬卷一二唐儉傳誤書官：今按高紀云："武德二年，內史侍郎唐儉討劉武周。"又永安王孝基及獨孤懷恩傳皆云內史侍郎，又百官志云武德三年改內書省曰中書省，內書令曰中書令，然則儉在武德二年，則當止是內史侍郎，未合書爲中書侍郎也。

知本糾謬卷一二獨孤懷恩錢氏注：武德三年三月，改內史省作中書省，儉以武德二年被執，當稱內史侍郎，及武周敗亡，儉始歸國，詔復舊官，其時官名已改。懷恩傳稱內史侍郎，據當時官名，儉傳稱中書侍郎，據後追改而言，非有誤也。竇建德傳以孔德紹爲內史侍郎，孔述睿傳"高祖德紹，事竇建德爲中書侍郎"。

唐史餘瀋卷一孔德紹中書侍郎：按錢說前截，據唐官改稱，尚足爲宋氏辨護。至孔德紹之事竇建德，隋書七六本傳稱中書令（北史八三同），舊書五四竇建德傳稱內史侍郎。今且不必問隋書、舊書孰是，然錢氏引新書，德紹或作內史侍郎，或作中書侍郎，固將爲兩者通稱之證。

唐次傳

裔孫次，字文編。（第三七六一頁）

互證卷一一：按新書此並系於儉弟憲後，不知是憲裔或儉裔也，考舊書文苑唐次傳云"國初功臣禮部尚書儉之後"，然證之世系表，則皆不然，表云"唐宏三子，瑤、偕、諮，號三祖"，儉、憲在瑤下，次乃系於諮之下，則其族疏遠甚矣。

段志玄傳

段志玄，齊州臨淄人。（第三七六二頁）

新書考異卷一二：神道碑作"鄒平"。
互證卷一二：舊書同。
按：據元和姓纂卷九，"鄒平"應爲其郡望。

通敗走，與諸將躡獲於稠桑，以多，授樂游府車騎將軍。（第三七六二頁）

十七史商榷卷八九：（舊傳）"以功授樂遊府驃騎將軍"，新改爲"車騎"，碑正作"驃騎"，新非。

及卒，帝哭之慟。贈輔國大將軍、揚州都督，陪葬昭陵，諡曰壯肅。（第三七六三頁）

金石錄卷二三唐段志玄碑：以唐史考之，多不合……碑云"鄒平人"，而史云"臨淄人"；碑云"諡忠壯"，而史云"諡忠肅"，舊史亦作

"忠壯"，与碑合。

新書考異卷一二：當作"忠壯"，舊史本傳、唐會要及神道碑并作"忠壯"，獨此云"壯肅"，字之譌也。

互證卷一一：按世系表亦作"忠壯"，舊書長孫无忌傳圖形凌煙閣詔亦曰"襃忠壯公志元"。

三世孫文昌。（第三七六三頁）

互證卷一一：按當云"元孫文昌"，又考舊書文昌傳"祖德皎"，新書世系表作"懷昶"，未知孰是。

按：元和姓纂卷九曰："（志玄）生懷古、懷藝、懷簡。懷藝，坊州刺史少詹事。瑾，符璽郎，朝邑令。生懷昶、懷晏、懷皎。懷昶，德州參軍，生文昌。"據宰相世系表卷七五下，志玄三子，瓚、瑾、珪，瑾生懷昶、懷晏、懷皎，與姓纂合，懷簡爲瓚之子，懷古、懷藝世系表脫。由此可以看出，志玄子輩從"玉"，孫輩"懷"字起。據世系表，懷昶生子鍔，鍔子文昌，但舊書卷一六七段文昌傳曰："高祖志玄……祖德皎，贈給事中。父諤，循州刺史，贈左僕射。"太平廣記卷一五五引定命錄曰："故西川節帥段文昌字景初，父鍔，爲支江宰。"可以得出文昌父爲鍔，但鍔父德皎爲誤，首先其父輩"懷"字起，其次，據宰相表，懷皎爲鍔從父，不可曰其父德皎，從父乃懷皎也。至此，文昌爲志玄之玄孫明矣。

段文昌傳

南詔襲南安，帝以文昌得蠻夷心，詔使下檄尉讓，即日解而去。（第三七六四頁）

糾謬卷一九段文昌傳有誤：今按文昌傳，以本紀及南蠻傳考之，自大和四年已後至九年，並無南詔寇南安，因得文昌檄而解去之事。且南安不見屬何郡，疑皆無之。

互證卷一一：按新地理志，眉州通義郡洪雅下注云："武德元年以縣置犍州，五年省南安入焉。貞觀元年州廢，開元七年置義州，并以獠戶置南安、平鄉二縣，八年州廢，省二縣。"舊志青神下云漢南安縣，然則青神、洪雅皆有南安之地，史仍其舊名也。又泉州有南安縣，此或非南詔之所及。

　　按：新書卷八九段文昌傳乃據舊書卷一六七段文昌傳刪改而成，此事舊傳無，爲新傳添入，事應有據。

卷九〇

劉弘基傳

討薛舉，戰淺水原，八總管軍皆没，唯弘基一軍戰力，矢盡，爲賊拘……仁杲平，乃克歸。（第三七六六頁）

糾謬卷四劉弘基殷開山傳誤：殷開山傳云："從秦王討薛舉，會王疾甚，臥營，委軍於劉文靜，誡曰：'賊方熾，邀速戰利，公等毋與爭，糧盡衆枵乃可圖。'開山鋭立事，説文靜曰：'……請勒兵以怖之。'遂戰析墌，爲舉所乘，遂大敗，下吏當死，除名爲民。"今按析墌，城名也。殷開山傳及地理志以爲析墌，而薛舉及仁杲傳則以爲高墌，未知孰是。……若劉文靜、殷開山之敗乃高墌也，而開山傳則以爲析墌，誤矣。淺水原之戰，仁杲將宗羅睺敗走，太宗急追，夜半圍之，遲明而仁杲降，而弘基傳乃以爲八總管軍皆没，一何舛謬之甚乎？此最爲大誤也。按薛舉傳則弘基之没亦高墌之戰耳。夫淺水原乃太宗戰勝之地，遂追奔逐北使仁杲不及計而降，曷嘗有八總管敗没者乎？此史氏殊不考究之故也。高墌、析墌皆城名，高墌屬寧州定平縣，析墌屬涇州安定縣，地既近而名相類，故易於舛誤。唯弘基傳有淺水原戰没之説，爲謬最甚矣。

知本糾謬錢氏注：薛舉傳云："秦王壁高墌策賊可破，遣將軍龐玉擊宗羅睺於淺水原。戰酣，王以勁兵擣其背。"是淺水原與高墌地本相近。太宗壁高墌而破賊於淺水原，劉文靜等觀兵高墌，而八總管敗於淺水原，事正相類，非史家之誤也。吳氏所糾，殊未達地理。

按："淺水原之戰，仁杲將宗羅睺敗走，太宗急追，夜半圍之，遲明而仁杲降"，此爲薛舉卒後，秦王徹勝薛仁杲之戰，由於戰在淺水原，吳縝誤將之歸爲"八總管皆没"之戰。

許紹傳

蕭銑將董景珍降……銑遣楊道生圍峽州，紹擊走之。銑將陳普環具大艦遡江……（第三七七〇至三七七一頁）

楚寶卷八：聖楷按：通鑑唐紀武德二年二月許紹帥黔安諸郡來降，是年八月，蕭銑遣其將楊道生寇峽州，紹擊破之。銑又遣其將陳普環帥舟師上峽規取巴蜀，紹又大破之，擒普環，銑遣兵戍安、蜀城及荆門城。武德三年十一月，銑將董景珍以長沙來降，詔紹出兵應之，十二月紹攻銑荆門鎮，拔之。唐書敘次景珍來降在破道生、普環之前，又接云以破銑功封其子智仁云云，大誤。

按：新書卷九〇許紹傳來源於舊書卷五九許紹傳。舊書卷五六蕭銑傳敘楊道生寇峽州於董景珍降前，據此，疑通鑑敘次爲是。

程知節傳

貞觀中，歷瀘州都督、左領軍大將軍，改封盧國。顯慶二年，授葱山道行軍大總管，以討賀魯。（第三七七三頁）

糾謬卷九程知節爲葱山道總管與紀不同：今按本紀，永徽六年五月癸未，左屯衛大將軍程知節爲葱山道行軍大總管，以伐賀魯。顯慶元年八月辛丑，程知節及賀魯部歌邏祿、處月戰于榆慕谷，敗之；九月癸未，程知節及賀魯戰于怛篤城，敗之。二年閏正月庚戌，右屯衛將軍蘇定方爲伊麗道行軍總管，以伐賀魯；十二月丁巳，蘇定方敗賀魯于金牙山，執之。然則程知節之討賀魯乃永徽六年也，其顯慶二年自命蘇定方出討，而是年執之矣。今乃云知節顯慶二年爲葱山道大總管以討賀魯者，誤也。且又傳云左領軍大將軍，而紀云左屯衛大將軍，亦必有誤者。

互證卷一一：按新書刪正舊書，當刪去"顯慶二年"四字，不當刪去永徽六年"遷左衛大將軍"六字，遂爲吳氏所糾。

按：冊府卷一一九曰："（永徽）六年五月，命左屯衛太將軍瀘國公程知節等五將軍帥師出葱山道，以討賀魯。顯慶（元年二月）〔二年正月］，命右屯衛將軍蘇定方等四將軍爲伊麗道將軍，帥師以討賀魯。"舊書卷一九四下突厥傳曰顯慶二年遣蘇定方討伐賀魯。均證吳縝是論。新傳乃襲舊書卷六八程知節傳誤。

關於程知節官職不同，爲前後所任不同，舊書卷六八程知節傳敘述清晰，曰："貞觀中，歷瀘州都督、左領軍大將軍。與長孫無忌等代襲刺史，改封盧國公，授普州刺史。十七年，累轉左屯衛大將軍，檢校北門屯兵，加鎮軍大將軍。永徽六年，遷左衛大將軍。"舊書卷六五長孫無忌傳曰："（貞觀）十一年，令與諸功臣世襲刺史，詔曰：'……左領軍大將軍、宿國公程知節可普州刺史，改封盧國公。'"可并印證。

卷九一

溫大雅傳

溫大雅字彥弘……（第三七八一頁）

金石錄卷二三唐溫彥博碑：歐陽公集古錄跋顏勤禮碑後云："按唐書，溫大雅字彥弘，弟彥博字大臨，弟大有字彥將。兄弟義當一體，而名'大'者字'彥'，名'彥'者字大，不應如此……不知何避而行字。"余按顏之推家訓云："古者名終則諱之，字乃可以爲孫氏。江南至今不諱字也，河北士人全不辨之，名亦呼爲字，字同爲字……"

容齋四筆卷一一：宰相世系表則云彥將字大有，而博、雅與傳同，讀者往往致疑。歐陽公集古錄引顏思魯制中書舍人彥將行，證表爲是，然則惟彥博異耳，故或以爲誤。予少時因文惠公得歐率更所書虞恭公志銘，乃彥博也，其名字實然。後見大唐創業起居注，大雅所撰，其中云："煬帝遣使夜至太原，溫彥將宿於城西門樓上，首先見之，報兄彥弘，馳以啟帝，帝方臥，聞而驚起，執彥弘手而笑。"據此，則三溫之名，皆從"彥"，而此書首題乃云"大雅奉敕撰"，不應於其間敢自稱字。已而詳考之，高宗太子弘爲武后所酖，追尊爲孝敬皇帝，廟曰義宗，列於太廟，故諱其名。……則大雅之名，後人追改之也。顏魯公作顏勤禮碑敍顏、溫二家之盛，曰思魯、大雅、愍楚、彥博、游秦、彥將，以雅爲名，亦由避諱耳。

按：盤洲集卷六二跋歐書溫彥博碑對歐陽修集古錄碑之內容有數篇考證，疑洪邁之考證本源洪括，其刪節收入容齋隨筆。

突利可汗弟結社率謀反。（第三七八二頁）

新書考異卷一二：按太宗紀、魏徵、突厥兩傳俱作"結社率"，此脫"率"字。

按：中華本新書據考異所曰及貞觀政要卷九補"率"字。

溫造傳

道遇左補闕李虞。（第三七八五頁）

互證卷一一：舊書前作"李虞"，後作"李虞仲"。按新舊二書李虞仲本傳並云："虞仲，字見之。"不單名虞。

卷九二

李子和傳

自號永樂王，建元丑平。(第三八〇四頁)
十七史商榷卷八六：舊李子和傳"據榆林，自稱永樂王，建元爲正平"，原本同，新書及通鑑皆作"丑平"，是年大業十三年，歲在丁丑故也，作"正"非。

武德元年獻款……五年，從平劉黑闥有功，賜姓，拜右武衛將軍。十一年，爲婺州刺史。(第三八〇四)
糾謬卷一一李子和傳脫字：今按武德止於九年，今此云十一年，疑是貞觀十一年，而脫"貞觀"二字也。
餘審卷一李子和婺州刺史：按新書二，貞觀六年正月，"癸酉，靜州山獠反，右武衛將軍李子和敗之"，可見貞觀六年子和尚未出刺婺州。
中華本新書校記：武德止九年，"十一年"當非承武德年號。按舊書卷五六李子和傳，子和除婺州刺史在貞觀十一年，此處脫"貞觀"二字。

卷九三

李靖傳

李靖字藥師，京兆三原人。（第三八一一頁）

石墨鐫華卷二唐李衛公靖碑：且舊史云本名藥師，碑與新史皆作字藥師，公又有弟名客師，豈先名藥師后改曰靖，而以藥師爲字耶。

按：桂林風土記、冊府卷四二〇作"字藥師"，舊書卷六七李靖傳、冊府卷八二五作"本名藥師"。趙崡所曰或是。

李勣傳

高宗立，召授檢校洛州刺史、洛陽宮留守，進開府儀同三司、同中書門下，參掌機密，遂爲尚書左僕射。……總章二年卒，年八十六。（第三八一九、三八二〇頁）

合鈔卷一一八：（舊書卷六七李勣傳作"七十六"。）按傳云翟讓起兵，勣年十七，往從之。讓之起當在煬帝大業十二年丙子，以丙子逆推之，則勣當生於文帝開皇二十年庚申，自開皇庚申至高宗總章二年己巳恰七十年，則新書之八十六者固誤，舊書之七十六者亦不合，或上文年十七句末的耳。

金石錄卷二四唐李勣碑：今以碑考之，其除洛州乃在太宗朝，高宗即位，授開府儀同三司爾。又新舊史皆云勣年八十六，而碑云年七十六。

互證卷一一：按新書敍勣屬疾，載其自言云"年踰八十"，舊書則云"年將八十"，似各照應所言，非筆誤也。今考新舊二書並云"隋大業末，勣從翟讓爲盜，年十七"，而自大業九年歲次癸酉，天下盜起，至總章二年歲在己巳，五十七年耳，以十七增之，衹年七十四，勣之爲盜雖不知確在何年，然安得八十六也。

　　按：碑曰"高宗即位，授開府儀同三司"，新傳亦曰"進開府儀同三司"，疑太宗時爲洛州刺史，史未書，高宗立，再次檢校洛州刺史，新傳所書必有據，不應史實舛誤如此。

卷九四

侯君集傳

爲積石道行軍摠管。（第三八二五頁）

糾謬卷二〇侯君集傳：今按太宗紀，貞觀八年十二月，君集爲積石道行軍摠管，宰相表亦同，然則磧字誤，當爲積也。

中華本新書校記："積"，各本原作"磧"，本書卷二太宗紀、卷六一宰相表、卷二二一上吐谷渾傳及通鑑卷一九四均作"積"，據改。

及還京師，有司劾之，詔君集詣獄簿對，中書侍郎岑文本諫曰……（第三八二六頁）

糾謬卷九侯君集傳岑文本官不同：今按本紀，"貞觀十三年十二月，侯君集伐高昌。十四年八月，克之，十二月丁酉，俘高昌王以獻。十六年正月辛未，中書舍人岑文本爲中書侍郎，專典機密。"則是當十四年十二月文本未爲中書侍郎也，而宰相表又云"十六年正月辛未，中書舍人兼侍郎岑文本爲中書侍郎，專典機密"。

唐史餘瀋卷一岑文本兼中書侍郎：余按會要五一："七年十二月，岑文本兼中書侍郎，專黃機密。"其事夾敘於四年與八年之間，則"七年"字斷非傳刻之訛。

劉蘭傳

（貞觀）十一年，爲夏州都督長史。時突厥攜貳，郁射設阿史那模末率屬帳居河南，蘭縱反間離之，頡利果疑，模末懼，來降，頡利急追，蘭逆拒，卻其衆。（第三八三六頁）

糾謬卷一劉蘭拒却頡利：今按太宗紀："貞觀四年三月甲午，李靖俘突厥頡利可汗以獻。"又突厥傳："貞觀八年，頡利死于京師矣。"今劉蘭傳乃謂貞觀十一年頡利尚存于本國，且又考突厥本傳亦無模末來降而頡利急追、劉蘭拒卻之事，此可驗其事皆虛也。

互證卷一一：竇靜傳新書"改夏州都督，突厥攜貳，間其部落郁射所部鬱孤尼等九俟斤皆內附"，舊書同。按劉蘭傳貞觀初爲夏州都督府司馬，今以此傳思之，必是竇靜爲都督時而劉蘭爲司馬，其誘降郁射設，即是此事，舊書傳寫者失其次，而新書遂誤沿之也。

按：舊書卷六一、新書卷九五竇靜傳，其誘降郁射設所部鬱孤尼等九俟斤乃於擒頡利之前，另據舊書卷五六梁師都傳，貞觀二年之時，劉蘭爲夏州司馬。若以此推，互證應是。

卷九五

高儉傳

高儉，字士廉，以字顯。（第三八三九頁）
學林卷三唐史疑：世系曰"高士廉名宗儉"。
互證卷一一：舊書同。

父勵樂安王，入隋爲洮州刺史。（第三八三九頁）
金石錄卷二四唐高士廉塋兆記：唐史及元和姓纂皆云"士廉父名勵"，而北史作"勘"，今此碑与北史合，蓋唐史及纂轉寫誤爾。

竇抗傳

（竇抗）卒，贈司徒，謚曰密。（第三八四八頁）
金石錄卷二三唐司空竇抗墓誌：其卒，史言謚密，而誌作"容"，新史言贈司徒，而誌作司空，舊史亦爲司空，與誌合。

竇德玄傳

威從孫德玄，隋大業中起家國學生。（第三八五〇頁）
新書考異卷一二：按宰相世系表，竇略五子，興、拔、岳、善、熾。岳之子毅，熾之子威，威與毅爲從兄弟。德玄爲毅之曾孫，則威之從曾孫矣。

以弟德遠未及爵，願分封，詔可。故德玄封鉅鹿男，德遠樂安男。(第三八五一頁)

金石錄卷二四唐司元太常伯竇德元碑：又其弟德遠，史云封"樂安男"，而碑作"樂平"，皆當以碑爲正。

卷九六

房玄齡傳

房玄齡，字喬，齊州臨淄人。（第三八五三頁）

集古錄卷七唐顏勤禮神道碑：右顏勤禮神道碑，顏真卿撰……按唐書云溫大雅字彥弘，弟彥博字大臨，弟大有字彥將，兄弟義當一體，而名"大"者字"彥"，名"彥"者字"大"，不應如此。蓋唐世諸賢名字可疑者多，封德彝云名倫，房玄齡云名喬，高士廉云名儉，顏師古云名籀，而皆云以字行，倫、喬、儉、籀在唐無所諱，不知何避而行字。余於中書，見顏氏裔孫有獻其家世所藏告身三卷以求官者，其一思魯除儀同制，其一勤禮除詹事府主簿制，其一師古加正議大夫制。思魯制云"內史令臣瑀宣者"，蕭瑀也，"侍郎臣封德彝、奉舍人臣彥將行"，不應內史令書名而侍郎、舍人書字，又必不稱臣而書字，則德彝、彥將皆當爲名。師古制有"尚書左僕射梁國公玄齡、右僕射申國公士廉"，又有"吏部尚書君集者"，侯君集也，"侍郎纂者"，楊纂也。四人并列於後，不應二人書名，二人書字也，則玄齡、士廉亦皆當爲名矣。又師古與令狐德棻同制，不應德棻書名而師古書字，則師古亦當爲名也。

金石錄卷二四唐房玄齡碑：按舊唐史云"玄齡名喬，字玄齡"，而新史乃云"名玄齡，字喬"，今碑所書与新史合，惟宰相世系表又云玄齡字喬松者，不知何所據也。

容齋四筆卷一三：予記先公自燕還，有房碑一册，于志寧撰，乃玄齡字喬松。

夢溪筆談卷三：予家有閻博陵畫唐秦府十八學士，各有真贊，亦唐人書……房玄齡字喬年。

雲谷雜記卷二：按隋人多以字爲名，玄齡實本名喬，後來即以字行，卻以名爲字也。竇苹唐書音訓云唐十八學士圖贊，皆當時墨跡，云房玄齡字喬年，苹即嘗見圖贊，必不妄也，豈以單稱不類表德，遂添一"年"

字，宰相世系表又以玄齡字喬松，未知何據。

弇州四部稿卷一三七摹閻立本十八學士：貞觀初始以深綠爲六品，淺綠七品，深青、淺青八九品服。今所不可曉者，房、杜既勛邸元僚，官品并等不宜杜青而房緋，豈房封臨淄侯而如晦僅建平男耶，按五等爵男亦不宜青也⋯⋯

少室山房筆叢卷一六：圖載相時字師古，按史，師古相時兄弟也，師古字籀，相時字睿，師古亦爲秦王府文學，聲實出相時上而天策之選不與。相時傳，新舊唐書皆云武德中與玄齡等爲秦府學士，舊唐書瀛洲事末復言相時有兄師古，紀載甚明，當時在選决相時無疑，而以師古爲字。存中博極群書，諸學士官名同異悉考列跋中，此其大矛盾者胡絕口不及？嘗意摹本非存中之舊，後人因筆談所載，按其名字與史異者贗作斯圖，而不知相時何人，以爲即師古也。

名疑卷三：唐房玄齡名字不一，舊唐書本傳云"房喬字玄齡"，新唐書列傳云"房玄齡字喬"，而宰相世系表又云"玄齡字喬松"。趙明誠金石錄有褚遂良所書神道碑，名字與新書列傳同，又有于志寧撰房碑，名字與世系表同。

籀廎述林卷八唐房玄齡碑跋：碑首述其籍貫云"清河鄃縣人"⋯⋯唐書本傳並云"齊州臨淄人"，與碑異，考玄齡父彥謙碑亦云"清河人"，則史誤矣。

餘審卷四唐史中之望與貫：按隋書六六彥謙傳："本清河人也，七世祖諶，仕燕太尉掾，隨慕容氏遷于齊，子孫因家焉。"隋書玄齡固任監修職，豈容有誤，蓋兩碑敘其望，兩書敘其貫。

薨，年七十一，贈太尉、并州都督，諡曰文昭。（第三八五七頁）

十七史商榷卷八六：又舊書玄齡卒年七十，新書作"七十一"，疑"一"字衍。

杜如晦傳

杜如晦，字克明，京兆杜陵人。（第三八五八頁）

十七史商榷卷八六：按舊地理志京兆府絕無所謂杜陵縣，但有萬年縣，貞觀政要任賢篇作"京兆萬年人",是。

餘審卷四唐史中之望與貫:按京兆杜陵系郡望,指漢縣。

按:元和郡縣誌卷一萬年縣下曰:"杜陵在縣東南二十里,漢宣帝陵也……樊川一名後寬川,在縣南三十五里,本杜陵之樊鄉,漢高祖賜樊噲,食邑于此。"

及葬,加司空,謚曰成。(第三八五九頁)

互證卷一一:趙明誠金石錄碑跋曰:"碑所書乃爲誠。"

杜元穎傳

自帝即位,不閱歲至宰相,搢紳駭異。甫再期,出爲劍南西川節度使,同平章事。(第三八六二頁)

糾謬卷九杜元穎爲相至罷紀傳各不同:今按本紀,穆宗以元和十五年閏正月丙午即帝位,至次年長慶元年二月壬午,元穎以翰林學士、戶部侍郎爲相,已踰年矣,閱之言歷也,更也。今按本紀,元穎以長慶三年十月罷相,則是已逾二年矣,非"甫再期"也。

按:此爲新書轉敘,因此,在時間詞之運用上體例不統一,而致不確切。

卷九七

魏徵傳

忠臣，龍逢、比干也。（第三八六八頁）

糾謬卷二〇魏徵陸贄等傳：今按"逢"當作"逢"。魏徵傳云："蕭然耗矣。"陸贄傳全卷皆作"耗"。今按"耗"當作"耗"。

按：逢，新書大字本同，小字本甲、百衲十四行本作"逢"，二寫法，古書皆存。"耗"有虧損、消耗之意，同"耗"。

帝幸九成宮，宮御舍圍川宮下。（第三八七〇頁）

十七史商榷卷八六：諫錄第一卷諫科圍川縣官罪事，舊書則作"漳川縣"，新書作"圍川宮"。考舊地理志鳳翔府下云："武德元年，割雍、陳倉、郿三縣置圍川縣，其年割圍川屬稷州。貞觀元年，廢稷州，以圍川來屬。八年，改圍川爲扶風縣。"此事諫錄言李靖、王珪奉使至圍川縣，有宮人先舍於令廳，靖等後至，乃移卻宮人，安置靖等。太宗怒，令按驗圍川縣官。舊作"漳川"，固無此縣，新改爲圍川宮，亦因別見作"圍川"，據以改舊，而又疑其不似縣名，改爲宮名。二者皆誤，當以諫錄爲正。

按：唐會要卷九六亦作"圍川縣"。

魏謩傳

大中十年，以平章事領劍南西川節度使。（第三八八四頁）

糾謬卷五魏謩罷相差一年：今按宣宗紀："大中十一年二月辛巳，魏謩罷。"又宰相表云："大中十一年二月辛巳，謩爲檢校戶部尚書、平章事、西川節度使。"二者不同，或者本傳以爲十年者誤歟。

互證卷一一：按舊紀謩罷爲西川節度亦在大中十一年，新傳沿舊傳而誤也。

卷九八

王珪傳

季父頗，通儒有鑒裁。（第三八八七頁）

合鈔卷一二一：隋書文學傳作"頍"，兩書皆作"頗"，誤。

互證卷一二：舊書同。按世系表亦作"頍"，而韋雲起傳云"師太學博士王頍"，新舊書並同，未知孰是。通鑑作"王頍"。

始隱居時，與房玄齡、杜如晦善，母李嘗曰："而必貴，然未知所與游者何如人，而試與偕來。"會玄齡等過其家，李闚大驚，敕具酒食，歡盡日，喜曰："二客公輔才，汝貴不疑。"（第三八九〇頁）

十七史商榷卷八六：舊書本傳無此事，吳曾能改齋漫錄第三卷辨誤篇云："杜子美送重表姪王砯評事使南海詩謂王珪微時，房、杜與太宗過其家，妻能識之。……以予考之，房、杜等舊不與太宗相識，及太宗起兵，然後玄齡杖策謁軍門，乃薦如晦耳，若珪，則誅太子建成而後見知。"吳曾此辨是。如曾辨，新書與杜詩皆非也。洪邁容齋隨筆第十二卷謂："子美以爲珪之妻杜氏，新書以爲珪之母李氏，蔡絛又妄引唐書列女傳以爲珪之母盧氏，而其實唐列女傳并無此言。……"洪邁又言："唐高祖在位日，太子建成與秦王不睦，珪爲太子中允，說建成擊劉黑闥，立功以傾秦王……然則珪與太宗非素交，明矣。"洪此辨甚精，可以折倒杜詩之誣。

卷九九

李大亮傳

大亮族孫迥秀。迥秀字茂之。（第三九一三頁）

新書考異卷一二：按宰相世系表，當是族子。

互證卷一二：舊書"祖元明"。按世系表迥秀字茂實，而其祖名充穎，元明則其叔也。又新舊傳並云"大亮族孫"，據表乃大亮族子，又並云"迥秀子齊損以謀逆誅"，表無齊損，衹有子俊，爲黃州刺史，未知孰是。

崔湜傳

與弟液、澄，從兄淮，並以文翰居要官。（第三九二二頁）

互證卷一二：舊書"弟液、滌及從兄泣並有文翰"。按世系表液是擢之子，與湜爲從兄弟，而泣是挹之子，爲湜親弟，非從兄也，未知孰是。

按："從兄淮"，"淮"，大字本、汲古閣本同，北監本、殿本作"泣"，舊書卷四三崔湜傳、新書卷七二下宰相世系表、卷四五選舉志、唐會要卷六二、六八同，應是。

卷一〇〇

陳叔達傳

貞觀初，與蕭瑀爭殿中坐，忿詬不恭，免官。（第三九二五頁）
新書考異卷一二：宰相表"武德九年十月，叔達、瑀坐事免"，非貞觀初。
互證卷一二：按是時太宗已即位，而未改元。
按：卷一〇一蕭瑀傳錢大昕有考。

楊師道傳

卒，贈吏部尚書、幷州都督，謚曰懿。（第三九二八頁）
新書考異卷一二：唐會要師道謚兩見，一云懿，一云康。

封倫傳

祖隆之，北齊太子太保。（第三九二九頁）
新書考異卷一二：當作"隆之"，史脫"之"字。
中華本新書校記：各本原脫"之"字，據舊書卷六三封倫傳、北史卷二四及北齊書卷二一封隆之傳補。

裴矩傳

裴矩，字弘大。（第三九三一頁）
新書考異卷一二：宰相世系表作"世矩"，傳避太宗諱，去

隱太子敗，餘黨保宮城，不解，秦王遣矩諭之，乃聽命。（第三九三四頁）

互證卷一二：舊書略同，按尉遲敬德傳云"戰不解，敬德持二首示之，乃去"，又曰"敬德請帝手詔詣軍，內外始定"，當得其實。

按："秦王遣矩諭之"，此事新舊傳、冊府卷六五六均載，與尉遲敬德事並無抵觸，亂事之大，各人當得其功，故裴矩事亦當得其實。

鄭善果傳

從幸江都，宇文化及弒逆，署民部尚書，從至聊城。（第三九三七頁）

糾謬卷二○鄭善果傳：今按本紀："武德二年閏二月辛丑，竇建德殺宇文化及于聊城。"又淮安王神通傳云："進擊宇文化及于魏，化及敗走聊城，神通追北，賊願降，神通不受。竇建德拔聊城，勢遂張。"竇建德傳云："建德引兵討化及，連戰破之，化及保聊城，乃四面乘城，拔之。"然則化及之敗在聊城，而善果傳以爲遼，則非也。

中華本新書校記："聊城"，各本原作"遼城"，本書及舊書卷一高祖紀、本書卷七八及舊書卷六○淮安王神通傳均作"聊城"。按聊城屬河北博州，李神通及宇文化及正其地。據改。

閻立本傳

咸亨元年，官復舊名，改中書令，卒。（第三九四二頁）

糾謬卷五閻立本爲中書令差一年：立本初以總章元年爲右相，本中書令也。今按宰相表則咸亨二年立本方爲中書令，未知孰是。

新唐書糾謬校補：高宗本紀同。

按：舊紀卷五曰："（咸亨四年）十月壬午，中書令、博陵縣子閻立本卒。"新紀卷三曰："（咸亨四年）十月壬午，閻立本薨。"通鑑卷二○

二曰："（咸亨四年）十月壬午，中書令閻立本薨。"因此，閻立本應於咸亨四年卒。舊書卷七七閻立本傳曰："咸亨元年，百司復舊名，改爲中書令，四年卒。"新傳襲舊傳，脫"卒"上"四年"二字，致誤。關於其官復舊名時間，舊傳曰："咸亨元年，百司復舊名，改爲中書令。"但新紀卷三曰："（咸亨二年）是歲，姜恪爲侍中，閻立本爲中書令。"與宰相表合。考舊書卷四二職官志曰："咸亨元年十二月詔：'龍朔二年新改尚書省百司及僕射已下官名，并依舊。'"通典卷二一亦曰："咸亨元年復舊。"餘審卷一閻立本改中書令曰："蓋以復名已在歲底，故書於二年。"

韋弘機傳

孫岳子、景駿，景駿別傳。（第三九四五頁）

互證卷一二：舊書良吏傳"韋機子餘慶，餘慶子岳，岳子景駿"，按新書景駿在循吏傳，亦云宏機孫，是與岳子爲昆弟，而舊書則景駿爲岳之子機之曾孫也。新書作"宏機"，舊書作"機"，或是避孝敬諱。新書作"岳子"，舊書作"岳"，未知孰是。

按：元和姓纂卷二曰："宏機，司農卿，生餘慶，餘慶生岳子、景駿、景林。岳子，峽州刺史。"岑校曰："舊書蓋因岳子、景駿二名相連，遂誤讀'岳之子景駿'耳。"

韋岳子傳

（岳子）孫皋，別有傳。（第三九四五頁）

新書考異卷一二：按韋皋傳，"六代祖範，有勳力周、隋間"，不言爲弘機之後。若依此傳，則皋爲弘機之玄孫，皋之六世祖即弘機祖也。此傳云"祖元禮，隋（浙）[淅]州刺史"，不名範，兩傳必有一誤。

按：元和姓纂卷二岑校曰："按載之集一二韋皋廟碑，六代祖範，字元禮，以字行。"

卷一〇一

蕭瑀傳

久之，遷左僕射。貞觀初，房玄齡、杜如晦新得君，事任稍分，瑀不能無少望，乘罅切詆，辭旨疏躁。太宗怒，廢于家，俄拜特進、太子少師，復爲左僕射。……坐與陳叔達忿爭御前不恭，免。（第三九五〇、三九五一頁）

新書考異卷一二：今以宰相表考之，瑀五入相而五罷，武德元年由隋民部尚書爲内史令，六年遷尚書右僕射，九年轉左僕射，其年十月與陳叔達俱坐事免，此一罷也。貞觀元年六月，由太子少師爲尚書左僕射，其年十二月罷，此再罷也。……其與陳叔達忿爭免官，乃在武德九年。太宗雖已即位，猶未改元，而誤以爲貞觀初，其誤與陳叔達傳同，且係第一次罷相而誤以爲第二次，皆自相抵牾也。

蕭俛傳

俄罷爲尚書左僕射，用播爲鹽鐵使，後卒相。（第三九五八頁）

糾謬卷九蕭俛爲僕射表傳不同：今按宰相表云"罷爲右僕射"。

按：唐大詔令集卷五六載蕭俛右僕射制，舊紀卷一六、通鑑卷二四一作"右"，應是。

蕭倣傳

（宣宗時）自集賢學士拜嶺南節度使。（第三九五九頁）

合鈔卷二二三：（舊書咸通四年後。）然倣子廩傳云"乾符中，以父鎮南海，免官侍行。"則其非大中時明矣。新書誤。

按：舊紀卷一九上曰："（咸通七年十一月）義成軍節度蕭倣就加檢校兵部尚書，襃能政也。"據此可知其於咸通七年於廣州。

蕭邁傳

支詳在徐州，引散騎常侍李損子凝吉爲佐。（第三九六一頁）

讀書札記：舊書作"李凝古"，通鑑二百五十五中和三年十二月作"李凝古"。

按：唐庶言卷一〇亦作"李凝古"。

卷一〇二

岑文本傳

孫羲。（第三九六七頁）

合鈔卷一二一：按"羲"舊書作"長倩子"，新書作"文本孫"，觀韋嗣立稱"從兄長倩"，則固非長倩之子，而亦非文本之孫矣，當是文本之子。

按：沈氏所據舊書版本誤，核舊書卷七〇岑羲傳曰："鳳閣侍郎韋嗣立薦羲，且奏曰恨：'其從父長倩犯逆爲累。'"

岑羲傳

由是下遷秘書少監，進吏部侍郎。……帝崩，詔擢右散騎常侍、同中書門下三品。睿宗立，罷爲陝州刺史，再遷戶部尚書。景雲初，復召同三品。（第三九六七至三九六八頁）

糾謬卷五岑羲爲同三品年誤及官稱不同：今按睿宗紀云："景雲元年六月壬午……吏部尚書張嘉福、中書侍郎岑羲、吏部侍郎崔湜同中書門下平章事。"宰相表亦同。即無中宗崩而羲以右常侍爲同三品之事。六月甲辰，睿宗即位，至七月丁巳，羲罷爲右散騎常侍。先天元年正月，以戶部尚書始同三品，蓋自景雲元年六月溫王即位改元唐隆，是月睿宗即位，七月己巳大赦，改元景雲，至二年、先天元年正月，羲始爲同三品，然則非景雲初，乃先天初也。紀及表又云羲曾爲中書侍郎，而本傳無之，亦脫漏也。

格輔元傳

父處仁，仕隋爲剡丞。（第三九六九頁）

互證卷一二：舊書"伯父德仁，隋剡縣丞"，按世系表輔元父處仁，不載其官，伯父德仁，隋剡丞，當從舊書。

虞世南傳

貞觀八年，進封縣公。會隴右山崩，大蛇屢見，山東及江、淮大水。……後星孛虛、危，歷氐，餘百日，帝訪群臣。（第三九七〇頁）

糾謬卷四虞世南傳及天文志叙星變災異事與紀志不同：又天文志云："貞觀八年八月甲子，有星孛於虛、危，歷玄枵，乙亥不見。"今按帝紀："貞觀八年七月，隴右山崩。八月甲子，有星孛於虛、危。"五行志云："貞觀八年七月，隴右山摧。"又云："八年七月，山東江淮大水。"又云："隴右大蛇屢見。"凡此所云即虞世南傳及天文志所書之事也。其大節如山摧、蛇見、大水、星變雖已僅同，至於間有違舛，則不能使人無疑，何者？如世南傳云"星孛虛、危，歷氐，餘百日"，而天文志云"甲子，星孛于虛、危，至乙亥不見"，則止十二日爾，此一可疑也；自氐至虛、危，凡歷大火、析木、星紀、玄枵四辰，即未知十二日之間果能徧歷歟？此二可疑也。又云"星孛虛、危，歷玄枵"，夫虛、危即玄枵之次，今云"孛虛、危"，又云"歷玄枵"，此三可疑也。以是觀之，則志、傳必有誤者矣。

月日考卷一五：曰楨按：舊紀作"歷于氐"，則"玄枵"字誤也，此志脫"十一月"三字，吳氏遂謂甲子至乙亥止十二日矣，實則七十二日，世南傳謂"餘百餘日"，亦非也。舊志作"八月二十三日星孛于虛、危，歷玄枵，凡十一日而滅"，與本紀不同，此志承其誤耳。"

中華本新唐書卷三二天文志校記：按舊書卷三六天文志、唐會要卷四三云："貞觀八年八月二十三日，有星孛於虛、危，歷於元枵，凡十一日滅。"又按二十四史朔閏表，是年八月庚子朔，無乙亥；九月庚午朔，六日乙亥。疑"乙亥"上脫"九月"二字。

按：貞觀八年八月庚子朔，甲子乃二十五日，虞世南傳曰："歷氐，餘百日"，舊紀卷三曰："八月甲子，有星孛于虛、危，歷于氐，十一月上旬乃滅。"新書卷三二天文志曰："至乙亥不見。"按貞觀八年十一月己巳朔，乙亥乃七日。因此，疑舊書天文志、唐會要因乙亥前脫月份，而乙亥乃下一月，或原史料作"十一月滅"，便誤書作"凡十一日滅"，而十一日正如吳縝所曰未能遍歷虛、危、氐。據虞世南傳、舊紀，"乙亥"前應脫"十一月"，汪曰楨所曰爲是。

褚亮傳

褚亮，字希明，杭州錢塘人。（第三九七五頁）

金石錄卷二五唐褚亮碑：而碑云"晉南遷，家于丹陽"，按元和姓纂自錢塘褚氏，與亮族不同系，唐史蓋失之。

曾祖湮，父玠，皆有名齊、梁間。（第三九七五頁）

合鈔卷一二三：按陳書褚玠傳（"湮"）當作"澐"，新書宰相世系表作"漢"誤。

互證卷一二：舊書"曾祖湮，梁御史中丞。祖蒙，太子中舍人。父玠，陳秘書監。"按世系表"曾祖漢，祖象"，余家藏褚亮碑，雖殘闕，而蒙爲太子中舍人，名與官甚明白，且陳書褚玠傳亦作父蒙，則表之爲"象"者必訛。而湮、澐、漢，三者互異，未知孰是。

初，武德四年，太宗爲天策上將軍。（第三九七六頁）

糾謬卷六天策上將乃書爲上將軍：今按高祖紀："武德四年十月己丑，秦王世民爲天策上將，領司徒。"又太宗紀云："高祖以謂太宗功高，古官號不足以稱，乃加號天策上將，領司徒。"又宰相表云："武德四年十月己丑，世民加司徒、天策上將。"又唐儉傳："太宗曰：'天策長史不見上將擊賊耶。'"然則其官止是天策上將，非上將軍也。

知本糾謬錢氏注：五代史楚世家馬殷請依唐太宗故事開天冊府，置官署，太祖拜殷天冊上將軍，冊與策同，是太宗官名固稱上將軍也。

按：通典卷二八曰："大唐武德初，秦王既平王世充及竇建德，高祖以秦王功殊今古，自昔位號不足以爲稱，乃特置天策上將軍以拜焉。"文苑英華卷九七一中書令汾陰公薛振行狀、唐大詔令集卷一一九討輔公祐詔作"天策上將軍"，新、舊唐書、冊府、通鑑二名稱并存，可見唐時封李世民爲"天策上將軍"，亦稱"天策上將"。

姚思廉傳

本名簡，以字行。……孫璹……弟班。（第三九七八、三九七九、三九八一頁）

新書考異卷一二：按藝文志有姚班漢書紹訓四十卷……。"班"、"班"字形相涉，或宋初避諱，"班"字闕末筆，後人誤作"班"耳。

互證卷一二：舊書"姚思廉字簡之"；舊書"子處平，處平子璹、班"。按舊書本作"班"，又李尚隱傳亦作"姚班"，新書尚隱傳作"班"。惟姚璹傳作"弟班"，恐後人誤依新書改之。

新書校勘記：宋十四行本"班"缺末筆，汲古閣本、北監本、殿本作"班"，殿誤，舊傳三九作"班"。

中華本新書注：按本書卷七四下宰相世系表、卷八一節愍太子重俊傳及舊書卷七三姚思廉傳、卷八九姚班傳，衲本均作"班"，或缺末筆。

令狐德棻傳

累進爵彭城縣子。（第三九八四頁）

新書考異卷一二："彭城"當作"彭陽"，傳寫之譌也，北史敘傳稱德棻爲彭陽公，德棻大父整亦封彭陽公。

會修晉家史，房玄齡奏起之，預柬凡十有八人，德棻爲先進，故類例多所諏定。（第三九八四頁）

新書考異卷一二：按藝文志，修晉書者房玄齡、褚遂良、許敬宗、來濟、陸元仕、劉子翼、令狐德棻、李義府、薛元超、上官儀、崔行功、李淳風、辛邱馭、劉引之、陽仁卿、李延壽、張文恭、敬播、李安期、李懷儼、趙弘智等，自房相外，蓋不止十八人也。

　　按：疑預東爲十八人，而後修撰過程中肯定有後來加入修撰者，藝文志之載則定多矣。

卷一〇三

韋雲起傳

既而紇斤一人犯令，即斬以徇。（第三九九三至三九九四頁）

互證卷一二：舊書作"紇干"，按突厥傳其官名有俟斤，有達干，無所謂紇斤、紇干者，然突厥官名二十八等，二書未盡舉也。

按：通鑑卷一八〇作"紇干"，胡注曰："紇干，突厥小官。"

卷一〇四

于志寧傳

于志寧字仲謐,京兆高陵人。(第四〇〇三頁)

潛研堂金石文跋尾卷五明堂令于大猷碑:唐書于志寧傳云"京兆高陵人",碑云"東海郯人",蓋舉其郡望。

潛研堂金石文跋尾卷五兗州都督于知微碑:府君名知微,字辯機,燕國公志寧之孫也。碑書志寧所歷官頗詳……又云"蒲、岐、華三州刺史",新史則云:"出爲榮州刺史,改華州。"以"蒲"爲"榮",又不云"岐州",是其缺誤也。……碑云"京兆萬年人",而史云"京兆高陵人",當以碑爲正。

拜尚書左僕射,同中書門下三品。頃之,兼太子少師。……俄遷太傅……顯慶四年,以老乞骸骨,詔解僕射,更拜太子太師,仍同中書門下三品。(第四〇〇五至四〇〇六頁)

金石錄卷二四唐于志寧碑:碑云"大業十年,爲清河縣長",而傳云"爲冠氏長"……今以碑考之,其初拜僕射也,未嘗領中書門下三品,至罷僕射,乃爲同中書門下,參謀朝政,皆史家之誤。

曾孫休烈。(第四〇〇六頁)

合鈔卷一二九:(舊書卷七八于志寧傳作"玄孫"。)新書"曾孫",誤。

互證卷一二:舊書于休烈傳"高祖志寧",按世系表休烈是志寧元孫。

按:元和姓纂卷二同新書卷七二下世系表,疑"玄孫"是。

張行成傳

族子易之、昌宗。(第四〇一四頁)

互證卷一二：舊書作"族孫"。按世系表行成兄行鈞，易之、昌宗，行鈞之孫也，當云"從孫"。

按：通鑑卷二〇六作"族孫"。

卷一〇五

長孫無忌傳

太子承乾廢，帝欲立晉王……以无忌爲太子太師、同中書門下三品。"同三品"自此始。（第四〇一九至四〇二〇頁）

糾謬卷一四宰相表闕文：今按宰相表內止載蕭瑀、李勣二人所命之官，而無忌、喬則不載，此乃當書實闕文也。

新書考異卷一二：按太宗紀："貞觀十七年四月，立晉王治爲皇太子，特進蕭瑀爲太子太保、李勣爲太子詹事，同中書門下三品。"宰相表亦止載蕭瑀、李勣二人，其時无忌爲太子太師、房喬爲太子太傅，紀、表皆不書者，非宰相之職，例不當載也。百官志其後李勣以太子詹事同中書門下三品，謂同侍中、中書令也，而"同三品"之名蓋起于此。亦不舉无忌，然則无忌傳云同中書門下三品者，殆誤矣。吳氏糾謬謂宰相表有闕文，蓋考之未審。

互證卷一二：按上文云"進位司徒"，宰相表"貞觀十六年七月無忌爲司徒，十七年四月己丑，特進蕭瑀爲太子太保、兵部尚書，李世勣爲特進、太子詹事，並同中書門下三品"，與本紀同，未嘗言无忌同三品也。考百官志云："自高宗已後爲宰相者，必加同中書門下三品。雖品高者亦然，惟三師、三公、中書令則否。"无忌既爲司徒，則三公矣，此沿舊書太宗本紀之文而誤，舊紀蓋言无忌、元齡與瑀、勣同命爲太子三師、詹事而同三品之文，係于李勣之下，乃是以辭害意，新紀既改之矣，而傳何襲之。

上元元年追復官爵，以孫元翼襲封。（第四〇二二頁）

互證卷一二：舊書"特令孫延主齊獻公之祀"，按世系表延爲无忌之孫，元翼則延之子，无忌之曾孫也。考舊書高宗本紀上元元年九月追復无忌官爵，以曾孫元翼襲封趙公，而新書徐齊聃傳亦言"復獻公官，以無忌孫延主其祀"，疑此爲兩事，先復齊而後復趙，新舊傳各舉其一耳。

无忌族叔順德。（第四〇二三頁）

互證卷一二：舊書長孫順德傳同。按舊書順德祖澄，周秦州刺史；父愷，隋開府。順德既不見於世系表，則當書其父祖，而新傳刪之，非也。又考表云"觀生稚、澄"，稚爲无忌高祖，而澄爲順德之祖，則順德爲无忌之族祖而非族叔也。

按：新書卷七二上宰相世系表，"觀，司徒，上黨郡王，生稚、澄。稚字幼卿，西魏尚書令、太師、上黨文宣王。二子，子裕、子彥。"則稚、澄爲兄弟，但元和姓纂卷七曰："（觀）生稚，西魏尚書令、太師。生子裕、紹遠、澄、攜、巫。"魏書卷二五長孫稚傳曰："稚妻張氏生二子，子彥、子裕，後與羅氏私通，遂殺其夫，棄張納羅……羅生三子，紹遠、士亮、季亮。"周書卷二六長孫紹遠傳曰："父稚……（弟）澄，字士亮。"因此，澄乃稚之子。新表爲誤，以此推，新傳之"族叔"爲是。

褚遂良傳

武氏立，乃左遷遂良潭州都督。（第四〇二九頁）

糾謬卷九褚遂良貶官紀傳不同：今按高宗紀："永徽六年九月庚午，貶褚遂良爲潭州都督，十月乙卯，立宸妃武氏爲皇后。"宰相表載貶遂良事亦同，然則傳所云誤也。

按：舊紀卷四曰："（永徽六年）九月庚午，尚書右僕射、河南郡公褚遂良以諫立武昭儀，貶授潭州都督。"舊書卷八〇褚遂良傳敘其反對高宗廢后後曰："翌日，帝謂李勣曰：'册立武昭儀之事，遂良固執不從，遂良既是受顧命大臣，事若不可，當且止也。'勣對曰：'此乃陛下家事，不合問外人。'帝乃立昭儀爲皇后，左遷遂良潭州都督。"唐會要卷三略同，最後則曰："上意乃定，遂立爲皇后。"唐會要所載應爲元史料，至舊傳則加"左遷遂良潭州都督"，此表達已不清，至新傳，則變作"武氏立"，意義完全變矣。

來濟傳

　　初，濟與高智周、郝處俊、孫處約客宣城石仲覽家，仲覽衍於財，有器識，待四人甚厚。私相與言志，處俊曰："願宰天下。"濟及智周亦然。處約曰："宰相或不可冀，願爲通事舍人足矣。"後濟領吏部，處約始以瀛州書佐入調，濟遽注曰："如志。"遂以處約爲通事舍人，後皆至公輔云。（第四〇三二頁）

　　容齋四筆卷一三：高智周傳云："智周始與郝處俊、來濟、孫處約共依江都石仲覽……"按兩傳相去才一卷，不應重複如此，可謂冗長。本出韓琬所撰御史臺記，而所載自不實。處約傳："貞觀中爲齊王祐記室，祐多過失，數上書切諫。王誅，太宗得其書，擢中書舍人。"是歲十七年癸卯，來濟次年亦爲中書舍人，永徽三年拜相，六年檢校吏部尚書，是歲丁巳，去癸卯首尾十五歲。若如兩傳所書，大爲不合，韓琬之說誠謬，史氏又失於不考。仲覽鄉里，一以爲宣城，一以爲江都，豈宣城人而家於廣陵也？

　　互證卷一二：按容齋之言頗核，但永徽六年歲在乙卯，去癸卯首尾十三歲，而誤爲丁巳者，蓋誤以顯慶二年濟貶台州之歲當之也。

　　餘審卷四唐史中之望與貫：余按姓纂稱仲覽望出平原宣州人，今居廣陵。

卷一〇六

杜求仁傳

與徐敬業舉兵，爲興復府左長史，死于難。（第四〇三九頁）

糾謬卷四杜求仁傳舛誤：今按徐敬業傳，求仁爲匡復府右長史，與求仁傳不同，未知孰是。

知本糾謬錢氏注：二傳一稱匡復，一稱興復，當以匡爲是，其作興者，史臣避諱改之耳。新史於宋諱或避或不避，初未畫一。

崔知溫傳

子泰之，開元時爲工部尚書；諤之，爲將作少匠，與誅二張功，封博陵縣侯。（第四〇四〇頁）

新書考異卷一二：按宰相世系表，泰之初以職方郎中，預平二張。諤之初以商州司馬，預平韋后，功第二，與此傳互異。

互證卷一二：舊書同。按新書武后紀，長安五年，討二張有職方郎中崔泰之名。

按：冊府卷二〇曰："前商州司馬崔諤之、山人劉承祖等建策誅之……辛丑，溫王乃下制曰：'前商州司馬崔諤之、山人劉承祖等僉扶人望，考以時宜，叶契建謀，重安李氏……'"與世系表同。因此，崔泰之預平二張；崔諤之預平韋后。

郭正一傳

　　永隆中，遷祕書少監，檢校中書侍郎。詔與郭待舉、岑長倩、魏玄同並同中書門下承受進止平章事。平章事自正一等始。永淳中，真遷中書侍郎。（第四〇四二頁）

　　糾謬卷九郭正一傳爲相之年并其事與紀志不同：今按高宗本紀，"永淳元年四月丁亥，黃門侍郎郭待舉、兵部侍郎岑長倩、秘書員外少監郭正一、吏部侍郎魏玄同與中書門下同承受進止平章事。"宰相表亦然，即非永隆中，此其一也。又按百官志云："貞觀八年，僕射李靖以疾辭位，詔疾小瘳，三兩日一至中書門下平章事，而平章事之名蓋起於此。永淳元年，以黃門侍郎郭待舉、兵部侍郎岑長倩等同中書門下平章事，平章事入銜，自待舉等始。"然則是平章事之名實始於貞觀八年，以命李靖，至永淳元年乃始入銜爾，今正一傳遂以爲同平章事始於正一等，則誤矣，此其二也。

　　互證卷一二：按舊書職官志中書令下注云："永淳二年，黃門侍郎劉齊賢知政事，稱同中書門下平章事，自後他官執政，未至侍中、中書令者，皆稱同中書門下平章事也。"與此不同。蓋郭正一等猶有承受進止之名，當以劉齊賢爲定耳。齊賢執政在永淳元年十月，舊志誤作二年。後於正一等數月，故此傳遂據正一等言之。

　　按：關於吏部侍郎魏玄同等與中書門下同承受進止平章事，舊紀卷五、冊府卷七二、通鑑卷二〇三作"永淳元年"，應是。

　　（永隆中）同中書門下承受進止平章事……永淳中，真遷中書侍郎……劉審禮與吐蕃戰青海，大敗。高宗召群臣問所以制戎，正一曰……（第四〇四二頁）

　　糾謬卷一六郭正一未相前對策今傳在爲相之後：今按高宗紀儀鳳三年九月丙寅，李敬玄、劉審禮及吐蕃戰於青海，敗績，審禮死之。又永隆元年，正一爲平章事，永淳元年，正一遷官，而劉齊賢亦以是年十月方爲平章事，其皇甫文亮亦非同時爲相之人，由是而言，則審禮敗死在永隆、永淳之前，相去頗遠，而正一、齊賢此對，乃未爲相時事，非爲相後所言，其證甚明，今書於永隆、永淳之後，失其次序矣。

　　知本糾謬錢氏注：本紀"永淳元年四月丁亥，黃門侍郎郭待舉、兵部侍郎岑長倩、祕書員外少監郭正一、吏部侍郎魏元同與中書門下同承受進止平章事。弘道元年四月壬申，郭正一同中書門下平章事"，宰相表亦同，傳稱永隆中詔與中書門下同平章事者，蓋誤也，吳氏亦誤引，且與第九卷所引自相矛盾。

　　互證卷一二：按新書刪去舊書"先是儀鳳中"五字，遂爲吳氏所糾。

崔敦禮傳

崔敦禮，字安上。（第四〇四四頁）

　　金石錄卷二四唐崔敦禮碑：按新唐史列傳云"敦禮字安上。"而宰相世系表則云"名安上，字敦禮"，今此碑所書與表合，然舊史及碑皆言"敦禮本名元禮，高祖爲改名焉"，其孫兢墓誌亦云"名敦禮"，蓋疑其以字行耳。

楊纂傳

贈幽州都督，諡曰恭。（第四〇四六頁）

　　新書考異卷一二：唐會要"恭"作"敬"。宋人避諱往往改"敬"爲"恭"，如楊纂、柳亨輩，疑本諡"敬"，而後人追改也。

　　互證卷一二：按舊書楊纂柳亨傳皆本作"敬"。

劉審禮傳

特詔殆庶與弟易從省之……易從累遷彭州長史。（第四〇五五頁）

　　糾謬卷四劉審禮傳與表不同：今按宰相世系表，"殆庶，易從爲漢州長史"，未知孰是。

　　知本糾謬錢氏注：今本唐表作"待庶"，"待"與"殆"字異，故吳氏糾之。易從仕武后朝，其時天下無郡名，不得有彭城之稱，當以表爲是。

按：中華本新唐書卷一〇六劉審禮傳校記曰："'彭州'，各本原作'彭城'，通鑑卷二〇四作'彭州'，本書卷四二地理志劍南道彭州下有'武后時長史劉易從'興修水利之記載，明'彭城'爲'彭州'之誤，據改。"舊書卷七七劉審禮傳亦作"彭城"，疑新傳襲舊傳而來。關於此，唐新語卷五有詳載，曰："易從後爲彭城長史，爲周興所陷，繫于彭城獄，將就刑，百姓荷其仁恩，痛其誣枉。"但御覽卷四一四曰："易從後爲彭州長史，爲周興所陷，將刑，百姓荷其仁恩……"可證彭州爲是。據輿地廣記卷二十九劉易從又任過益州長史，但是否如宰相世系表曰易從爲漢州長史，因文獻缺乏，不得而知。

卷一〇七

呂才傳

秦昭襄王四十八年，始皇帝生以正月，故名政。(第四〇六四頁)

十七史商榷卷八七：考史記秦本紀及六國表……始皇帝於昭襄王四十八年壬寅生……"莊襄"當作"昭襄"……新、舊誤同。

新書考異卷一二："莊襄"當作"昭襄"。

中華本新書校注："昭襄"原作"莊襄"。按秦莊襄王爲昭襄王之孫，始皇之父。史記卷六秦始皇本紀載："（秦始皇）以秦昭王四十八年生於邯鄲。"又卷五秦紀云秦莊襄王在位三年卒而始皇立。"秦昭王"即"秦昭襄王"。此處"莊襄"即爲"昭襄"之誤，據改。

按：唐會要卷三六、冊府卷八三〇均作"莊襄"，全唐文卷一六〇載呂才敘祿命亦作"莊襄"。因此，新傳源自舊傳而誤，舊傳等應源自呂才而誤。

又生子墓中，法宜嫡子，雖有次子，當早卒。(第四〇六四頁)

新書考異卷一二：水墓于辰亥，本命屬水，納音亦屬水，生於辰月，是爲巳墓，而云"子墓"，所未詳也。

陳子昂傳

聖曆初，以父老，表解官歸侍，詔以官供養。會父喪，廬冢次，每哀慟，聞者爲涕。縣令段簡貪暴，聞其富，欲害子昂，家人納錢二十萬緡，簡薄其賂，捕送獄中。子昂之見捕，自筮，卦成，驚曰："天命不祐，吾殆死乎？"果死獄中，年四十三。(第四〇七七頁)

習學記言序目卷四一：舊史言"子昂父爲縣令段簡所辱，遽還鄉里，簡乃因事收繫獄中，憂憤而卒"，而新史乃言"父老，表解官歸待，詔以官歸養……"子昂名重朝廷，簡何人，猶以二十萬緡爲少而殺之？雖梁冀之惡不過，恐所載兩未眞也。

　　按：文苑英華卷七九三陳子昂別傳曰："以父老，表乞罷職歸侍，天子優之，聽帶官取給而歸……府君憂，其事廢，子昂性至孝，哀號柴毀，氣息不逮。屬本縣令段簡，貪暴殘忍，聞其家有財，乃附會文法，將欲害之，子昂荒懼，使家人納錢二十萬。而簡意未塞，數輿曳就吏，子昂素羸疾，又哀毀，杖不能起，外迫苛政，自度力氣恐不能全，因命蓍自筮，卦成，仰而號曰：'天命不佑，吾其死矣。'於是遂絶，年四十。"與新書卷一〇七陳子昂傳所載微異。舊書卷一九〇中陳子昂傳所載甚略，但與新傳并不相衝突。葉適之疑乃臆測。

卷一〇八

劉仁軌傳

信等釋仁願圍，退保任存城。（第四〇八二頁）

通鑑考異卷一〇：實錄或作"任孝城"，今從其多者。

互證卷一二：舊書同，按新書百濟傳亦作"任孝城"。

帝乃以隆爲熊津都督。（第四〇八三頁）

互證卷一二：舊書同。通鑑考異曰："按時劉仁軌檢校熊津都督，豈可復以扶餘隆爲之，明年，實錄稱熊津都尉扶餘隆與金法敏盟，今從之。"

按：舊書卷一九九上百濟傳曰："乃授扶餘隆熊津都督遣，還本國……麟德二年八月，隆到熊津城，與新羅王法敏刑白馬而盟……其盟文曰：'……故立前百濟太子司稼正卿扶餘隆爲熊津都督，守其祭祀……'。"此盟文唐大詔令集卷一二九、冊府卷九八一亦載，故扶餘隆應爲熊津都督。關於劉仁軌之官職，新紀卷三曰："（麟德二年）十月壬戌，帶方州刺史劉仁軌爲大司憲兼知政事。"再據新傳下文可推知，麟德元年，扶餘隆爲熊津都督，劉仁軌以帶方州刺史留，二年八月，扶餘隆到熊津，十月，劉仁軌被任命爲大司憲。

裴行儉傳

儀鳳二年，十姓可汗阿史那都支及李遮匐誘蕃落以動安西，與吐蕃連和，朝廷欲討之。（第四〇八六頁）

互證卷一二：舊書同。按高宗本紀事在調露元年，又此下行儉議云："敬元失律，審禮喪元。"皆儀鳳三年九月事，則新舊傳之誤可知。

按：新舊傳均曰儀鳳二年，與吐蕃連和，通鑑卷二〇一曰："（儀鳳二年十二月）有阿史那都支及李遮匐收其餘衆附於吐蕃。"因此，儀鳳二年底，朝廷得知阿史那都支附於吐蕃。文苑英華卷八八三贈太尉裴行儉神道碑曰："儀鳳二年，十姓生可汗匐延都支爲李遮匐潛構，犬戎俵擾西域，朝廷憑怒，將行天討，公進議曰：'敬玄敗績於茅戎，審禮免胄而入狄，豈可絕域更勤……'"此亦曰敬玄、審禮之事，疑三年九月後，朝廷欲征阿史那都支，故有此議。舊紀卷五曰："（儀鳳四年）九月壬午，吏部侍郎裴行儉討西突厥，擒其十姓可汗阿史那都支及別帥李遮匐以歸。"其年六月改元，實爲調露元年，因此，調露元年擒阿史那都支等歸。新傳等襲裴行儉神道碑，敘前事而略後事時間，故致不明。後冊府卷三六六曰："儀鳳二年討西突厥，擒其十姓可汗阿史那都支及別帥李遮匐以歸。"便大誤。

裴光庭傳

光庭字連城，早孤。（第四〇八九頁）

十七史商榷卷八七：舊裴行儉之子光庭傳，傳中"庭"字二十見，書前總目、卷首目並同；而新書作"廷"，傳中十三見，并目並同；其宰相年表"光庭"凡四見，仍與舊合。光庭神道碑……此碑載文苑英華第八百八十四卷、九齡曲江集第十九卷，皆作"光庭"，予又得搨本，每行七十二字，今僅存上截……然碑陰所刻，係玄宗令九齡製此文而降以敕云"贈太師光庭"甚明。集古錄跋尾第六卷載此碑亦云"光庭"，而新書之謬至此。

互證卷一二：按裴積墓志作"光庭"，新世系表亦作"光庭"。

按：大字本、小字本甲作"光廷"，中華本據百衲本改作"光庭"。

博士孫琬，以其用循資格，非獎勸之誼，諡曰克平。時以爲希嵩意，帝聞，特賜諡曰忠憲，詔中書令張九齡文其碑。（第四〇九〇頁）

新書考異卷一三：舊史無"平"字；舊史"憲"作"獻"。考唐會要及光庭神道碑、光庭子積墓志、孫倩神道碑皆作"忠獻"，則此文誤也。

互證卷一二：又按唐會要諡爲克，與舊傳同，皆無"平"字。

婁師德傳

證聖中，與王孝傑拒吐蕃於洮州，戰素羅汗山，敗績。（第四〇九二頁）

合鈔卷一四四：（舊書卷九三婁師德傳作"證聖元年"。）按新書本紀素羅汗山之敗在萬歲通天元年三月，非證聖也。新書本傳亦作"證聖"，蓋承此之譌。

互證卷一二：舊書同。按武后本紀，事在萬歲登封元年三月，即於是月改元萬歲通天，在證聖後一年，然則新舊二傳云證聖中並誤。

按：舊書卷九三婁師德傳曰："證聖元年，吐蕃寇洮州，令師德與夏官尚書王孝傑討之，與吐蕃大將論欽陵、贊婆戰於素羅汗山，官軍敗績。"舊書卷一九六上吐蕃傳曰："萬歲登封元年，孝傑復為肅邊道大總管，率副總管婁師德與吐蕃將論欽陵、贊婆戰於素羅汗山，官軍敗績。"但新紀卷四曰："（萬歲通天元年）三月壬寅，王孝傑、婁師德及吐蕃戰于素羅汗山，敗績。"冊府卷四四三亦作"萬歲通天元年三月"，通鑑卷二〇五曰："（證聖元年）秋七月辛酉，吐蕃寇臨洮，以王孝傑為肅邊道行軍大總管以討之。……（萬歲通天元年）三月壬寅，王孝傑、婁師德與吐蕃將論欽陵、贊婆戰於素羅汗山，唐兵大敗。"因此，證聖元年吐蕃入寇，明年三月王孝傑戰敗。

卷一〇九

竇懷貞傳

俄與李日知、郭元振、張説皆罷。爲左御史大夫……踰年，復同中書門下三品，兼太子詹事。（第四一〇〇至四一〇一頁）

糾謬卷五竇懷貞傳誤：今按睿宗紀，景雲二年十月，竇懷貞罷。先天元年正月乙未，左御史臺大夫竇懷貞同中書門下三品，則是止三數月耳，非踰年也。或曰史家止謂改歲則爲踰年，非謂過一期也。愚曰唯新書之例不然，故不得不疑而辨之。按杜元穎傳謂穆宗即位不閱歲而元穎至宰相，且穆宗以元和十五年閏正月即位，次年長慶元年二月元穎入相，斯亦可謂踰年矣，而本傳以爲"不閱歲"。又云"甫再期出爲西川節度使"，蓋謂僅及二周，而元穎以長慶元年二月爲相，至三年十月罷，凡二周歲餘八月，而本傳以爲"甫再期"。今竇懷貞自罷相至復同三品，雖曰改歲，而止三四月，又安得遂以爲踰年哉。

按：因新傳在前代史料改寫基礎上而成，故夾雜著前人習慣用語，比如此間提及之"踰年"、"不閱歲"等，宋祁在改寫時未能充分將其統一，故致偏差。

王璵傳

王璵者，方慶六世孫。（第四一〇七頁）

通鑑考異卷一三：舊傳不言璵鄉里世系，新傳云"方慶六世孫"，又新舊傳皆云"抗疏請置春壇，因遷太常博士"，不知其本何官也。新表王方慶五世孫璵，相肅宗，按方慶長安二年卒，距此才三十六年，不應已有五世、六世孫能上疏，恐"璵"偶"與"之同名，實非也，今不取。

合鈔卷一八一：按方慶武后萬歲通天元年入相，璵以肅宗乾元元年入相，且璵開元末已爲博士，則又止四十餘年，不應有六世孫也……且方慶傳光輔開元中爲潞州刺史，如表言，則璵之高祖矣，同時而仕亦未必然。要之此別是一王璵，而方慶之六世孫或亦名璵耳。新書傳誤，表之牽附。

新書考異卷一三：璵傳亦云"方慶六世孫"，據宰相世系表當云五世孫。

乾元三年，拜蒲、同、絳等州節度使，俄以中書侍郎同中書門下平章事。（第四一〇七頁）

新唐書糾謬卷九王璵傳年與紀不同。（僅存標題）

容齋四筆卷四：唐肅宗時，王璵以祠禱見寵，驟得宰相。帝嘗不豫，璵遣女巫乘傳分禱天下名山大川。……時有一巫美而黠，以惡少年數十自隨，尤恣狡不法。馳入黃州，刺史左震晨至館請事，門鐍不啟。震怒，破鐍入，取巫斬廷下，悉誅所從少年，籍其贓，得十餘萬，因遣還中人。……予讀元次山集，有左黃州表一篇云："乾元己亥，贊善大夫左振出爲黃州刺史，下車，黃人歌曰：'我欲逃鄉里，我欲去墳墓。左公今既來，誰忍棄之去。'後一歲，又歌曰：'吾鄉有鬼巫，惑人人不知。天子正尊信，左公能殺之。'蓋此巫黃人也。振在州三遷侍御史，判金州刺史，將去，黃人多去思，故爲作表。"予謂振即震也，爲政宜民，見於歌頌……己亥者，乾元二年。璵以元年五月自太常少卿拜中書相，二年三月罷，本紀及宰相表同，而新史本傳以爲三年自太常卿拜相，明日罷，失之矣，乃承舊史之誤也。

合鈔卷一八一：按璵乾元元年五月入相，二年三月罷爲刑部尚書，舊紀、新表皆同，七月始出爲蒲同絳州節度使，非自蒲州入相也，兩書傳皆誤。

按：新書卷一〇九王璵傳曰："乾元三年，拜蒲、同、絳等州節度使，俄以中書侍郎同中書門下平章事。"舊書卷一三〇王璵傳曰："乾元三年七月，兼蒲州刺史，充蒲、同、絳等州節度使，中書令崔圓罷相，乃以璵爲中書侍郎、同中書門下平章事。"由此看，新傳乃襲舊傳而來。考舊紀卷一〇："（乾元元年五月）以太常少卿、知禮儀事王璵爲中書侍郎、同中書門下平章事。……（乾元二年三月）乙未，侍中苗晉卿爲太子太傅，平章事王璵爲刑部尚書，并罷知政事。……（七月）刑部尚書王璵爲蒲州刺史，充蒲、同、絳三州節度使。"新紀卷六曰："（乾元元年）五月戊子，張鎬罷；乙未，崔圓、李麟罷，太常少卿王璵爲中書侍郎、同中書門下平章事。"新書卷六二宰相表亦同。册府卷七三曰："乾元元年五月，以太常少卿知禮儀事王璵爲中書侍郎、平章事。"册府卷三四曰："乾元元年六月己酉，初置太一神壇於南郊圜丘東，命中書侍郎同中書門下平章事王璵攝祭。"據舊傳曰"中書令崔圓罷相，乃以璵爲中書侍郎、同中書門下平章事"，崔圓罷相亦在乾元元年，因此，"乾元元年"應是。再據舊紀，乾元二年七月爲蒲同絳節度使。按乾元元年是至德三年，史料相混，誤載"乾元三年"爲節度使，便想當然認爲三年之宰輔爲節度使後，新傳亦沿襲舊傳之誤。

卷一一〇

阿史那忠傳

以功擢左屯衛將軍，尚宗室女定襄縣主，始詔姓獨著史。（第四一一六頁）

金石錄卷二四唐阿史那忠碑：今此碑當時所立，題云"阿史那府君之碑"，而元和姓纂亦云"阿史那氏，開元中改爲史"，疑傳誤也。

契苾何力傳

契苾何力，鐵勒哥論易勿施莫賀可汗之孫。父葛，隋末爲莫賀咄特勒。（第四一一七頁）

新書考異卷一三：按回鶻傳云："契苾酋哥楞，自號易勿真莫賀可汗，弟莫賀咄特勒，皆有勇，莫賀咄死，子何力尚幼，率其部來歸。"則何力乃哥楞弟子，非其孫也。"論"、"楞"聲相近。此傳云"易勿施"，彼傳云"易勿真"，未詳孰是。薛延陀傳亦作"易勿真"。

互證卷一三：按舊書未載何力之祖，余家藏何力子契苾明碑，曾祖哥論易勿施莫賀可汗，祖繼莫賀咄特勤。舊書何力傳云："父葛，繼爲莫賀咄特勒。"是何力之父名葛，新舊書同也。明碑乃云祖繼莫賀咄特勤，未知其名繼與？即舊傳"繼爲莫賀咄特勒"之"繼"而未載其名與？皆不可曉。是何力爲哥論之孫，新書本傳不誤，而回鶻傳誤也。明碑是婁師德所撰，"何力"作"河力"，"特勒"作"特勤"。

永徽中，西突厥阿史那賀魯以處月、處蜜、姑蘇、歌邏祿、卑失五姓叛。（第四一一九頁）

西突厥史料編年補闕：按"卑失"，元龜九九五同，通典作"畢失"，舊突厥傳作"弩失畢"，通鑑作"失畢"。"失畢"一詞，經余還原爲

"Sadapyt",作"畢失"、"卑失"者,均傳本誤倒。新書四三下別有卑失部,乃東突厥屬。

陪葬昭陵,謚曰毅。(第四一二〇頁)
新書考異卷一三:唐會要,何力謚曰烈。
互證卷一三:按唐會要謚曰烈,與舊書同。

尚可孤傳

徙封馮翊郡王,食實戶一百五十。……以功加檢校尚書右僕射,封馮翊郡王,食實戶二百。(第四一二八、四一二九頁)
新書考異卷一三:按下文又云"封馮翊郡王,食實戶二百",重複不倫。當云增封戶至二百。或中間以事削封邑而後復之,則史有脫文矣。
互證卷一三:舊書"仍賜實封一百戶",下云"封馮翊郡王,增邑通前八百戶,實封二百戶"。按新書"徙封馮翊王"句衍也,舊書較明。
中華本新書注:下文又謂"以功加檢校尚書右僕射,封馮翊郡王,食實戶二百",文重而實封數異。按舊書卷一四四尚可孤傳云"以功陞檢校右僕射,封馮翊郡王,增邑通前八百戶,實封二百戶"。疑實封戶當是"二百"。
按:舊紀卷一二曰:"(興元元年六月)駱元光、尚可孤加檢校左右僕射,皆實封五百戶。"册府卷一二八同。

裴玢傳

裴玢,五世祖糾,本王疏勒,武德中來朝。(第四一二九頁)
金石錄卷二九唐興原節度裴玢碑:舊史云:"五代疏勒國王綽,武德中來朝,授鷹揚大將軍、天山郡公,因留爲京兆人。"……今碑所載與舊史同,不知新史何所據而改爲"糾"乎?疑傳寫誤爾。又新舊史皆云"綽,玢五世祖",而碑云"高祖",亦當以碑爲正。

卷一一一

王方翼傳

子珣，字伯玉，與兄璵、弟璿以文學稱，時號"三王"。（第四一三六頁）

合鈔卷一五六：（舊書卷一〇五王銑傳作"珆"）舊書王方翼傳作"珆"，新書王方翼傳作"璵"。

互證卷一三：按舊書王方翼傳云"子珆、珣、璿"，王銑傳又作"珥、珣、繼"。

按：舊書卷一〇五王銑傳作"珥、璿、珣"，新書卷一三四王銑傳曰："王銑，中書舍人璿側出也。"疑趙氏所據版本有誤。

蘇定方傳

及分財，定方一不取，高宗知之。（第四一三七頁）

糾謬卷四蘇定方傳誤：今按本紀，此乃高宗顯慶元年九月事，今云太宗則誤也。

中華本新書校記："高宗"，各本原作"太宗"。按本書卷三及舊書卷四高宗紀、本書卷九〇及舊書卷六八程知節傳、通鑑卷二〇〇，此乃高宗顯慶中事，據改。

俟斤孂獨祿擁眾萬帳降。（第四一三七頁）

糾謬卷六蘇定方傳與突厥傳不同：今按西突厥傳以為"嬾獨祿"，未知孰是。

按："孂獨祿"，舊書卷八三蘇定方傳、通鑑卷二〇〇、冊府卷九七三及九八六同，應是。

薛嵩傳

七年卒，贈太保。（第四一四四頁）

合鈔卷一七五：（舊書卷一二四薛嵩傳作"八年"。）新書"七年"，按紀，當從舊書。

按：舊紀卷一一作"八年正月壬午"，通鑑卷二二〇作"八年正月"，舊書卷一四一及新書二一〇田承嗣傳作"八年"。

嵩好蹴踘。（第四一四五頁）

糾謬卷二〇薛嵩傳：今按"踘"當作"鞠"、"毱"。

夢溪筆談卷一八曰：西京雜記云："漢元帝好蹴踘，以蹴踘爲勞，求相類。而不勞者遂爲彈棊之戲。"予觀彈棊絶不類蹴踘，頗與擊踘相近，疑是傳寫誤耳。唐薛嵩好蹴踘，劉鋼止之曰："爲樂甚衆，何必乘危邀頃刻之懽。"此亦擊踘，唐書誤述爲蹴踘。彈棊今人罕爲之，有譜一卷，盡唐人所爲，其局方二尺，中心高如覆盂，其巔爲小壺，四角微隆起，今大名開元寺佛殿上有一石局，亦唐時物也。李商隱詩曰："玉作彈棊局，中心最不平。"謂其中高也。

卷一一二

王義方傳

光武失之逢萌。（第四一六〇頁）

糾謬卷二〇王義方傳：今按人姓"逢"字當作"夆"，今從"夆"，非也。又按後漢紀、傳皆作龐萌，蓋"逢"、"龐"得姓本殊，爲字亦異，不可混同，今改"龐"爲"逢"，非也。

中華本新書校記：按後漢書卷一二龐萌傳載，龐萌爲侍中，漢光武視爲"社稷之臣"，拜平狄將軍，後乃以兵反。與陳豨、張邈正相類似。而逢萌不事光武，後漢書列入逸民傳，與此處所論毫不相干。"逢萌"當是"龐萌"之誤。

按："逢萌"，後漢書卷一一三有傳，劉攽曰："按萌，北海人，則當是'蓬'，非'逢'也。"

員半千傳

員半千字榮期，齊州全節人。（第四一六一頁）

交翠軒筆記卷三：舊唐書文苑傳員半千晉州臨汾人……按元和姓纂引水部郎中員半千狀云"本姓劉氏，彭城綏興里人。宋宗室營陵侯劉遵考子，起居部郎中凝之後。宋亡，因背劉事魏太武，以忠諫比伍員，改姓員氏，賜名懷遠，官至荆州刺史。遠六代孫半千，唐右諭德，陝州刺史。自隋末又居臨汾"云云，則當從舊書作"臨汾人"爲是。又新書言半千除棣州刺史，廣韻二十三問亦云"唐有棣州刺史員半千"，今狀言陝州，足正新書、廣韻之誤。

稍與丘悅、王勵、石抱忠同爲弘文館直學士……累封平原郡公。（第四一六二頁）

潛研堂金石文跋尾卷五宗聖觀主尹尊師碑：碑作"平涼縣開國公"……碑作"崇文館學士"，皆當以碑爲正。

按：此碑爲員半千撰。

得天下英才五千，與權所長。（第四一六三頁）

糾謬卷二〇員半千傳安祿山史思明贊：安祿山史思明贊云："張、杜權論，至今多稱誦之。"今按半千之意欲與天下英才校其所長，則"權"字疑當作"角"，或作"确"，"張、杜權論"字當作"確"。

按："權"有討論之意，如北史卷三二崔孝芬传曰："孝芬博聞口辯，善談論，愛好後進，終日忻然。商權古今，間以嘲謔，聽者忘疲。"

"張杜權論"，"權"，張元濟校勘記曰："小字本甲、日小本同，大字本、北監本、汲古閣本作'確'，備註欄曰'字書不通用，修作確'。"

韓思彥傳

事博士谷那律。律爲匪人所辱，思彥欲殺之，律不可。（第四一六三頁）

新書考異卷一三：谷那律見儒學傳。谷，姓；那律，其名也。此單稱"律"，似以"谷那"爲姓矣。

王求禮傳

久視二年三月，大雨雪，鳳閣侍郎蘇味道等以爲瑞。（第四一七三頁）

糾謬卷五王求禮傳久視二年大雪誤：今按本紀久視止有元年，至次年正月丁丑改元大足，至十月改元長安，則久視無二年三月矣。且又按本紀及五行志，長安元年三月亦無大雨雪，止是五行志云久視元年三月大雪，疑求禮傳所云即此事，而誤以元年爲二年爾。

按：通鑑卷二〇七曰："（長安元年三月）大雪，蘇味道以爲瑞，帥百官入賀，殿中侍御史王求禮止之曰：'三月雪爲瑞雪，臘月雷爲瑞雷乎？'"若以年初年號，則爲"久視二年三月"。但唐會要卷四四作"長壽三年三月"，考舊書王求禮有二傳，分別爲卷一〇一、卷一八七上，二卷王求禮傳均將"大雨雪"之事放於"武懿宗討契丹"之後，武懿宗討契丹乃神功元年之事，據此推，疑"大雨雪"在久視二年三月。

柳澤傳

（曾祖亨）謚曰恭。（第四一七三頁）
互證卷一三：舊書柳亨傳謚曰敬。按唐會要謚敬，與舊書同。

卷一一三

張錫傳

韋后臨朝，詔同中書門下三品，旬日，出爲絳州刺史。（第四一八八頁）

糾謬卷三張錫爲相日數：今按睿宗紀，張錫以景雲元年六月壬午同三品，至七月壬戌貶絳州刺史，乃四十日，非旬日也。

互證卷一三：按是年七月已巳始改元景雲，在錫貶絳州後七日，糾謬之言亦未細耳。

按：新書卷一一三張錫傳來源於舊書卷八五張錫傳，舊傳亦曰："旬日出爲絳州刺史。"舊書中，"旬日"爲泛指，非實指，如王及善，據舊紀卷六，其於聖曆二年八月爲文昌左相，同年十月薨，舊書卷九〇王及善傳曰："聖曆二年拜文昌左相，旬日而薨，年八十二。"吳縝將文學之語作寫實之語，爲苛責。

徐有功傳

會昌中，追諡忠正。（第四一九一頁）

新書考異卷一三：按諡法無正字，宋時避仁宗嫌名，改貞爲正，唐會要所載諡"正"者皆"貞"也，有功之諡亦當爲"忠貞"，蓋修史之時或改或不改，其例初不畫一耳。

互證卷一三：按唐會要本無諡正者，會要王溥所修，固無緣預避仁宗之嫌名耳，徐有功諡，會要亦未載。或錢氏見本有不同也。

卷一一四

蘇味道傳

延載中，以鳳閣舍人檢校侍郎、同鳳閣鸞臺平章事，歲餘爲真。證聖元年，與張錫俱坐法，繫司刑獄。錫雖下吏，氣象自如，味道獨席地飯蔬，爲危惴可憐者。武后聞，放錫嶺南，纔降味道集州刺史，召爲天官侍郎。聖曆初，復以鳳閣侍郎、同鳳閣鸞臺三品。更葬其親……遂侵毀鄉人墓田，蕭至忠劾之，貶坊州刺史。（第四二〇三頁）

糾謬卷一〇蘇味道張錫傳誤：今按張錫傳云："錫，久視初爲鳳閣侍郎、同鳳閣鸞臺平章事，坐洩禁中語，又賕謝鉅萬。時蘇味道亦坐事，同被訊，繫鳳閣，俄徙司刑三品院。錫按響專道，神氣不懾，日膳豐鮮，無貶損。味道徒步赴逮，席地菜食。武后聞之，釋味道，將斬錫，既而流循州。"又武后紀云："延載元年三月甲申，鳳閣舍人蘇味道爲鳳閣侍郎、同鳳閣鸞臺平章事。天冊萬歲元年正月戊子，味道貶集州刺史。聖曆元年九月辛巳，試天官侍郎蘇味道爲鳳閣侍郎、同鳳閣鸞臺平章事。久視元年閏七月己丑，天官侍郎張錫爲鳳閣侍郎、同鳳閣鸞臺平章事。長安元年三月，流張錫於循州；七月，蘇味道按察幽、平等州兵馬。長安二年十月甲寅，蘇味道同鳳閣鸞臺三品。長安四年三月己亥，貶蘇味道爲坊州刺史。"以宰相表考之，皆同。然則蘇味道凡再爲相，其初相以延載元年甲午歲，其貶集州以天冊萬歲元年乙未歲。方是時，張錫未爲相也。至聖曆元年戊戌歲，味道再入相。是時張錫亦尚未入，至久視元年庚子歲閏七月，張錫始爲相，與味道共事。至長安元年辛丑歲，流錫於循州。……按武后紀及宰相表、張錫傳並云錫以久視元年始爲相，此得其實也，而是年歲在庚子，其證聖元年歲在乙未，距庚子中間六年，其事殊不相屬，此其一也。……按武后紀及宰相表，久視元年，錫始爲相，時味道亦同爲相，至長安元年三月，錫流循州，而味道一無貶責。且錫本傳亦云武后聞之，釋味道。而又是年七月，味道方奉使幽、平，亦足以驗其未嘗被責，此其三也。

卷一一五

狄仁傑傳

會爲來俊臣所構，捕送制獄。于時訊反者，一問即臣，聽減死。……后乃召見仁傑，謂曰："臣反何耶？"對曰："不臣反，死笞掠矣。"（第四二〇九、四二一〇頁）

新書考異卷一三："臣"當爲"承"。

互證卷一三：按新書唐臨傳"輒紛訴不臣"，李峴傳"妻不臣"，仇士良傳"令自臣反"，來俊臣傳"枷號四著即臣"，王旭傳"又縋髮以石脅臣之"，何以屢用臣字，疑莒公別有據也，更考之。

后乃召見仁傑，謂曰："臣反何邪？"對曰："不臣反，死笞掠矣。"（第四二一〇頁）

新書考異卷一三："臣"當作"承"。

按：張元濟卷二〇九新唐書校勘記曰："臣"，訓伏。

今阿史那斛瑟羅皆陰山貴種。（第四二一一頁）

新書考異卷一三：按舊史無"皆"字，斛瑟羅者，西突厥繼往絕可汗步真之子，阿史那其姓也。新史多一"皆"字，似誤以爲二人。

卷一一六

韋思謙傳

武侯將軍田仁會誣奏御史張仁禕。（第四二二八頁）

新書考異卷一三：仁會傳但云"左武侯中郎將"，不云"將軍"。

互證卷一三：按仁會傳爲中郎將係貞觀時，至高宗朝則已爲右金吾將軍，又爲右衛將軍，然則"武候"字誤，非"將軍"字誤也。

按：大唐新語卷二、冊府卷五一五載此事皆曰田仁會爲"武侯將軍"。

韋弘景傳

嗣立孫弘景，擢進士第。（第四二三四頁）

合鈔卷二〇八：新書弘景不著其父而附於韋思謙傳，以爲思謙子，嗣立之孫。考嗣立封逍遙公，其後爲小逍遙公房，以別於复也。弘景之祖亦名嗣立，非思謙之子也。宰相世系表極多牽附，而此獨不誤。傳乃以爲逍遙公嗣立之孫，附於思謙之傳，又以嗣立子無名堯者，遂削弘景父名，不得舊書不幾使弘景有冒祖之譏乎？

互證卷一三：按舊書韋弘景傳"祖嗣立，終宣州司戶。父堯，終洋州興道令"，考嗣立曾爲宰相，其卒也，時爲陳州刺史，而舊書乃云"嗣立終宣州司戶"，此可疑也。新書附弘景於嗣立傳後，而宰相世系表載嗣立孫無弘景，其子亦無名堯者，此又可疑也。竊意弘景之祖又一嗣立，非思謙之子嗣立也，新傳以其名同而誤繫之耳。

餘審卷一新舊兩韋嗣立爲一人：一屬逍遙公房，弘景之祖也……又有一韋嗣立，屬小逍遙公房，即相韋后、中宗者。

再遷給事中，駙馬都尉劉士涇賂權近，擢太僕卿，弘景上還詔書，穆宗使喻：「其先人昌有功，朕所以念功睦親者。」弘景固執，帝怒，使宣慰安南，由是有名。（第四二三四至第二三五頁）

糾謬卷五韋弘景封還詔書事一以爲憲宗一以爲穆宗：今按劉士涇傳云：「遷太僕卿，給事中韋弘景等封還制書，以士涇交通近倖，不當居九卿。憲宗曰：'昌有功於邊，士涇又尚主，官少卿已十餘年，制書宜下。'弘景等乃奉詔。」此二傳一以爲穆宗，一以爲憲宗，一則云弘景固執，帝怒，使宣慰安南；一則云弘景等乃奉詔。二說殊不同，未知其孰是。且又士涇傳云"弘景等"，即不知餘人爲誰，此皆舛誤之甚者也。

互證卷一三：按舊書劉士涇傳亦云憲宗，考士涇所尚雲安公主，是順宗女，而此傳下云"時蕭俛輔政"，蕭俛於長慶元年正月罷相，則憲宗爲是也。弘景於此事後宣慰安南，使還而蕭俛尚輔政，則必非穆宗時。

按：新書卷一一六韋弘景傳與舊書卷一五七韋弘景傳同，新書卷一七〇劉士涇傳與舊書卷一五二劉士涇傳同，疑新傳各自沿襲舊傳。冊府卷四六九曰：「長慶元年正月，以檢校太理少卿、駙馬都尉劉士涇爲大僕卿，弘景與薛存慶封還詔書上疏曰……竟行前命焉。」因此，此乃穆宗。"竟行前命"，疑弘景等固執以後，最終奉詔。

陸象先傳

時窮治忠、羲等黨與。（第四二三七頁）

新書考異卷一三：當云"至忠"，"忠"上脫"至"字。

李日知傳

景雲初，同中書門下平章事，轉御史大夫，仍知政事。……拜侍中。先天元年，罷爲刑部尚書。（第四二四二頁）

新書考異卷一三：按睿宗紀、宰相表，日知以景雲元年六月由黃門侍郎同中書門下三品，傳以爲景龍初者，誤也。傳云"平章事"，紀、表俱作"同三品"，當以紀、表爲正。宰相表又云"景雲二年四月日知守侍中，其年十月，罷爲户部尚書"，傳以爲先天元年，差校一年；又以"户部"爲"刑部"，亦誤也。

互證卷一三：按新書本仍舊書之文，其謂"景雲"爲"景龍"者，或傳寫校刊之誤。

中華本新書校記："雲"，各本原作"龍"，據本書卷五睿宗紀、卷六一宰相表及舊書卷一八八李日知傳改。

杜景佺傳

延載元年，復以鳳閣侍郎同鳳閣鸞臺平章事。（第四二四三頁）

互證卷一三：舊書作"二年"。按武后本紀及宰相表皆在神功元年，新舊二傳皆誤。

卷一一八

張廷珪傳

今天下虛竭，蒼生彫弊。（第四二六一頁）

糾謬卷二〇張廷珪傳：今按當作"凋"字，而新書内二字通用之，如是頗多，難以具載，今因此發之，它不復云。見前史中亦頗通用，然考其訓釋，自各不同，似難以通用，故不敢不辨也。

按：二字通假，如左傳昭公八年："今宫室崇侈，民力彫盡，怨讟並作，莫保其性。"論語子罕："歲寒，然後知松柏之後彫也。"

韋見素傳

是歲十月丙申，有星犯昴，見素言于帝曰："昴者，胡也。天道譴見，所應在人，祿山將死矣。"……見素曰："……明年正月甲寅，祿山其殪乎！"……及祿山死，日月皆驗。（第四二六八頁）

新書考異卷一三：按肅宗紀至德二載正月己卯，安慶緒弑其父祿山，與見素所占差一日。又祿山傳，正月朔……是夜，猪兒入帳下，以大刀斫其腹，腸潰於床，即死。考至德元載十月辛巳朔，日食，從此推之，次歲正月當爲庚戌朔。甲寅、乙卯，乃月之五、六日。而祿山傳謂死于正月朔，與紀、傳皆不合，未審誰得其實。天文志不載至德元載十月星犯昴事，非志有脫漏，則見素傳所云，傳聞不足信矣。

互證卷一三：按舊書肅宗本紀至德二載正月庚戌朔。又唐會要至德元載十一月二十六日，熒惑與太白同犯昴，而新舊天文志皆不載，見素傳言"十月"，或脫"一"字也。又舊書天文志載肅宗元年，其年建子月癸巳，月掩昴，司天監韓穎奏："是殘寇滅亡之地。"明年史思明爲其子朝義所殺，與此事絕相類。但史思明於上元二年三月已爲朝義所弑，舊志所載之年其誤甚明，故新書刪之而取此事，然年月差互，史或以傳寫失之究，未知孰是也。

辛替否傳

寺塔不足禳飢饉。（第四二七九頁）

糾謬卷二〇辛替否高郢等傳：高郢傳云："不勞人以攘禍。"又云："若以攘禍。"今按"禳"、"攘"皆當作"禳"。

按："禳"、"攘"通，均有排除、祈求之意，如太平御覽卷七三五曰："又内集衆工編刺珠綉爲御衣，既成而焚之，爲禳除法。"柳河東集卷二〇井銘曰："丕之父攘禍以立强。"

李渤傳

踰年，以病歸洛。（第四二八六頁）

潛研堂金石文跋尾卷八李渤留別南溪詩：據此刻，知渤在西粵不止逾年。其引病歸洛，乃在大和二年。

卷一一九

武平一傳

鄭穆公十一子，子然及士子子孔三族亡，子羽不爲卿，故稱七穆。(第四二九四頁)

十七史商榷卷九一："二子孔"，謂子孔及士子孔，衍一"子"字。

中華本新書校記曰："士"，十行、汲古、殿、局作"二"，納本作"士"。按左傳襄公二十六年鄭士穆杜預注："子然、二子孔已亡，子羽不爲卿，故止七也。"二子孔爲子孔及士子孔，與子然並鄭穆公庶子，見襄公十九年傳。此依納本"士子"下疑脫"孔"字。如從十行等本"士"作"二"，則"二子"下衍"子"字。

賈至傳

至德中，將軍王去榮殺富平令杜徽，肅宗新得陝，且惜去榮材，詔貸死，以流人使自效。至諫曰："……或曰去榮善守，陝新下，非去榮不可守，臣謂不然。李光弼守太原，程千里守上黨，許叔冀守靈昌，魯炅守南陽，賈賁守雍丘，張巡守睢陽，初無去榮，未聞賊能下也。"(第四二九八頁)

糾謬卷一九賈至論諸人善守：今按肅宗紀："至德二載八月，靈昌郡太守許叔冀奔于彭城；九月丁丑，安慶緒陷上黨郡，執節度使程千里，癸卯，復京師，慶緒奔于陝郡；十月戊申，廣平郡王俶及安慶緒戰于新店，敗之，克陝郡。"又魯炅保南陽。被圍凡一年，晝夜戰，人至相食，卒無救，至德二載五月，乃率衆突圍走襄陽。由是言之，魯炅以二載五月棄南陽，賈賁以至德元載死于雍丘。而張巡代守，許叔冀以八月棄靈昌，程千里以九月失上黨，至十月肅宗乃得陝，而去榮殺人又得陝之後，則數子者或死或失守，皆已在得陝之前，而賈至猶有此言，無乃謬乎？且至實當時朝臣也，凡諸將得失，無容不知，而謬誤至此，深可疑也。

互證卷一三：按吳氏所言似有所見，而賈至實有此表，疑其言諸人之善守，不以或死或失，因其後而咎其初也。余家貧，不能得英華，俟見本再考之。

按：文苑英華卷六一九論王去榮打殺本部縣令表肅宗，於"未聞賊能下也"句下曰："其糧不足者自拔矣"，新傳在摘選時漏此句，故致吳縝有此疑問。

白居易傳

元和元年，對制策乙等，調盩厔尉，爲集賢校理，月中，召入翰林爲學士。（第四三〇〇頁）

互證卷一三：舊書"元和元年授集賢校理，二年十一月召入翰林爲學士"，按通鑑同舊書。

按：白氏長慶集卷二三祭楊夫人文曰："維元和二年，歲次戊子，八月辛亥朔十九日已巳，將仕郎守左拾遺、翰林學士太原白居易……"

白敏中傳

懿宗立，召拜司徒、門下侍郎，遷平章事。（第四三〇六頁）

新書考異卷一三："遷"字衍。

互證卷一三：舊書無"遷"字。

按：新紀卷九曰："（大中十三年十二月）荊南節度使白敏中爲司徒，兼門下侍郎，同中書門下平章事。"

卷一二〇

桓彥範傳

神龍元年正月，彥範、暉率羽林兵與將軍李湛……討賊……明日，中宗復位。（第四三一〇頁）

糾謬卷九桓彥範傳中宗復位日與紀不同：今按本紀，長安五年正月癸卯，張柬之、崔玄暐、敬暉、桓彥範等率兵討亂，張易之、昌宗等伏誅，丙午，皇帝復于位。又中宗紀云"神龍元年正月，張柬之等以羽林兵討亂；甲辰，皇太子監國，大赦，改元；丙午，復于位"。由此觀之，則討賊後三日，中宗乃復位，非討賊之明日，彥範傳誤矣。

知本糾謬錢氏注：討賊之明日，皇太子監國改元，即可云復位矣，非甚誤。

彥範亦曰："主上昔爲英王，故吾留武氏使自誅定。今大事已去，得非天乎？"（第四三一三頁）

十七史商榷卷八七："英王"是封號，而新以爲英烈之意，亦誤。文藝王勃傳："勃戲爲文檄英王雞，高宗怒。"舊中宗紀："儀鳳二年，封英王。"

楊元琰

楊元琰者，字溫，虢州閿鄉人，漢太尉震十八代孫。（第四三一四頁）

金石錄卷二七唐吏部尚書楊仲昌碑：仲昌，元琰子也，唐書元琰列傳與崔沔所撰元琰碑皆云"漢太尉震十八代孫"，此碑乃以仲昌爲二十代。

敬暉傳

敬暉字仲曄，絳州平陽人。（第四三一六頁）

合鈔卷一四二：（舊書卷九一敬暉傳作"絳州太平"。）新書"平陽"，按絳州領縣無平陽，誤。

睿宗時，追復官爵，又贈秦州都督，諡曰肅愍。（第四三一六頁）

新書考異卷一三：唐會要"元和三年，追諡張柬之爲文貞，桓彥範爲忠烈，敬暉爲貞烈，崔玄暐爲文忠，袁恕己爲貞烈"，史載桓、張、袁三人諡與會要同，惟敬暉諡肅愍、崔玄暐諡文獻爲異。豈史所載者，乃睿宗朝所賜之諡乎？

互證卷一三：按考異所引乃會要雜錄，其實會要前復諡中，已載敬暉諡肅愍，崔元暐諡文獻也。舊書止載暉一人諡，新書則彥範傳亦云："睿宗即位，諡曰忠烈。"崔、張、袁三人雖不言何時諡，意當統諸此也。會要雜錄乃言"元和三年，中書門下上言五人並未有諡"，其所引不知何書，恐未可據。

按：冊府卷一三一及卷五九五所載與會要雜錄同，卷一三一將時間具體定爲"元和三年四月戊寅"，恐此史不誤，乃新書彥範傳誤。

張柬之傳

永昌元年，以賢良召，時年七十餘矣。（第四三二一頁）

餘審卷一張柬之疑年：太平廣記引定命錄："張柬之任青城縣丞，已六十三矣；有善相者云：'後當位極人臣。'衆莫之信。後應制策被落……則天覽之，以爲奇才……即上第。"又舊書九一本傳"永昌元年，以賢良徵……"，自此下推至神龍二年爲八十，舊書九一本傳作"年八十餘"，新書一二〇本傳作"八十二"……今假永昌元年柬之年七十，至神龍二年亦已八十七，何止八十二？

且姚州本龍朔中武陵主簿石子仁奏置，其後長史李孝讓、辛文協死於群蠻……其州遂廢。……垂拱中，蠻郎將王善寶、昆州刺史爨乾福復請置州，言課稅自支，不旁取於蜀……且姚府總管五十七州間，皆巨猾游客。（第四三二二頁）

新書考異卷一三：按地理志"姚州雲南郡，武德四年，以漢雲南縣地置"，與柬之所稱不同。志又云"武德四年，以古滇王國民多姚姓，因置姚州都督，並置州十二，實十三州也。隸姚州都督府"，而柬之稱姚府總管五十七州，亦不合。舊書高宗紀麟德元年於昆明之弄棟川置姚州都督，與志、傳年月又異。

互證卷一三：按舊書地理志"武德四年，安撫大使李英以此州內人多姓姚，故置姚州，管州二十二。麟德元年，移姚州治於弄棟川"，柬之所言龍朔中即麟德耳，當是始置於武德而移置於麟德，又奏上於龍朔而詔下於麟德也，至州數互異，則羈縻之州，本無常耳。

長安中，武后謂狄仁傑曰："安得一奇士用之？"（第四三二三頁）

糾謬卷五武后問狄仁傑求奇士其年誤：今按本紀及狄仁傑傳，仁傑以聖曆三年九月薨。是年歲在庚子，而長安元年歲在辛丑。由是言之，柬之傳云長安中必誤也。

按：通鑑卷二〇七作"久視元年"，大唐新語卷六亦作"長安中"，舊書卷八九狄仁傑傳在傳後補充敘述其推薦人才中敘及此事，舊傳原文作："初，則天嘗問仁傑曰……"疑新傳參考大唐新語填"長安中"三字，則為誤矣。

子愿、漪。愿仕至襄州刺史，漪以著作佐郎侍父襄陽。（第四三二三頁）

新書考異卷一三：宰相世系表柬之子漪著作郎，漪子愿吳郡太守，兼江東採訪使。

互證卷一三：按舊書柬之子無愿，此或表是而傳非。

按：湖北金石志卷四敘著作郎張漪墓誌曰："誌首行有'姪子愿述'字，是撰文者為張愿，漪之從子也。"

卷一二一

王琚傳

會謀刺武三思，琚義其爲，即與周璟、張仲之等共計。（第四三三二頁）

糾謬卷六王琚王同皎等傳周璟名不同：今按王同皎、武三思傳皆作周憬，未知孰是。

按："璟"，舊書卷一〇六王琚傳及冊府卷八八二同，舊書卷一八七上王同皎傳、通鑑卷二〇八、元龜卷七六二、七六三作"周憬"。

卷一二三

李嶠傳

今百姓叜窶。（第四三六九頁）

糾謬卷二〇李嶠傳：今按集韻"叜"字注云："被表切。説文：'物落，上下相付也'，通作莩。"又同部殍，注云："餓死曰殍，或作莩、芰、莩。"然則"叜窶"之字當作"殍"、"莩"、"芰"、"莩"則可，若作"叜"，則本訓不同於義，未允也。

別雅卷三：漢書食貨志贊"塗有餓莩"，孟子作"餓莩"，廣韻作"殍"，師古曰："莩，音頻小反。諸書或作殍字，音義亦同。"韻會云："説文叜音臚，物落也，凡從叜者皆當作叜，從爪從又。"今變爲乎，轉寫訛耳。

按："叜"，新書百衲十四行本同，大字本、小字本甲作"乏"。

蕭至忠傳

祖德言，爲祕書少監。（第四三七一頁）

糾謬卷四蕭至忠傳叙蕭德言世次未明：今按宰相世系表，德言乃至忠之曾祖，其世次甚明。又德言傳亦謂至忠爲曾孫，此必可信，今至忠傳止以德言爲祖，則誤也。

按：舊書卷九二蕭至忠傳作"曾孫"，可證吳縝所曰爲是。

先天二年，主敗，至忠遁入南山。數日，捕誅之，籍其家。（第四三七三頁）

史糾卷四蕭至忠被誅：王琚傳曰："太上皇聞外讙譟……少選，琚從帝至樓下，誅蕭至忠、岑羲、竇懷貞，斬常元楷、李慈北闕下，賈膺福、李猷於內客省。"由此言之，至忠應時行誅，未嘗少稽天戮也。……由此言之，至忠亡命窮山，未嘗暴尸樓下也。二傳不同如此。

按：新傳乃襲舊書卷九二蕭至忠傳而來。舊紀卷八曰："執蕭至忠、岑羲於朝，皆斬之。"新書卷八三太平公主傳曰："主聞變，亡入南山，三日乃出，賜死于第。"通鑑考異卷一二曰："蓋誤以太平公主事爲至忠事。"

韋巨源傳

祖貞伯，襲郇國公。（第四三七五頁）

合鈔卷一四三：（舊書）祖匡伯。新書"貞伯"，誤。

互證卷一三：按世系表亦作"匡伯"，新傳避諱改耳。

坐李昭德累，貶麟州刺史。（第四三七六頁）

糾謬卷九韋巨源傳州名與紀不同：今按本紀，天冊萬歲元年正月戊子，貶韋巨源鄜州刺史。紀、傳不同，推究其實，則紀是而傳誤，何以言之，按地理志云："麟州：開元十二年析勝州之連谷、銀城置。"且天冊萬歲元年，歲在乙未，而開元十二年，歲在甲子，相距三十年，是時既未有麟州，則巨源何由貶爲刺史乎？以此知其實"鄜"字，而誤爲"麟"也。

互證卷一三：按舊本紀作"鄜州"，新宰相表作"鄜州"，通鑑亦作"鄜州"，則"鄜州"誠是也。考證聖元年九月改元天冊萬歲，新書本紀例舉後元以標歲首，舊書證聖初是也。

中華本新書校記："鄜"，各本及通鑑卷二〇五作"麟"，本書卷四則天紀、卷六一宰相表、舊書卷六則天紀、卷九二韋巨源傳俱作"鄜"。按本書卷三七及舊書三八地理志、元和志卷四，唐玄宗時析勝州置麟州。"麟"當爲"鄜"之形訛，今改。

卷一二四

姚崇傳

贈揚州大都督，諡曰文獻。（第四三八六頁）
金石錄卷二七唐永陽郡太守姚奕碑：奕，崇子也……而此碑及張説所撰崇碑皆云"諡文貞"，蓋崇之父懿已諡文獻，父子罕有同諡者，當以碑爲正。
互證卷一三：按唐會要亦云"崇諡文獻"，然終當以碑爲定。

三子：彝、异、奕……（奕）曾孫合、勗。（第四三八八頁）
互證卷一三：按世系表勗乃彝之曾孫，奕其叔曾祖，合則崇弟元素之曾孫，奕其從祖。

宋璟傳

璟後遷左臺御史中丞，會飛書告張昌宗引相工觀吉凶者，璟請窮治……后不懌，姚璹遽傳詔令出。（第四三八九頁）
十七史商榷卷八七：舊傳："……內史楊再思恐忤旨，遽宣敕令璟出。"……通鑑第二百七卷長安四年十二月敍此事，正與舊書同，而顏公所作神道碑於此則云："內史令出。"新宰相年表"長安四年七月，左肅政臺御史大夫楊再思守內史"，則碑云內史正謂再思，再思黨於張易之、昌宗，媚悅取容，時號"兩腳狐"，姚璹未聞有此。
按：新傳來源於舊傳，唐會要卷六一、册府卷五一五同新傳，通典卷二一四作"姚元崇"，因此，新傳所改定有其據，大唐新語卷二作"楊再思"。

十二年，東巡泰山，璟復爲留守。（第四三九三頁）

糾謬卷九宋璟傳載東巡泰山之年與紀不同：今按本紀，開元十二年，無東巡泰山事，其東巡封泰山乃十三年十月也。

按：舊書卷九六宋璟傳曰："十二年，駕又東巡，璟復爲留守，上臨發，謂璟曰……"據舊紀卷八，十二年冬十一月庚申，玄宗便幸東都。因此，十二年玄宗出發，璟復爲留守，十三年東封泰山。

二十年，請致仕，許之，仍賜全禄。（第四三九三頁）

潛研堂金石文跋尾卷七廣平文貞公宋璟碑：舊唐書本紀："開元二十一年十一月，尚書右丞相宋璟以年老致仕，許之。"碑稱"開元廿一年，抗疏告老"，正與舊紀合。而新舊書本傳俱作"二十年"，誤矣。

聖曆後，突厥默啜負其彊，數窺邊，侵九姓拔曳固，負勝輕出，爲其狙擊斬之，入蕃使郝靈佺傳其首京師。靈佺自謂還必厚見賞。璟顧天子方少，恐後干寵蹈利者夸威武，爲國生事，故抑之，踰年，纔授右武衛郎將，靈佺恚憤，不食死。（第四三九四頁）

習學記言序目卷四三：郝靈佺傳默啜首事，宋璟謂"天子年少好武"，抑其勞，逾年僅授郎將，靈佺慟哭而死。按默啜強盛，爲中國患，殺人不可勝計，有能得其首者，可謂大功，安得無厚賞？今爲他虜狙繫，而靈佺偶入蕃，乃傳首之人爾，行賞如此，正合事宜，不知何名爲抑。況唐是時兼制戎夏，默啜雖死，而暾谷爲患未衰，方勞攻守之計，亦不得言好武強開邊隙也。恐此非璟本語，而後世信之，傳誦不已，捨明從暗，失實得虛，利害不細。

按：此事舊書卷一四七杜佑傳亦載，曰："開元初，邊將郝靈佺親捕斬之，傳首闕下，自以爲功代莫與二坐，望榮寵。宋璟爲相，慮武臣邀功爲國生事，止授以郎將，由是訖開元之盛，無人復議開邊，中國遂寧，外夷亦靜。"因此，新書所說亦爲有據，不可臆測否定。

六子，昇、尚、渾、恕、華、衡。（第四三九四頁）

十七史商榷卷八七：舊傳不言璟有幾子，但載其子事凡六人，昇、尚、渾、恕、華、衡也。新書據之直言璟有六子，而世系表則璟八子，昇之上尚有復，華之上尚有延，傳與表不相應也。神道碑則云公有七子，而其下列八，人名皆與世系表合，碑側記亦云"第三子渾，第八子衡"云云。

　　按：元和姓纂卷八亦曰八子，乃爲昇、尚、渾、恕、延、華、復、衡。

卷一二五

蘇頲傳

乃詔以頲爲中書侍郎，帝勞曰："……陸象先歿，紫微侍郎未嘗補，朕思其人無易卿者。"頲頓首謝。明日加知制誥，給政事食。(第四四○○頁)

互證卷一三：舊書"中書侍郎，朕極重惜，自陸象先歿，朕每思之，無出卿者。時李乂爲紫微侍郎，與頲對掌文誥"。按百官志："開元元年，改中書省爲紫微省，"是中書侍郎即紫微侍郎。……考本紀，陸象先以景雲二年十月自中書侍郎同中書門下平章事，開元元年罷爲益州大都督府長史，是改紫微後，象先未嘗爲侍郎，而爲中書侍郎乃在景雲初。新傳云"陸象先歿，紫微侍郎未嘗補"，誤之甚也。又蘇頲以開元四年進同紫微黃門平章事，則爲侍郎在前矣。考舊書陸象先傳，自罷相後出入歷官甚久，至開元二十四年卒，年七十二。新傳雖載歷官而删其官與卒之年，故不自知其誤。而二書於此遽言其歿，尤可笑也。愚意唐史臣載元宗此言，當是"自陸象先後，朕每思之"，舊書誤書後作"歿"而新書又以意改之，遂至輾轉沿誤耳。

按：大唐新語卷七曰："玄宗謂宰臣曰：'從工部侍郎有得中書侍郎者否。'對曰：'任賢用能，非臣等所及。'上曰：'蘇頲可除中書侍郎。'仍令移入政事院，便供政事食，明日加知制誥有政事食自頲始也。及入謝，固辭，上曰：'朕常欲用卿，每有一好官闕，即望諸宰臣論及，此皆卿之故人，遂無薦者，朕嘗爲卿歎息。中書侍郎，朕極重惜，自陸象先改後，朕每思無出卿者。'"據此，趙氏所曰爲是。

時詔立靖陵碑，命頲爲之詞，辭曰："前世帝后不志碑，事弗稽古，謂之不法。審當可者，祖宗諸陵，一須營立，後嗣謂何？"帝不納其言。(第四四○一頁)

互證卷一三：舊書"元宗從其言而止"，按新書韋湊傳亦云"諫而止"，唐會要亦云"從蘇頲之言而止"。

按：舊書卷一〇一韋湊傳曰："開元二年夏，敕靖陵建碑，徵料夫匠，湊以自古園陵無建碑之禮，又時正旱，儉不可興功，飛表極諫，工役乃止。"新書卷一一八韋湊傳同。

張説傳

朔方軍大使王晙誅河曲降虜阿布思也，九姓同羅、拔野固等皆疑懼。（第四四〇七頁）

互證卷一四：舊書略同。按王晙傳新舊書並云所誅乃跌跌部及僕固都督勺磨等，事在開元八年。至阿布思之誅，乃爲程千里所執，事在天寶十三載。此傳並誤。

按：互證所曰爲是，舊書卷九七張説傳曰："八年秋，朔方大使王晙誅河曲降虜阿布思等千餘人，時并州大同橫野等軍有九姓同羅、拔曳固等部落皆懷震懼。"新傳當沿襲舊傳而誤。新紀卷九曰："（天寶十二載）九月甲寅，葛邏禄葉護執阿布思。……（天寶十三載五月）北庭都護程千里俘阿布思以獻。"舊紀卷九曰："（天寶十三載三月）北庭都護程千里生擒阿布思獻于樓下，斬之於朱雀街。"通鑑卷二一七同舊紀。因此，阿布思當爲程千里所執。王晙誅勺磨之事，舊書卷一九三王晙傳、新書卷一一一王晙傳均載，通鑑卷二一二較詳，曰："（開元八年六月）突厥降户僕固都督勺磨及跌跌部落散居受降城側，朔方大使王晙言其陰引突厥謀陷軍城，密奏請誅之，誘勺磨等宴於受降城，伏兵悉殺之。"

中書舍人陸堅以學士或非其人，而供儗太厚，無益國家者，議白罷之。（第四四一〇頁）

互證卷一四：舊書作"徐堅"。按新書下文云"陸生之言"，舊書下文云"徐子之言"，似各有所據，非傳寫誤也。通鑑同新書。

按："陸堅"，大唐新語卷一同，舊書卷一〇五宇文融傳、唐會要卷六四、卷八五亦曰："中書舍人陸堅。"新書卷二〇〇有傳。徐堅亦有其人，據舊紀卷八，其於開元十七年五月卒。

張垍傳

　　國忠惡之，及希烈罷，薦韋見素代之，垍始怨上。天寶十三載，祿山入朝……帝怒，盡逐其兄弟。（第四四一一至四四一二頁）

　　互證卷一四：舊書略同。沈炳震曰："按天寶十三載三月，垍貶盧溪郡司馬，八月韋見素入相，則見素相時垍已就貶。"按沈氏所據是，舊書元宗本紀"祿山入朝，垍以漏國忠語而兄弟俱貶"。

　　詔（均）免死，流合浦。……垍死賊中。（第四四一一、四四一二頁）

　　互證卷一四：舊書同。通鑑不取二書，云"張垍流嶺表，張均棄市"。舊刑法志："張垍賜自盡，張均配流合浦。"又異，未知孰是。

　　按：據通鑑考異卷一五，通鑑取自柳珵常侍言旨。唐大詔令集卷一二六處置受賊偽官陳希烈等詔曰："前大理卿張均特宜免死，長流合浦郡。"

卷一二六

魏知古傳

由黄門監改紫微令，與姚元崇不協。（第四四一四頁）

互證卷一四：舊書"尋改紫微令，姚崇深忌憚之"，按本紀及宰相表無改紫微令事，舊書考異以爲紫微令姚崇所官，"尋改"二字衍也，此新書沿舊書之誤。

盧懷慎傳

疆場有警。（第四四一六頁）

糾謬卷二〇盧懷慎及吐蕃等傳：吐蕃傳"疆場不定"，又云"疆場不明"。今按此皆合作"場"。

按："疆場"、"疆埸"，考古籍，往往二者寫法均有，不同版本，寫法亦不同。以"疆場有警"爲例，新書百衲十四行本同，大字本、小字本甲作"埸"。

帝後還京，因校獵鄠、杜間，望懷慎家，環堵庫陋，家人若有所營者，馳使問焉，還白懷慎大祥，帝即以縑帛賜之，爲罷獵。（第四四一八頁）

金石録卷二六唐盧懷慎碑：又云："上因游鄠、杜，北望京闕。巋然有公之别廬。抵其宅，室甚陋。"據此所書，乃明皇尝親幸其第，而史云"馳使問之"，非也。

按：新書記載甚清，言之應有據，墓誌僅曰"抵其宅，室甚陋"，并未曰登門，新書曰："望懷慎家，環堵庫陋……馳使問焉，還白懷慎大祥"，新書所書應爲不誤。

李元紘傳

（曾祖粲）年八十餘卒，謚曰明。（第四四一九頁）

互證卷一四：舊書同。按唐會要作"胡"，謚法："保民耆艾曰'胡'，彌年壽考曰'胡'。"粲善撫循，年八十餘卒，作"胡"是也。

杜暹傳

于闐王尉遲眺約突厥諸國叛，暹覺其謀，發兵討斬之，支黨悉誅，更立君長，于闐遂安。（第四四二一頁）

新書考異卷一三：按西域傳于闐國王無名眺者，且亦無叛而復安之事。

守邊四年，撫戎練士，能自勤勵，為夷夏所樂。（第四四二一頁）

互證卷一四：舊書"暹在安西四年"，按暹開元十二年為安西副都護，十四年為同中書門下平章事，前後三年。

張九齡傳

武惠妃謀陷太子瑛，九齡執不可。妃密遣宦奴牛貴兒告之曰："廢必有興，公為援，宰相可長處。"九齡叱曰："房幄安有外言哉！"遽奏之，帝為動色，故卒九齡相而太子無患。（第四四二九頁）

糾謬卷二張九齡諫而太子無患：今按太子瑛傳載九齡諫時已為中書令，而宰相年表開元二十二年五月戊子，九齡為中書令，二十五年太子竟廢死，然則當議廢太子時，九齡已為相久矣，安得云卒九齡相哉？且九齡以二十五年而太子竟廢死，則是終不免禍，安得云太子無患哉？此二者皆無其實也。

知本糾謬錢氏注：九齡開元二十四年十一月罷相，而太子瑛之廢死在二十五年四月。史云"卒九齡相而太子無患"者,謂終九齡爲相之日,太子得不廢爾,吳氏所糾似不達其意。

按:新書卷六二宰相表,開元二十一年十二月丁巳,張九齡爲中書侍郎、同中書門下平章事,二十二年五月戊子,張九齡爲中書令,二十四年十一月罷相。舊唐書卷九九張九齡傳略同。再考舊紀卷九,二十五年四月甲子,張九齡左授荆州長史,乙丑,皇太子瑛廢。因此,此爲吳縝未理解文意而致誤。

帝怒,杖子諒於朝堂,流瀼州,死於道。(第四四二九頁)

合鈔卷一五〇:(舊書卷九九張九齡傳作"令於朝決殺"。)按紀,當從舊書。

通鑑考異卷一三:舊紀云:"子諒以妄陳休咎,於朝堂決殺。"實錄此月則云:"子諒彈奏仙客非才,引妖讖爲證。上怒,召入禁中責之。左右拉者數四,氣絕而蘇。"及仙客傳則云:"子諒竊言於御史大夫李適之曰:'牛仙客不才,濫登相位。大夫國之懿親,豈得坐觀其事!'適之遽奏子諒之言。上大怒,廷詰子諒,子諒詞窮,於朝堂決杖,配流瀼州,行至藍田死。"舊仙客傳亦然。今從此月實錄及舊紀。柳宗元周君墓碣云:"有唐貞臣汝南周氏諱某字某。"又曰:"在天寶年,有以諂諛至相位,賢臣放退。公爲御史抗言,以白其事,得死于墀下。"宗元集此碣雖無名字,然其事則子諒也,云在天寶年,誤矣。

互證卷一四:舊書"令於朝決殺"。通鑑考異曰……按新書元宗本紀云"殺監察御史周子諒",與此傳互異,二書紀事皆未畫一。

安禄山初以范陽偏校入奏,氣驕蹇,九齡謂裴光庭曰:"亂幽州者,此胡雛也。"及討奚、契丹敗,張守珪執如京師,九齡署其狀曰:"穰苴出師而誅莊賈,孫武習戰猶戮宮嬪,守珪法行于軍,禄山不容免死。"帝不許,赦之。九齡曰:"禄山狼子野心,有逆相,宜即事誅之,以絕後患。"帝曰:"卿無以王衍知石勒而害忠良。"卒不用。(第四四二九至四四三〇頁)

陔余叢考卷一一:而禄山傳則但云禄山盜羊被獲,張守珪欲殺之,呼曰:"公不欲滅兩番耶?何殺我?"守珪壯其語,乃釋之。舊唐書安禄山傳亦同。則禄山之免死,即在守珪帳下,并無執送京師事也。……按九齡進千秋金鏡錄表有云："開元二十四年，幽州節度使張守珪執敗軍將安祿山送京師，齡批張守珪軍令若行，安祿山不宜免死，上惜其才勇而赦之。臣力爭，謂祿山有反相，上責臣勿以王夷甫識石勒而害忠良"云云。……則其先執送京師，九齡請誅，自是實事，而祿山傳誤也。

　　按：全唐文卷四四〇唐尚書右丞相中書令張公神道碑曰："安祿山入朝奏事，見於廟堂，以爲必亂中原，固請戮之。上曰：'卿以王衍知石勒，此何足言？'無何，用兵爲虜所敗，張守珪請按軍令，中留不行，公狀諫曰：'穰苴出軍，必誅莊賈；孫子行令，亦斬宮嬪。守珪所奏非虛，祿山不當免死。'再三懇請，上竟不從。"因年代久遠，墓誌所載上之"王衍知石勒"言辭時間混爾。但"安祿山入朝奏事"爲一事，"後兵敗欲被處死"又爲一事，此事與新舊安祿山傳之盜羊事截然不同爾。趙翼將幾件史事混攪，故致不解。

九齡弟九皋，亦有名，終嶺南節度使，其曾孫仲方。（第四四三〇頁）

　　互證卷一四：舊書同。按舊書仲方傳則曰："祖九皋，父抗。"新書世系表作"祖九皋，父抗。"則此傳云"曾孫者"，皆誤也。

　　按：白氏長慶集卷六一范陽張公墓誌銘并序曰："嶺南節度使、廣州刺史、殿中監諱九皋，公之王父也。贈尚書右僕射諱抗，公之皇考也。"

卷一二七

韓休傳

父大智，洛州司功參軍。其兄大敏，仕武后爲鳳閣舍人。（第四四三二頁）

糾謬卷九韓休父兄：今按宰相韓氏世系表則大敏乃大智之弟。

元和姓纂卷四岑仲勉注曰：此殆姓纂原文不循行序，新表據以構成，故來吳氏之糾。

按：舊書卷九八韓休傳、冊府卷七七一曰："（韓休）伯父大敏。"因此，韓休傳應是。

張延賞傳

瓜步舟艫津湊，而遙繫江南，延賞請度屬揚州，自是行無稽壅。（第四四四五頁）

十七史商榷卷七九：乾隆元年江南通志第二十卷城池門云："瓜洲城在揚州府南四十五里，大江之濱。宋乾道中築。"又第二十六卷關津門云……又"瓜洲渡在江都縣南四十五里瓜洲鎮，與江南鎮江相對，江面十餘里"。……若瓜步，則在第二十五卷關津門云："瓜步鎮在六合縣東南二十五里瓜步山下"是也……舊張延賞傳："……邊江之瓜洲，舟航湊會，而懸屬江南，延賞奏請以江爲界，人甚爲便。"新書本傳亦載此事，而改"瓜洲"爲"瓜步"……延賞以瓜洲本在江北，而反屬江南之潤州爲不便，故請改屬江北揚州，此與瓜步何涉。

先時，吐蕃尚結贊請和，晟奏戎狄無信，不可許。滉亦請調軍食峙邊，無聽和。帝疑將帥邀功生事，議未決。會滉卒，延賞揣帝意，遂罷晟兵……而拜晟太尉兼中書令，奉朝請。是夏，吐蕃背約，劫渾瑊。故事，臨軒冊拜三公，中書令讀冊，侍中贊禮，或闕，則宰相攝事。晟當拜，而延賞薄其禮，用尚書崔漢衡、劉滋代攝。時議遣劉玄佐復河、湟，延賞因建言……玄佐辭西討，延賞更用李抱真。抱真怨延賞奪晟兵，不肯行。（第四四四六頁）

　　互證卷一四：舊書略同。按此傳褾敘此數事，最無倫次，新書當是沿舊書而誤也。考韓滉傳云："帝善其言。"而此言"帝疑邀功生事"，一也。滉傳言："因訪元佐，元佐請行，會滉病甚，延賞減官，元佐因稱疾，滉尋卒。"而此言"延賞減官，元佐辭西討"在滉卒之後，二也。且"延賞揣帝意，罷晟兵者，欲與吐蕃和也，乃建言減官，賞戰士，遣元佐西討，元佐辭，更用李抱真"，則與和意全不相符，三也。李晟冊太尉當拜，自在劫盟之先，若在劫盟之後，則崔漢衡已爲吐蕃所虜，不得攝事，四也。意帝初善滉言，故元佐請行，後見帝入延賞之言罷晟兵，亦揣知帝意在和，故辭不行，而減官則另是一事，非爲復河、湟起見，而史夾敘之，故不明也。此數事皆在平涼劫盟之前，史謂"元佐、抱真之不行，因憤延賞罷晟"，武臣解體，或亦有此意，其實時已一意講和，元佐等自不必行耳。

專屬以吏事，而以軍食委李泌，刑法委柳渾，時以爲任職。（第四四四六頁）

　　互證卷一四：舊書"時延賞病甚，李泌初爲相"。按泌以貞元三年六月相，七月延賞薨，八月柳渾罷，新傳謬甚。考"專屬延賞以吏事"三語本德宗與李泌所言，而泌以爲非是，此一時談論所及，非有實事，而新史誤據而斷之也，當以通鑑所載爲是。

　　按：通鑑卷二三二曰："（貞元三年六月）李泌初視事，壬寅，與李晟、馬燧、柳渾俱入見。……上因謂泌曰：'自今凡軍旅糧儲事，卿主之，吏、禮委延賞，刑法委渾。'"

張弘靖傳

嘗曰："天下無事，而輩挽兩石弓，不如識一丁字。"（第四四四八頁）

能改齋漫錄卷五不如識一丁字：唐書張洪靖傳"背挽兩石弓，不如識一丁字"，舊史亦同。寶苹唐書音訓云："'丁'恐當作'个'。"予嘗以寶說雖當而無所據。偶讀孔毅父續世說引洪靖曰：'汝曹能挽兩石弓，不若識一箇字。'乃作此"箇"字，因知"箇"誤爲"丁"，無可疑者。

源乾曜傳

（開元）八年，復爲黃門侍郎、同中書門下三品。（第四四五〇頁）

新書考異卷一三：本紀、宰相表俱云"同中書門下平章事"。

裴耀卿傳

裴耀卿，字焕之，寧州刺史守真次子也。（第四四五二頁）

金石錄卷二九唐右僕射裴耀卿碑：宰相系表作"涣之"，而碑乃字子焕，傳云"耀卿守真次子"，而碑乃爲第三子，皆史家之謬。

按：裴僕射濟州遺愛碑亦作"焕之"。

卷一二八

王志愔傳

遂上所著應正論以見志。……又言："漢武帝甥昭平君殺人，以公主子，廷尉上請。……"（第四四六三頁）

糾謬卷一一王志愔傳誤：今按漢書此乃武帝時，言成帝誤也。

按："漢武帝"，新書百衲十四行本同，張元濟校勘記曰："汲古閣本、大字本作'漢成帝'，北監本、殿本作'漢武帝'，據修。"核小字本甲作"漢成帝"。全唐文卷二八二應正論作"武帝"，應是。

開元九年，帝幸東都，詔留守京師。京兆人權梁山妄稱襄王子，與左右屯營官謀反。（第四四六四頁）

糾謬卷五王志愔傳幸東都差一年：今按玄宗紀開元九年並無幸東都之事，而十年正月丁巳如東都，九月京兆人權梁山反伏誅，志愔傳所云九年者誤也。

按：舊紀卷八曰："（開元）十年春正月丁巳，幸東都……（九月）乙卯夜，京兆人權梁山偽稱襄王男。"通鑑卷二一二略同。冊府卷一一三曰："（開元九年）九月甲戌詔曰：'……宜以明年正月十五日幸東都。'十年正月丁巳幸東都。"因此，爲九年下詔，十年幸東都。關於權梁山謀反時間，舊書卷一〇〇王志愔傳曰："開元九年，上幸東都，令充京師留守。十年，有京兆人權梁山偽稱襄王男。"因此，新傳襲原史料時應脫"十年"二字。

許景先傳

許景先，常州義興人。曾祖緒，武德時以佐命功，歷左散騎常侍，封真定公，遂家洛陽。（第四四六四頁）

新書考異卷一三：列傳第十三卷，附許世緒事，此避太宗諱去"世"

字，彼傳云并州人，而此云常州，未知孰是。

　　按：元和姓纂卷六稱其爲許兆之後，居中山。

　　張說曰："許舍人之文，雖乏峻峰激流，然詞旨豐美，得中和之氣。"（第四四六五頁）

　　糾謬卷一〇張說評許景先文兩傳不同：今按王勃、駱賓王傳後張說論文處云："許景先如豐肌膩理，雖穠華可愛，而乏風骨。"與本傳所載不同，未知孰是。

　　按：二者之評有相近之處，如"詞旨豐美"與"豐肌膩理"，不同爲"得中和之氣"與"乏風骨"，但一人對另一人評價，不同場合會有所不同，此自然爾。

卷一二九

裴行立傳

徙桂管觀察使，黃家洞賊叛，行立討平之。（第四四七五頁）

互證卷一四：按西原蠻傳載"行立妄奏斬獲二萬，罔天子，邕管二道殺傷疾疫死者十八以上"，並未言其討平，則此傳所言涉于虛妄。

按：詁訓柳先生文集卷三八代裴中丞謝討黃少卿賊注曰："黃少卿，據傳，貞元十年，黃洞首領黃少卿攻邕管等州，經略使孫公器請發嶺南兵討之，德宗不許，遣中人招諭，不從，自是叛服無定。元和間，曰黃承慶，曰黃少度，曰黃昌瓘皆迭起爲患，桂管觀察使裴行立與容管經略使陽旻徼幸有功，爭欲攻討，議者以爲不可，而憲宗許之，實元和十四年也。表是時作，惟新史行立傳謂'黃家洞賊叛，行立討平之'，而資治通鑑則曰'行立、旻竟無功'，其抵牾如此。韓文公嘗有論黃家賊事宜狀，其別白'利害甚明，正罪裴、陽二公之輕用其兵'，誠得之矣。"

崔沔傳

崔沔字善沖，京兆長安人，後周隴州刺史士約四世孫。（第四四七五頁）

糾謬卷九崔沔傳：今按宰相世系表則並無隴州刺史士約，而沔乃後周大將軍說之四世孫也，說之父名楷，兄名士元、士謙，與傳全不同。

互證卷一四：按北史崔說傳"本名士約，賜姓宇文氏，并賜名説焉"，後周書作"崔訛"，餘並同。"訛"與"說"，未知孰是。

按：庾子山集卷一三周大將軍崔説神道碑曰："公諱説，字士約，博陵郡安平縣人也。"因此，二者皆是。李遐叔文集卷一贈禮部尚書孝公崔沔集序曰："字善沖，安平公愷之少子也。"新書卷一二九崔沔傳作"字善沖",合。但新書卷七二下世系表曰："沔字若沖,其父皓。"舊書卷一八八崔沔傳曰："父皚。"未知孰是。

嚴挺之傳

嚴挺之名浚,以字行,華州華陰人。(第四四八二頁)

金石錄卷二八唐嚴浚碑:唐書列傳云"浚華州華陰人",而碑言"馮翊臨晉人"。

嚴武傳

珀以故宰相爲巡內刺史,武慢倨不爲禮。最厚杜甫,然欲殺甫數矣。李白爲蜀道難者,乃爲房與杜危之也。(第四四八四頁)

新書卷二〇一杜甫傳曰:"武以世舊,待甫甚善,親至其家,甫見之,或時不巾,而性褊躁傲誕,嘗醉登武床,瞪視曰:'嚴挺之乃有此兒?'武亦暴猛,外若不爲忤,中銜之。一日欲殺甫及梓州刺史章彝,集吏於門,武將出,冠鉤于簾三,左右白其母,奔救得止,獨殺彝。"(第五七三七至五七三八頁)

容齋續筆卷六嚴武不殺杜甫:舊史但云:"甫性褊躁,嘗憑醉登武床,斥其父名,武不以爲忤。"初無所謂欲殺之說,蓋唐小說所載,而新書以爲然。予按李白蜀道難本以譏章仇兼瓊,前人嘗論之矣。甫集中詩,凡爲武作者幾三十篇……至哭其歸櫬及八哀詩……若果有欲殺之怨,必不應眷眷如此,好事者但以武詩有"莫倚善題鸚鵡賦"之句,故用證前說,引"黃祖殺禰衡"爲喻,殆是癡人面前不得說夢也,武肯以黃祖自比乎?

夢溪筆談卷四:前史稱嚴武爲劍南節度使,放肆不法,李白爲之作蜀道難。按孟棨所記白初至京師,賀知章聞其名,首詣之,白出蜀道難,讀未畢,稱嘆數四,時乃天寶初也,此時白已作蜀道難。嚴武爲劍南,乃在至德以後肅宗時,年代甚遠。蓋小說所記各得於一時見聞,本末不相知,率多舛誤,皆此文之類。李白集中稱刺章仇兼瓊,與唐書所載不同,此唐書誤也。

困學紀聞卷一四：容齋續筆辯嚴武無欲殺杜甫之說。愚按新史嚴武傳多取雲溪友議，宜其失實也。

　　唐音癸籤卷二一：蜀道難自是古曲，梁、陳作者止言其險而不及其他，白則兼採張載劍閣銘 "一人荷戟，萬夫趑趄形勝之地，匪親弗居"等語，用之爲恃險割據與羈留佐逆者著戒。惟其汎說事理，故苞括大而有合樂府諷世立教本旨，若第取一時一人事實之，反失之細而不足味矣。諸解者惡足語此？

　　唐音癸籤卷二五：雖然，武忼暴人也，於幕客他可忍，肯并忍其呼父名，恬不介意乎？言欲殺過，言不爲忤亦過，重以武有殺章彝之事，杜嘗依彝梓州，最厚且久處其際，不尤難言哉。荊南追述詩，"結舌防讒柄，探腸有禍胎"，情稍見矣，殺機時動，幸不犯殺鋒。新史殆非全誣。

　　按："嚴武欲殺杜甫事"，唐音癸籤言之有理。杜、嚴二家儘管爲世交，杜甫之不拘小節，嚴武定有厭惡，新書卷一二九嚴武傳稱其 "在蜀頗放肆"，因此，殺杜之心或有之。但總體上講，嚴武待杜不薄，杜甫於詩中流露感激之情亦在情理之中，洪邁等憑此否定一些基本史實，恐爲不妥。關於蜀道難白之本旨，唐音癸籤之說應爲合理。

卷一三〇

解琬傳

年八十餘，開元五年，終同州刺史。(第四五〇一頁)

　　金石錄卷二六唐解琬碑：惟碑與舊史皆云琬以開元六年卒，而新史以爲卒于五年者，誤也。

卷一三一

李峴傳

李峴，吳王恪孫也。（第四五〇四頁）

金石錄卷二八唐高陵令李峴遺愛頌：碑云"曾祖恪，封吳王；祖琨，嗣吳王；父禕，信安郡王"，元和姓纂所載亦同，而唐書列傳以爲恪之孫，誤矣。

新書考異卷一三：按宗室傳，恪子琨，琨子禕，禕子峴。世系表亦同，則峴乃恪之曾孫。

鳳翔七馬坊押官盜掠人，天興令謝夷甫殺之。李輔國諷其妻使訴枉，詔監察御史孫蓥鞫之，直夷甫。其妻又訴，詔御史中丞崔伯陽、刑部侍郎李曄、大理卿權獻爲三司訊之，無異辭。妻不臣，輔國助之，乃令侍御史毛若虛覆按，若虛委罪夷甫，言御史用法不端。伯陽怒，欲質讓，若虛馳入自歸帝，帝留若虛簾中，頃，伯陽等至，劾若虛傅中人失有罪，帝怒叱之，貶伯陽高要尉、權獻杜陽尉，逐李曄嶺南，流蓥播州。（第四五〇五頁）

糾謬卷一〇李峴傳謝夷甫事與毛若虛傳不同：今按毛若虛傳云："乾元中，鳳翔七坊士數剽州縣間殺人，尉謝夷甫不勝怒，榜殺之。士妻訴李輔國，輔國請御史孫蓥窮治獄，久不具，詔中丞崔伯陽與三司參訊，未決，乃使若虛按之，即歸罪夷甫。伯陽爭甚力，若虛慢拒，伯陽怒，若虛即馳入白于帝。詔姑出，若虛泥訴曰：'若臣出即死。'因蔽若虛殿中，而召伯陽，至具劾若虛罔上，帝主先語，叱伯陽出，并官屬悉貶嶺外。"且李峴傳云"天興令謝夷甫"，而毛若虛傳以爲尉；峴傳云中丞、刑部、大理爲三司，而若虛傳云詔中丞崔伯陽與三司參訊，則中丞之外自有三司歟？峴傳云"孫蓥直夷甫，其妻又訴，詔三司參訊，無異辭，妻不臣"，若虛傳云"獄久不具，參訊未決，而若虛按之"，峴傳云"崔伯陽高要尉、權獻杜陽尉、李曄嶺南、孫鑒播州",若虛傳云"官屬悉貶嶺外",此皆兩傳之不同者也。

按：關於謝夷甫之官職，新書卷二〇九毛若虛傳、舊傳、通鑑卷二二一同，新書卷一三一李峴傳作"令"，舊書卷一一二李峴傳曰："天興縣令知捕賊謝夷甫擒獲決殺之。"關於權獻貶官，舊書卷一一二李峴傳作"桂陽尉"，應是。吳縝其餘所問爲苛責，各傳敘述之時，因不同時間敘述，且敘述不同對象，而致詳略不同，故不可大驚小怪爾。

李回傳

李回字昭度，新興王德良六世孫。（第四五一七頁）

新書考異卷一三：按宗室傳稱長樂郡王幼良六世孫，與本傳異，而宗室世系表以回爲長平郡王叔良六世孫，又與兩傳俱異。考舊史回傳，父名如仙，據世系表，如仙爲長平王五世孫，則回出自叔良之後，審矣。

大中九年，詔復湖南觀察使，贈刑部尚書。（第四五一八頁）

互證卷一四：舊書"入朝爲兵部尚書，復出爲成都尹、劍南西川節度使卒，贈司徒，謚曰文懿"。按唐會要"贈司徒，謚文懿"，與舊書同。

卷一三二

蔣乂傳

貞元九年，擢右拾遺、史館修撰。德宗重其職，先召見延英，乃命之。張孝忠子茂宗尚義章公主，母亡，遺占丐成禮，帝念孝忠功，即日召爲左衛將軍，許主下降。乂上疏，以爲……（第四五三一頁）

糾謬卷一六蔣乂傳記張孝忠事失序：今按張孝忠傳云："貞元二年，河北蝗，民餓死如積。孝忠與其下同粗淡，日膳裁豆䜽而已，人服其儉，推爲賢將。明年，檢校司空，詔其子尚義章公主，孝忠遣妻入朝，執親迎禮，賞賚甚厚。五年，爲將佐所惑，以兵襲蔚州，入之。"然則孝忠傳所記年次甚明，其茂宗尚主及親迎成禮，殆止在貞元三年、四年之間爾，蔣乂傳則載之貞元九年之後，失其序矣。

按：舊書卷一四一張茂宗傳曰："茂宗以父蔭累官至光祿少卿同正，貞元三年，許尚公主，拜銀青光祿大夫、本官駙馬都尉，以公主幼，待年。十三，屬茂宗母亡，遺表請終嘉禮。德宗念茂昭之勳，即日授雲麾將軍，起復授左衛將軍同正、駙馬都尉。諫官蔣乂等論曰……"因此，新書卷一三二蔣乂傳所述順序爲當。

張孝忠子茂宗尚義章公主，母亡，遺占丐成禮，帝念孝忠功，即日召爲左衛將軍，許主下降。乂上疏……（第四五三一頁）

糾謬卷一九張孝忠妻入朝迎公主事可疑：今按張孝忠傳云："貞元二年，河北蝗。明年，檢校司空。詔其子茂宗尚義章公主，孝忠遣妻入朝，執親迎禮，賞賚甚厚。"然則既云孝忠遣妻入朝，則是茂宗之母尚在，安得復有在喪之說歟？且又云茂宗母亡，遺占丐成禮，則是入朝者孝忠之後妻，而茂宗之後母乎？且觀傳之所敘，似孝忠之妻將亡，而有遺言丐速成禮，故德宗從之，則其人之亡固未久也，而孝忠已娶後妻，可乎？朝廷亦以妻待之，禮歟？史官亦以妻書之，可乎？凡此者，皆史氏不明白其事，未免後人之惑也。

　　抱經堂文集卷九新唐書糾謬跋：又張孝忠，于茂宗詔尚義章公主，孝忠遣妻入朝爲子親迎，卒於京師，遺言匄成禮。此情事本極明白，吳氏乃誤疑亡者爲孝忠前妻，其入朝者爲後妻，旋又疑亡者未久，而孝忠不應即娶，朝廷亦不應以妻待之，史官亦不應以妻書之，謬悠可笑。

　　按：此事吳縝已於卷一六蔣乂傳記張孝忠事失序條已提及，可參上條引舊書卷一四一張茂宗傳，則事已明矣。

沈詢傳

　　奴私侍兒，詢將戮之，奴懼，結牙將爲亂，夜攻詢，滅其家，贈兵部尚書、左散騎常侍，劉潼代爲節度。（第四五四一頁）

　　合鈔卷二一：按（大中四年）是年正月，河東盧簡求致仕，昭義劉潼代，三月，李蠙代潼。……然則潼之後蠙，蠙之後詢也……舊書受代歷歷不可云譌，當是新書傳誤也。

　　按：通鑑卷二五〇則爲李蠙代爲節度。

卷一三三

郭虔瓘傳

今賜帛二千段及佗珍器，俾諒朕意。（第四五四四頁）

餘審卷二新郭虔瓘傳賜帛之妄：繼檢元龜一五七云："開元五年六月，突騎施酋長蘇祿潛窺亭障，安西東（都之訛）護郭虔瓘及十姓可汗阿史那獻皆反側不安，各以表聞。乃遣使齎璽書慰喻之，并降書謂虔瓘及獻曰：'……蘇祿先是大將軍，未經制命，今故遣左武衛翊府中郎將王惠充使，宣我朝恩，册爲國公，令職朝序，并賜物二千段及器物等，務於綏懷得所，不欲征討示威。'"是賜物者賜蘇祿，非賜虔瓘及阿史那獻……（岑氏再據冊府卷九九二及九九四）是五年六月王惠之使並未行，蘇祿之物並未賜。

按：岑氏對郭虔瓘傳質疑頗多，於下書郭虔瓘傳可廢文，文字頗多，不再錄入。

郭英傑傳

開元二十三年，長史薛楚玉遣英傑與裨將吳克勤、烏知義、羅守忠帥萬騎及奚眾討契丹。（第四五四五頁）

合鈔卷一五四：（舊書開元二十一年。）新書"二十三年"，誤。

按：舊書卷一九九下契丹傳曰："二十年，詔禮部尚書信安王禕爲行軍副大總管，領眾與幽州長史趙含章出塞擊破之。……明年，可突于又來抄掠，幽州長史薛楚玉遣副將郭英傑、吳克勤、鄔知義、羅守忠率精騎萬人并領降奚之眾追擊之。"據此乃"二十一年"，通鑑卷二一三亦作"二十一年"。因此，"二十一年"是。

（開元二十三年）英傑、克勤力戰死。（第四五四五頁）

互證卷一四：舊書在二十一年。按元宗本紀事在二十一年。

按：舊書卷一九九下契丹傳、冊府卷四二五作"二十一年"，舊紀卷八、新紀卷五、通鑑卷二一三作"二十一年閏三月"。

王忠嗣傳

河西節度使杜希望欲取吐蕃新城，有言忠嗣才者，希望以聞，詔追赴河西。（第四五二頁）

十七史商榷卷八八：舊同，新書作"新羅城"，其下文仍言"新城"，則"羅"字衍。

中華本新書校記："新城"，各本原作"新羅城"，與下文"欲取當新城"不合。本書卷二一六上吐蕃傳、冊府卷三八四、通鑑卷二一四及金石萃編卷一〇〇王忠嗣碑均作"新城"。"羅"字衍，今刪。

按："新城"，通鑑卷二一四、金石萃編卷一〇〇王忠嗣碑同，舊紀卷九、冊府卷九八六作"新羅城"，新書卷一三三王忠嗣傳二名并見，疑"新羅城"或簡稱"新城"。

（天寶元年）攻多羅斯城，涉昆水，斬米施可汗。（第四五五三頁）

合鈔卷一五五：（舊書卷一〇三王忠嗣傳作"走之"。）新書斬之，按元宗紀在三載，當從舊書。

按：舊傳曰："（天寶元年）與葛邏祿、回紇三部落攻米施可汗，走之……天寶三載，突厥九姓拔悉密葉護等竟攻殺烏蘇米施可汗，傳首京師。"舊紀卷九曰："（天寶三載）八月丙午，九姓拔悉密葉護攻殺突厥烏蘇米施可汗，傳首京師。"新紀卷五同。因此，天寶元年應"走之"。

卷一三四

宇文融傳

詔流於巖州，道廣州，遷延不行，爲都督耿仁忠所讓，惶恐上道，卒。(第四五九頁)

互證卷一四：舊書"配流巖州，地既瘴毒，憂恚發疾，遂詣廣府，將停留未還，都督耿仁忠謂融云云，融遽還，卒於路"。按新書下載"融子審徒步號泣省父，使者憐之，以車共載達於巖州"，融當是已至巖州，而復詣廣府也。舊書爲是。

卷一三五

哥舒翰傳

祿山知事不可就，囚之。東京平，安慶緒以翰度河，及敗，乃殺之。(第四五七四頁)

廿二史劄記卷一八：舊書謂"火拔歸仁執翰送安祿山，降之，祿山閉翰於苑中，潛殺之。"

按：新書卷一八七下許遠傳、冊府卷七〇六、通鑑卷二二〇與新紀所載略同。通鑑考異卷一五："實錄、舊傳皆曰：'尹子奇執送洛陽，與哥舒翰、程千里俱囚於客省。及安慶緒敗，渡河北走，使嚴莊皆害之。'張中丞傳相里造誄曰：'唐故御史中丞張、許二君，以守城睢陽陷，張君遇害，許君爲羯賊所擒，求死不得，降逼至偃師縣，亦被兵焉。'"因此，新傳所曰應是。

卷一三六

李光弼傳

光弼麾旗三，諸軍爭奮，賊眾奔敗……禽周贄、徐璜玉、李秦授，惟太清挺身走……光弼令廷玉由地道入，得其軍號，登陴大呼，王師乘城，禽太清、楊希仲，送之京師，獻俘太廟。（第四五八七至四五八八頁）

糾謬卷四兩傳載周贄安太清不同：今按史思明傳云："時周贄以後軍屯福昌，駱悅惡其貳，乃殺贄。"且周贄已為光弼所禽，何緣復從思明領軍屯福昌而為駱悅所殺歟？又光弼傳云："安太清襲懷州守之。光弼令郝廷玉由地道入懷州，得其軍號，登陴大呼，王師乘城，禽太清、楊希仲送之京師，獻俘太廟。"侯仲莊傳亦云禽安太清。今按史思明傳云："使安太清取懷州以守，光弼攻之，太清降。"又按哥舒曜傳亦云降安太清，光弼、仲莊傳言禽，而思明、曜傳言降，未知孰是。

按：河陽北城之戰，冊府卷三五八曰："臨陣擒其大將徐璜玉、李秦，其大將安太清走保懷州。……月餘，拔其城，生擒安太清、周贄、楊希文等，送於闕下。"通鑑卷二二一曰："周贄以數騎遁去。"其考異卷一五曰："舊傳'斬萬餘級，生擒八千餘人，擒其大將徐璜玉、李秦授、周贄等。'按李秦授上元元年四月乃見擒，周贄二年三月為史朝義所殺，今從實錄。"顏魯公文集卷四臨淮武穆王李公神道碑銘曰："臨陣擒其大將徐璜玉，殺獲略盡，贄僅以身免。……上元冬十一月攻拔懷州，擒其偽節度安太清。"因此，可以肯定，河陽北城之戰，周贄逃走。懷州之戰，周贄若被擒，必被提及，顏真卿未提及，冊府卷三六六亦如此，曰"生擒偽刺史安太清及軍將楊希文，送闕下"，據此，此戰中周贄并未被擒。因此，其應為駱悅所殺。

關於安太清，"擒"、"降"二者應并存，疑李光弼軍入城後，安太清便降。

（上元元年，李日越）遂請降。……高暉聞，亦降。（第四五八八頁）

通鑑考異卷一五：按此月（乾元二年十月）己亥，高庭暉授特進，疑即高暉也；丁巳，李日越又授特進，是此月皆已降。新傳誤。

按：冊府卷一六四曰："（乾元二年）十月，賊將高庭暉投降，自五臺府果毅拜特進，兼右武衛大將軍。李日越投降，授特進，兼右金吾衛大將軍員外置同正。"

光弼入朝，懇讓太尉，更拜開府儀同三司、中書令、河中尹、晉絳等州節度使。（第四五八九頁）

合鈔卷一六一：（舊書光弼懇讓太尉，遂加開府儀同三司、侍中。）新書"中書令"，誤。

按：舊紀卷一〇曰："李光弼以失律，讓太尉、中書令，許之，授侍中、河中尹、晉絳等州節度觀察使。"疑舊書卷一一一李光弼傳是。

相州、北邙之敗，朝恩羞其策繆，故深忌光弼切骨，而程元振尤疾之。二人用事，日謀有以中傷者。及來瑱爲元振讒死，光弼愈恐。吐蕃寇京師，代宗詔入援，光弼畏禍，遷延不敢行。及帝幸陝，猶倚以爲重……帝還長安，因拜東都留守，察其去就。光弼以久須詔書不至，歸徐州收租賦爲解。（第四五九〇頁）

互證卷一四：舊書"廣德初，吐蕃入寇京畿，代宗詔徵天下兵，光弼與程元振不協，遷延不至。十月，西戎犯京師，代宗幸陝"云云，又"及懼朝恩之害，不敢入朝，田神功等皆不稟命，遂愧恥成疾"云云，新書傳贊亦云一爲遷延而神功等皆不受約束。按二書敘事皆未明白，遂使光弼蒙冤。今考廣德初，並無吐蕃入寇徵兵之事，至七月，吐蕃陷隴右諸州，自十月以前邊將告急文書程元振皆不以聞，十月始聞之，而即幸陝，徵兵亦即在是時，不得云"光弼遷延不行"。及"帝幸陝也"，十月丙子如陝，癸巳吐蕃遁，中間僅半月耳，光弼之師自不能至。惟代宗還長安，拜東都留守，光弼以久須詔書不至，歸徐州收租賦爲解，此一事光弼不能無罪。然既曰歸徐州，則必出師，至中途聞賊退而返可知也。且"久須詔書不至"，其語不可解，恐史不得其情，以臆言之，方光弼赴臨淮時，昇疾而行，是其疾已久，當是以病還，不得赴留守之命，蓋至明年七月而光弼卒矣。又田神功是時爲汴宋八州觀察使，治汴州，光弼雖爲河南副元帥，而神功自不近在麾下，況自十二月至六月亦未有他事，故而命之不行者，亦不得云"神功等皆不禀命，愧耻成疾也"。即魚朝恩寶應後常鎮陝，廣德元年十月駕至華州，朝恩方自陝來迎，而元振未幾貶矣。"二人用事，日謀中傷"，其語亦不實，或者此後朝恩因光弼不赴東都之命，遂有譖辭，故其弟光進掌禁兵，出爲渭北邠寧節度使。而史臣既深惜光弼，又痛恨元振、魚朝恩，遂不暇審其事而爲此言，反使光弼蒙不解之冤也，不可歎乎？

按：趙氏之辯，頗有偏頗。通鑑卷二二三載柳伉疏曰："自十月朔召諸道兵，盡四十日，無隻輪入關，此四方叛陛下。"因此，四方遷延不入關爲真。關於李光弼之遷延，新舊傳、通鑑卷二二三、冊府卷四四五均明載，且杜甫詩故司徒李公光弼曰："青蠅紛營營，風雨秋一葉。內省未入朝，死淚終映睫。"將其與宦官矛盾及遷延入關之事進行描寫。吐蕃之逼，僅離開長安，危情並未解除，故有柳伉之疏。或程元振被逐後，李光弼方進兵，因史料缺乏，不得而知。

烏承玼傳

慶緒密遣阿史那承慶、安守忠就督事，且圖之。承玼勸思明曰："……有如束身本朝，湔洗前汙，此反掌功耳。"思明善之，斬承慶等，奉表聽命。(第四五九七頁)

互證卷一四：按史思明傳所斬者承慶同來之安守忠、李立節，又後帝使烏承恩圖思明，思明執承恩，探其篋，得賜阿史那承慶鐵券，舊書思明傳略同，是承慶此時未斬也。

卷一三七

郭子儀傳

子儀懼讒且成，盡哀代宗所賜詔敕千餘篇上之。（第四六〇三頁）

廿二史劄記卷一八：按舊書子儀表代宗云："陛下貽臣詔書一千餘篇，自靈武、河北、河南臣所經行，蒙賜手詔敕書凡二十卷，昧死上進。"是代宗爲廣平王與子儀同收復兩京時，軍中往來手劄也。代宗既即位，故即謂之詔敕。新書以爲肅宗詔敕，殊誤。

按：中華本新書據上改"肅"作"代"。考舊書卷一二〇郭子儀傳、冊府卷六七〇均曰："上表進肅宗所賜前後詔敕。"因此，新書史源應誤作"肅宗"。

僕固懷恩屯汾州，陰召回紇、吐蕃寇河西，殘涇州，犯奉天、武功，……天子跳幸陝。（第四六〇三頁）

互證卷一四：舊書"僕固懷恩阻兵於汾州，引回紇、吐蕃之衆入寇河西，明年十月，吐蕃陷涇州"云云。按舊書叙事不明，而新書因之。考懷恩所結者回紇也，其時並未與吐蕃相結，且懷恩平史朝義在廣德元年正月，吐蕃陷涇州即在是年十月，而去年至今年回紇方助朝恩同平史朝義，安得云引回紇、吐蕃之衆入寇河西，明年十月，吐蕃陷涇州乎？此舊書之謬也，新書不能是正又從而甚之，乃云"陰召回紇、吐蕃之衆寇河西，殘涇州，犯奉天、武功"云云，殊不知此皆吐蕃事，回紇並不與，何得便以此爲懷恩之罪乎？且是時懷恩雖有叛心而尚無叛事，故顏真卿於代宗幸陝時請詔懷恩勤王，二書既載其事於懷恩傳矣。若如此傳所云，則吐蕃之兵即懷恩所召，而真卿何以爲此言乎？意者真卿之請，代宗不許，其時或有阻之者，造爲此謗，而史臣誤書之，然并回紇、吐蕃於此事而言之，則作史者亦未免鹵莽太甚矣。

按：據舊紀卷一一，廣德元年十二月，懷恩聞瑒死，燒營遁入吐蕃。另據舊書卷一九五回紇傳，其於廣德二年秋乃引吐蕃之衆數萬人至奉天縣；永泰元年秋，又遣兵馬使范至誠、任敷將兵，又誘回紇、吐蕃、吐谷渾、党項、奴剌之衆二十餘萬以犯奉天、醴泉、鳳翔、同州等處。疑懷恩本與吐蕃有勾結，叛逃後，又數結番兵寇中原，史料輾轉，便有新舊郭子儀傳之數語。

卷一三八

李嗣業傳

時吐蕃兵十萬屯娑勒城，據山瀕水，聯木作郛，以扼王師。（第四六一五頁）

陔余叢考卷一一：新書高仙芝傳："……堡之南因山爲柵，兵九千守之，城下據娑勒川，川漲不得渡。仙芝殺馬以祭，遂渡而成列。日未中，破之。"……而仙芝傳則云兵九千，嗣業傳則云兵十萬。

按：舊書卷一〇九李嗣業傳作"十萬"，通鑑卷二一五作"近萬人"，并曰："斬首五千級，捕虜千餘人。"冊府卷三五八曰："殺四五千人，生擒千人"，與通鑑吻合。

馬璘傳

從李光弼攻洛陽，史朝義衆十萬陣北邙山，旗鎧照日，諸將尪疑未敢擊。璘率部士五百薄賊屯，出入三反，衆披靡，乘之，賊遂潰。光弼曰：'吾用兵三十年，未見以少擊衆，雄捷如馬將軍者。（第四六一八頁）

糾謬卷一馬璘擊潰史朝義兵：今按李光弼及史思明傳，邙山之戰，思明主其軍，非朝義也，此其誤一也。又按帝紀，上元二年二月戊寅，光弼與思明戰，敗績。而光弼傳亦云官軍大潰，則此安得有賊遂潰之謂哉，此其誤二也。此蓋馬璘傳一偏之說，夸大其功，若考其實則虛謬自見矣。

互證卷一五：按新書亦是因舊書而誤。考新書僕固懷恩傳，黃水之戰，朝義統精騎十萬來援，陣堅不可犯，馬璘怒，單騎援旗直進，奪兩盾，賊辟易。舊書史朝義傳，雍王留陝州二十九日，與朝義戰于邙山之下，蓋水曰黃水，山曰邙山，即一地也。史因此兩戰俱在邙山，遂誤以僕固懷恩爲李光弼耳。觀二書璘傳不復言黃水之戰可見。

按：新書卷一三八馬璘傳當來源於舊書卷一五二馬璘傳，兩傳均未指出攻洛陽之具體年份。考上元二年二月，李光弼與史思明於洛陽戰敗，三月史思明便爲其子所殺。後寶應元年十月史朝義戰敗之役亦戰于洛陽。因此，吳縝誤以寶應元年之戰爲上元二年之戰。考新舊馬璘傳，均於此事後曰："明年，吐蕃寇邊。……懷恩之叛。"考新紀卷七，廣德元年七月，吐蕃陷隴右諸州，而後懷恩反。以此推之，新舊傳所述當爲寶應元年之戰。另據互證，新傳誤以僕固懷恩爲李光弼耳。

路嗣恭傳

路嗣恭，字懿範，京兆三原人。(第四六二三頁)
金石錄卷二七唐渭南令路公遺愛表：今此表乃云"公名嗣恭，字嗣恭"，然則唐史以爲字懿範者，不知何所據也。

卷一三九

房琯傳

進明銜之，因曰……帝入其語，始惡琯。（第四六二六頁）

合鈔卷一六二：按新書賀蘭進明語在琯未出師之前，云"帝入其言，始惡琯"。按肅宗紀，琯至德元載九月丙子至順化郡上間，十月癸未爲兵馬元帥，總師出討，相去僅八日，肅宗素重琯名，亦未必遽爾信讒，且既入進明之言，又不當以重任，當從舊書序於既敗之後爲長。

房式傳

琯族孫式，擢進士第。（第四六二九頁）

互證卷一五：舊書"琯姪式"。按世系表式是琯之姪。

按：冊府卷三三七、九四五、通鑑卷二三七均爲姪，但詳注昌黎先生文集卷二五興元少尹房君墓誌銘曰："自太尉琯以德行爲相，相玄宗、肅宗。……公（武）曾祖諱玄靜……太尉之叔父也。……公母弟式，自給事中爲河南尹。"據此，式爲琯族孫。

李泌傳

玄宗開元十六年，悉召能言佛、道、孔子者，相答難禁中。有員俶者，九歲升坐，詞辯注射，坐人皆屈。（第四六三一頁）

糾謬卷九員俶年齒差誤：今按藝文志儒家類中有員俶太玄幽贊十卷，注云："開元四年京兆府童子進書，召試及第，授散官文學，直弘文館。"且李泌傳謂俶開元十六年而年九歲，則是俶生于開元八年也，既俶以八年始生，何緣四年已有進書乎？若以四年能進書者爲是，則至十六年之時俶不啻九歲矣，此二説者必有一誤也。

困學紀聞卷一四：蓋泌傳所載本鄴侯家傳，當以志爲正。

續通志卷二四一：按泌生于開元十年，故至十六年爲七歲，志以爲開元四年，非也。

互證卷一五：按舊書不載此事，今考李泌卒于貞元五年，年六十八，是泌生於開元十年，至十六年正七歲，而員俶薦之。以此推之，俶以是年年九歲不誤，而藝文志誤也。

（泌）對曰："紂曰：'我生不有命自天？'"（第四六三七頁）
新書考異卷一四：此紂語，非桀語。

俄加集賢殿、崇文館大學士，修國史，泌建言：學士加大，始中宗時，及張説爲之，固辭，乃以學士知院事。至崔圓復爲大學士，亦引泌爲讓而止。（第四六三七頁）

糾謬卷三崔圓辭大學士：今按明皇帝及肅宗本紀，天寶十五載六月，劍南節度使崔圓爲中書侍郎、同中書門下平章事，至乾元元年五月罷，而崔圓本傳亦與紀同，其傳末云"大曆中卒"。按大曆止於十四年而李泌以貞元三年方爲宰相，設若崔圓以大曆十四年卒，至李泌拜相之年，崔圓卒亦已九年矣，何緣乃云至崔圓復爲大學士亦引泌爲讓而止乎？且又此乃李泌議學士不可加大而固辭朝命之詞，既而殊不言朝廷之聽否，乃遽述崔圓爲相日之事，疑此一句顛倒錯亂，其間脱字必多，全不可考。

困學紀聞卷一四：會要"貞元四年五月，泌奏'張説懇辭大字，眾稱達禮，至德二年，崔圓爲相，加集賢大學士，因循成例，望削去大字'"，此乃泌引圓爲辭，傳誤矣。

石林燕語辨卷二：按崔圓大曆中卒，泌貞元三年始爲相，謂圓引泌爲讓，唐書誤也。自泌後，裴垍、裴度、牛僧孺、李德裕皆爲大學士，蓋或爲學士，或爲大學士，亦非宰相，皆爲之也。

新書考異卷一四：然考之新舊二史，如楊綰、常袞、裴度……皆加弘文館大學士，李勉、劉從一、裴垍……皆加集賢殿大學士。綰、袞、勉、從一在泌入相以前，其餘諸人皆在泌後，則是貞元罷大學士之後，未久而復置也。考權德輿於元和二年作昭文館大學士壁記云："太宗文皇帝始于弘文殿側創弘文館，盛選重名，虞世南、褚亮而下，爲之學士，更直密侍于其中。其後徙于門下省。景龍初，始置大學士，名命益重，多以宰司處之。每二府爰立，則統於黃樞，而或署或否，不爲恒制。孝文後元二十年間，斯職闕焉。前年秋八月，今河中司空公居之，今年夏五月，相國蕭公居之。"記所稱司空公者，杜黃裳也；蕭公謂武元衡也。德宗謚曰孝文。記云闕職二十年者，即謂貞元以後學士削去"大"字也。以是推之，大學士復置，必在元和之初矣。

互證卷一五：按"至崔圓復爲大學士"，此亦泌之言也，其下必有闕文。而"亦引泌爲讓而止"，當是德宗因泌之讓而止。唐會要云："勅依。"是其事也，此句中有誤字耳。

卷一四〇

苗晉卿傳

諡曰懿獻，元載未顯時，爲晉卿所遇，載方相，故諷有司改諡文貞。（第四六三頁）

新書考異卷一四：唐會要，太常諡爲懿獻，及敕出，改諡文懿。

按：冊府卷五九五曰："及敕出，改曰文懿。"小字注曰："太常議諡曰懿獻。初晉卿東都留守，引用大理評事元載爲推官，至是，載爲中書侍郎、平章事，懷舊恩，諷有司改諡曰文貞。"按"懿獻"，據唐文粹卷四一載獨孤及唐丞相故太保贈太師苗晉卿諡議，可知其首爲獨孤及所提，疑"懿獻"提出後，元載便諷"文貞"，於是重新定諡，"文懿"爲終定之諡號。

裴遵慶傳

大曆十年薨，年九十餘。（第四六四七頁）

金石錄卷二八唐右僕射裴遵慶碑：又史云遵慶薨時年九十餘，碑云年八十五。

卷一四一

崔光遠傳

訪真敬嗣，已死，即授其子汪五品官。汪生光遠，勇決任氣，長六尺，瞳子白黑分明。（第四六五三頁）

金石錄卷二五周崔敬嗣墓誌：今以墓誌考之，敬嗣武后時實爲房州刺史，然墓誌載敬嗣長子悦、次子協，而無名汪者，而姓纂亦云悦生光遠，然則以悦爲汪，蓋史誤也。

俄而同羅背賊，以廄馬二千出奔，賊將孫孝哲、安神威招之不得，神威憂死，官吏驚走，獄囚皆逸。光遠以爲賊且走，命人守神威、孝哲等第，斬曳落河二人。（第四六五四）

互證卷一五：舊書略同。按神威既以憂死，何緣光遠復使人守之？且光遠在賊中，有何權力能守神威、孝哲？若能守之，何不斬之？此史臣無識，據光遠家狀所書者也。

按：趙氏在抄錄新傳時，"孝哲等第"句漏"第"字，故有此說。

乾元元年，繇汴州刺史代蕭華爲魏州節度使。（第四六五四）

新書考異卷一四：按方鎮表，是時無魏州節度，舊史肅宗紀但云"魏州刺史"，非節度也。

互證卷一五：按廣德元年始置魏博節度使，治魏州，蕭華傳言授魏州刺史，崔光遠代之，是也。

按：舊書卷二〇〇安祿山傳曰："思明南攻，魏州節度使崔光遠南走，思明據其城數日，即乾元二年正月一日也。"御覽卷一一一略同。冊府卷四五〇曰："崔光遠爲威州刺史充魏州節度使。"冊府卷四五二、四五三亦曰："崔光遠乾元中爲魏州節度使。"據此，則崔光遠爲節度使明矣。

李澄傳

李澄，遼東襄平人，隋蒲山公寬之遠胄。(四六五八頁)

互證卷一五：舊書"蒲山公寬之後也，父鎬"。按世系表澄是寬之元孫，非遠胄，父鎬，世系表作"鐈"。

卷一四二

李麟傳

（父濟）贈戶部尚書，諡曰誠。（第四六六三）

新書考異卷一四："誠"當作"成"。唐會要有贈戶部尚書、真源縣子李璿，諡曰"成"，即此人也。"濟"、"璿"字形相似。

互證卷一五：舊書同，又舊書良吏傳濟諡曰成。按唐會要有贈戶部尚書真源縣子李璿，諡曰成，"璿"與"濟"字形相似，當即是一人。與舊書良吏傳同，當爲是。

崔植傳

植字公修，祐甫弟廬江令嬰甫子也。祐甫病，謂妻曰："吾歿，當以廬江次子主吾祀。"（第四六六八頁）

糾謬卷九崔祐甫立後：今按宰相世系表則嬰甫乃祐甫之再從弟，而嬰甫止有植一子，其說與傳不同。以意考之，祐甫身爲名相，其家號素守禮法，必不取人之長子爲嗣，傳之所言宜得其實，而表似脫誤矣。

按：舊書卷一一九崔植傳曰："植字公修，祐甫弟廬江令嬰甫子。植既爲相，上言出繼伯父胤，推恩不及於父，詔贈嬰甫吏部侍郎。"册府卷一三一曰："贈廬江縣令崔嬰甫吏部侍郎。嬰甫，宰相植之父也。植出繼伯父祐甫，及是以情上請，故特追贈。"因此，崔植爲嬰甫子，後出繼爲祐甫嗣。關於其出繼經過，册府卷八六三有詳載，曰："崔植，字公修，故相祐甫從父孫，廬江縣令嬰甫之子。祐甫無子，公既寢疾，謂其妻曰：'吾疾不起，當以廬江次子主吾祀。'及卒，護喪者以上聞，德宗悲歎久之，遣中人召植于淮南，俾爲祐甫嗣。時八歲，既終喪，用弘文生授河南府參軍。"因此，崔植定爲嬰甫次子，世系表有脫漏。

時朝廷悉收河朔三鎮，而劉總又以幽、薊七州獻諸朝。（第四六七〇頁）

糾謬卷九劉總納土其州名不同：今按穆宗紀，長慶元年二月己卯，劉總以盧龍軍八州歸于有司。三月丁巳，赦幽、涿、檀、順、瀛、莫、營、平八州死罪以下給復一年，賜盧龍軍士錢。又按溫造傳云："長慶初，爲幽鎮宣諭使，至范陽，劉總郊迎，造爲開示禍福，總懼，由是籍所部九州入朝。"而劉總傳云："總上疏願奉朝請，且欲割所治爲三，以幽、涿、營爲一府，請張弘靖治之；瀛、莫爲一府，盧士政治之；平、薊、媯、檀爲一府，薛平治之。"然則劉總所歸之地，在崔植傳則七州，在本紀則八州，在溫造、劉總傳則九州，以本紀及劉總傳州名參考之，則十州，幽、涿、檀、順、瀛、莫、營、平、媯、薊。其舛駁至於如此，未知何者爲是，且唐人著書，多謂天下視河北得失以爲朝廷治亂重輕，則其於當時所繫亦大矣，而史臣記述乃爾，使後學無所考信，是誠可罪也哉。

知本糾謬錢氏注：地理志幽、涿、瀛、莫、平、媯、檀、薊、營九州屬河北道，其順州本係羈縻州，僑治幽州城中，非有實土，故穆宗紀稱八州，而崔植傳稱七州，不數順也，若據劉總全部言之，則爲九州，與地理志合。

互證卷一五：按舊書地理志，幽州節度使下注云："管涿、幽、瀛、莫、檀、薊、平、營、媯、順十州。"又按："順州本無地，治營州柳城。"則名爲十州，實九州也，劉總傳詳而得實，本紀言八州者誤。而此傳言七州，乃譌九爲七耳。

餘審卷三劉總以八州歸朝：余按錢氏說，總所部凡九州，順州不在內，但穆紀固稱八州，視九州之數尚差一，未知順州而外，更應剔除何州？……（甲）九州內八州，都乾元以前舊有，唯涿州則大曆四年始由朱希彩奏置，故涿州或除外。（乙）營州嘗陷契丹，中葉之後，契丹日強，東方一隅，或非實力所及，故營州除外。是二說者要未知孰爲中窾？

柳渾傳

朱泚亂，渾匿終南山……羸服步至奉天。……賊平……乃更今名。貞元元年，遷兵部侍郎，封宜城縣伯。李希烈據淮、蔡，關播用李元平守汝州，渾曰："是夫衒玉而賈石者也，往必見禽，何賊之攘？"既而果爲賊縛。三年，以本官同中書門下平章事。（第四六七一至四六七二頁）

糾謬卷一四柳渾傳記事失序：今按本紀，建中四年正月庚寅，李希烈陷汝州，執刺史李元平。十月，涇原節度使姚令言反，犯京師。戊申，如奉天，朱泚反。興元元年六月，姚令言、朱泚伏誅，貞元元年、二年、三年正月，兵部侍郎柳渾同中書門下平章事。又按關播傳叙播用李元平守汝，爲李希烈所縛，然後述從幸奉天事，然則元平失守在朱泚反之前久矣，今渾傳則先叙朱泚建中四年十月反事，又及貞元元年事，然後述建中四年正月已前用李元平事，此失其序矣。

按：新傳來源於河東先生集卷八宜城縣開國伯柳公行狀，柳文誤，新傳襲誤。

卒爲（張延賞）所擠，以右散騎常侍罷政事。（第四六七三頁）

糾謬卷一九柳渾爲張延賞所擠：今按延賞與渾在貞元三年同時爲相，是年延賞以七月壬申薨，渾以八月己丑始罷，然則其罷非緣延賞所擠，此其一也。又按延賞傳"以病困不能事"，其所建請減吏員事尚不能主之而死，何暇復擠柳渾乎，此其二也。由是言之，延賞擠渾之言，其殆妄乎？

按：此事舊書卷一二五柳渾傳有載，曰："時張延賞與渾同列，延賞怙權矜己，而嫉渾守正，俾其所厚謂渾曰：'相公舊德，但節言於廟堂，則重位可久。'渾曰：'爲吾謝張相公，柳渾頭可斷，而舌不可禁也。'自是爲其所擠，尋除常侍，罷知政事。"冊府卷三一七、三三七略同，或是新傳來源。兩人貞元三年元月爲相，五月張延賞奏減官，七月張延賞薨，可以判斷，應爲暴薨。二人不和，張延賞排擠之定爲事實。此事通鑑卷二三三所述甚詳，曰："（貞元三年八月）初，兵部侍郎、同平章事柳渾與張延賞俱爲相，渾議事數異同，延賞使所親謂曰：'相公舊德，但節言於廟堂，則重位可久。'渾曰：'爲吾謝張公，柳渾頭可斷，舌不可禁。'由是交惡。上好文雅縕藉,而渾質直輕俋,無威儀,於上前時發俚語,上不悅,欲黜爲王府長史。李泌言:'渾褊直無它。故事,罷相無爲長史者。'又欲以爲王傅,泌請以爲常侍,上曰:'苟得罷之,無不可者。'己丑,渾罷爲左散騎常侍。"

卷一四三

高適傳

始，上皇東還，分劍南爲兩節度……適上疏："劍南雖名東、西川，其實一道。……今裂梓、遂等八州專爲一節度，歲月之計，西川不得參也。……"（第四六八〇頁）

互證卷一五：舊書"今梓、遂、果、閬八州，分爲東川節度"。按新書嚴武傳云"上皇合劍南爲一道，擢武成都尹"，舊書同。今考方鎮表至德二載，更劍南節度號西川節度，增領果州，據此，則果州屬西川，不在東川八州之內。以梓、遂、綿、劍、龍、閬、普、陵、瀘、榮、資、簡十二州彙東川節度。廣德二年，劍南復領東川，其間更無東西川相合之事，是嚴武始爲成都尹，正當初分之時，而傳誤爲合也。至廣德二年，嚴武復爲成都尹，敗吐蕃於當狗城，正當東西川復合之時，而其時上皇已崩，則二書嚴武傳之誤可知也。惟此傳言東川領梓、遂等八州，而方鎮表言十二州，適當時人，所上書或不誤，而究不能詳考者也。

元結傳

元結，後魏常山王遵十五代孫。（第四六八一頁）

金石錄卷二八唐元結碑：而碑與元氏家錄序皆云"十二世"，蓋史之誤。又碑與元和姓纂云結高祖名善禕，而家錄作善褅，未知孰是也。

韋倫傳

　　擢商州刺史、荊襄道租庸使。襄州裨將康楚元亂，自稱東楚義王，刺史王政棄城遁。賊南襲江陵，絕漢、沔餉道，倫調兵屯鄧州，厚撫降賊。寇益怠，乃繫禽楚元以獻。收租庸二百萬緡。召爲衛尉卿，俄兼寧、隴二州刺史。乾元中，襄州亂，詔倫爲山南東道節度使，而李輔國方恣橫，倫不肯謁，憾之，中罷爲秦州刺史。（第四六八七至四六八八頁）

　　糾謬卷一一韋倫傳襄州事誤：今按肅宗紀："乾元二年八月乙巳，襄州防禦將康楚元、張嘉延反，逐其刺史王政。九月甲子，張嘉延陷荊州。十二月乙巳，康楚元伏誅。上元元年四月戊申，山南東道將張維瑾反，殺其節度使史翽。己未，來瑱爲山南東道節度使，以討張維瑾。"又按杜鴻漸傳："乾元二年，襄州康楚元等反，商州刺史韋倫平其亂。"然則倫傳所言康楚元作亂而倫所討平者，正肅宗紀及杜鴻漸傳所云乾元二年事也，至次年上元元年張維瑾事，即自命來瑱討之矣，今傳乃先敘楚元作亂討平訖，始又云乾元中襄州亂，如此即不知康楚元作亂是何年，而乾元中襄州亂一節是何事，以此參考，即見差謬矣。

　　互證卷一五：按乾元三年即上元元年也，張維瑾亂事在改元先，故云乾元三年。舊書本甚明白，新書易作"乾元中"，又不言襄州何事亂，遂來吳氏之糾然。傳明云"以倫爲節度，中罷"，是倫罷而更命來瑱也，吳氏讀書不細，而新書亦有以召之，當如舊書。

　　按：舊紀卷一〇曰："（乾元二年）八月乙亥，襄州偏將康楚元逐刺史王政，據城自守。……十一月甲子朔，商州刺史韋倫破康楚元，荊襄平。"結合吳縝所據，康楚元反應于乾元二年。考舊書卷一三八韋倫傳所敘與新傳相同，只是舊傳"乾元中"具體爲"乾元三年"，按張維瑾作亂，據舊紀卷一〇，乃在乾元三年四月，是年閏四月改元上元。新傳"乾元中"，應爲新傳襲原史料所致，所述儘管不誤，但有表述不清之嫌。

辛祕傳

召還，道病卒，年六十四，贈尚書左僕射，謚曰肅，後更謚懿。（第四六九七頁）

金石錄卷二九唐昭義軍節度辛祕碑：碑云："其卒，贈右僕射。"而新舊史皆作"左僕射"爾。又舊史云謚曰昭，而新史云謚曰肅，後更謚懿，碑不載之，其謚莫知孰是也。

按：唐會要卷七九作"懿"。

卷一四四

來瑱傳

徙瑱山南東道襄、鄧、均、房、金、商、隨、郢、復十州節度使。（第四七〇〇頁）

新書考異卷一四：按方鎮表，至德二載"升襄陽防禦使爲山南東道節度使，領襄、鄧、隋、唐、安、均、房、金、商九州，治襄州"，此傳有郢、復而無唐、安，與表互異。又傳稱十州節度，今數之，止有九州，則史文當有脫誤。考下文吕諲、王仲昇等言"瑱得士心，不可以留"，乃改山南東道襄、鄧、唐、復、隋、郢六州節度，通鑑亦云割商、金、均、房，別置觀察使，令瑱止領六州，以是推之，似唐州元在瑱所管十州之內，傳偶脫"唐"字耳。

互證卷一五：按方鎮表是時別有興平節度使，其所領郡即商、金、均、房也，似山南東道本止領六州，不領十州。上元二年，廢興平節度使，置觀察使，即通鑑所云別置觀察使。然所廢者興平，而非割山南東道而別置者，疑表所云領九州，此傳所云領十州，及改領六州皆非也。是二者表最爲非是，而傳所云十州者，當是興平節度時未除人，以來瑱兼領，至上元二年廢節度而置觀察，仍以四州隸之，非削來瑱之所領也。又此傳下文云"加裴茙襄、鄧等七州防禦使，茙自均州率衆浮漢下"，則茙時或爲金、商、均、房四州觀察使，不可知。此實應元年也，按方鎮表，是年金、商隸京畿，茙代來瑱領六州而加均州也。但傳止云茙爲瑱行軍司馬，然茙果爲司馬者，恐不能以兵討瑱，而均自屬四州觀察，又不能自均州率衆也。

按：中華本新書本卷考證曰："貞元三年始增領復州，疑上元中山南東道所領有唐、安，無復州。"

崔寧傳

王翃振武。（第四七〇六頁）

互證卷一五：舊書同。按舊書本紀作"張光晟知振武"，通鑑同舊紀。

按：據舊紀卷一二，大曆十四年十一月，張光晟知振武，建中元年七月，彭令芳代張光晟，二年二月，振武軍亂，殺彭令芳，三月，以王翃知振武。

寧至夏州，與希倩招党項，降者甚衆。炎惡之，即奏希倩無綏邊才，而以神武將軍時常春代之，更拜寧尚書右僕射、知省事，司空如故。（第四七〇七頁）

互證卷一五：舊書"因奏希倩撫綏之功，才堪委任，召歸朝，除右僕射、知省事，以神武將軍時常春代之"。按新書似言常春代希倩，舊書似言代寧，所紀不同。

按：冊府卷六七四曰："因奏希倩無綏邊材，召歸朝，以爲神武將軍。"通鑑卷二二七曰："（建中二年七月）以朔方節度使崔寧爲右僕射。"據此，時常春應代呂希倩，而呂希倩歸朝應爲神武將軍。

卷一四五

元載傳

父昇，本景氏。曹王明妃元氏賜田在扶風，昇主其租入，有勞，請於妃，冒爲元氏。……輔國妻，載宗女也。（第四七一一頁）

合鈔卷一六九：據舊書則景昇本姓元氏，載始冒姓也，據新書則父本姓景而冒元也。

互證卷一五：舊書"載母攜載適景昇，冒姓元氏，輔國妻元氏，載之諸宗"。按宰相世系表不載元載，以其本景氏也。今考舊書，輔國妻載之諸宗，若冒元姓者爲其父昇，則安得有諸宗，疑景昇本元氏，而名景昇，載隨其母而冒元焉，乃以其父之宗爲宗也。且載以隨母而冒元，昇自有姓，而何必冒元，此由當時詆載者互爲醜辭，未可盡信耳。又考楊炎傳，"宰相元載與炎同郡，炎又元出也"，然則景昇之非冒元明甚。

大曆八年，吐蕃寇邠寧，議者謂三輔已西無襟帶之固……（載）乃言於帝曰……（既而叙載僭越不法等事，然後云會李少良上書，訐其醜狀，載怒，奏殺少良，道路目語，不敢復議。）（第四七一二至四七一三頁）

糾謬卷一六元載傳殺李少良失序：今按代宗紀："大曆六年五月，殺李少良。"今此傳先述八年吐蕃事，後述李少良事，則失其序矣。

按：新書卷一四五元載傳乃參考舊書卷一一八元載傳而成，舊傳曰："初，六年……會有上封人李少良密以載醜跡聞……"新傳漏"初六年"，從而致誤。

卷一四六

李栖筠傳

李栖筠字貞一，世爲趙人。（第四七三五頁）
糾謬卷二〇李栖筠傳：今按其字從手不見于經典，按集韻則當從木。
知本糾謬錢氏注：抴，古文"遷"字。
按：新書百衲十四行本"從手"，小字本甲及大字本則爲"栖"。

蘇州豪士方清因歲凶爲盜，積數萬，依黟、歙間，阻山自防，東南厭苦，詔李光弼分兵討平之。會平盧行軍司馬許杲恃功，擅留上元，有窺江、吳意，朝廷以創殘重起兵，即拜栖筠浙西都團練觀察使圖之。栖筠至……杲懼，悉衆渡江，掠楚、泗而潰。（第四七三六頁）
糾謬卷一七李栖筠傳方清事：今按方清阻亂事本紀及李光弼傳皆不載，惟栖筠傳有之，及劉晏、李芃傳略見姓名。然栖筠方是時止爲常州刺史，且無討伐之職，而方清自是蘇州士豪，依阻黟、歙，詔自委李光弼討平，與栖筠無所干預，何爲乃見於栖筠傳乎？此當載之光弼傳也。
抱經堂文集卷九：此亦吳氏不細讀下文之過。此段乃事之緣起，非正敘方清也。按栖筠傳"詔李光弼分兵討平之"下云："會平盧行軍司馬許杲恃功，擅留上元，有窺江、吳意。朝廷以創殘重起兵，即拜栖筠浙西團練觀僚使圖之。"此其所以載栖筠傳也。方清之亂，帝特使光弼分兵討之，許杲即其所遣之人矣，光弼并不自行，何云當載光弼傳乎？
互證卷一五：按吳氏、盧氏之說皆非也。考李芃傳云"永泰初，宣、饒劇賊方清、陳莊西絕江，劫商旅爲亂"，則其時光弼已薨，方清必非光弼所討平，此栖筠傳誤也。若謂李芃傳誤，而許杲爲光弼所遣，則光弼於廣德二年七月薨，其平方清必在前矣。考張萬福傳，大曆三年召見，委討許杲，何緣許杲恃功竟遷延江淮四五年，而朝廷始憂其事乎？其爲此傳之誤必矣。今按平盧、淄青軍號也，代宗本紀"永泰元年七月，平盧淄青兵馬使李懷玉逐其節度使侯希逸"，張萬福傳"時許杲以平盧軍司馬將卒三千駐濠州，陰窺淮南"，則此許杲者或爲希逸所遣，因其帥見逐而遷延不敢歸，或爲正已所逼，出奔濠州，未可知也。吾涇縣舊志云："大曆元年，袁傪討石埭寇方清，登水西東峰亭賦詩刻石。"此於史皆無所見，要之方清之平必在大曆時耳。

按：趙氏所曰有理，但新書卷一四九劉晏傳曰："上元、寶應間，如袁晁、陳莊、方清、許欽等亂江、淮十餘年乃定。"或永泰前方清已亂。但新傳"會平盧行軍司馬許杲恃功"，"會"定大誤。

李吉甫傳

起吉甫爲忠州刺史……改郴、饒二州。（第四七三八頁）

讀史舉正卷七：按舊書吉甫爲忠州刺史，六年不徙，尋授柳州刺史。"郴"或"柳"之訛。

按：柳集點勘卷三曰："又吉甫乃刺郴州，非柳也。柳集有和楊尚書追和故李中書詩，即吉甫在郴州時作。舊史訛'郴'爲'柳'，至新史本傳已正之。"應是。

劉闢拒命，帝意討之，未决。吉甫獨請無置，宜絕朝貢以折姦謀。……高崇文圍鹿頭未下，嚴礪請出并州兵，與崇文趣果、閬，以攻渝、合，吉甫以爲非是，因言："……且宣、洪、蘄、鄂强弩，……請起其兵擣三峽之虛，……崇文懼舟師成功，人有鬭志矣。"帝從之。……由是崇文悉力，劉闢平，吉甫謀居多。（第四七三八頁）

糾謬卷一李吉甫謀討劉闢：今按杜黄裳傳云："劉闢叛，唯黄裳固勸不赦。"又嚴綬傳云："劉闢叛，綬建言天子始即位，不可失威，請必誅。"由是言之，劉闢之叛，杜黄裳、嚴綬亦皆請必誅，非獨吉甫請無置，此其證一也。又嚴綬傳云："綬爲河東節度使，劉闢反，綬請選銳兵，遣大將李光顔助討賊，平之。"又高崇文傳云："崇文討劉闢，西自閬中出，邠劍門兵，解梓潼之圍。鹿頭山南距成都一百五十里，扼二川之要，闢城之，旁連八屯以拒東兵。崇文破賊于城下。明日，戰萬勝堆，堆直鹿頭左，使驍將、募死士奪而有之，下瞰鹿頭城，凡八戰皆捷，賊心始搖。大將阿跌光顏後期，懼罪，請深入自贖，乃軍鹿頭西，斷賊糧道。賊大震，其將仇良輔舉鹿頭城降，遂趣成都。闢走，追禽之。"又按嚴礪傳，劉闢反時，礪爲山南節度使。今吉甫傳乃云："崇文圍鹿頭未下，嚴礪請出并州兵。"且鹿頭距成都止一百五十里，并州之兵與李光顏是時已皆在其行久矣。今乃始云圍鹿頭未下，嚴礪請出并州兵，無乃太後時歟？此其證二也。且嚴綬傳自劉闢初反，綬即建請自河東選兵遣將助討賊，今此乃以爲山南節度使嚴礪，即其誤可知，此其證三也。且鹿頭之距成都纔一百五十里，而果、閬、渝、合皆在成都五七百里之外。今崇文既已圍鹿頭，則其城乃必爭之地，而賊方危破之秋，是不可緩頃刻而退尺寸之際也。今乃云崇文圍鹿頭未下，礪請出并州兵與崇文趨果、閬以攻渝、合，如此則是鹿頭將拔，賊勢已敗，而礪乃始建請出并州兵。吉甫方欲起宣、洪、蘄、鄂强弩，不唯其時日已太遲緩乖牾，而其所指又皆捨近而之遠，殊非兵家攻取之要，此昭然可見其謬，其證四也。吉甫既以起并州兵入蜀爲非是，而請起宣、洪、蘄、鄂强弩兵，擣三峽之虛，使崇文懼舟師有功而悉力。然按諸人傳，則并州之兵自初伐叛即與崇文偕至，卒以成功，而宣、洪、蘄、鄂之兵不聞有自三峽進者，而闢亦就禽。然則吉甫所謀竟無毫髮之效，其證五也。按杜黃裳傳云："劉闢叛，唯黃裳固勸不赦，專委高崇文。凡兵進退，黃裳自中指授，無不切于機。崇文素憚劉澭，黃裳使人謂曰：'公不奮命者，當以澭代。'崇文懼，一死力縛賊以獻。蜀平，群臣賀，憲宗目黃裳曰：'時卿之功。'"由此言之，平劉闢者實黃裳之力，今反歸功於吉甫，此其證六也。夫黃裳以宰相而當伐叛之任，書之其傳固其宜矣。而吉甫以一中書舍人乃欲多有其功，就使其實，且猶未可，而況於虛乎？然則此吉甫數事本皆無有，而今史之所述如是者，非它，蓋其子德裕秉政日嘗重修憲宗實錄，故吉甫之美惡皆增損而不實，若此之事乃重修之時，史官求書吉甫之美而不可得，於是竊取黃裳之事依倣而爲之爾。故其事大抵相類，然不顧其間參錯牴牾。

　　知本糾謬錢氏注曰：唐中葉以後，翰林學士掌內制，中書舍人掌外制，而內制尤重於外制，故有由翰林學士入相者，未有徑由外制入相者也。但舍人亦不輕授，往往爲翰林遷轉之階，則但以它官知制誥，行外制文字而已。吉甫以考功郎中召知制誥，其時已典外制，及入翰林爲學士，典內制，雖遷中書舍人，仍在翰林也。吳氏所譏，但當謂吉甫翰林，不當侵宰相之權，仞爲己功耳。今但言舍人，不言學士，似昧於當時官制矣。

互證卷一五：舊書"吉甫密贊其謀，兼請廣徵江淮之師，由三峽路以分蜀寇之力"。按新書不可通者，祇緣"高崇文圍鹿頭未下"一語耳，至討鬭謀出黃裳，吉甫豈必不贊其謀，此自各就其傳言之。江淮兵雖不見入峽，既非成功之兵，史自可不究言其事，且嚴礪受命與高崇文同討賊，其請出并州兵，自與嚴綬請助討賊各爲一事，不必以山南節度爲嫌。但嚴礪之請、吉甫之議皆在初討賊時，非崇文圍鹿頭之後也。崇文用兵本西自閬中出，則嚴礪之請已行，新書誤置"圍鹿頭未下"一語於"所請"之前，遂覺所言皆虛，若如舊書所云，語雖簡而本無弊，至并州兵有功，三峽兵未效，而史臣猶爲虛譽，此則吳氏謂德裕重修實錄而歸美於其父，誠有之也。

按：攻打劉闢，從元和元年正月至九月擒劉闢結束，正月下詔曰："宜令興元嚴礪、東川李康犄角應接，神策行營節度使高崇文、神策兵馬使李元奕率步騎之師與東川、興元之師類會進討。"（見舊紀卷一四）因此，征討起始，嚴礪就已參加，通鑑卷二三七亦載其遣將嚴秦攻打劉闢，曰其請并州兵，恐爲不虛。據通鑑卷二三七，元和元年五月高崇文攻打鹿頭關，六月八戰皆捷，但未攻下，至九月壬寅後，李光顏斷其糧道，鹿頭守將仇良輔投降，鹿頭始下，高崇文遂趨成都，辛亥，克成都。因此，高崇文圍鹿頭未下，是爲實矣。吳氏所曰爲敘述角度不同而致，李吉甫傳應采自憲宗實錄，而憲宗實錄亦爲其子李德裕所修訂，其定爲父李吉甫加溢美之詞。因此，"獨請無置"之"獨"、誇大"請起宣、洪、蘄、鄂強弩兵，擣三峽之虛"之作用，事定有其事，若捏造，有違傳統不說，且不符一代名臣之望。因此，吳縝借其誇大之詞從而否定事實，亦爲誤矣。

德宗以來，姑息藩鎮，有終身不易地者。吉甫爲相歲餘，凡易三十六鎮，殿最分明。（第四七四〇頁）

新書考異卷一四：按吉甫以元和二年正月拜相，明年九月出鎮……所更代者不過河中、邠寧、西川諸近鎮而已，恐未必有三十六鎮之多，傳文不足深信。

按：此爲史家溢美，新書照抄之。

六年，裴洎病免，復以前官召吉甫還秉政。（第四七四一頁）

互證卷一五：舊書"五年冬，裴洎病免，明年正月，授吉甫中書侍郎、平章事"。按本紀、宰相表俱同舊書。

（德宗時）十宅諸王既不出閣，諸女嫁不時，而選尚皆繇中人，厚爲財謝乃得遣。（第四七四二頁）

通鑑考異卷一九：按舊紀自此至唐末皆云"十六宅"，新傳誤也。

按：新書卷一三李泌傳曰："泌揣帝（德宗）有廢立意，因曰：'……且十宅諸叔，陛下奉之若何。'"因此，曰"十宅"亦可。

有司諡曰敬憲，度支郎中張仲方非之，帝怒，貶仲方，更賜諡曰忠懿。（第四七四三頁）

新書考異卷一四：唐會要吉甫諡恭懿，張仲方傳"吉甫卒，太常諡恭懿，博士尉遲汾請諡敬憲"，俱不云忠懿。

卷一四七

王思禮傳

二年，薨，贈太尉，謚曰武烈。（第四七五〇頁）

新書考異卷一四：唐會要思禮謚兩見：一云武，一云武烈，蓋傳聞異詞。

魯炅傳

使武令珣攻之，令珣死，田承嗣繼往。（第四七五一頁）

通鑑考異卷一五：唐曆："慶緒據鄴，武令珣自唐、鄧至。"炅傳云"武令珣死"，誤也。

互證卷一五：舊書略同。按舊書此傳下文云"王師收兩京，承嗣、令珣等奔於河北"，一傳中自相矛盾。新書祿山傳"安慶緒敗走鄴郡，蔡希德、田承嗣、武令珣各以衆歸之"，又藩鎮傳云"安慶緒奔鄴，承嗣自潁川來，與蔡希德、武令珣合衆六萬"，是令珣實未死也，新舊二傳皆誤。

辛雲京傳

錄多，授開府儀同三司，加代州都督、鎮北兵馬使。太原軍亂，帝惡鄧景山繩下無漸，以雲京性沈毅，故授太原尹。（第四七五四頁）

糾謬卷三辛雲京京杲二傳書事失實：以傳言之，則朝廷所命也。以本紀言之，則雲京自立也。……故鄧景山傳云"衆怒作亂，景山遇害"，肅宗以其統馭失方，不復究驗，遣使喻撫其軍，軍中請雲京爲節度使，詔可。……今史氏於雲京本傳乃爲之委曲隱避，不復言因亂自立。然則當時史官於雲京兄弟爲有私矣。試又舉其事以驗之，夫僕固懷恩之禍，其始豈非雲京很忌激觸之所致歟？而又結謀中人，表裏間構，以成就懷恩之叛逆者，實雲京爲之根柢也。而本傳但書其美，曾無一言以及此，此其一驗也。又雲京從弟京杲爲湖南觀察使，以貪贓殘暴而致王國良之亂。且嗣曹王皋，賢者也，而京杲陷害之，又以私怒而殺部曲，凡此等事皆不見于京杲本傳，此其二驗也。

按：吳縝所曰有理，疑當時史官與辛雲京兄弟有交情，故錄其事迹時爲其遮醜；或舊傳襲辛氏家傳，而新傳又襲舊傳。

王虔休傳

卒，年六十三，贈尚書左僕射，諡曰敬。（第四七六一頁）

金石錄卷二九唐昭義軍節度王虔休碑：惟碑云"贈右僕射"，傳爲"左僕射"，小失不足道。而碑與傳皆云"虔休汝州梁縣人"，元和姓纂以爲范陽人，非也。

李元素傳

李元素字大朴，邢國公密裔孫。（第四七六二頁）

互證卷一五：舊書"蒲山公密之孫"。按世系表元素是密之族裔孫耳，當云"蒲山公寬裔孫"。

卷一四八

張孝忠傳

寶臣晚節稍忌刻，殺大將李獻誠等而召孝忠，孝忠不往，復使其弟孝節召之。（第四七六八頁）

新書考異卷一四：舊史同。按藩鎮傳敘李寶臣殺骨鯁將辛忠義、盧俶、許崇俊、張南容、張彭老等二十餘人，不及獻誠。其下敘惟岳事，又載牙將衛常寧與獻誠語，則獻誠實未死也，此傳誤。

康承訓傳

咸通中，南詔復盜邊。武寧兵七百戍桂州，六歲不得代。列校許佶、趙可立因衆怒，殺都將，詣監軍使丐糧鎧北還，不許，即擅斧庫，劫戰械，推糧料判官龐勛爲長，勒衆上道。（第四七七四頁）

糾謬卷四徐州戍兵龐勛等擅還：今按崔彥曾傳云："初蠻寇五管，陷交趾，詔節度使孟球募兵三千往屯，以八百人戍桂林。舊制三年一更，至期請代。而彥曾親吏尹戡、徐行儉貪不恤士，乃議廩賜乏，請無發兵，復留屯一年。戍者怒，殺都將王仲甫，脅糧料判官龐勛爲將，取庫兵，剽湘、衡，虜丁壯，合衆千餘北還。"然則康承訓傳以爲武寧兵七百戍桂林，六歲不得代而作亂，崔彥曾傳則以爲八百人戍，三年請代，以復留一年故，怒而作亂，此二者所載不同，未知孰是。

互證卷一六：按舊書懿宗紀云："戍卒五百人。"又不同，然此不過傳寫之誤，當以"八百人"爲是。惟此傳所云六歲不得代者乃大誤也。考舊彥曾傳云："先是六年，南蠻寇五管、陷交趾，詔徐州節度使孟球召募三千人赴援，分五百人戍桂州，舊三年一代，至是請代。"按舊書之所謂先是六年，咸通之六年也。舊懿宗紀載咸通五年五月制，云"宜令徐泗團練使召募官健三千人赴邕管防戍"，即此事也。詔下於五年而待召募，則戍者以六年行，至九年而請代，是三年一代也。新書因是"六年"字而誤云"六歲不得代"，通鑑亦仍之，皆未細考之故。

按：趙紹祖之論似感勉強，特作如下論，以求方家。通鑑卷二五一有詳載，從行文上看，疑新書崔彥曾傳與通鑑史料來源相同，但通鑑曰："戍貴州者已六年，屢求代還。"按"南詔復盜邊"，據新紀卷九在咸通四年正月，至九年正好爲六年，但通鑑卷二五〇載當時詔令武寧軍戍守乃在咸通五年五月。按此并不矛盾，應前期戍守官兵餘下部分與武寧兵合爲一起，故當時史官統稱六年爾。至於七百、八百爲約數爾，或人數在變化之中，史官因不同時期史料記載，故人數略有不同，不可大驚小怪爾。

勛劫百艘運糧趨泗州，留婦弱持陬。（第四七七五頁）

糾謬卷二〇康承訓傳：今按說文云："陬，阪隅也。"今此云"婦弱持陬"，義不可曉，疑當爲"掫"字。說文云："掫，夜戒守，有所擊也。"

餘審卷四持陬：持，守也；陬，城陬也，留婦弱守城之澀體。

按："陬"有聚之意，如文選卷六魏都賦："蠻陬夷落，譯導而通。""持"有相持、對立之意，可解。

卷一四九

劉晏傳

玄宗封泰山，晏始八歲，獻頌行在……授太子正字。（第四七九三頁）

互證卷一六：舊書"年七歲，舉神童，授秘書省正字"。按晏賜死於建中元年七月，二書本傳俱年六十六，考是年庚申，追數至元宗封泰山之年，是年開元十三年乙丑，五十六年耳，依舊書年七歲，則六十二，新書年八歲，則六十三，皆不得為六十六也。舊書但言舉神童，不言封泰山之年，當為是。

按：古人於事書年齡有誇張成分，或劉晏不止八歲，為突出其聰穎，誇其小。

劉潼傳

又徙西川，時李福討南詔，兵不利，潼至，填以恩信，蠻皆如約。六姓蠻持兩端，為南詔間候，有卑籠部落者請討之，潼因出兵襲擊，俘五千人。南詔大懼，自是不敢犯邊。（第四八〇〇頁）

糾謬卷二劉潼治蜀南詔不敢犯邊：今按南詔傳，潼為西川節度使之時即懿宗咸通七年、八年之際也。當是時，南詔方强，南寇安南，西擾成都。至咸通十年，又自沐源入寇嘉州，由此言之，則南詔何嘗不敢犯邊乎？潼傳中止云"南詔少戢，不敢輕寇邊"可也，以為"自是不敢犯"則非其實也。

按：劉潼到達西川後，平定群蠻，此後一段時間群蠻稍定，此為修史者站在劉潼立場對其稍作誇飾之語，不應引以為過，更非似實而虛。

第五琦傳

肅宗駐彭原，進明遣琦奏事……帝悅，拜監察御史、句當江淮租庸使。（第四八〇一頁）

廿二史劄記卷一八：第五琦之爲租庸使，舊書賀蘭進明令琦入蜀奏事，玄宗即令勾當江淮租庸使，是玄宗所授也。

按：大唐新語卷一〇、唐會要卷八七、通鑑卷二一九與新傳略同。顏魯公文集卷一四顏魯公行狀曰："時北海郡錄事參軍第五琦隨刺史賀蘭進明招討於河北，覩其事，遂竊其法，乃奏肅宗於鳳翔，至今用之不絕。"新書卷一三九房琯傳曰："於是第五琦言財利，幸爲江淮租庸使，琯諫曰……"按此所見爲肅宗。

班宏傳

高適鎮劍南，表爲觀察判官……郭英乂代適，表維令。（第四八〇二頁）

糾謬卷三郭英乂代高適：今按郭英乂及崔寧傳云，永泰元年，嚴武卒，衆請英乂爲節度使，朝廷用英乂，乃拜劍南節度使，其事甚明。此云英乂代適則誤矣。代高適者嚴武，非英乂也。

按：舊書卷一一一高適傳曰："代宗以黃門侍郎嚴武代還，用爲刑部侍郎。"因此，吳縝所言爲是。舊書卷一二三班宏傳曰："又爲高適劍南觀察判官，累拜大理司直，攝監察御史。時青城山有妖賊張安居以左道惑衆，事覺，多誣引大將，冀以緩死，宏驗理而速殺之，人心乃安。既而郭英乂代適，以厭人望，奏署祕書郎，兼洛令，以疾免。"因此，新傳乃襲舊傳而誤。

卷一五〇

李揆傳

祖玄道，爲文學館學士。父成裕，祕書監。（第四八〇七頁）

糾謬卷九李揆世次表傳不同：今按宰相世系表則玄道生正基，正基生亶，亶生成裕，成裕生揆，玄道於揆爲高祖，與傳不同，未知孰是。

按：舊書卷一二六李揆傳曰："代爲冠族，秦府學士、給事中玄道玄孫，祕書監、贈吏部尚書成裕之子。"因此，新傳誤。

兄楷，有時稱。（第四八〇八頁）

互證卷一六：舊書作"兄皆"。按世系表有皆，無楷，是揆之弟，非兄也。

卷一五二

張鎰傳

張鎰字季權,一字公度,國子祭酒後胤五世孫也。父齊丘,朔方節度使,東都留守。(第四八二九頁)

糾謬卷七張鎰爲後胤五世孫又似曾孫:今按後胤傳末云:"孫齊丘,歷監察御史、朔方節度使,終東都留守。子鎰,別有傳。"以後胤傳言之,則鎰乃後胤之曾孫,非五世孫也。

按:新書卷七二下宰相世系表,其父府上乃義方之子,律師之孫,後胤之曾孫,曰府上"朔方節度使,東都留守",與張鎰傳吻合,應就是齊丘。

武元衡傳

新書:"曾祖載德,則天皇后之族弟。祖平一,有名。"(第四八三三頁)

互證卷一五:按舊書:"曾祖德載,祖平一,事在逸人傳。"世系表作德載、平一。

李絳傳

是時,盛興安國佛祠,倖臣吐突承璀請立石紀聖德焉……帝悟曰:"微絳,我不自知。"命百牛倒石。(第四八三六至四八三七頁)

避暑錄話卷下:唐書李絳傳載論罷吐突承璀請撰安南寺聖德碑事,云憲宗命百牛倒石,此事出唐舊史,歐文忠遂謂古碑先立而後書。余家有李絳論事，載此甚詳，云"承璀先立碑堂并碑石，大小准華嶽碑"，不言已立碑也。絳既論，帝報可已，不令建立碑樓，便遣拽倒，乃記"承璀奏樓功績大，請緩拆，帝遣百牛倒之"，則所倒乃碑樓非碑石也。新史乃承舊史之誤爾。

卷一五三

段秀實傳

曾祖師濬，仕爲隴州刺史。（第四八四七頁）

互證卷一六：按秀實父段行琛碑作"德濬"，是行琛之曾祖，秀實之高祖。

嗣業爲節度使，而秀實方居父喪。（第四八四八頁）

互證卷一六：舊書略同。按嗣業爲節度時，在肅宗靈武即位後。余家藏段行琛碑云："天寶九載，奄歸無物。"疑二書皆誤以其母喪爲父喪也。

陰結將軍劉海賓、姚令言判官岐靈岳、都虞侯何明禮，欲圖泚。（第四八五一頁）

互證卷一六：按姚令言下當是脫"判官岐靈岳"五字，言結令言之判官岐靈岳也。

中華本新書注：各本原無"判官岐靈岳"五字。按姚令言爲朱泚忠實黨羽，段秀實豈得與合謀圖泚？查舊書卷一二八段秀實傳云："秀實初詐從之，陰說大將劉海賓、何明禮、姚令言判官岐靈岳同謀殺泚。"通鑑卷二二八略同。……今據補。

顏真卿傳

顏真卿，字清臣，祕書監師古五世從孫。（第四八五四頁）

靜修先生文集卷二二跋魯公祭季明姪文真蹟後：且公於其父之廟碑，自敘距師古爲四世，與忠節爲同祖，而新史乃以公爲師古五世從孫，與忠節爲同五世祖。

潛研堂金石文跋尾卷七贈太子少師顏惟貞廟碑：唐書稱真卿爲師古五世從孫，以此碑證之，魯公乃崇賢學士勤禮之曾孫。師古與勤禮爲親兄弟，則魯公於師古爲從曾孫，不得云五世孫。

按：舊書卷一二八顏真卿傳曰："顏真卿，字清臣，琅邪臨沂人也，五代祖之推。"舊書卷七三曰："顏籀字師古，雍州萬年人，齊黃門侍郎之推孫也。"據此，顏真卿乃顏師古四世孫，與新傳異。據靜修先生文集卷二二跋魯公祭季明姪文真蹟後，則舊傳是。

遂縊殺之，年七十六。（第四八六〇頁）

金石錄卷二五唐醴泉縣令張仁蘊德政碑：據新史紀、傳，魯公以貞元元年被害，年七十六，而舊史、德宗實錄皆云歿于興元元年，年七十七，疑新史誤。

按：顏真卿應歿於興元元年八月，見德宗本紀考證。

卷一五四

李愬傳

于時元和十一年十月己卯，師夜起……黎明雪止，愬入駐元濟外宅，蔡吏驚曰"城陷矣"。（第四八七六至四八七七頁）

糾謬卷五李愬平蔡州差一年：今按憲宗紀："元和十二年十月癸酉，克蔡州。"又韓愈平蔡碑云："十二年八月，丞相度至師。十月壬申，愬用所得賊將，自文城因天大雪疾馳百二十里。用夜半到蔡，破其門，取元濟以獻。"然則憲宗紀新書正得其實，而愬傳以爲元和十一年十月己卯，則大誤矣。

互證卷一六：按十一年爲十二年之譌，傳寫之誤耳。舊書本傳作"十月十日"而舊紀亦作"十月己卯"，通鑑從平蔡錄作"辛未軍出，壬申夜入城"，通鑑考異謂是月之十五日、十六日，而巳卯則奏到日也。

於是御史中丞溫造等劾奏魏州亂，憲誠死，職繇于聽，請論如法，天子不罪也。罷爲太子少師。（第四八七九至四八八〇頁）

金石錄卷三〇唐李聽碑：惟聽罷魏博節度使，碑言"爲太子太師"，而史作"少師"，小誤耳。

李晟傳

捉孤軍抗群賊，身佩安危而氣不少衰者。（第四八八一頁）

糾謬卷一四：今按郭子儀傳贊曰："子儀自朔方提孤軍，轉戰逐北，誼不還顧。"又五王贊曰："五王提衛兵，誅嬖臣，中興唐室。"蓋"提"之爲言，總勒、統御之謂，若乃命之爲捉，於文殊爲不典，今李晟贊所謂"捉孤軍"者，即提字之誤歟。

中華本新書校記："捉"，十行本同，汲古閣本、殿本、局本作"提"。按上文有"晟提孤軍横當寇鋒"語，疑捉爲"提"之形誤。

　　按：小字本甲、大字本（十行本）均作"捉"，且汲古閣本底本乃小字本甲，汲本、殿本在刊刻過程中多有修正，結合吳氏所曰，新書底本應爲"捉"。按"捉"有操持、掌管之意，如百喻經口誦乘船法而不解用喻："若入海，水漩洑洄流磯激之處，當如是捉，如是正，如是住。"

卷一五五

馬燧傳

廷光感泣，一軍皆流涕，即率衆降。……進營焦籬堡，堡將降。（第四八八九頁）

互證卷一六：舊書"先一日，賊焦籬堡守將尉珪降，庭光東道既絶，乃率衆出降"。按通鑑同舊書。

按：册府卷三五九、四二六同舊傳，舊紀卷一二曰："甲子，李懷光大將尉珪以焦籬堡降。丁卯，懷光將徐庭光以長春宮兵六千人降。"舊傳是。

渾瑊傳

父釋之，有才武。從朔方軍，積戰多，累遷開府儀同三司、試太常卿、寧朔郡王。廣德中，與吐蕃戰没。（第四八九一頁）

糾謬卷四本紀書渾釋之死與傳不同：今按代宗紀："廣德二年二月辛未，僕固懷恩殺朔方軍節度留後渾釋之。"又釋之本傳云："李光弼保河陽，釋之以朔方都知兵馬使爲裨將，進寧朔郡王，知朔方節度留後，僕固懷恩之走，聲爲歸鎮。釋之曰：'是必衆潰。'將拒之，其甥張韶曰：'彼如悔禍還鎮，渠可不納？'釋之信之，乃納懷恩。懷恩已入，使韶殺釋之，收其軍。"紀、傳所載如此，而與瑊傳不同，未知孰是。

合鈔卷一八五：新書回鶻傳爲僕固懷恩所殺，誤。

互證卷一六：按渾釋之事，新書既得其詳，當見之於瑊傳之首，不當附之於回紇渾部傳，而致瑊傳中反以仍舊書而誤也。

按：通鑑卷二二三亦曰廣德二年僕固懷恩殺朔方軍節度留後渾釋之。舊書卷一三四渾瑊傳曰："廣德中，與吐蕃戰没於靈武。"因此，新傳爲襲舊傳而誤。

卷一五六

戴休顏傳

朱泚反，率兵三千，晝夜馳，奔問行在，德宗嘉之，賜實戶二百。（第四八九九頁）

互證卷一六：按杜希全傳云："引兵赴難，次漠谷，爲賊邀擊，還保邠州。"未嘗得入奉天也，及德宗幸梁，以休顏守奉天，當是李懷光至，朱泚圍解後始得入奉天，而因命之守，是時珹以兵衛駕入谷口，而游瓌還邠州。

李元諒傳

加檢校尚書左僕射，是封五百戶。（第四九〇二頁）

關中金石志卷四李元諒懋功昭德頌：爲潼關鎮國軍隴右節度使、檢校尚書右僕射、兼御史大夫、華州刺史、武康郡王。唐書以爲檢校尚書左僕射者，非也。

按：唐陸宣公集卷一平朱泚後車駕還京大赦制、冊府卷一二八、一三三作"右僕射"，是。

韓游瓌傳

會懷光誘復至，渾瑊得書，稍嚴卒以警。游瓌不知，發怒，嫚罵瑊。帝疑有變，即日幸梁州，游瓌使子從帝。（第四九〇五頁）

互證卷一六：然新書所取者邠志亦非也，考懷光奪建徽、惠元兵，實在幸梁之前，帝見懷光決反，故即日幸梁，非以疑游瓌故，而新書本紀書奪兵在幸梁後，故有此誤。且德宗既以疑游瓌故而幸梁，又肯以其子從耶？

按：具體見卷一五七陸贄傳考證。

卷一五七

陸贄傳

　　李懷光有異志……李晟密言其變，因請移屯。帝遣贄見懷光議事。贄還奏……又建："遣李建徽、陽惠元與晟并屯東渭橋，託言晟兵寡不足支賊，俾爲掎角。懷光雖不欲遣，且辭窮，無以沮解。"帝猶豫曰……晟已徙營，不閱旬，懷光果奪兩節度兵，建徽挺身免，惠元死之，行在震驚，遂徙幸梁。(第四九二〇至四九二一頁)

　　糾謬卷三陸贄李晟傳幸梁州事：今按本紀云："興元元年二月甲子，李懷光爲太尉，懷光反。丁卯，如梁州。三月，李懷光奪鄜坊京畿金商節度使李建徽、神策軍兵馬使陽惠元兵，惠元死之。"韓游瓌傳略云："李懷光叛，誘游瓌爲變，游瓌白發其書，帝曰：'卿可謂忠義矣。'……會懷光誘復至，渾瑊得書，稍嚴卒以警。游瓌不知，發怒，嫚罵瑊，帝疑有變，即日幸梁州。"又李懷光傳云："懷光遣將趙升鸞諜於奉天，升鸞告渾瑊曰：'懷光遣達奚承俊火乾陵，使我爲內應，以脅乘輿。'瑊白發其姦，請帝決幸梁州，帝令瑊戒嚴，未畢，帝自西門出。"又嚴震傳云："懷光與賊連和，奉天危蹙，帝欲徙蹕山南，震馳表奉迎，遣五千兵至，帝大喜。翌日發奉天。"然則此三者之傳其事狀皆不相遠，大抵始因懷光與賊通而欲爲變，奉天既已危蹙，故議幸梁州，會懷光間誘復至，渾瑊嚴警而游瓌罵瑊，時嚴震兵既已到。今贄、晟傳乃以爲因懷光奪二人兵，行在震驚，是日遂幸梁，則失其實矣。蓋以本紀言之，則幸梁與奪兵不同日，其誤昭然也。其陽惠元止是神策軍兵馬使，而贄傳兼李建徽遂謂之兩節度，亦誤也。

　　按：此問題關鍵"懷光奪二人兵"是在德宗如梁州前還是後。韓游瓌傳、李懷光傳、嚴震傳均未提及李懷光奪陽惠元、李建徽兵權之事，且從其內容看，當時李懷光還未正式反，因此，奪兵權之事應未發生。新紀之興元元年二月"甲子，李懷光爲太尉，懷光反。丁卯，如梁州……三月，李懷光奪鄜坊京畿金商節度使李建徽、神策軍兵馬使楊惠元兵"，曰"懷光反"乃爲帝者諱。由此可判陸贄傳爲誤。

但舊紀卷一二、通鑑卷二三〇均同陸贄傳。通鑑考異卷一八曰："邠志：'二十六日，懷光又使持書促遊瓌，渾公獲而奏之。且使其卒物色我軍，遊瓌不知，不得以聞。又怒瑊之虞己也，嫚罵于途，上疑其變，即日幸梁州。'今從實錄。"據此，舊紀、通鑑、新書陸贄傳之載均來源於實錄，新紀則據邠志。疑實錄爲德宗諱，故將幸梁州移敘於李懷光奪兵權事之後，爲德宗之怯掩飾。又通鑑卷二三〇稱陽惠元爲"神策行營節度使"，按舊書卷一三三李晟傳將三人并稱。因此，稱"兩節度"亦無不可。

既放荒遠，常闔戶，人不識其面。又避謗不著書，地苦瘴癘，祇爲今古集驗方五十篇示鄉人云。(第四九三二頁)

滹南遺老集卷二九：唐史稱"陸宣公貶忠州，避謗不著書"，恐未必然，宣公經濟之學，本非立言者方其得志，則發而見於用，否則嘿而已矣。不然，公處昏君邪臣間，直言鯁論，未嘗有所屈，豈其一遇斥逐而遽爾長忌邪？史氏之期公淺矣。

按：王若虛之論爲臆測爾。

卷一五八

韋皋傳

始，天寶時，李白爲蜀道難篇以斥嚴武，暢更爲蜀道易以美皋焉。（第四九三六頁）
　　互證卷一六：按天寶時嚴武未嘗帥蜀，其時遙領劍南者楊國忠，而爲其留後者崔圓也。

始，皋務私其民，列州互除租，凡三歲一復。皋没，蜀人德之。（第四九三七頁）
　　互證卷一六：舊書"皋在蜀二十一年，重賦斂，以事月進，卒至蜀土虚竭，時論非之"。按二書所載大相違背，不知誰得其實。考劉闢傳，皋卒，闢主留務，皋既有子行式，而不樹其子。又兄聿，以蔭調南陵尉；平，萬年尉；平子正貫，單父尉，皆宦於四方，不聚其宗族於蜀，知非有私也。（新）〔舊〕書所言，大約近誣。

張建封傳

地迫于寇，常困縶不支。（第四九四〇頁）
　　糾謬卷二〇張建封傳：今按字書無縶字，疑當作𨆌。集韻"𨆌，迫也。"
　　按："縶"即"縬"，類篇卷三六曰："子六切，縮也。"

韓弘傳

韓弘，滑州匡城人。（第四九四四頁）

新書考異卷一四：按韓愈撰神道碑，以爲陳之太康人。

餘審卷四唐史中之望與貫：余按姓纂，弘望出東郡匡城，遂屬東郡，唐屬滑州，乃就郡望言之，愈文當指其貫也。

卷一五九

盧坦傳

　　數月遷中丞。初，諸道長吏罷還者，取本道錢爲進奉，帝因赦令一切禁止。……李錡誅，有司將毀其祖墓，坦上疏諫止。（第四九五九頁）

　　糾謬卷一六盧坦傳書李錡柳晟閻濟美事失序：今按憲宗紀："元和二年十二月甲申，李錡伏誅。三年正月癸巳，大赦，罷諸道受代進奉錢。"其次序自如此，而坦傳失之矣。

　　按：舊書卷一五三盧坦傳曰："累遷至庫布員外郎、兼侍御史知雜事。會李錡反，有司請毀錡祖父廟墓。坦常爲錡從事，乃上言曰……及武元衡爲宰相，以坦爲中丞。"此可知毀李錡祖墓之事，乃盧坦爲御史中丞之前，亦可證新書敘事失序。

　　出坦爲東川節度……吳少誠之誅，詔以兵二千屯安州。（第四九六〇頁）

　　糾謬卷六盧坦傳誤書吳少誠：今按李絳罷相在元和九年二月，則坦之出鎮東川乃八年秋冬之交也。又按憲宗紀元和四年十一月，彰義軍節度使吳少誠卒，其弟少陽自稱留後。九年閏八月，彰義軍節度使吳少陽卒，其子元濟自稱知軍事。是後始相繼命將誅討，然當元和八年九年，則少誠之卒已久，朝廷未嘗有誅少誠之事，今此云吳少誠之誅，誤矣，當云吳元濟之誅也。

　　互證卷一六：按盧坦卒於元和十二年，舊書云"十二年九月卒"。亦不及見吳元濟之誅也，憲宗本紀"元和十二年十一月，吳元濟伏誅"。當云吳元濟之叛。

閻濟美傳

以工部尚書致仕，卒，諡曰溫。（第四九六一頁）
新書考異卷一四：唐會要，濟美官太子少傅，諡曰良。

柳晟傳

代宗養宮中，使與太子諸王受學於吳大瓘并子通玄。（第四九六一頁）
糾謬卷六吳大瓘名不同：今按吳通玄傳，其父乃名道瓘，未知孰是。
按：柳晟傳應來源於文苑英華卷九七七沈亞之太子少保柳公行狀，該文作"吳大瓘"，舊書卷一九〇下吳通玄傳、御覽卷二三五作"吳道瓘"。

吳通玄得罪，晟上書理其辜……凡三上書，帝意解，通玄得減死。（第四九六二頁）
互證卷一六：按新舊二書吳通元傳並云"賜死"，此傳云得減死，未知孰是。
按：新紀卷七曰："（貞元八年四月）丁亥，殺左諫議大夫知制誥吳通玄。"通鑑卷二三四曰："（貞元八年）四月丁亥，貶則之昭州司馬、通玄泉州司馬，申道州司馬，尋賜通玄死。"文苑英華卷九七七千戶贈紫金魚袋太子少保柳公行狀曰："其後翰林舍人吳通玄謫死。"因此，通鑑是。

崔戎傳

崔戎字可大，玄暐從孫也。（第四九六二頁）
糾謬卷一一崔戎傳脫世次：今按宰相世系表戎乃玄暐四世從孫也。
互證卷一六：舊書"伯高祖元暐"。按世系表戎是元暐四世從孫，當以舊書爲是。

卷一六〇

徐浩傳

帝怒，貶邕歙州刺史，浩明州別駕。（第四九六六頁）

互證卷一六：舊書同。按徐浩碑云"朗州別駕"。

按：徐浩碑見全唐文四四五。"明州"，舊紀卷一一、舊書卷一三七徐浩傳、冊府卷六三八、通鑑卷二二四均作"明州"，寶刻叢編卷一一曰："唐潁國公史繼先墓誌，唐明州別駕徐浩撰并行書，殷仲容書額，建中元年八月。"全唐文卷四四〇唐徐氏山口碣石題刻曰："浩自吏部侍郎貶明州別駕，歸鄉拜掃。"應是。

吕渭傳

中書省有古柳，建中末，枯死，德宗自梁還，復榮茂，人以爲瑞柳，渭令貢士賦之，帝聞，不以爲善。（第四九六六頁）

互證卷一六：舊書"帝聞而嘉之"。按二說相戾，未知孰是。考唐會要作"帝聞而惡之"，端木星垣曰："德宗多忌奉天之事，必諱言之。"

按：唐會要卷七六曰："上聞而惡之。"南部新書卷一曰："上甚惡之。"

韋綬傳

有司謚通醜，故吏以爲言，改謬醜，不報，罷。（第四九七七頁）

互證卷一六：舊書"博士劉端夫請謚爲通，殿中侍御史孟琯以爲非當，博士權安請謚爲繆，竟不施行"。按舊書劉伯芻傳云："端夫駁韋綬諡議，知名。"此傳乃"端夫請諡爲通，而孟琯駁之，權安易之"，此舊書之自相違戾也。然通醜之諡，不應下於繆醜，何以故吏反以爲言而欲改之，此又恐新書之誤。又考唐會要"繆醜贈尚書右僕射韋綬"，其下注云"博士劉端夫諡通醜，博士權安復諡爲繆醜"，則是其事已施行，而非不報罷也，未知孰是。

　　按："謬醜"，唐會要卷八〇作"繆醜"，"謬""繆"二字雖通，疑"繆"是。

卷一六一

張薦傳

　　祖鷟，字文成。……證聖中，天官侍郎劉奇以鷟及司馬鍠爲御史。……開元初，御史李全交劾鷟多口語訕短時政，貶嶺南。……武后時，中人馬仙童陷默啜，問："文成在否？"答曰："近自御史貶官。"曰："國有此人不用，無能爲也。"（第四九七九至四九八〇頁）

　　糾謬卷四張鷟貶官年世相遠：今按武后證聖元年乙未，明皇帝開元元年癸丑，相去一十九年，而鷟仍爲御史，此已可疑。且又鷟既於開元初以御史貶官矣，何緣復云武后時馬仙童曰"近自御史貶官歟"，此一節前後乖舛，全不可考。

　　按：大唐新語卷二曰："久視中，太官令馬仙童陷默啜，問張文成何在，仙童曰：'自御史貶官。'默啜曰：'此人何不見用也。'後新羅、日本使入朝，咸使人就寫文章而去，其才遠播如此。"因此，證聖中張鷟爲御史，久視年間被免官，其後應於開元初又被劾免，此事被新舊傳所載，但略去具體時間，且順序顛倒，故致不解。

卷一六二

獨孤及傳

去年十一月丁巳夜，星隕如雨。（第四九九二頁）

月日考卷二〇：按永泰元年之去年，則廣德二年也，丁巳乃十一月二十四日。考代宗紀，廣德二年十二月丙寅，眾星隕；天文志十二月丙寅，自乙夜至曙，星流如雨；舊代宗紀作"十二月丁卯"，舊天文志作"十二月三日"，即丙寅也。惟此作"十一月丁巳"，疑訛。

韋瓘傳

仕累中書舍人，與李德裕善。德裕任宰相，罕接士，唯瓘往請無間也，李宗閔惡之。德裕罷，貶爲明州長史。會昌末，累遷楚州刺史，終桂管觀察使。（第四九九六頁）

金石錄補卷二〇唐韋瓘峿溪題名："太僕卿、分司東都韋瓘大中二年過此"，"余大和中以中書舍人謫康州，逮今十六年。去冬楚州刺史，今年二月有桂林之命，鑱經數月，又蒙除替，行次靈川，聞改此官，分司優閑，誠爲忝幸。"……以題名證之，乃自中書謫康，又不終于桂，新唐書之誤也。由大中二年逆數十六年前爲大和七年，是時德裕當國，八年十一月罷相，不知瓘之被謫坐何事也。

按：新傳曰貶明州，疑爲詔令，後實貶康州。此情況史書中甚多，大中二年分司東都，但此并不爲其終官，或後有桂管觀察使之命。因新傳往往略敘傳主生平，與碑誌相較故有不及，此亦不爲誤矣。

吕元膺傳

吕元膺字景夫，鄆州東平人。（第四九九七頁）

金石錄卷二九唐吕元膺碑：舊唐史云"元膺字景文"，新史云"字景夫"，而碑乃"字孟淳"。新舊史皆云"元膺自御史中丞拜岳鄂觀察使"，而碑乃云"岳鄂觀察使兼中丞"尔。其卒也，舊史云"諡曰憲"，而碑作"獻"，皆當以碑爲據。

按：舊傳曰："尋拜御史中丞，未幾，除鄂岳觀察使。"新傳曰："兼皇太子侍讀，進御史中丞，拜鄂岳觀察使。"因此，與"岳鄂觀察使兼中丞"并不矛盾。

薛存誠傳

江西監軍高重昌妄劾信州刺史李位謀反，追付仗內詰狀。存誠一日三表，請付位御史臺。及案，果無實。（第五〇〇二頁）

糾謬卷一〇薛存誠孔戣傳各述李位事而有不同：今按孔戣傳云："遷尚書左丞。信州刺史李位好黄、老道，數祠禱，部將韋岳告位集方士圖不軌，監軍高仲謙上急變，捕位劾禁中。戣奏：'刺史有罪，不容繫仗內，請付有司。'詔還御史臺，戣與三司雜治，無反狀。岳坐誣罔誅，貶位建州司馬，中人愈怒。"此李位一事在薛存誠傳則云高重昌劾之，而存誠三表請付臺按之無實，在孔戣傳則云高仲謙上變劾位禁中，而戣請付有司治之無反狀，二者未知孰是。

互證卷一六：舊書同。按舊書孔戣傳亦作"重謙"，此新書並沿舊書而致相戾也。

按："高重謙"，册府卷四六〇、六七〇作"高重昌"，疑是。此事薛存誠傳曰其上表，孔戣傳亦曰孔戣上表，都應有據，一事牽扯多位大臣，史書便于各自傳中分表爾。

李遜傳

卒，年六十三，贈尚書右僕射，謚曰貞。（第五〇〇四頁）

新書考異卷一四：唐會要李遜謚凡兩見：一云"貞"，一云"恭肅"，蓋傳聞異詞。

卷一六三

孔戢傳

初，父死難，詔與一子官，補修武尉，不受，以讓其兄戡。（第五〇一三頁）

糾謬卷四孔戡傳誤：今按死難者，巢父傳則以戣、戢、戡爲從子，又按宰相世系表戣、戢、戡實巢父兄岑父之子，是則非巢父之子審矣，今戡傳乃指巢父爲父，則甚誤矣。

新唐書糾謬校補卷四：韓退之撰孔戣墓誌云："考岑父，秘書省著作佐郎。公之昆弟五人，載、戣、戢、戧。"亦可證非巢父子也。

按：舊書卷一五四孔戡傳"戡字方舉，戣母弟也，以季父巢父死難……"新傳應來源於舊傳，新傳此處應脫一"季"字。

崔鄲傳

五子：瑤、瓌、瑾、珮、璆。瑤任禮部侍郎、浙西、鄂岳觀察使，瑾禮部侍郎、湖南觀察使，（瓌）[瑰]、珮俱達官。（第五〇一八頁）

糾謬卷二〇崔鄲傳：今按初用"瑰"字，末用"瓌"字，可乎？

按："瓌、珮俱達官"之"瓌"，新唐書百衲十四行本、大字本同，小字本甲作"瑰"，中華本修作"瑰"。舊書卷一五五作"瑤、瓌、瑾、珮、璆"，後曰："瑤大和三年登進士第……瓌、珮、璆官至郎署給諫，瑾大中十年登進士第……"

柳公綽傳

柳公綽字寬……因小字起之……諡曰元。（第五〇一九、五〇二二頁）

互證卷一六：舊書"字起之……諡曰成"。按唐會要"諡元"，與新書同。

史糾卷六：此新書所紀爲實，劉書凡遇一字，字輒爲改易。

按：史糾觀點，可參卷九六房玄齡傳諸家考證。

元和十一年，爲李道古代還，除給事中，李師道平，遣宣諭鄆州……以母喪去官。（第五〇二一頁）

餘審卷三柳公綽初官京兆尹：按"平"與"歸朝"迥異，師道歸朝在十一年，若曰"平"，則在十四年二月，去公綽起服才三月，安得以母喪免而服除？

其廄馬害圉人，公綽殺之。（第五〇二一頁）

新書館臣注：按韓愈與公綽書此事在元和用兵時，今敘在長慶三年爲山南東道節度時，與舊書同誤。

楊於陵傳

辟鄂岳、江西使府。滉居宰相，領財賦，權震中外，於陵隨府罷，避親不肯調，退廬建昌，以文書相娛樂。滉卒，乃入爲膳部員外郎。（第五〇三一至五〇三二頁）

互證卷一六：舊書"滉歿，貞元八年始入朝"，餘略同。按韓滉貞元二年十一月入朝，十二月始領度支諸使，三年二月薨矣，前後在位兩三月間耳。如舊書云"於陵八年始入朝"，則爲時甚久，新書刪去"八年"字，竟似滉卒而於陵即入朝者，尤非是。考舊書德宗本紀，是時爲鄂岳觀察使者盧元卿，亦以貞元二年十一月入朝，此傳所謂隨府罷者即元卿也，而於陵不調至於七年之久，必有他故，非關避滉之權勢亦可知矣。

馬摠傳

馬摠字會元，系出扶風。（第五〇三三頁）

鐵橋漫稿卷六馬摠意林闕目敍：摠字元會，唐書本傳作"會元"誤也。

按：舊書卷一五七馬摠傳、冊府卷七二九、七四〇、文苑英華卷八八一馬公家廟碑作"會元"，應是。

卷一六四

薛苹傳

父順，爲奉天尉，與楊國忠有舊，及用事，將引之，輒謝絕。（第五〇四四頁）

金石錄卷二九唐左常侍薛苹碑：唐史列傳云："苹父順，爲奉先尉"，而此碑及元和姓纂皆云"名順先"，蓋史誤。

丁公著傳

公著内知帝欲進用，故辭疾求外，遷授浙西觀察使。（第五〇五〇頁）

餘審卷三新丁公著傳之紕繆：岑刊校記六二云："沈本……'西'作'東'，按宋嘉定鎮江志引舊唐書作'浙東'。"……又舊紀一六……'充浙東觀察使'，……考白氏長慶集三三有……尚書、工部侍郎、集賢殿學士丁公著可檢校左散騎常侍、越州刺史、浙東觀察使制……然領越州者浙東，非浙西。

長慶中，浙東災癘，拜觀察使。（第五〇五〇頁）

合鈔卷二四五：（舊書卷一八八丁公著傳曰："上以浙西災寇，詢求良帥，命檢校戶部尚書領之。"）新書"浙東"，誤。

按：舊紀卷一六曰："（長慶二年閏十月）甲寅，詔：'江淮諸州旱損頗多……宜委淮南、浙西東、宣歙、江西、福建等道觀察使各於當道有水旱處，取常平義倉斛斗，據時估減半價出糶，以惠貧民。'"據此，則長慶二年江淮發生災荒，但并未提及丁公著。舊紀卷一六曰："（長慶三年）十二月，浙西觀察使李德裕奏去管内淫祠一千一十五所。"舊紀卷一七上曰："（大和元年九月）丁丑，浙西觀察使李德裕、浙東觀察使元稹就加檢校禮部尚書。"據此，則長慶至大和初年浙西觀察使爲李德裕，非丁公著。再考浙東，據上可知，大和初年浙東爲元稹。舊書卷一七上曰："（大和三年九月）戊戌，以前睦州刺史陸亘爲越州刺史、浙東觀察使，代元稹。……（大和七年閏七月）癸未，以太子賓客李紳檢校左散騎常侍，兼越州刺史，充浙東觀察使代陸亘。"直到大和七年，浙東觀察使都非丁公著。

那丁公著何時爲觀察使呢？考舊紀卷一七上曰："（大和三年七月）乙巳，以禮部尚書、翰林侍講學士丁公著檢校戶部尚書、兼潤州刺史、充浙江西道觀察使，以前浙西觀察使、檢校禮部尚書李德裕爲兵部侍郎。"舊紀卷一七下曰："（大和六年五月）壬子，浙西丁公著奏杭州八縣災疫賑米七萬石……（八月）壬申，以前浙西觀察使丁公著爲太常卿。"冊府卷六八〇曰："丁公著爲浙西觀察使。"據此，則丁公著爲"浙西"，則其任職應於"大和三年"。疑長慶二年江淮發生災荒，後大和中亦發生災荒，便命丁公著爲浙西觀察使，後世修史者不加考辨，將之書於長慶二年災荒之下。

崔弘禮傳

溉田千頃，歲收八萬斛。（第五〇五一頁）

合鈔卷二一四：（舊書卷一六三崔弘禮傳曰："歲收粟二萬斛。"）新書"八萬斛"，疑誤。

按：冊府卷四九七、五〇三作"二萬"。

卷一六五

鄭從讜傳

乃拜從讜檢校司徒，以宰相秩復爲河東節度兼行營招討使，詔自擇參佐。（第五〇六二至五〇六三頁）

新書考異卷一六：（新書卷六三宰相表）廣明元年二月，從讜檢校司空、兼平章事、河東節度行營招討等使。鄭從讜傳作"檢校司徒"，誤也。舊唐書本紀亦作"司空"。

從讜追安，使與將王蟾、高弁等踵擊，亦會振武契苾通至，與沙陀戰，沙陀大敗引還。（第五〇六三頁）

新書考異卷二：（新紀卷九）"中和元年五月，克用寇太原，振武軍節度使契苾璋敗之。"鄭從讜傳作"契苾通"。

按：李文饒集卷一四書於會昌二年九月十三日請契苾通等分領涉陀退渾馬軍共六千人狀，同卷書於會昌二年十月八日請何清朝等分領李思忠下蕃兵亦多次提及契苾通，因此，契苾通乃武宗時人。"契苾璋"，通鑑卷二五四同，文苑英華卷四〇一薛廷珪授右威衛上將軍契苾璋威衛上將軍制，薛廷珪乃晚唐五代時人，因此，"契苾璋"應是。

鄭絪傳

憲宗即位，拜中書侍郎、同中書門下平章事，遷門下侍郎。始，盧從史陰與王承宗連和，有詔歸潞，從史辭潞乏糧，請留軍山東。李吉甫密譖絪漏言於從史，帝怒，坐浴堂殿，召學士李絳語其故，且曰："若何而處？"絳曰："誠如是，罪當族，然誰以聞陛下者？"曰："吉甫爲我言。"絳曰："絪任宰相，識名節，不當如犬彘梟獍與姦臣外通。恐吉甫勢軋內忌，造爲醜辭以怒陛下。"帝良久曰："幾誤我。"先是，杜黃裳方爲帝夷削節度，強王室，建議裁可，不關决于絪，絪常默默，居位四年，罷爲太子賓客。（第五〇七五頁）

糾謬卷二鄭絪作相時事皆不實：今按憲宗本紀："元和四年二月丁卯，絪罷相，至三月乙酉，成德軍節度使王士真方卒，其子承宗自稱留後，十月辛巳，承宗始反，是月朝廷命吐突承璀爲將以討承宗。"而盧從史傳云："丁父喪未官，即獻計誅王承宗。由是，奪服領澤、潞討賊。"且既云從史父喪未官，而獻計誅承宗，朝廷因命復領澤、潞討賊，則是亦皆在三月王士真死而承宗自立之後也，然則絪當是時已去相久矣。絪傳所述與帝紀及年表并諸人傳皆不相符，其證一也。又按李吉甫以元和二年正月爲相，而三年九月出爲淮南節度使，至四年三月王士真死，承宗自立，十月承宗反，而朝廷討之。自後從史方有與承宗連和之事，是時吉甫乃在淮南，何由得譖絪漏言，其證二也。又至五年四月，從史方貶死，六年正月，吉甫方再入相，是時絪已去相將二期矣，其年月及絪、從史、吉甫之所在事狀皆參差不相符，其證三也。又李絳傳云："時議還盧從史昭義，已而將復召之，從史以軍無見儲爲解。吉甫謂絪漏謀，帝欲逐絪，絳爲開白乃免。"其說與絪傳又已不同，且所謂還盧從史昭義，已而將復召之者，何也？豈謂從史既奪服，復領昭義之後，朝廷方欲復召之歟？方憲宗元和之初，天下節度使如從史者，朝廷有無故而可以輕召者歟？以從史及孔戣、裴垍、烏重胤、吐突承璀等傳與韓愈、杜牧等集而考之，則從史復領昭義之後其勢可復輕召歟？且絪、絳二傳述漏謀之因既已不同，則其事何可復信？此蓋李絳之門生故吏撰集絳事者，務多書其事以爲絳之美，然皆參錯不實。其後史臣爲絪傳者既無事可紀，故又取絳事而載之，展轉相因，則愈失其真，其證四也。綱傳又云："先是，杜黃裳方爲帝夷削節度強王室，建議裁可不關決于綱，綱常默默，居位四年罷。"按黃裳以永貞元年七月爲相，至元和二年正月罷，綱以永貞元年十二月爲相，至元和四年二月罷。黃裳罷後綱猶居相位二期始罷，使黃裳方當國而事不關決，綱常默默，遂先黃裳罷去，以是爲綱之貶可也。今黃裳既已先綱罷，而綱猶居位，復爲誰而默默如是者？又二年乃始罷去，史筆若此不亦太近誣乎？其證五也。由是言之，鄭綱傳自爲相之後，止此二事，後人讀之似皆有實可信，及以紀、傳參考，則全不可用。

  按：通鑑卷二三七曰："（元和二年十一月）昭義節度使盧從史，內與王士真、劉濟潛通，而外獻策請圖山東，擅引兵東出。上召令還，從史託言就食邢、洺，不時奉詔，久之乃還。它日，上召李絳對於浴堂，語之曰……"通鑑考異卷一九曰："蔣階李司空論事曰：'絳奏："從史比來事就彰露頗多，意不自安，務欲生事，所以曲陳利害，頻獻計謀，冀許用兵以求姑息。今請親領士馬，欲往邢、洺，假以就糧，實爲動眾。去就之際，情狀可知。"'舊從史傳曰：'前年丁父憂，朝旨未議起復。屬王士真卒，從史竊獻誅承宗計，以希上意，用是起授，委其成功。及詔下討賊，兵出逗留不進，陰與承宗通謀，令軍士潛懷賊號。'按三年九月戊戌，李吉甫罷相，出鎮揚州。四年二月丁卯，鄭綱罷相。三月乙酉，王士真卒，承宗始襲位。四月壬辰，從史起復。若以從史山東就糧即請討承宗之時，則於是吉甫、綱皆已罷相，何得有譖綱之事？又貶從史制辭云：'況頃年上請就食山東，及遣旋師，不時恭命，致動其眾，覘生其心，賴劉濟抗忠正之辭，使邪堅絶遲迴之計。加以偏毀鄰境，密疏事情，反覆百端，高下在手。'若是討承宗時朝廷不違其請，何嘗使之旋師？蓋李、鄭未罷之前，從史嘗毀鄰道，乞加征討，因擅引兵出山東。朝廷命旋師，託以就食邢、洺，不時奉詔，但不知事在何年月日，所欲攻討者何人，劉濟有何辭而從史肯旋。今因李絳論李錡家財事并言之。新書云'從史與承宗連和，有詔歸潞'誤也。"考異所說是，新傳僅王世真誤書作王承宗，從而致如此之猜疑，吳縝曰"李絳之門生故吏撰集絳事者，務多書其事以爲絳之美"，此言過矣。

卷一六六

賈耽傳

賈耽字敦詩，滄州南皮人。（第五〇八三頁）
新書考異卷一四：鄭餘慶撰神道碑云"清池人"。

杜佑傳

（父希望）信安郡王禕表爲靈州別駕。（第五〇八五頁）
糾謬卷二〇杜佑傳：今按信安郡王名禕，"禕"、"禕"雖同音，而義訓不同，不可通用也。
按：信安郡王禕，通典卷一七二、李遐叔文集卷四衢州刺史廳壁記、曲江集卷七勑處分宴朔方將士、舊紀卷八及卷七六信安郡王禕傳均作"禕"，應是。

杜悰傳

樞密使王歸長、馬公儒等以遺詔立夔王，而左軍中尉王宗實等入殿中，以爲歸長等矯詔，乃迎鄆王立之，是爲懿宗。久之，遣樞密使楊慶詣中書，獨揖悰，它宰相畢諴、杜審權、蔣伸不敢進，乃授悰中人請帝監國奏，因諭悰劾大臣名不在者抵罪。悰遽封授使者復命，謂慶曰："上踐祚未久，君等秉權，以愛憎殺大臣，公屬禍無日矣。"慶色沮去，帝怒亦釋，大臣遂安。（第五〇九一至五〇九二頁）
容齋隨筆卷六：以史考之，懿宗即位之日，宰相四人曰令狐綯、曰蕭鄴、曰夏侯孜、曰蔣伸，至是時，唯有伸在，三人者罷去矣。諴及審權乃懿宗自用者，無由有斯事，蓋野史之妄而二書誤采之。

新書考異卷一四：按悰以咸通二年二月再入相，距懿宗踐之始已兩年矣。使帝銜怒諸大臣，欲置之死地，當不俟此時。傳所云未可深信。

互證卷一七：按懿宗即位已見本紀，此處敘事未免重複冗長，其欲追罪諸大臣，則或出自中人之意，故久而始發，亦未可竟必其無也。

會黔南觀察使秦匡謀討蠻，兵敗，奔于悰。（第五○九二頁）

糾謬卷一○杜悰及南蠻傳述秦匡謀事不同：今按南蠻傳云："坦綽寇成都，至新津而還，回寇黔中，經略使秦匡謀懼，奔荊南。"在杜悰傳則云討蠻賊而奔，在南蠻傳則云蠻寇黔中，懼而奔。則是未嘗討蠻，二者既不相符，且又觀察、經略之名亦異，此二說必有非其實者。

知本糾謬錢氏注：方鎮表："大曆十二年，置黔南經略招討觀察使，治黔中。"兩傳或稱觀察，或稱經略，其實止是一官，非互異也。唐史此類甚多，如憲宗紀元和八年黔中經略使能討張伯靖，而崔能傳稱黔中觀察使。

按：二者皆是，角度不同而致。杜悰傳以其時史官角度，南蠻傳以南蠻角度。

令狐綯傳

後賊乘間直襲湘壘，悉俘而食之，醢湘及監軍郤厚本。（第五一○二頁）

通鑑考異卷二三：舊紀、實錄作"郤厚本"，今從彭門紀亂及舊傳。

新書考異卷一四：杜悰傳云"戍將郭厚本"。

互證卷一七：按此已見通鑑考異，云"舊紀、實錄俱作'（郄）[郤]厚本'"，今考舊紀及舊令狐綯傳辛讜傳皆作"郭厚本"，未知孰是。又舊紀云"都監"，綯傳云"監軍"，新書此傳仍舊傳作"監軍"，而杜悰傳作"戍將"，皆不畫一。

時浙西杜審權使票將翟行約率千兵與湘會，未至而湘覆，賊偽建淮南旌幟誘之，亦皆陷。（第五一○二頁）

互證卷一七：舊書略同。按杜悰傳浙西兵覆在李湘敗沒之前，同在一卷而彼此互異。此沿舊書而彼又據它書也，然不檢亦甚矣。又按辛讜傳翟行約赴援，壁蓮塘，讜獨出犒之而還，使在李湘敗没之後，則辛讜必告之，賊不得誘之也，疑當以杜慆傳爲是。

按：通鑑卷二五一曰："（咸通九年十一月）戊午，鎮海節度使杜審權遣都頭翟行約將四千人救泗州，己未，行約引兵至泗州，賊逆擊於淮南，圍之，城中兵少，不能救，行約及士卒盡死。……十二月甲子，李湘等引兵出戰，大敗，賊遂陷都梁城，執湘及郭厚本，送徐州。"其考異卷二三曰："今從續寶運錄。"

卷一六七

裴延齡傳

册贈太子太傅、上柱國。（第五一〇八頁）
新書考異卷一四：舊史云："贈太子少保"，此云"太子太傅"，未知孰是。
互證卷一七：唐會要謚法門"繆"字下有云"贈太子太保裴延齡"，與二書又異。

韋渠牟傳

韋渠牟，京兆萬年人，工部侍郎述從子也。（第五一〇九頁）
互證卷一七：舊書"六代祖範，魏西陽太守"。按世系表韋範六代孫無渠牟，又按新書韋皋傳云"六代祖範"，韋宏機傳云"岳子孫皋"，新舊書韋述傳並云"述，宏機曾孫，述弟迪、廸"，又並不云迪與廸有子渠牟。若依二書所載，似宏機、述、皋、渠牟皆範後，而世系表皆無名，各傳中所云亦自參差不合，疑二書於此數傳世次皆失之。說互見宏機、皋傳下。
按：世系表皆無名，疑其有脫漏，各傳中所云並無參差不合，趙氏理解有誤，參卷一〇〇韋岳子傳考證。

李齊運傳

李齊運者，蔣王惲孫。（第五一一〇頁）
新書考異卷一四：按（宰相）[宗室]世系表乃惲之曾孫。

互證卷一七：舊書同。

按：順宗實錄卷一、通鑑卷二二九均爲孫。

王播傳

自淮南還，獻玉帶十有三、銀盤數千、綾絹四十萬，遂再得相云。（第五一一七頁）

糾謬卷三王播進獻：今按播之再爲相，乃大和元年文宗初即位之數月也。時帝新即位，有意太平，方以恭儉爲政，故莊恪太子傳云："帝承寶曆荒怠，身勤儉率天下。"觀本紀自帝即位之初，其所行簡儉省約之事，皆可以概見，無容因播進獻之多，遂命爲相？況文宗雖中常之主，然方其新即阼，銳於爲治，必不至於是也。按播傳，穆宗時領鹽鐵，敬宗時以王涯代使，播失職，見王守澄方得君，厚以金謝，守澄乘間薦之，天子有意復用，播遂復領使。又按李景讓傳云："寶曆初，遷右拾遺，淮南節度使王播以錢十萬市朝廷懽，求領鹽鐵。"又獨孤朗傳云："王播賂權近，還判鹽鐵。"又按播傳云："文宗立，就進檢校司徒。大和元年入朝，拜左僕射，復輔政。"而文宗紀云："大和元年六月癸巳，淮南節度副大使王播爲尚書左僕射、同平章事。"此蓋播當敬宗時以賄賂遺權幸，又以獻于朝，方敬宗荒侈而得其貢奉，故復其鹽鐵使名。既而文宗即位，權近之臣久甘其贈賄，故言之于帝，帝新登阼，未知其實，遂自淮南召還，使復輔政，如是而已。若謂文宗因其獻玉帶、銀盌、綾絹而命爲相，此則近誣也。帶、盌、綾絹之獻乃敬宗時，其所得止是再領鹽鐵。其云自淮南還及再得相，皆記事者誤也。

按：舊書卷一六四王播傳曰："大和元年五月，自淮南入覲，進大小銀盤三千四百枚，綾絹二十萬匹。六月，拜尚書左僕射、同平章事。"通鑑卷二四三略同。地方藩鎮進奉帝王爲常態，以文宗爲例，如冊府卷一六九曰："文宗大和元年三月，太原節度使李種進宣索馬鞍一百具，奉先朝之命也。四方諸色貢獻類是者，眾不復舉。三年十月，故鄆州烏重胤男從弘奏請進助南郊絹一萬疋，生馬一百匹，請降中使交領。"因此，但憑文宗清廉就推測此事爲虛，并將之推爲敬宗之事，未免可笑也。

王起傳

起子龜、式。(第五一一九頁)

互證卷一七:考世系表則式是龜之兄,舊書亦云"兄式",但以式爲播之子,有異耳。

卷一六八

王伾傳

（韓）曄，滉族子。（第五一二七頁）

糾謬卷一一韓曄滉之族子：今按宰相世系表則韓滉與洄乃親兄弟，而皋則滉之子，曄則洄之子，然則曄爲皋從弟是也，而王伾傳以爲滉族子，則誤矣。

按：曄爲皋從弟，舊書卷一二九韓皋傳曰："順宗時，王叔文黨盛，皋嫉之，謂人曰：'吾不能事新貴。'皋從弟曄幸於叔文，以告之。"東雅堂昌黎外集註卷八順宗實錄、冊府四五九略同。冊府卷九四三曰："韓曄，尚書右丞皋之從弟也。"均可證。

劉禹錫傳

（王叔文）引禹錫及柳宗元與議禁中，所言必從，擢屯田員外郎、判度支、鹽鐵案。頗馮藉其勢，多中傷士，若武元衡不爲柳宗元所喜，自御史中丞下除太子右庶子。（第五一二八頁）

糾謬卷四劉禹錫得志時三事與別傳皆差：今按武元衡傳云："爲御史中丞，順宗立，王叔文使人誘以爲黨，拒不納，俄爲山陵儀仗使，監察御史劉禹錫求爲判官，元衡不與，叔文滋不悅，數日，改太子右庶子。"然則元衡下遷庶子乃以忤叔文、禹錫之故，非爲柳宗元不喜，此其事與禹錫傳不同者一也。

按：二者其實不抵觸，其實應是王、柳、劉三人一體，不與劉官，柳必不悅，必於王前中傷，劉禹錫傳實爲此意。

御史竇群劾禹錫挾邪亂政，群即日罷。（第五一二八頁）

糾謬卷四別傳皆差：今按竇群傳云："德宗時遷侍御史，至順宗時，群不附王叔文，欲逐之，韋執誼不可而止。憲宗立，轉膳部員外郎、兼侍御史知雜事。"然則當王叔文、禹錫等黨方盛時，群亦未嘗罷御史，此其事與禹錫傳不同者二也。

按：通鑑考異卷一九曰："舊劉禹錫傳曰：'群即日罷官。'群傳曰：'其黨議欲貶群官，韋執誼止之。'又曰：'叔文雖異其言，竟不之用。'按順宗實錄凡爲伾、文所排擯者無不載，未嘗言群罷官，今從之。"新劉禹錫傳乃爲襲舊傳而曰"群即日罷官"。

韓皋素貴，不肯親叔文等，斥爲湖南觀察使。（第五一二八頁）

糾謬卷四別傳皆差：今按韓皋傳云："入拜尚書右丞，王叔文用事，皋嫉之，謂人曰：'吾不能事新貴。'從弟曇以告叔文，叔文怒，出爲鄂岳蘄沔觀察使。"觀此則皋所忤者叔文及其一黨之人，不獨止禹錫而已。此事當載之叔文傳中乃可，非禹錫傳之所當書也，且皋之出自爲鄂岳蘄沔觀察，又非湖南，此其事與禹錫傳不同者三也。

按：舊紀卷一四、冊府卷四五九、卷七七七、通鑑卷二三七均作"鄂岳蘄沔觀察使"，此新傳襲舊傳而致。

卷一六九

李藩傳

　　坐小累，左授著作郎，再遷給事中。制有不便，就敕尾批卻之，吏驚，請聯它紙。藩曰："聯紙是牒，豈曰敕邪？"……河東節度使王鍔賂權近，求兼宰相，密詔中書門下曰："鍔可兼宰相。"藩遽取筆滅"宰相"字，署其左曰："不可。"還奏之，宰相權德輿失色曰："有不可，應別爲奏，可以筆塗詔邪？"藩曰："勢迫矣，出今日便不可止。"既而事得寢。（第五一五一、五一五二頁）

　　避暑錄話卷下：然即本傳考之，藩爲相既被密旨，有不可，封還可也，何用更滅其字，自可見其誤矣。給事中批敕事亦非是，唐制，給事中詔敕有不便，得塗竄奏還，謂之塗歸，此乃其職事，何爲"吏驚，請聯他紙"？藩名臣，二事尤偉，而皆不然，成人之美者固所不惜，但事當覈實爾。吾謂此本出批敕一事，蓋雖有故事，前未有能舉其職者，至藩行之，吏所以驚，後之美藩者，因加以"聯紙"之言，又益而爲王鍔事，不知適爲藩累也。據王鍔傳，自河東節度使加平章事，會要以爲元和五年，正藩爲相時。大抵新史自相牴牾類如此。

　　互證卷一七：崔鉉曰："此乃不諳故事者之妄傳，史官之謬記也。既稱奉密旨宜擬來，則是得擬狀中陳論，固不假以筆塗詔矣。凡欲降白麻，若商量於中書門下，皆前一日進文書，然後付翰林草麻制。又稱藩曰：'勢迫矣，出今日便不可止。'尤爲疏闊。"按崔氏此說載唐會要，通鑑考異引之。……此事在元和五年十月，正崔鉉之所叙錄，事既不實，便可不載，何爲自載而自駁之。新書宜亦見崔氏之駁，何爲仍取之耶？又會要載此事云："王鍔可兼宰相，宜即擬來。"故崔氏有得擬狀中陳論之說，新書删去"宜即擬來"四字。

　　按：舊紀卷一四曰："（元和五年十一月）庚戌，以前河中節度使王鍔檢校司空，兼太子太傅、太原尹、北都留守、河東節度使。"通鑑卷二二八同，舊書卷一五一王鍔傳以爲元和三年，應誤。唐會要卷五二將王鍔求兼宰相定爲元和五年十月，而是時其並未爲河東也，新傳之"河東節度使王鍔賂權近，求兼宰相"，語爲病矣。通鑑考異卷一九曰："蓋由史氏以藩有直亮之名，欲委曲成其美，豈所謂直筆哉。舊德輿傳曰'初鍔來朝，貴幸多譽鍔者，上將加平章事，李藩堅執以爲不可，德輿繼奏云云，乃止'，今從之。"

韋溫傳

　　王晏平罷靈武節度使，以馬及鎧仗自隨，貶康州司戶參軍，厚賂貴近，浹日，改撫州司馬。……溫悉封上詔書。（第五一五九頁）

　　糾謬卷一〇王晏平爲韋溫封上詔書：按王晏平傳云："以功檢校右散騎常侍、靈鹽節度使。父喪，擅取馬四百、兵械七千自衛歸洛陽。御史劾之，有詔流康州，不即行，陰求援於河北三鎮，三鎮表其困，改撫州司馬。給事中韋溫、薛廷老、盧弘宣等還詔不敢下，改永州司戶參軍。溫固執，文宗諭而止。"以二傳校之，一則云貶康州司戶，厚賂貴近。一則云流康州，求援河北三鎮，二者已自不同。且溫傳云改撫州司馬，溫封上詔書而不言朝廷從否，晏平傳則云溫等還詔，改永州司戶，溫固執，文宗諭而止，此皆異同之甚者，未知其孰是，兼薛廷老、盧弘宣傳皆遺此一事不載。

　　按：樊川集卷八唐故宣州觀察使御史大夫韋公墓誌銘曰："靈武節度使王晏平罷靈武，以戰馬四百疋、兵器數萬事去，罪成，貶康州司戶，不旬日改撫州司馬。仙韶院樂官尉遲璋以樂官授光州長史，晏平以財膠貴倖，璋大有寵於上，公皆封詔書上還。上比諭之，公持益急，竟以康州還晏平，璋免長史。"按冊府卷一七七曰："開成三年六月壬寅，以康州流人王晏平爲永州司戶參軍，員外置同正員。晏平爲靈武節度使，去任日取征馬四百餘匹及借兵器千餘事，遂隱沒，妄爲申破。台司推勘獄狀，悉具計贓七千餘貫，以晏平之父智興嘗有戰功，故特免死從流。未至流所，魏博、鎮州、幽州三節使有表請雪，遂除撫州司馬。給事韋溫、薛廷老、盧弘宣等封敕，改爲永州司戶，韋溫等又封還，帝命中人宣慰溫等，制命始行。"冊府卷四六九略同。因此，王晏平應獲罪後流放康州爲司戶，後賄三鎮而爲撫州司馬，諸大臣封詔書後改爲永州司戶參軍。疑銘文"以康州還晏平"有誤。

樂工尉遲璋授光州長史，溫悉封上詔書。（第五一五九頁）

糾謬卷一〇韋溫傳尉遲璋事與陳夷行曹確傳不同：今按陳夷行傳云："仙韶樂工部尉遲璋授王府率，右拾遺竇洵直當衙論奏，鄭覃、嗣復嫌以細故，謂洵直近名。夷行曰：'諫官當衙，正須論宰相得失，彼賤工安足言者？然亦不可置不用。'帝即徙璋光州長史，以百縑賜洵直。"又按曹確傳云："文宗欲以樂工尉遲璋爲王府率，拾遺洵直固爭，卒授光州長史。"由是言之，則尉遲璋初授王府率，因洵直爭之，遂下除光州長史矣。韋溫何爲猶封還詔書，無乃史誤記乎？或者雖下除光州而尚未厭公議，故溫封還其詔，而朝廷遂已乎？事雖不可得而知，然要之韋溫傳所書，訖不見朝廷聽否？此若非史筆之誤，則其事之終始是非必有所未盡，而後世不得不疑也。

互證卷一七：按新舊二書曹確傳並云"文宗欲以樂工尉遲璋爲王府率，拾遺竇洵直固爭，卒授光州長史"，是韋溫封還詔書未見聽也。

按：舊書卷一七三陳夷行傳、冊府卷一〇一所述與新書卷一八一陳夷行傳略同。舊書卷一七七曹確傳、唐會要卷五二、通鑑卷二五〇與新書卷一八一曹確傳略同，按此乃曹確諫帝之語，新傳"卒授光州長史"實爲"改授光州長史"。但樊川集卷八唐故宣州觀察使御史大夫韋公墓誌銘曰："仙韶院樂官尉遲璋以樂官授光州長史，晏平以財膠貴倖，璋大有寵於上，公皆封詔書上還，上比諭之，公持益急，竟以康州還晏平，璋免長史。"此或爲新韋溫傳來源，是否免尉遲璋長史，因無史料輔證，不得而知。

卷一七〇

劉昌裔傳

　　入蜀，楊子琳亂，昌裔説之，子琳順命，拜瀘州刺史，署昌裔州佐。子琳死，客河朔間，曲環方攻濮州，表爲判官。爲環檄李納，剴曉大誼，環上其稿，德宗異之。（第五一六六頁）

　　糾謬卷六楊子琳作楊惠琳二事：今按憲宗紀，"永貞元年十一月，夏綏銀節度留後楊惠琳反。元和元年三月，楊惠琳伏誅"，自反至伏誅止四五月耳，中間未嘗有順命事，此其一也。且惠琳之亂在夏州，而此傳乃云入蜀説惠琳，既順命拜瀘州刺史，地里全不相屬，此其二也。既惠琳死，乃與曲環檄李納，而環上其稿于德宗。按德宗紀，建中二年八月平盧節度使李正己卒，子納自稱留後，貞元八年五月，平盧節度使李納卒，子師古自稱留後，皆德宗之世也。至憲宗世惠琳反時，平盧節度使乃李師古，而納死已久矣，時又不相值，此其三也。曲環自建中三年爲邠隴節度，其後改陳許，至貞元十五年卒，當惠琳反時，環死已久矣，無復與李納攻戰事，此其四也。且曲環攻李納時，乃德宗之初，而惠琳反在憲宗之初，相距二十四五年，曲環又已死，何緣先述惠琳死然後方及曲環攻檄李納事，如此則顛倒錯亂無復次序，此其五也。由此觀之，此非楊惠琳，乃楊子琳也。按代宗紀大曆三年七月，瀘州刺史楊子琳反，陷成都，劍南節度留後崔寬敗之，克成都，子琳殺夔州別駕張忠。……此乃楊子琳亂蜀之本末，正與代宗本紀相符，又與昌裔傳時世事狀相應。蓋舊史止書爲楊琳，而修新史者遂誤以爲惠琳，故其時世年月皆參錯顛倒，前後不合。以子琳考之，則與紀、傳年世事理皆符同，其誤昭然矣。今新書誤以子琳爲惠琳處凡二，此劉昌裔并戴叔倫傳其誤皆同也。

　　中華本新書校記：各本原作"楊惠琳"。按本書卷六、舊書卷一一代宗紀及通鑑卷二二四皆作"楊子琳"，據改。

孟元陽傳

韓全義敗五樓，列將多私去，獨元陽與神策將蘇元策、宣州將王幹以所部屯溵水，破賊二千，詔拜陳州刺史。（第五一七一頁）

糾謬卷六蘇光榮名不同：今按韓全義傳云："討吳少誠而師皆潰，退保五樓，賊移屯逼之，乃與監軍英秀等保溵水，不能固，又入屯陳州。是時，唯陳許將孟元陽、神策將蘇光榮守溵水。"又吳少誠傳亦云神策將蘇光榮，而韋弘景傳亦有蘇光榮者爲涇原節度使。然則名光榮者是，而爲元策者誤矣。

按：舊書卷一五一孟元陽傳作"蘇元策"，舊書卷一六二韓全義傳、通鑑卷二三五作"蘇光榮"，此或名、字之分，或二名，并不能斷定"元策"爲誤。

郝玼傳

貞元中爲臨涇鎮將，嘗從數百騎出野，還，說節度使馬璘曰："臨涇扼洛口，其川饒衍，利畜牧。其西走戎道，曠數百里皆流沙，無水草，願城之爲休養便地。"玼出，或謂璘曰："玼言信然，雖然，公所以蒙恩大幸，以邊防未固也。上心日夜念此，故厚於公。若用玼言，則邊已安，尚何事爲？"璘遂不聽。（第五一八一頁）

糾謬卷四郝玼馬璘傳不同：今按馬璘傳云："徙涇原節度使，大曆八年吐蕃內寇，璘與渾瑊擊破之，十二年卒於軍，是歲丁巳。"今玼傳云"貞元中說馬璘"，而貞元元年歲在乙丑，則是時璘卒已九年矣，玼安得與璘有言哉，此可疑者一也。按璘傳云："在涇八年，繕屯壁，爲戰守具，令肅不殘，人樂爲用，虜不敢犯。"今郝玼傳所言乃如此，則正與璘傳相反，此可疑者二也。按舊書玼傳則云："臨涇地居險要，當虜要衝，白其帥，帥不從。"則是舊史未嘗以爲馬璘，未審新書何由指以爲馬璘，此可疑者三也。

互證卷一七：按舊書代宗及德宗本紀，大曆十一年十二月馬璘卒，涇原節度歷段秀實、朱泚、孟皥、姚令言、馮河清、田希鑒、李觀，至貞元四年，劉昌爲節度。十九年五月甲子，劉昌卒，甲戌，以涇原節度留後段佑爲涇州刺史，是佑所代者劉昌，而觀在涇原四年，昌在涇原十五年，未知郝玼所說而不從者，昌也，或觀也。又行原州之城，舊紀、新地理志、唐會要皆在元和三年。

卷一七一

李光進傳

元和四年，王承宗反，范希朝引師救易定。（第五一八三頁）

新書考異卷五一五：按是歲王承宗反，以騎二萬逾木刀溝，河東節度使范希朝與易定節度張茂昭合兵擊敗之，此承宗下當有脫文。

中華本新書校記：各本原無"反"字，按本書卷七憲宗紀載：元和四年十月，王承宗反。五年四月，范希朝與張茂昭戰王承宗於木刀溝，敗之。……"王承宗"下顯脫"反"字，今補。

光進徙靈武，卒，年六十五，贈尚書左僕射。（第五一八三頁）

十七史商榷卷九一：再考舊傳於元和八年光進遷靈武下書"十年七月卒，年六十五"，新但於徙靈武下書"卒年六十五"，而削去元和十年。墓碑則言"安定郡王光進節制靈武之三年，歲在乙未季夏六月，寢疾於理所，旬有八日，考終厥命，享年五十七矣。"其文甚明，而乙未正是元和十年，當以碑爲正。

烏重胤傳

重胤久不敢進，穆宗以爲觀望，詔杜叔良代之，以重胤爲太子太保。長慶末，以檢校司徒、同中書門下平章事，爲山南西道節度使。召至京師，改節天平軍。文宗初，真拜司徒。（第五一八八頁）

金石錄卷二九唐烏重胤碑：今以碑考之，重胤爲橫海節度也，長慶元年，徙爲山南西道。周歲徵入，改天平軍。四年，就拜太子太保。文宗踐極，真拜門下平章事，頃之同中書，爲司徒，餘如故。蓋重胤之罷橫海，即移鎮興元，未嘗拜太子太保，而其爲太保，實帥天平，又其帥興元時，未嘗兼宰相，至文宗即位，乃拜爾。舊史與文宗實錄所書略同，皆可以正新史之失。

卷一七二

于頔傳

于頔字允元，後周太師謹七世孫。（第五一九九頁）

金石萃編補略卷一濮陽令于犀角碑：則犀角乃頔之高祖行也，惟"謹"、"瑾"字別，當從碑。

事下有司，驗無狀，方坐誅。（第五二〇一頁）

新書考異卷一五：竊意方刺度事，即無狀，何至遽罹重法。且元、李兩傳俱不云方坐誅死，疑方特坐罪，非坐誅也。

杜兼傳

又妄繫令狐運而陷李藩，欲殺之，不克。（第五二〇五頁）

互證卷一七：舊書無"妄繫令狐運"語。按新舊二書令狐彰傳、李素立傳皆言運爲杜亞所陷，非兼也，且兼爲濠州刺史，亞爲東都留守，運爲東都將而未爲濠州將，其非杜兼必矣。舊書本無此語，新書增之，殆誤以亞事爲兼事耳。

卷一七三

裴度傳

元和六年，以司封員外郎知制誥。（第五二〇九頁）

餘審卷三舊裴度傳：余按舊紀一四，元和五年八月乙亥"起居舍人裴度爲司封員外郎知制誥"……舊書一七〇度傳，"元和六年，以司封員外郎知制誥，尋轉本司郎中"，新書……則不察舊傳文意而益誤者。

已而卒爲异、鎛所構，以檢校尚書右僕射兼門下侍郎平章事，爲河東節度使。（第五二一三頁）

合鈔卷二二一：（舊書卷一七〇裴度傳作"左"）新書"右"，誤。

按：舊書卷一七〇裴度傳作"左僕射"。舊紀卷一六作"右僕射"，全唐文卷六四裴度守尚書右僕射制同。因此，"右"是。

帝釋然，乃拜度守司徒，領淮南節度使。（第五二一四頁）

通鑑考異卷二〇：今據實錄、除淮南及拜相制書，自此至罷相止是守司空。

三年，以病丐還東都。眞拜中書令，臥家未克謝，有詔先給俸料。上巳宴群臣曲江，度不赴，帝賜詩曰："注想待元老，識君恨不早。我家柱石衰，憂來學丘禱。"別詔曰："方春慎疾爲難，勉醫藥自持。朕集中欲見公詩，故示此，異日可進。"使者及門而度薨，年七十六。（第五二一八頁）

容齋隨筆卷一：唐開成二年三月三日，河南尹李待價將禊於洛濱，前一日啟留守裴令公。公明日召太子少傅白居易……等十五人合宴於舟中……然樂天又有一篇，題云："奉和裴令公三月上巳日游太原龍泉，憶去歲禊洛之作。"是開成三年詩，則度以四年三月始薨，新史以爲三年，誤也。宰相表却載其三年十二月爲中書令，四年三月薨，而帝紀全失書，獨舊史紀、傳爲是。

按：舊書卷一七〇裴度傳曰："三年冬，病甚，乞還東都養病。四年正月，詔許還京，拜中書令。以疾未任朝謝，……屬上巳曲江賜宴，群臣賦詩，度以疾不能赴，文宗遣中使賜度詩曰……御札及門而度已薨，四年三月四日也。"由此可見，新傳乃於"真拜中書令"上脫"四年"。

卷一七四

李逢吉傳

父顏，有痼疾，逢吉自料醫劑，遂通方書。（第五二二一頁）

合鈔卷二一八：據傳則顏爲父非祖，然宰相世系表乃與舊傳同，則新書傳疑誤。

新書考異卷一五：按宰相世系表，逢吉父名歸期，顏則逢吉之大父也。

按：舊書卷一六七李逢吉傳曰："李元道曾孫，祖顏，父歸期。"

元稹傳

次敷水驛，中人仇士良夜至，稹不讓，中人怒，擊稹敗面。（第五二二七至五二二八頁）

互證卷一七：舊書作"内官劉士元"。按通鑑考異曰："實錄作'仇士良'，恐誤。"然則新書所從者實錄也。

李宗閔傳

宗閔弟宗冉。（第五二三八頁）

新書考異卷一五：按宰相世系表宗冉乃宗閔之兄。

傳贊

僧孺、宗閔以方正敢言進，既當國，反奮私昵黨，排擊所憎，是時權震天下，人指曰"牛李"，非盜謂何？（第五二四二頁）

捫虱新話上集卷四：唐人指牛李之黨謂牛僧孺、李德裕也，新唐書乃嫁其名於李宗閔曰："人指爲'牛李'，非盜謂何？"雖欲爲德裕諱，然非其實矣。德裕在海南，作窮愁志論、周秦行記，謂僧孺有不臣之志，且以"兩角犢子自顛狂"爲牛氏之讖，不知"兩角犢子"朱全忠姓也。德裕信賢要，與僧孺立敵，議論偏異多如此類。悻悻之氣，至老不衰，謂非黨得乎？

按：舊書卷一七六李宗閔傳曰："初宗閔與牛僧孺同年登進士第……考策官楊於陵、韋貫之、李益等又第其策爲中等，又爲不中第者注解牛、李策語，同爲唱誹。"舊書卷一七四李德裕傳曰："至是恨度援德裕，罷度相位，出爲興元節度使，牛李權赫於天下。"因此，唐人"牛李之黨"或指牛僧孺、李宗閔。

卷一七五

竇群傳

竇群字丹列，京兆金城人。（第五二四三頁）
新書考異卷一五：舊史云"扶風平陵人"。
互證卷一七：按舊書舉其族望，然京兆金城至德二載已改興平。
按：趙紹祖所曰爲是。據新書卷七一下宰相世系表，竇氏定著二房，一曰三祖房，二曰平陵房，竇群乃平陵房竇善衡之玄孫。

楊虞卿傳

子知退、知權、壇、堪、漢公，皆擢進士第，漢公最顯。（第五二四九頁）
新書考異卷一五：按此似漢公亦虞卿子，而上云"虞卿兄弟漢公、汝士爲人所奔向"，宰相世系表亦以汝士爲虞卿兄，漢公爲虞卿弟，則此文"皆"字未安。
按：舊書卷一二六楊虞卿傳曰："子知進、知退、堪，弟漢公，皆登進士第。"因此，新傳於"漢公"前脫"弟"字。

卷一七六

韓愈傳

韓愈字退之，鄧州南陽人。（第五二五五頁）

朱文公校昌黎先生集附新書韓愈傳注：李白作文公父仲卿去思碑云"南陽人"，而公常自稱昌黎，李翱作公行狀亦云"昌黎某人"，皇甫湜作墓誌不言鄉里，又作神道碑，乃云上世嘗居南陽，又隸延州之武陽，而舊史亦但云"昌黎人"，今按新史蓋因李碑而加"鄧州"二字也。

嵩渚文集卷四九韓莊記：修武縣東北三十里曰南陽城，韓文公退之故里也，居人呼其地曰韓莊，又曰韓村。……而歐宋新唐書乃增曰"鄧州南陽人"，蓋本諸去思碑而誤加"鄧州"二字也。……今修武之韓莊有公墓，而湘之墓亦袝塋，蓋韓氏世墓也。

卷一七七

高鍇傳

即以鍇爲禮部侍郎，閱三歲，頗得才實。始，歲取四十人，才益少，詔減十人，猶不能滿。（第五二七七頁）

容齋續筆卷一一高鍇取士曰：按登科記："開成元年，中書門下奏：'進士元額二十五人，請加至四十人。'奉敕依奏。"是年及二年、三年，鍇在禮部，每舉所放，各四十人。至四年，始令每年放三十人爲定。則唐書所云誤矣。摭言載鍇第一牓裴思謙，以仇士良關節取狀頭……史謂頗得才實，恐未盡然。先是，大和三年，鍇爲考功員外郎，取士有不當，監察御史姚中立奏停考功別頭試，六年，侍郎賈餗又奏復之，事見選舉志。

新書考異卷一五：大昕按：舊史本傳本云鍇掌貢舉三年，每歲登第者四十人，及三年榜出之後，乃有敕改每年限放三十人，非謂鍇所放減十人也。新史删改文章不明，致來容齋之誚。

按：錢大昕所曰爲是。考新書卷一七七高鍇傳來源於舊書卷一六八高鍇傳，據新舊傳可知其於開成元年權知禮部貢舉，舊傳曰："凡掌貢部三年，每歲登第者四十人，三年牓出，後敕曰：'進士每歲四十人，其數過多，則乖精選，官途填委，要窒其源，宜改每年限放三十人，如不登其數，亦聽。'然鍇選擢雖多，頗得實才，抑豪華，擢孤進，至今稱之。"由此看，新傳爲不誤。至於唐摭言所曰文宗之時，仇士良一手遮天，其所要求之事，高鍇自無法拒爾。稱其"頗得才實"，乃史官之總評。

馮宿傳

馮宿字拱之，婺州東陽人。（第五二七七頁）

互證卷一七：舊書同。按王起所撰馮宿神道碑乃冀州長樂人，其五世祖早惠爲婺州長山令，或家焉，未可知也。然碑有云葬于京兆萬年縣，從先祖塋，似非家于婺者。

馮審傳

歷國子祭酒，監有孔子碑，武后所立，睿宗篆額。（第五二七九頁）

互證卷一七：舊書"國子監有孔子碑，睿宗篆額，加'大周'二字"。按虞世南所書孔子廟堂碑，係武德九年立，時未題額，至武后時而睿宗始爲篆之者也。舊書語雖未詳，本無大弊，而新書言武后所立，則誤矣。

按：唐會要卷六六曰："大中三年十一月，國子祭酒馮審奏孔子廟堂碑，是太宗皇帝建立，睿宗皇帝書額。"此碑集古錄卷五有載。

高元裕傳

拜山南東道節度使，封渤海郡公。（第五二八六頁）

潛研堂金石文跋尾卷九吏部尚書高元裕碑：碑題"渤海縣開國男"，而新舊書本傳稱"封渤海郡公"，蓋史之誤。

李景讓傳

李景讓字後己，贈太尉憕孫也。（第五二九〇頁）

糾謬卷七李景讓爲憕孫又似曾孫：李彭傳云："從天子入蜀，後憕數年卒。彭即憕之子也。有孫景讓、景莊、景溫，別傳。"然以彭傳言之，則似景讓等乃彭之孫，而憕之曾孫也，在景讓傳則云憕孫，頗爲難明矣。

按：舊書卷一八七下李彭傳曰："彭以一子官累歷州縣令長，子宏，仕官愈卑，生三子，景讓、景莊、景溫。"與新書卷一九一李彭傳略同。通鑑卷二四三曰："景讓，憕之曾孫。"疑新書李景讓傳稱其爲李憕之孫爲其誤讀新書李彭傳"（彭）後憕數年卒有孫景讓景莊景溫"之原史料所致。

大中中，進御史大夫……爲大夫三月，蔣伸輔政……景讓愧弗色不能平……即拜西川節度史。（第五二九〇至五二九一頁）

讀書雜識卷一：按蔣伸輔政新紀在大中十二年十二月（宰相表同）、景讓鎮西川在十二年七月十四日，（見東觀奏記下），前伸相六月，傳誤。

卷一七八

劉蕡傳

而宦人深嫉蕡，誣以罪，貶柳州司戶參軍，卒。（第五三〇六頁）

困學紀聞卷一四：通鑑"劉蕡不得仕於朝，終於使府御史"。唐鑑云"終於柳州司戶"，以新史考之，當從唐鑑。宦人深嫉蕡，誣以罪，貶柳州司戶。

按：舊書卷一九〇下劉蕡傳亦作"使府御史"。

卷一七九

李訓傳

顧中尉仇士良、魚志弘等驗之，訓因欲閉止諸宦人，使無逸者。（第五三一一頁）

糾謬卷六李訓仇士良兩傳各載魚弘志名不同：今各以本傳上下文考之，如李訓傳云"弘志使偏將攻之"，士良傳云"與右神策軍中尉魚弘志挾帝還宮"，又云"與弘志議更立"，又云"弘志，韓國公"，又云"士良、弘志憤，文宗與李訓謀"，又云"禍原於士良、弘志"，又按武宗紀亦書爲"魚弘志"，然則其人名弘志審矣，而傳或書爲志弘，使後世何所取信乎？

十七史商榷卷七五：愚則謂今本士良傳亦作"弘志"，此乃後人因吳言而妄改，吳所見，本既作"志弘"則信矣。但弒憲宗者，宦官陳宏志也，文宗已殺之矣，不應文宗末年以宦官典兵者又名弘志，恐是其人本名志宏耳。若果名宏志，當無不改之理，然則吳縝之所糾者未必謬，而其所謂不謬者反謬也。

按："魚志弘"，舊紀卷一七下、新書卷一七九李訓傳、御覽卷一一五、一四九、冊府卷六六七、通鑑卷二四五同，舊紀卷一八上、舊書卷一五七王彥威傳、一六九李訓傳、一八四王守澄傳、新紀卷八、新書卷一六四王彥威傳、二〇七仇士良傳、御覽卷一一五、冊府卷一一、五一〇、通鑑卷二四六作"魚弘志"。仇士良傳之"魚志弘"，考現存宋本，均作"弘志"。王鳴盛曰"今本士良傳亦作'弘志'，此乃後人因吳言而妄改"，吳縝糾謬一書後世刻本并未按之校改，王氏所曰爲誤。

舒元輿傳

舒元輿，婺州東陽人。（第五三二一頁）

互證卷一七：舊書"江州人"。按宰相世系表云"世居廬江"，又與二傳互異。

卷一八〇

李德裕傳

舊制，歲杪運內粟贍黎、巂州。（第五三三二頁）

糾謬卷二〇李德裕傳：今按此"抄"字合從"禾"。

按：吳縝是。大字本、百衲本（底本爲小字本甲）作"抄"，殿本作"杪"，中華本據改。

更徙鎮海軍，以代王璠。先是大和中，漳王養母杜仲陽歸浙西，有詔在所存問。時德裕被召，乃檄留後使如詔書。璠入爲尚書左丞，而漳王以罪廢死，因與戶部尚書李漢共譖德裕嘗賂仲陽導王爲不軌，帝惑其言。（第五三三三至五三三四頁）

互證卷一七：舊書"代王璠，德裕至鎮，奉詔安排宮人杜仲陽於道觀，與之共給。仲陽者，漳王養母，王得罪，放仲陽於潤州故也"，下同。按二書俱未詳明，而新書尤誤。……六年十二月，德裕自西川召爲兵部尚書，七年二月，同平章事，八年九月，李宗閔復相，出德裕爲興元節度使，以自陳留爲兵部尚書，十一月，旋以李宗閔奏，徙浙西鎮海軍以代王璠，九年正月，巢縣公湊薨，三月，王璠等譖德裕曾賂仲陽以通漳王，圖爲不軌，則德裕亦無被召事，且事前後俱在大和時，亦不得云"先是，大和中"也。……今以新舊傳參稽之，疑德裕以八年十一月復鎮浙西，而王璠以召入爲尚書左丞，適有仲陽放歸之事，時王璠已去鎮，德裕未至鎮，故檄璠之留後，使如詔旨也。

明年，卒，年六十三。（第五三四一頁）

十七史商榷卷九一：故舊書李德裕傳："宣宗即位，罷相，出爲東都留守。大中元年秋，以太子少保分司東都，再貶潮州司馬。明年冬，又貶潮州司戶。二年，自洛陽水路經江淮赴潮州。其年冬，至潮陽，又貶崖州司戶。三年正月，達珠崖郡。十二月卒，年六十三。"所謂"明年"者，大中二年也，其下文"二年"當作"三年"，"三年"當作"四年"，"年六十三"當作"六十四"，皆傳寫誤也。……考李衛公別集第七卷祭韋相執誼文"維大中四年月日，趙郡李德裕謹以蔬禮之奠……"云云……則爲大中四年甚明，爲誤此一年，故以年六十四爲六十三。容齋續筆卷一載德裕手帖云："閏十一月二十日，從表兄崖州司戶參軍同正李德裕狀此。"正是大中四年之閏十一月發此書，後至十二月而卒矣，洪邁亦因史文而誤以爲三年。

舊唐書校勘記卷四八：按通鑑二百四十八紀德裕之貶崖州在大中三年，其卒在四年，可證王說之確。

按：容齋續筆卷一載德裕手帖"閏十一月二十日"，考大中四年無閏月，乃三年爾，洪邁亦認爲"發此書後至十二月而卒"。舊紀卷一八下作"三年十二月"，通鑑卷二四八曰："（大中三年閏十一月）己未，李德裕卒。"則校勘記版本有誤。

卷一八一

陳夷行傳

帝嘗怪天寶政事不善，問："姚元崇、宋璟于時在否？"李珏曰："姚亡而宋罷。"（第五三四六頁）

新書考異卷一五：按宋璟以開元二十五年卒，不逮天寶時，珏所對未審。

嗣復曰："夷行失言，太宗易暴亂爲仁義，用房玄齡十有六年，任魏徵十有五年，未嘗失道。"（第五三四六頁）

互證卷一七：舊書同。按元齡前後任政二十三年，中間惟以喪罷三月耳。嗣復之言亦未審。

罷爲吏部尚書，尋改華州刺史。（第五三四六頁）

新書考異卷六：唐書卷六三宰相表作"罷爲吏部侍郎"。

按：舊書卷一七三陳夷行傳作"吏部尚書"，但舊紀卷一七下、通鑑卷二六四、冊府卷三六三曰"五月罷爲吏部侍郎"，舊紀並曰"九月以吏部侍郎爲華州刺史、鎮國軍防禦使"。

李紳傳

紳族子虞……時來省紳，雅與柏耆、程昔範善。及耆爲拾遺，虞以書求薦。（第五三四八頁）

互證卷一七：舊書"虞與從伯耆、進士程昔範皆依紳"。按通鑑作"虞從父耆"，與舊書同。然觀新書文勢，非緣"柏"與"伯"聲形相近而誤也。考柏耆，曾官拾遺，疑別有所據。

澧人吳汝納者，韶州刺史武陵兄子也。（第五三四九頁）

新書考異卷一六：（新書文藝傳）吳武陵，信州人。……汝納既爲武陵兄子，而一稱信州人，一稱澧人，疑有一誤。

按："信州"，河東先生集卷二一濮陽吳君文集序作"濮陽"，魏仲舉注曰："吳君系本濮陽，後居信州。"

始，紳以文藝節操見用，而屢爲怨仇所根却。（第五三五〇頁）

糾謬卷二〇李紳傳：今按此"根"字當作"报"，其字從手，今從木，誤也。

張元濟校勘記：皕宋樓本、大字本、汲古閣本作"根"，北監本、殿本作"报"，備註欄曰"按根、报通，見韻會"。

劉瞻傳

劉瑑執政，薦爲翰林學士，拜中書舍人，進承旨，出爲河東節度使。咸通十一年，以中書侍郎同中書門下平章事。（第五三五二頁）

糾謬卷九劉瞻入相：今按懿宗紀，咸通十年六月，翰林學士承旨、戶部侍郎劉瞻同中書門下平章事；十一年八月，殺醫待詔韓宗紹；九月丙辰，劉瞻罷。又宰相表瞻自承旨爲相與紀同，又云十年九月瞻爲中書侍郎，十一年正月兼刑部尚書，九月丙辰罷爲檢校刑部尚書、同平章事、荊南節度使，以上並無爲河東節度使一節，又無咸通十一年爲中書相一節，未知孰是。

知本糾謬錢氏注：瞻之入相，紀、表皆在咸通十年，而本傳作十一年，此傳之誤也。傳稱劉瑑執政，薦爲翰林學士，拜中書舍人，進承旨，出爲河東節度使，考瑑之執政，在大中十二年戊寅，至咸通十年己丑，中隔十二載矣。瞻由承旨出鎮河東，復召還爲承旨、戶部侍郎，而後入相，此理之所宜有者。傳失載"召還復爲承旨"一節，未免疏漏。吳氏因疑瞻無節度河東事，失更甚矣。

知本糾謬錢氏又注：丁居晦承旨學士壁記："劉瞻咸通六年十月自太常博士入翰林，加工部員外郎；七年三月，授太原少尹，出院；八年十一月，自潁州刺史不赴任，再入翰林；九年五月，拜中書舍人，依前充，九月，遷戶部侍郎承旨；十一月，以本官同中書門下平章事。"與本傳參校，殊爲乖舛，傳稱由承旨出爲河東節度使，據壁記則出尹河東時尚未爲承旨，及再入翰林，乃進承旨，旋即拜相，又無出鎮河東之事，其不合一也。傳稱河東節度，記稱太原少尹，則非節度之職，其不合二也。（記）[紀]、表瞻拜相在十年六月，傳作十一年，據壁記乃是九年十一月十七日，其不合三也。傳稱劉瑑執政，薦爲翰林學士，考瑑以大中十二年拜相，次年卒，而瞻於咸通六年方入翰林，則非由瑑薦，其不合四也。予前考辨但以意度之，今據學士壁記除授年月分明，姑述所疑以俟考。

按：舊書卷一七八鄭畋傳曰："九年，劉瞻作相，薦爲翰林學士。"可印證承旨學士壁記之"（九年）十一月，以本官同中書門下平章事"，但舊紀卷一九上曰："（咸通十年正月）以翰林學士、戶部侍郎劉瞻守本官、同平章事。"冊府卷七四、卷三二二略同，與新紀十年六月又有不同。關於其出任太原，通鑑考異卷二三引聞見錄曰："玄翼爲鳳翔監軍，瞻即出爲太原亞尹，鄭從讜爲節度使，殊不禮焉。"舊紀卷一九上曰："（咸通七年三月）以吏部侍郎鄭從讜檢校禮部尚書、兼太原尹、北都留守、御史大夫、上柱國、滎陽縣開國男、食邑三百戶，充河東節度管內觀察處置等使。"舊書卷一五八鄭從讜傳曰："踰年，乞還不允，改檢校兵部尚書、汴州刺史、宣武軍節度觀察使。"因此，鄭從讜任節度使在七年、八年之際，則劉瞻出任太原少尹亦應在是時，與承旨學士壁記又合。

卷一八二

李固言傳

宣宗初，還右僕射。後以太子太傅分司東都，卒，年七十八，贈太尉。（第五三五九頁）

金石錄卷三〇唐贈太尉李固言碑：史云"年七十八"，而碑云"年七十六"，亦當以碑爲據。

李珏傳

貶江西觀察使，再貶昭州刺史。（第五三六一頁）

新書考異卷一五：按舊史及通鑑，珏貶桂管觀察使，非江西觀察。

互證卷一七：舊書"出爲桂州刺史、桂管觀察使，三年，長流驩州"。按舊書武宗本紀"珏充桂管防禦觀察等使，再貶端州司馬"，又考通鑑作"出爲桂管觀察使，再貶昭州刺史"，皆互異。

宣宗立，內徙郴、舒二州刺史。（第五三六一頁）

新書考異卷一五：按風洞題名，會昌五年五月，珏已稱郴州刺史，則珏之徙郴在宣宗即位以前，郴亦邊州，未可云內徙，當是宣宗初由郴徙舒耳。

潛研堂金石文跋尾卷九李珏題名：今據此石刻，珏移郴州刺史，在武宗會昌五年，則新史云"宣宗立，內徙郴"者，已不足信。……通鑑："會昌六年八月，以昭州刺史李珏爲郴州刺史。"宣宗以是年三月即位，與新史相應。以石刻證之，則新史與通鑑皆誤也。……新傳云"貶江西觀察使"，"江西"當爲"桂管"之訛。

崔珙傳

（會昌三年）明年，以兄琯喪，被疾求解，以所守官罷。（第五三六三頁）

互證卷一七：舊書"琯以弟珙罷相貶官，亦罷鎮歸東都，五年卒"。按二書互異，未知孰是。考舊書琯卒後，贈僕射，詔曰："屬賢相受誣，廟堂議法。"當是指宋申錫獲罪，而傳中不載琯爭宋申錫事，新傳載之。而但載是詔，恐誤以賢相爲珙，而臆爲以珙貶官而罷鎮也。

劉瑑傳

遷刑部侍郎，乃裒彙敕令可用者，由武德訖大中，凡二千八百六十五事，類而析之，參訂重輕，號大中刑律統類以聞，法家推其詳。（第五三七二至五三七三頁）

新書考異卷一五：按刑法志："宣宗時，左衛率府倉曹參軍張戣，以刑律分類爲門，而附以格敕，爲大中刑律統類，詔刑部頒行之。"不云瑑所撰。又考藝文志："大中刑法總要格後敕六十卷，刑部侍郎劉瑑等纂。"與張戣所撰大中刑律統類十二卷各爲一書，疑瑑傳誤。

互證卷一七：按唐會要劉瑑等所撰在大中五年，張戣所撰在大中七年，同名刑法統類，未知孰是。

按：舊紀卷一八下曰："（大中五年）四月癸卯，刑部侍郎劉瑑奏：據今年四月十三日已前，凡二百二十四年，雜制敕計六百四十六門，二千一百六十五條，議輕重，名曰大中刑法統類，欲行用之。"舊書卷五〇刑法志曰："大中五年四月，刑部侍郎劉瑑等奉敕修大中刑法總要格後敕六十卷。"據此，二書實爲一書。但新書卷五八藝文志曰："大中刑法總要格後敕六十卷，刑部侍郎劉瑑等纂；張戣大中刑律統類十二卷。"考唐會要卷三九曰："至大中五年四月，刑部侍郎劉瑑等奉勅修大中刑法統類六十卷，起貞觀二年六月二十八日，至大中五年四月十三日，凡二百二十四年，雜勅都計六百四十六門，二千一百六十五條。至七年五月，左衛率府倉曹參軍張戣編集律令格式條件相類者一千二百五十條，分爲一百二十一問，號曰刑法統類上之。"因此，二書因書名相近，後世頗混。冊府卷六一三曰："五年四月，刑部侍郎劉琢等奏敕修大中刑法總要敕六十卷……七年五月，左衞率倉曹參軍張戣進大中統類六十二卷，敕刑部詳定，奏行之。"據此，張戣之書乃六十二卷，疑新志脱"六"字。

趙隱傳

隱以父死難，與兄隲廬墓幾十年。（第五三七四頁）
互證卷一七：舊書作"弟隲"。按世系表隲是弟。

王溥傳

王溥字德潤，失其何所人。（第五三七七頁）
互證卷一七：按世系表叙王溥家世最詳，王翊、王翃即其從曾祖，何自相矛盾。

盧光啓傳

帝還京師，檢長流環州，光啓賜死。（第五三七八頁）
新書考異卷一五：按昭宗紀天復三年正月，至自鳳翔。二月，朱全忠殺蘇檢、吏部侍郎盧光啓。宰相表亦稱檢爲全忠所殺。
按：通鑑考異卷二七曰："新光啓傳云'檢長流環州，光啓賜死'，與實録注同。檢流環州，不見本出何書。"據此，疑蘇檢始流環州，俄改賜死。

卷一八三

崔彥昭傳

伶人李可及爲懿宗所寵，橫甚，彥昭奏逐，死嶺南。（第五三八一頁）

糾謬卷一九崔彥昭逐李可及：今按彥昭傳，彥昭，懿宗時爲戶部侍郎，由河陽節度使徙河東。僖宗立，授兵部侍郎、諸道鹽鐵轉運使，俄同中書門下平章事。又按僖宗本紀，彥昭以乾符元年八月始爲相，時僖宗已即位期年矣。又按曹確傳云，"懿宗咸通中確爲相，時帝寵優人李可及，可及憑恩橫甚，人無敢斥，擢爲威衞將軍，確諫帝，不聽，至僖宗立，始貶死。"方懿宗寵，可及勢盛之時，曹確以宰相言之，尚不納，而彥昭是時又非宰相，何由一言而可及遂貶死，此可疑者一也。況確傳云僖宗立，可及始貶死，而彥昭傳則云彥昭奏，逐死嶺南，即未審彥昭以懿宗時言邪？以僖宗時言邪？若以懿宗時言，則曹確以宰相言之尚不從，而彥昭身非言事之官，又無評彈之職，何由一言便逐，若以爲當僖宗時言之遂逐，則當懿宗時可及已爲衆人所憎，確傳已具載其事，豈容僖宗即位之後，曹確返無一言，直候期年之後，彥昭爲相言之，然後貶逐乎？此可疑者二也。然則彥昭傳所書殆皆妄誕可疑也。

知本糾謬錢氏注：確以懿宗咸通十一年罷相出鎮，至僖宗即位，確已久去朝廷，而彥昭自河東内召，方見任用，踰年遂入相，則可及之貶死出於彥昭所奏可無疑矣。史載可及方幸時，惟確屢言之，至僖宗立，貶死則非確之功，史家因敍可及而附見其後事爾。吳氏考之未審，妄生訾議，吾所不取。

按：諫李可及事舊唐書曹確傳載在僖宗年間。據崔彥昭傳，崔彥昭懿宗時口碑極好，考舊紀卷一九下，僖宗繼位後，二月葬懿宗，三月便拜崔彥昭爲尚書、兵部侍郎、充諸道鹽鐵轉運等使，四月本官同平章事，可見此時崔彥昭深得内廷信任，而大臣們也深知葬懿宗後才能清算李可及，諫李可及之事崔彥昭必然去做，因此，僖宗年間應是。

陸扆傳

嗣覃王以兵伐鳳翔，扆諫曰……帝顧軍興，責扆沮撓，貶峽州刺史。(第五三八三頁)

通鑑考異卷二六：按此乃景福二年，杜讓能討鳳翔事時，扆未爲相，舊傳誤，新傳亦同，今從實錄。

按：據舊紀卷二〇上，乾元三年七月陸扆爲戶部侍郎、同平章事，同年九月，陸扆貶峽州刺史，乃崔胤怒扆代已，誣奏扆黨庇茂貞故也。新紀卷一〇略同。

卷一八四

馬植傳

馬植字存之，鳳州刺史勛子也。（第五三九一頁）

互證卷一七：舊書"扶風人，父熏"。按世系表亦作"熏"。

按：舊書卷一一七嚴震傳、新書卷一五八嚴震傳、通鑑卷二三〇、太平廣記卷一九二均作"勛"。

路巖傳

俄罷巖爲劍南西川節度使，承蠻盜邊後，巖力拊循，置定邊軍於卬州，扼大度，治故關，取壇丁子弟教擊刺，使補屯籍。由是西山八國來朝，以勞遷兼中書令，封魏國公。（第五三九七頁）

糾謬卷一八建定邊軍之策：今按南蠻傳云："初李師望建言：'成都經總蠻事，曠日不能決，請析卬、蜀、嘉、眉、黎、雅、嶲七州爲定邊軍，建節度制機事，近且速。'天子喟然，即詔師望爲節度使，治卬州。卬距成都才五舍，嶲州最南，去卬乃千里，緩急首尾不相副，而師望利專制，諱不言。"此二傳言定邊軍利害自不同，而各載之，使後世何以取信歟？

知本糾謬錢氏注：按宰相表，巖以咸通十二年四月出爲劍南西川節度使，而方鎮表稱咸通八年置定邊軍節度，領嶲、眉、蜀、卬、雅、嘉、黎七州，治卬州。十一年，廢定邊軍節度使，復以七州隸西川節度。則巖出鎮時定邊軍已廢矣。

互證卷一七：按南詔傳，咸通十四年蠻猶入擊定邊軍，與方鎮表矛盾，未知孰是。

按："定邊軍"，通鑑卷二五一曰："（咸通九年）夏六月，鳳翔少尹李師望上言：'巂州控扼南詔，爲其要衝，成都道遠，難以節制，請建定邊軍……'"則爲九年置定邊軍，又卷二五二曰："（咸通十一年正月）癸酉，廢定邊軍。"路巖置定邊軍之事，據通鑑考異卷二三，應出自錦里耆舊傳，後新書卷一八四路巖傳襲之。

韋保衡傳

弟保乂，自兵部侍郎貶賓州司戶參軍。（第五三九八頁）

新書考異卷一五：按唐承旨學士壁記，咸通十二年二月，韋保乂自戶部員外郎守本官，充翰林學士。五月，加戶部郎中，依前充。十四年十月，貶賓州司戶。是保乂未嘗爲兵部侍郎。

按：舊書卷一七七韋保衡傳曰："弟保乂，進士登第，尚書郎知制誥，召充翰林學士，歷禮、戶、兵三侍郎，學士承旨，坐保衡免官。"與新傳所載吻合。

盧攜傳

累進戶部侍郎、翰林學士承旨。乾符五年，進同中書門下平章事。俄拜中書侍郎、刑部尚書。（第五三九八頁）

新書考異卷一五：按宰相表，攜以乾符元年十月拜。舊僖宗紀在五月。……傳系之五年，誤也。舊史本傳謂乾符初以諫議大夫召充翰林學士，拜中書舍人，乾符末加戶部侍郎、學士承旨，四年以本官平章事。其書入相差一年。

卷一八五

鄭畋傳

　　乾符六年，黃巢勢寖盛，據安南，騰書求天平節度使。帝令群臣議，咸請假節以紓難。畋欲因授嶺南節度使，而盧攜方倚高駢，使立功，乃曰："駢才略無雙，淮南天下勁兵，又諸道之師方至，蕞爾賊，奈何捨之，令四方解體邪？"畋曰："不然。巢之亂本於饑，其眾以利合，故能興江、淮，根蔓天下。國家久平，士忘戰，所在閉壘不敢出。如以恩釋罪，使及歲豐，其下思歸，眾一離，巢即機上肉耳，法謂不戰而屈人兵也。今不伐以謀，而怖以兵，恐天下憂未艾也。"僕射于琮言："南海以寶產富天下，如與賊，國藏竭矣。"天子內亦屬駢，乃然攜議。畋曰："安危屬吾等，而公倚淮南用兵，吾不知所稅駕。"會駢奏："南蠻方彊，請如西戎，以公主下嫁。"攜又議從之。畋以爲損國威靈，不可，即抗論，至相詬嫚。攜怒，拂衣去，裾巘於硯，因抵之。帝以大臣爭口語，無以示百官，乃俱罷，以畋爲太子賓客，分司東都。俄召拜吏部尚書。（第五四〇二至五四〇三頁）

　　通鑑考異卷二四：按新舊傳、舊紀皆以畋攜罷相在六年，實錄、新紀、表在此年（五年）五月，實錄、新書皆自相矛盾，然宋氏多書，知二人罷在五月，必有所據，今從之。

　　新書考異卷一五：按僖宗紀及宰相表，鄭畋與攜之罷在五年（十）〔五〕月，則前稱乾符五年者（見前五三九八頁條），殆誤以罷相之年爲入相之年矣。鄭畋傳以兩相俱罷系於乾符六年，又與紀、表互異。

　　互證卷四：按新紀表歐作，新傳宋作，溫公曰："宋氏多書，今從之。"則當從傳，而所從者紀、表，何也？又按舊書盧攜傳亦在五年，疑當從舊紀。

　　按：本段記敘兩件事：一爲鄭畋、盧攜爭論是否授黃巢天平節度使；二爲畋、攜爭論是否以公主下嫁南蠻之事。

關於爭論公主下嫁南蠻之事，通鑑卷二五三曰："（五年）五月丙申朔，鄭畋、盧攜議蠻事，攜欲與之和親，畋固爭以為不可。攜怒，拂衣起，袂冒硯墮地，破之。上聞之，曰：'大臣相訽，何以儀刑四海。'丁酉，畋、攜皆罷為太子賓客、分司。"其考異卷二四引實錄曰："五年五月丙申朔，是日宰臣鄭畋、盧攜議南蠻事，攜請降公主通和，畋固爭以為不可，抗論是非，攜怒，拂衣而起，袂染於硯，因投而碎之。丁酉，以畋、攜并為太子賓客、分司。"新書卷二二二中南蠻傳曰："乾符四年，遣陀西段瑳寶詣邕州節度使辛讜請修好，詔使者答報。未幾，寇西川，駢奏請與和親，右諫議大夫柳韜、吏部侍郎崔澹醜其事，上言：'遠蠻畔逆，乃因浮屠誘致，入議和親，垂笑後世。駢職上將，謀乖謬，不可從。'遂寢。蠻使者再入朝議和親，而駢徙荊南，持前請不置。宰相鄭畋、盧攜爭不決，皆賜罷。"新紀卷九曰："（乾符五年）五月丁酉，鄭畋、盧攜罷。"因此，爭論公主下嫁南蠻之事應發生于乾符五年。

那鄭畋、盧攜爭論是否授黃巢天平節度使之事呢。舊紀卷一九下曰："（乾符六年）五月，賊圍廣州，仍與廣南節度使李巖、浙東觀察使崔璆書，求保薦，乞天平節鉞。璆、巖上表論之，詔公卿議其可否。宰相鄭畋、盧攜爭論於中書，詞語不遜，俱罷為太子賓客，分司東都。"舊書卷一七八鄭畋傳曰："六年，陷安南府，據之，致書與浙東觀察使崔璆求鄆州節鉞……攜曰：'高駢將略無雙，淮土甲兵甚銳。今諸道之師方集，蕞爾纖寇，不足平殄。何事舍之示怯，而令諸軍解體耶。'……上亦望駢成功，乃依攜議。及中書商量制勑，畋曰：'妖賊百萬，橫行天下，高公遷延玩寇，無意剪除，又從而保之，彼得計矣。國祚安危，在我輩三四人畫度。公倚淮南用兵，吾不知稅駕之所矣。'攜怒，拂衣而起，袂染於硯，因投之。僖宗聞之，怒曰：'大臣相訽，何以表儀四海？'二人俱罷政事，以太子賓客，分司東都。"冊府卷三一四記載亦同。因此，鄭畋、盧攜爭論是否授黃巢天平節度使之事應發生于乾符六年。然二事均記載鄭畋、盧攜罷為太子賓客、分司之事，而舊書卷一九〇下司空圖傳又曰："乾符六年，宰相盧攜罷免，以賓客分司，圖與之遊，攜嘉其高節，厚禮之。"因此，疑六年為是。考異卷二四記載實錄注曰："舊史洎雜說，皆云畋、攜議黃巢節制忿爭賜罷，而鄭延昌撰畋行狀乃云議蠻事，無可證之。然當時所述恐不謬。"因此，疑鄭延昌所記有誤，後世修史者們無以分辨，遂相遞誤。疑五年爭論公主下嫁南蠻之事二人均遭訓斥，六年，二人紛爭又起，僖宗於是罷其為太子賓客、分司東都。後世史書在撰寫時，未加分辨，遂將二事合併，致史實不清。

王鐸傳

乾符六年，賊破江陵，宋威無功，諸將觀望不進，天下大震。朝廷議置統帥，鐸因請自率諸將督群盜。帝即以鐸爲侍中、荆南節度使、諸道行營都統。（第五四〇六頁）

合鈔卷二一五：新書"六年"，誤。

互證卷一八：舊書"四年，賊陷江陵。五年，以鐸充諸道行營都統。"按舊紀鐸爲都統亦在乾符五年，新紀及宰相表並在六年，而溫公從之。然合觀盧攜、鄭畋諸傳，恐當以舊書爲是。新書盧攜傳云："鐸爲諸道都統，攜不說，黃巢求爲天平節度使，攜固不可，欲激巢使戰而敗鐸。又徇駢，與南詔和親，與畋爭，相恨詈，繇是罷。"而新紀及宰相表繫攜、畋之罷於五年五月，若鐸爲都統在六年，則攜傳所言盡是虛謬。考鄭畋傳，畋與攜相爭而罷，新舊書並在六年，然則鐸爲都統在五年，攜、畋之罷在六年。

按："六年"，宋紹興本同，張元濟校勘記曰："原本作'元年'，據大字本、北監本、汲古閣本、殿本修。"舊傳作"四年"，據舊紀卷一九下："（乾符四年）十二月，賊陷江陵之郛。……（五年二月）侍中、晉國公王鐸請自督衆討賊，天子以宋威失策殺君長，乃以王鐸檢校司徒兼侍中、門下侍郎、江陵尹、荆南節度使、充諸道兵馬都統。"但新紀卷九曰："五年正月丁酉，王仙芝陷江陵外郛。……（六年二月）王鐸爲荆南節度使、南面行營招討都統。"通鑑卷二五三同。因此，破江陵在四年底五年初，或五年爲奏到之日。關於王鐸自請討賊，通鑑考異卷二四曰："舊紀'五年二月鐸自請督衆討賊，天子以宋威失策殺尚君長，乃以鐸檢校司徒兼侍中、門下侍郎、江陵尹、荆南節度使，充諸道兵馬都統。'舊傳'四年，賊陷江陵，楊知溫失守，宋威破賊失策，朝議統帥，盧攜稱高駢累立戰功，宜付軍柄，物議未允。鐸廷奏："臣願自率諸軍，盪滌群盜。"朝議然之。五年，以鐸守司徒、門下侍郎同平章事、兼江陵尹、荆南節度使，充諸道行營兵馬都統。'今從實錄及新紀、表。"

時中和二年也。乃以檢校司徒、中書令爲義成節度使，諸道行營都統。（第五四〇七頁）

　　石林燕語辨卷四：廣德二年以宰相王縉爲侍中、持節都統河南、淮南、山東南道諸節度行營事，鐸初爲諸道行營都統。舊唐書紀、傳云"乾符五年"，新唐書紀、表云"六年"，而傳乾符元年至中和二年再爲都統，然兩次皆不云京城四面也。中和三年鐸乃爲都都統，此云都統亦非。

　　晦庵先生文集卷八二跋馮君家藏唐誥：其曰太尉兼中書令而使者，以舊史考之，即王鐸，而新史鐸傳乃作檢校司徒，誤矣。

　　按："二年"，元大德本同，據張元濟新唐書校勘記：原本作"一"，宋紹興本、大字本、元刻本作"十二"，張元濟據北監本、汲古閣本、殿本修作"二"。通鑑考異卷二四曰："舊紀：'中和元年七月，鐸爲都統，十二月，帥二萬至京畿，屯於盩厔。'舊鐸傳亦在元年。唐年補錄：'元年十一月乙巳，制以鐸爲都統，十二月乙亥，鐸屯盩厔。'續寶運錄：'元年八月，鐸拜天下都統。'唐補紀：'中和元年四月，高駢帥師駐泊東塘，自五月出府，九月却歸。朝廷即以鐸統諸道兵馬，收復長安。'鐸爲都統，諸書年月不同如此。新紀：'二年正月辛亥，王鐸爲諸道行營都都統，高駢罷都統。'據實錄，（二年）四月答高駢詔，罷都都統，當在此年，今從實錄。"疑"中和二年"是。按唐大詔令集卷五二王鐸中書令諸道行營都統權知義成軍節度使制，據此，"令"後應脫"鐸"字。"都"下新紀卷九還有"都"字，李氏刊誤曰："辛丑歲，大駕在蜀，以巨寇未殄，命中書令王鐸仗節鎮滑臺，且統關東諸將，收復京國。時有論曰：'京西北言統者三四人，慮不稟鐸之節制，宜立其號曰都都統。'"南部新書卷三亦曰："咸通中，俳優恃恩，咸爲都知，一日樂工誼譁，上召都知止之，三十人并進，上曰：'止召都知，何爲畢至？'梨園使奏曰：'三十人皆都知。'乃命李可及爲都都知，後王鐸爲都都統，襲此也。吁哉！"通鑑考異卷二四曰："實錄（王鐸）初除及罷時皆爲都統，中間多云都都統，又西門思恭爲都都監。按此時諸將爲都統者甚多，疑鐸爲都都統是也。"因此，"都都統"應是。

王徽傳

　　昭義高潯與賊戰石橋，敗績。其將劉廣擅還，據潞州。別將**孟方立殺廣**，因取邢、洺、磁三州貳于己。昭義所隸，唯澤一州。（第五四〇八頁）

　　新書考異卷一五：按僖宗紀中和元年八月，昭義軍節度使高潯及黃巢戰於石橋，敗績。十將成麟殺潯，入於潞州。九月，昭義軍戍將孟方立殺成麟，自稱留後。孟方立傳"昭義節度使高鄩擊黃巢，戰石橋，不勝，保華州，爲禆將成鄰所殺，還據潞州。衆怒，方立率兵攻鄰，斬之，自稱留後"。獨此傳云"方立殺劉廣"，疑誤也。以通鑑證之，昭義大將劉廣逐節度使高湜，自爲留後，在乾符二年，昭義十將成麟殺高潯還據潞州在中和元年，前後本是兩事。

　　按："別將孟方立殺廣"，"廣"，舊傳曰"光啓中，潞州軍亂，殺其帥成麟，以兵部侍郎鄭昌圖權知昭義軍事，時孟方立割據山東三州別爲一鎮，上黨支郡唯澤州耳。"新紀卷九曰："（中和元年八月）昭義軍節度使高潯及黃巢戰于石橋，敗績，其將成麟殺潯，入于潞州。……（九月）己巳，昭義軍戍將孟方立殺成麟，自稱留後。"新書卷一八七孟方立傳曰："中和元年，昭義節度使高潯擊黃巢，戰石橋不勝，保華州，爲禆將成鄰所殺，還據潞州，衆怒。方立率兵攻鄰，斬之，自稱留後，擅裂邢、洺、磁爲鎮，治邢爲府號昭義軍。"至此，被殺乃成麟。曰高潯爲成麟所殺，舊紀卷一九下曰："貶高潯端州刺史。"舊紀卷一九下亦曰："（中和元年）九月，澤潞高潯牙將劉廣擅還據潞州，是月，潯天井關戍將孟方立率戍卒攻劉廣，殺之，方立遂自稱留後，仍移軍鎮於邢州。"北夢瑣言卷一三曰："廣明中，潞帥高潯攻諸葛爽於河陽，方立出天井關爲前鋒，時潯爲大將劉廣所逐，廣忌方立，留戍于關，後廣爲潞人所殺，三軍乃以方立爲帥，因有首丘之思，遂移軍於邢州，用法平正，人皆附之。"新五代史卷四二孟方立傳略同。則又爲孟方立殺劉廣。

　　而舊五代史卷六二孟方立傳曰："孟方立，中和二年爲澤州天井關戍將，時黃巢犯關輔，州郡易帥，有同博奕。先是沈詢、高湜相繼爲昭義節度，怠于軍政，及有歸秦、劉廣之亂，方立見潞帥交代之際，乘其無備，率戍兵徑入潞州，自稱留後，以邢爲府，以審誨知潞州。"則高湜節度昭義時劉廣叛亂，舊五代史卷九〇安崇阮傳曰："父文祐爲牙門將，唐光啓中，潞州軍校劉廣逐節度使高潯，據其城，僖宗詔文祐平之，既殺劉廣，召赴行在，授卭州刺史。其後，孟方立據邢、洺，率兵攻上黨，朝廷以文祐本潞人也，授昭義節度使令討方立，自蜀至澤州，與方立戰敗歿于陣。"考新紀卷九曰："（乾符四年二月）昭義軍亂，逐其節度使高湜。"則舊五代史卷九〇安崇阮傳"光啟"應爲"乾符"，"高潯"應爲"高湜"，疑乾符中劉廣叛亂後，爲安文祐所殺，後安文祐授卭州刺史，昭義軍中立成麟爲帥，中和元年，孟方立又殺成麟，朝廷便委安文祐攻打孟方立，敗歿于陣。史將劉廣、成麟、高潯、高湜相混，從而致亂。綜上，孟方立所殺應爲成麟。

張濬傳

後再狩山南，拜同中書門下平章事，仍判度支。濬始繇復恭進，復恭中失權，更依田令孜，故復恭銜之，及爲中尉，數被離間。（第五四一二頁）

互證卷一八：舊書："僖宗再幸山南，拜平章事。濬初發迹，依楊復恭，及復恭失勢，乃依田令孜，以至重位而反薄復恭，及再幸山南，復恭代令孜爲中尉，罷濬知政事。"通鑑考異曰："據舊紀、實錄、新紀濬自光啓三年九月拜平章事，至大順二年兵敗坐貶，未嘗罷免。舊傳誤也。"按舊紀濬於光啓三年正月相，而溫公以爲九月，與新紀同。……考僖宗再幸山南在光啓二年正月，令孜除西川監軍而復恭代爲中尉在二年四月，張濬之相在三年九月。即如舊紀亦在三年正月，然則張、楊之相惡自是昭宗即位後事，而於此時謂"依田令孜而復恭銜之，及爲中尉數被離間"者，新、舊二傳皆不得其實也。

按：此爲舊傳之誤，新傳無誤。新傳曰："樞密使楊復恭遇之，以處士薦爲太常博士，進度支員外郎。"因此，張濬始由楊復恭進爲是矣。僖宗於光啟二年正月幸山南，文德元年二月己丑至自鳳翔，張濬之相在三年九月，因此，新傳曰"再狩山南，拜同中書門下平章事，仍判度支"爲是矣。因其投靠過田令孜，故楊復恭數離間他，新舊傳均載，此應爲是矣。新傳曰："昭宗即位，復恭恃援立功，專任事，帝稍不平。當時言濬有方略，善處大計，乃復見委信。"此可見其以前被楊復恭離間爲事實。因此，新傳所述爲是。

王師範起兵青州，欲取濬爲謀主，不克。全忠脅帝東遷，濬聞曰："乘輿卜洛，則大事去矣。"蓋知其將篡也。全忠畏濬構它鎮兵，使全義遣牙將如盜者夜圍墅殺之，屠其家百餘人，實天復二年十二月。（第五四一四頁）

糾謬卷五張濬死差一年：今按昭宗紀，天復元年十月，朱全忠犯京師；十一月壬子，昭宗如鳳翔；戊辰，全忠犯鳳翔。自是全忠圍鳳翔，至天復三年正月王師範取兗州，甲子昭宗幸全忠軍，己巳昭宗至自鳳翔；十二月丙申，朱全忠殺尚書左僕射致仕張濬。由此觀之，則天復二年十二月昭宗尚在岐下爲全忠所圍，未出亦未有卜洛之事，王師範亦未起兵。然則本紀所書"三年十二月丙申殺濬"，爲得其實，而本傳云"二年十二月"者誤也。且又濬以三年既死，而昭宗以四年遷洛。今觀濬傳所書則似遷洛之後，濬方被殺，此蓋傳中文意未全所致，當云"全忠將脅帝東遷"，如此則文意完矣。

按：關於張濬之死，舊紀卷二〇上作"天復三年十二月"，舊書卷一七九張濬傳作"三年十二月晦夜"，通鑑卷二六四作"三年十二月丙申"，是月丁卯朔，"丙申夜"就爲"晦夜"。因此，吳縝所析爲是。

卷一八六

周寶傳

鏐具橐鞬迎寶，舍樟亭。未幾，殺之。不淹月，而駢爲畢師鐸所囚。（第五四一七頁）

新書考異卷一五：按僖宗紀："光啟三年九月，秦彦殺高駢，十月錢鏐殺周寶。"是高駢死在周寶之前，此傳謂寶死未淹月而駢爲畢師鐸所囚，與紀自相矛盾。

互證卷一八：按上文云薛朗叛，寶奔牛埭，駢饋以蕢葛，諷其且亡也。寶抵於地曰："公有呂用之，難方作，無誚我！"寶之奔在光啟三年三月，駢之見囚即在四月，故此句云，然而不當繫於殺之之下，遂爲錢氏所譏。

按：趙紹祖所曰爲是，此句應系於"無誚我"，但這樣卻切斷文意，行文則不顯流暢，故宋祁置之於周寶事終，但因此卻造成歧義。"殺之"，新五代史卷六七錢鏐傳爲"病卒"。通鑑考異卷二五曰："吳越備史：'寶病卒。'實錄：'鏐迎至郡，氣憤卒於樟亭驛。'新紀：'十月丁卯，鏐殺周寶。'十國紀年：'此月乙未，寶卒，或云鏐殺之。'新傳云：'鏐迎寶舍樟亭，未幾，殺之。'今從吳越備史。"

楊守亮傳

守信，興平軍節度使，並同中書門下平章事。（第五四二九頁）

新書考異卷一五：興平節度即方鎮表所謂金商節度也，舊本紀云守宗，此云守信，名略異。

茂貞拔興、鳳、洋三州，破守亮於西，乘勝入興元。復恭挾諸假子及存奔閬州，洪進圍之……俄而洪拔閬州，守亮等皆挺身走。（第五四二九頁）

互證卷一八：按新書昭宗紀"景福元年八月，李茂貞寇興元，楊守亮、滿存奔於閬州。乾寧元年七月，李茂貞陷閬州"，舊紀、通鑑皆云茂貞，惟舊紀年月差異，此傳乃云洪，則王建所遣之將華洪也。何以一誤至此。

按：此事年、月及事件各書記載頗異，通鑑考異卷二六曰："舊紀：'景福元年十一月辛丑，鳳翔、邠寧之衆攻興元，陷之，節度使楊守亮、前中尉楊復恭、判官李巨川突圍而遁。十二月辛未，華州刺史韓建奏於乾元縣遇興元散兵，擊敗之，斬楊守亮、楊復恭，傳首。'實錄：'乾寧元年七月，鳳翔、邠寧之衆攻興元，陷之，楊守亮、楊復恭突圍而遁。'新紀：'景福元年八月，茂貞寇興元，守亮、滿存奔閬州。乾寧元年七月，茂貞陷閬州，八月守亮伏誅。'新復恭傳：'景福元年，茂貞攻興元，破其城，復恭、守亮、守信奔閬州。'十國紀年蜀史：'景福元年十月，行瑜、茂貞表守亮招納叛臣，請討之，感義節度使滿存救守亮，爲茂貞所敗，奔興元。十一月，邠、岐攻陷興元，楊復恭帥守亮、守貞、守忠、滿存同奔閬州。十二月壬午，華洪敗守亮等於州。'按實錄，景福二年正月移茂貞山南，於時守亮不應猶在山南，今年月從新紀，事則參取諸書。"因此，乃李茂貞陷興元，華洪敗楊復恭於閬州。關於時間，通鑑卷二五九曰："（景福元年十二月）壬午，王建遣其將華洪擊楊守亮於閬州，破之。""（乾寧元年）秋七月，李茂貞遣兵攻閬州，拔之。"新書卷一八六顧彥朗傳曰："（乾寧二年）建遂擊取巴、閬、蓬、渠、通、果、龍、利八州。"再據十國紀年蜀史等可知景福元年李茂貞陷興元，十二月，華洪敗楊守亮於閬州。根據實錄、新紀，乾寧元年七月，李茂貞陷閬州。再據新書顧彥朗傳，二年，王建取閬州。因史事混在一起，故致記載張冠李戴。

顧彥暉傳

（乾寧）四年，華洪率眾五萬攻彥暉，取渝、昌、普三州，壁梓州南，敗彥暉兵……帝以嗣鄭王戒丕鎮鳳翔，徙茂貞代建，皆不奉詔。（第五四三二頁）

糾謬卷六嗣鄭王戒丕字誤：今按本紀，乾寧四年六月貶王建爲南州刺史，以李茂貞爲劍南西川節度使，嗣覃王嗣周爲鳳翔隴右節度使，茂貞不受命，嗣周及茂貞戰於奉天，敗績。況嗣覃王嗣周、嗣延王戒丕，紀、傳中載之多矣，唯此傳乃作嗣鄭王戒丕，誤也。

知本糾謬錢氏注：兵志昭宗伐李茂貞，乃用嗣覃王允爲京西招討使，宦官傳作嗣覃王戒丕，以本紀考之，嗣延王名戒丕，嗣丹王名允，嗣覃王之名當從本紀，作嗣周爲是。

卷一八七

王重榮傳

與兄重盈皆以毅武冠軍擢河中牙將，主何察。（第五四三五頁）

新書考異卷一五：僖宗紀，光啓三年，護國將軍常行儒殺其節度使王重榮，其兄重盈自稱留後。舊紀同。惟五代史王珙傳以重盈爲重榮之弟。

按：薛史卷一四王珂傳重盈爲重榮弟，十七史商榷卷九一曰："司空圖一鳴集第六卷王縱追述碑，碑末言：'公有五子，長重章、次重簡、次重盈、次重榮、次重益。'"則薛史誤。

辱部將常行儒，行儒怨之。光啓三年，引兵夜攻府，重榮亡出外，詰旦殺之，推立重盈。（第五四三七頁）

十七史商榷卷九二：又碑言重盈以大順二年爲河中節度，而新書則以爲在僖宗時，此大不合……當以碑爲正。

按：舊紀卷一九下、舊書卷一八二王重榮傳、新紀卷九、冊府卷七、卷四三六、卷九四三、通鑑卷二五七所述均與新傳同。因此，新傳所述應爲真。

克用遣子存貞請天子還宮。（第五四三九頁）

新書考異卷一五："存貞"當作："存勖"。

按："存貞"，舊紀卷二〇上同，通鑑卷二六〇作"存勖"，其考異卷二六曰："實錄作'存貞'，據後唐實錄、薛居正五代史，莊宗未嘗名存貞，實錄蓋誤。"舊五代史卷二七曰："及武皇之討王行瑜，帝時年十一，從行。初令入覲獻捷，迎駕還宮。"因此，疑"存貞"當爲"存勖"。通鑑同卷曰："克用進軍渭橋，遣其將李存貞爲前鋒。"卷二五五曰："李克用將李存貞敗黃揆于沙苑。"亦存真別爲一人。

李罕之傳

言後賜名全義。（第五四四五頁）

互證卷一八：按此張言也，改名全義，考昭宗本紀，張全義陷孟州，在昭宗初即位時，新舊書皆同，是其時已改名全義，不待從朱全忠後也。又考五代史全義傳，"初名'言'，昭宗賜名全義，事梁，賜名宗奭。"此傳殊未詳明。

按：新舊紀提及張言時，均爲張全義，因此不能判定陷孟州時，張言已被賜名；新舊五代史全義傳均未及賜名時間。

王師範傳

時棣州刺史張蟾迎安潛，師範遣部將盧弘攻之。（第五四四五頁）

新書考異卷一五：五代史劉鄩傳作"盧洪"，蓋宋人避諱改之。

卷一八八

楊行密傳

天祐二年，王茂章、李德誠拔潤州，殺安仁義。（第五四五九頁）

糾謬卷六王茂章誤作彥章：今按田頵傳云："行密遣將王茂章攻潤州。"又云："行密使王茂章穴地取潤州。"參校諸傳，當作"茂章"，爲"彥章"者誤也。

中華本新書校記："茂"，各本原作"彥"。本書卷一八九田頵傳、九國志卷三安仁義傳、新五代史卷二三王景仁傳及卷六一楊行密傳、通鑑卷二六四均作"茂"。又本卷下文云"以王茂章爲潤州團練使"，通鑑卷二六五亦載"潤州團練使王茂章"。此當作"茂章"。據改。

朱宣傳

宣亡命去青州，爲王敬武牙軍。黃巢之亂，敬武遣將曹存實率兵西入關，而宣爲軍候，道鄆州。是時，節度使薛崇拒王仙芝戰死，其將崔君裕攝州事。存實揣知兵寡，襲殺之，據其地，自稱留後。以宣功多，署濮州刺史，留總帳下兵。中和初，魏博韓簡東窺曹、鄆，引兵濟河。存實迎戰，死于陣，宣收殘卒，嬰城。簡圍之六月不能拔，引兵去。僖宗嘉其守，拜宣天平節度使。（第五四六三頁）

新唐書糾謬卷九天平軍節度使姓名次序紀傳不同：然則以本紀言之，天平軍節度使自乾符四年丁酉至中和四年甲辰，凡八年，歷薛崇、張楊、崔君裕、曹全晸、崔用、曹存實、朱宣七帥也，以朱宣傳言之，即自薛崇、崔君裕、曹存實，至于朱宣止四帥而已，此其大概俱已不同。至于紀稱黃巢陷鄆州而薛崇死，傳云薛崇以拒王仙芝戰死，一不同也。紀稱節度張楊卒，牙將崔君裕自知州事，傳云薛崇戰死，君裕即攝州事，二不同也。紀稱曹全晟克鄆州殺崔君裕，傳云曹存實襲殺君裕，三不同也。韓簡寇鄆州而曹全晟死，傳乃云韓簡寇鄆，存實迎戰而死；紀稱朱宣逐存實而自稱留後，傳乃云存實與韓簡戰死，宣嬰城而簡不能拔，乃拜節度使。其舛謬至於如此，豈可以垂之後世乎？

新書考異卷一五：按僖宗紀，中和二年九月"平盧軍將王敬武逐其節度使安師儒，自稱留後"。是歲歲在壬寅，敬武始得青州，而王仙芝之伏誅在乾符五年戊戌，則敬武尚爲偏裨，不得有遣將之事。五代史宣傳云："宣事青州節度使王敬武，爲軍校，隸其將曹全晟。中和二年，敬武遣全晟入關，與破黃巢。還過鄆州，鄆州節度使薛宗卒，其將崔君預自稱留後。全晟攻殺君預，遂據鄆州。宣以戰功，爲鄆州馬步軍都指揮使。"與此傳略同。惟此云曹存實，而彼云全晟，姓同名異。據僖宗紀，乾符六年，淄州刺史曹全晟克鄆州；中和三年，天平軍將曹存實克鄆州。則全晟與存實自是兩人。通鑑中和元年十月，"天平軍節度使、南面招討使曹全晟與賊戰死，軍中立其兄子存實爲留後；二年五月，以天平留後曹存實爲節度使。"則存實爲全晟兄子，此言當可信也。朱宣本平盧軍校，其從征黃巢，適隸曹全晟麾下，因留鄆州，全晟死，復事存實，與王敬武初無預。而史家以全晟爲敬武所遣，蓋失之矣。紀又稱乾符四年，黃巢陷鄆、沂二州，天平軍節度使薛崇死之；五年，天平軍節度使張楊卒，牙將崔君裕自知州事；六年，淄州刺史曹全晟克鄆州，殺崔君裕，是薛崇之後尚有張楊一人，君裕所代者乃張楊，非薛崇，而殺君裕而代之者，亦全晟，非存實，與傳所書益相矛盾。考舊史僖宗紀，乾符二年七月，以京兆尹張楊檢校戶部尚書，充天平軍節度使；四年，冤句賊黃巢攻鄆州，陷之，逐節度使薛崇。張楊傳則云乾符三年出爲華州刺史，其年冬檢校吏部尚書、鄆州刺史、天平軍節度觀察等使，四年，卒於鎮。紀、傳書楊出鎮之年雖互異，要之，楊鎮天平必在薛崇之前明矣。新紀書張楊於薛崇後，蓋不足信，而君裕實爲全晟所殺，則紀是而傳非也。紀於中和二年十月書韓簡寇鄆州，天平軍節度使曹全晟死之，部將崔用自稱留後；三年書天平軍將曹存實克鄆州，四年書濮州刺史朱宣逐天平軍節度曹存實，自稱留後。此三條尤爲疏謬。蓋中和二年與韓簡戰而死者存實，非全晟也，全晟死於賊不死於韓簡，全晟死，而兄子存實代之。初無崔用其人者與之爭立也。及存實爲韓簡所殺，而朱宣守鄆州，簡攻之不下，朝廷乃以旌節授之，又安得有逐存實之事乎？如紀所書，自乾符四年至中和四年，此八年中，天平節度有薛崇、張楊、崔君裕、曹全晸、崔用、曹存實、朱宣，凡七人，據宣傳則惟崇、君裕、存實及宣四人，吳氏糾謬雖譏其失，亦疑而未決，予以新舊史紀傳、五代史、通鑑參互考之，乃知張楊鎮鄆在薛崇之前，崔君裕與崔用本一人，而紀誤分爲二，全晸與存實本二人，而傳誤溷爲一，其實自乾符四年以後，鄆帥祇薛崇、崔君裕、曹全晸、曹存實，併宣爲五人也。唐末諸帝無實錄，史家得於傳聞，言人人殊，無從質其然否，聊述愚管，以俟後賢論定之。

按：上述史料記敘甚混，將宋威、王敬武、曹全晸、曹存實叔侄之事相混，從而致不解。錢大昕所曰甚是，但覺未完全理清，姑再作一述。舊紀卷一九下曰："（中和元年）十月，青州軍亂，逐節度使安師儒，立其行營將王敬武爲留後。"新紀、通鑑則爲二年九月。通鑑卷二五四曰："（中和元年十月）天平節度使、南面招討使曹全晸與賊戰死，軍中立其兄子存實爲留後。"其考異卷二四曰："實錄：'曹存實繼其叔父全晸爲天平節度使，未周歲而遇害。'"據此，從時間來推，王敬武不可能派遣曹存實率兵西入關。舊紀卷一九下："（乾符四年三月）宋威自青州與副使曹全晸進軍攻討，所在破賊。"據此，遣曹全晸入關討賊者乃宋威，非王敬武，此史料相混一也。新紀卷九曰："（乾符六年）是歲，淄州刺史曹全晸克鄆州，殺崔君裕。"通鑑卷二五三記載略同。據此可知殺崔君裕乃曹全晸，而其就此據有鄆州。據上文所述，曹全晸于中和元年十一月戰死。新紀卷九曰："（中和二年）十月，韓簡寇鄆州，天平軍節度使曹全晸死之，部將崔用自稱留後。"舊紀卷一九下曰："（中和二年十月）魏博節度使韓簡以兵攻鄆州，節度使曹全晸拒之，爲簡所敗，執而殺之，全晸大將朱瑄以餘眾保鄆州。"曹全晸已死，此應爲曹存實。與實錄所曰曹存實繼其叔父全晸爲天平節度使，未周歲而遇害相吻合。此將曹氏叔侄相混，二也。新紀卷九亦曰："（中和三年）是歲，天平軍將曹存實克鄆州……（四年）是歲，關中大饑，濮州刺史朱宣逐天平軍節度使曹存實，自稱留後。"則新紀中和三年之載爲無稽矣。結合本傳所述，則中和二年十月韓簡寇鄆州，曹存實死後，據舊紀則"大將朱瑄以餘眾保鄆州"，則崔用，或如錢大昕所曰，此人并不存在，或存在極爲短暫，史料相混，加之記載不詳，一切不得而知矣。

宣出奔，爲民所縛，追至，執以獻，全忠斬之而納其妻。（第五四六五至五四六六頁）

陔餘叢考卷一二：舊書朱瑄傳："汴師來攻，瑄與妻出奔，爲野人所害，傳首汴州，妻至汴爲尼。"……綱目分注又謂："瑄棄城走，野人執以獻。其弟朱瑾時守兗州……全忠遣將襲兗州，獲瑾妻子。瑾奔淮南。全忠納瑾妻還，張夫人請見之……全忠乃出瑾妻而斬瑄。"五代史梁家人傳"太祖已破朱瑾，納其妻以歸。張後見瑾妻"云云，與綱目同。"太祖乃送瑾妻爲尼，後常給其衣食"。合二書以觀，則全忠所納者瑾妻，而非瑄妻也。舊書謂瑄妻至汴爲尼，新書謂全忠斬瑄而納其妻，則皆謂瑄妻也。北夢瑣言亦以爲瑾妻。

按：新傳"全忠斬之而納其妻"，舊傳作"爲野人所害，傳首汴州，榮氏至汴州爲尼。"其卷二〇上亦曰："爲野人所殺，榮氏俘於汴軍。"舊五代史卷一三朱瑄傳作："北匿于民家，爲其所箠，并妻榮氏擒之來獻，俱斬于汴橋下。"通鑑卷二六一所敘與新五代史梁家人傳略同，并曰："乃送瑾妻於佛寺爲尼，斬朱瑄於汴橋。"疑朱瑄與其妻俱被斬，而朱瑾妻先被納，後出家爲尼。朱瑄與朱瑾妻同時被擄，史事相混，故致記載紛亂。

卷一八九

趙珝傳

犨子珝，字有節。（第五四七五頁）

舊五代史考異卷一：按新唐書以珝爲犨子，今據歐陽史及通鑑，皆以珝爲犨弟，與薛史同，新唐書誤。

按："犨子珝"，按舊五代史卷一四趙犨傳以珝爲犨季弟，新五代史卷四二趙犨傳、通鑑卷二五五、冊府卷三八六亦同，樂全集卷三五陳州祭唐贈太尉趙公文曰："兄弟三人，繼登將相。"新五代史卷四二曰："犨已病，乃以位與其弟昶，後數月卒……昶卒，珝代立。"因此，珝當爲犨弟。

"有節"，舊五代史卷一四趙珝傳同，冊府卷三九一作"有郎"。

卷一九〇

劉建鋒傳

又攻容管，執寧遠節度使龐巨曦。（第五四八二頁）

新書考異卷一五：按五代史南漢世家劉龑與馬殷爭容桂，殷取桂管，虜劉士政，龑取容管，逐龐巨昭。則殷未能得容管，亦無執巨昭事也。巨昭與巨曦疑即一人。

按：通鑑考異卷二八引湘湖故事曰："天復末甲子十有二月，容南龐巨曦深慮廣南劉巖不道，加害於己，遂差小吏間路密馳書款歸於馬氏。是時湖南遣澧州刺史姚彥章領馬步軍八千逕往容南，巨曦遂帥萬餘眾，歸于馬氏。"九國志卷一一姚彥章傳亦曰龐巨昭歸款，其率兵迎之。但據九國志卷一一龐巨曦傳，馬殷遣李瓊於開平初征伐龐巨曦，其便投降馬殷，俄劉隱來襲，不能守，龐巨曦便隨李瓊至長沙。九國志卷一一李瓊傳亦曰其降龐巨昭。據上可知龐巨昭曾兩次歸款於馬殷，一為天復四年，一為開平初。而開平初歸款後劉隱來襲，便至長沙。因此，錢大昕所曰為誤。關於巨昭與巨曦二名，由九國志之載，可見其并不分二名，應實為一人，九國志卷一一龐巨曦傳曰"殷久聞巨昭之名遣使慰勞"，據此，疑巨昭與巨曦或名、字之別爾。

鍾傳傳

使弟仔昌據信州。（第五四八六頁）

新書考異卷一五："使弟存昌據信州"，僖宗紀作"仔倡"，"存"即"仔"之譌，"昌"、"倡"音相同也。

按：新書作"仔昌"，錢大昕所據版本有誤，吳越备史卷一、九国志卷四同，新五代史卷六一、六七吳世家、通鑑卷二五五、二六六、二六七作"仔倡"。

盧光稠傳

天祐初，始詔隱權節度留後，乃遣使者入朝，重賂朱全忠以自固。是歲，光稠死，子延昌自稱刺史，爲其下所殺，更推李圖領州事。（第五四九三至五四九四頁）

新書考異卷一五：……按五代史南漢世家："徐彥若卒，軍中推隱爲留後。據昭宗紀在天復元年。天祐二年，拜隱節度使。"此傳云"天祐初詔權節度留後"者，誤也。昭宗紀"天祐元年，虔州刺史盧光稠卒，衙將李圖自稱知州事"，與此傳云"天祐初"者相合。然卻非劉隱權留後之歲，亦爲矛盾。又考五代史盧光稠傳，其卒在梁開平五年。則唐史紀、傳所書，皆不足據矣。

按："李圖"，新紀卷一〇同，新五代史卷四一盧光稠傳、九國志卷二譚全播傳、通鑑卷二六八作"李彥圖"。關於徐彥若卒年，新紀卷一〇作"天復元年十二月"，并曰劉隱自稱留後，新五代史卷六五南漢世家曰天祐二年拜其爲節度使，冊府卷二〇二載其事甚詳，曰："彥若在鎮二年，臨薨，手表奏隱爲兩使留後，昭宗未之許，命宰相崔遠爲節度使。遠行及江陵，聞嶺表多盜，懼隱違詔，遲留不進。會遠復入相，乃詔以隱爲留後，然久未即真。及梁祖爲元帥，隱遣使持重賂以求保薦，梁祖即表其事，遂降旄節。"關於盧光稠卒年，新紀卷一〇作"天佑元年"，但新五代史卷四一盧光稠傳作"開平五年"，通鑑卷二六七作"開平四年十二月"。

卷一九一

羅士信傳

城陷，黑闥欲用之，不屈而死，年二十八。（第五五〇二頁）
合鈔卷二四三：（舊書卷一八七上羅士信傳："不屈，遂遇害，年二十。"）新書"二十八"，按高祖本紀士信之死在武德五年壬午，如舊書年二十則生於隋文帝仁壽三年癸亥，新書二十八，則生於開皇十五年乙卯。然士信年十四從張須陀擊王薄，如新書則在煬帝大業四年戊辰，舊書則在大業十二年丙子。按隋書煬帝本紀大業九年齊人孟讓、王薄始聚眾作亂，不應大業四年從須陀擊薄也，新書誤。
按："二十八"，舊傳、通鑑卷一九〇作"二十"，其考異卷九曰："高祖實錄士信死時年二十八，舊傳云'年二十'。按士信始從張須陁擊王薄等時年十四，若死時年二十八，則在大業四年，於時王薄未為盜，年二十則在大業十二年，是歲須陁死，今從之。"

安金藏傳

命高醫內腸，桑杜紩之。（第五五〇六頁）
糾謬卷二〇安金藏傳：今按"杜"字字書所未見，疑當作"皯"。
知本糾謬錢氏注：實衝釋音："杜，徒古切。"蓋即詩"徹彼桑土"之土，謂桑皮也，以音同假借作堵，又移"土"於右耳，廣韻作"皯"亦是後人所加。

王同皎傳

長安中，尚太子女安定郡主，拜典膳郎。太子，中宗也。（第五五〇七頁）
糾謬卷一一王同皎傳誤：今按公主傳云："安定公主始封新寧。"又新都公主傳云："神龍元年，與長寧、新寧、義安、安樂、新平五郡主皆進封。"然則當同皎初尚郡主之時，止是新寧郡，非安定郡，至中宗復位之後，方進安定公主，同皎傳誤也。當云："尚太子女新寧郡主，帝復位，主進封安定公主。"其安定或作定安，二號不同，未知孰是。

知本糾謬錢氏注：崔銑傳亦作"安定"，予家藏光祿卿王訓墓誌稱祖同皎尚定安長公主，可證其當作"定安"無疑。

按："安定"，通典卷八四、冊府卷三〇〇、唐會要卷三、二一、五四、大唐新語卷三作"定安"，平津讀碑記續紀光祿卿王訓墓誌銘曰："新唐書同皎尚中宗第三女定安公主，碑作定安長公主，安樂公主傳中亦作定安，是作安定者誤也。"

兵趨長生殿太后所。（第五五〇七頁）

糾謬卷四王同皎李多祚傳討二張處所與桓彥範及皇后等傳不同：今按桓彥範傳云"時武后處迎仙宮之集仙殿"，又武后及張易之傳皆云迎仙院，未知孰是。

按：通鑑卷二百七曰："太后在迎仙宮……進至太后所寢長生殿"。雍錄卷四曰："東宮有集仙殿，後爲麗正、集賢，是東宮一宮，固在太極宮城之内矣。當高宗時大明宮已成，武后擅國，不應猶在東宮養病……則長生也者必寢殿也。"

神龍後，武三思烝濁王室，同皎惡之，與張仲之、祖延慶、周憬、李悛、冉祖雍謀，須武后靈駕發，伏弩射殺三思。會播州司兵參軍宋之愻以外妹妻延慶，延慶辭，之愻固請，乃成昏。延慶心厚之，不復疑，故之愻子曇得其實。之愻兄之問嘗舍仲之家，亦得其謀。令曇密語三思，三思遣悛上急變，且言同皎欲擁兵闕下廢皇后，帝殊不曉，大怒，斬同皎於都亭驛。（第五五〇七頁）

十七史商榷卷九二：今以舊書勘之，復與新大相刺謬。始與同皎同謀者，但有冉祖雍、周憬，無仲之、延慶及悛。如仲之、延慶及悛，或者傳聞異詞，在新書別有所據。

按：王同皎與武三思事件，各書記載有所不同，新書卷二〇二宋之問傳曰："之問逃歸洛陽，匿張仲之家。會武三思復用事，仲之與王同皎謀殺三思，安王室。之問得其實，令兄子曇與冉祖雍上急變，因丐贖罪。"

通鑑考異卷一二曰:"御史臺記曰:'同皎與張仲之等謀誅三思,爲宋曇所發……'又曰:'張仲之等謀誅武三思,宋之遜子曇知其謀,將發之,未果。會冉祖雍、李悛於路,白之,雍、悛以聞。'又曰:'張仲之、宋之遜、祖延慶謀於袖中發銅弩射三思,伺其便,未果。之遜子曇密發之……'朝野僉載曰:'初,之遜詔附張易之兄弟,出爲兗州司倉,遂亡歸王同皎,匿之於小房。皎,慷慨之士也,忿逆韋與武三思亂國,與一二所親,論之每至切齒,之遜於簾下竊聽之,遣姪曇上書告三思……'實錄:'同皎與周憬等潛謀誅三思,乃招集將士,期以則天靈駕發引因劫殺三思。李悛等知而告三思,三思因言同皎等謀反,竟坐斬。'唐曆、統紀亦與實錄略同,而云:'仲之誤泄於友人宋之問,之問僞應之,祖雍、之遜亦預其謀,既而背之。李悛,之問甥也,命以告三思。'……按三思得幸於中宗、韋后,權傾天下,同皎等若擅殺之,豈得晏然無事?苟無脅君之志,豈得輕爲此謀?又云袖中發銅弩,此則殆同兒戲。蓋忿疾三思,或與仲之、憬等有欲殺之言,而之遜等以告三思,三思因教曇等誣告同皎,云謀於靈駕發引日劫殺三思,因廢皇后謀反耳,今從僉載。"按朝野僉載所記與新傳頗異,且曇應爲之遜之子,之問姪子,疑之遜應爲之問,據新書宋之問傳及實錄,之問應匿於張仲之家,考異所推乃爲依情而臆測。綜合以上材料可知,王同皎等謀武三思,宋之問于張仲之處知其情,宋曇於祖延慶處知其情,因謀洩,冉祖雍等叛變,宋之問便遣其甥李悛、侄宋曇會同冉祖雍等密告三思矣。

李憕傳

憕十餘子,江、涵、溫、瀛等同遇害,唯源、彭脱。(第五五一一頁)

金石錄卷二八唐贈太尉李憕碑:憕子見於碑者十二人,未嘗有源也。……據史言,源爲司農主簿。以碑考之,源當爲汶,余按穆宗實錄載源事,首尾甚詳,云"憕被害,源方八歲,爲賊所虜,流浪南北……授河南府參軍,自司農主簿棄官,寓居洛陽惠林佛寺……御史中丞李德裕表薦,拜諫議大夫,時年八十餘矣,竟辭不受"。又李德裕會昌一品集載薦源表,其事皆同,然則史不爲無據,蓋疑初名汶,後改爲源耳。

李源傳

長慶初，年八十矣，御史中丞李德裕表薦源。（第五五一一頁）

糾謬卷四李源年七十四而傳以爲八十：今按明皇帝本紀："天寶十四載十二月丁酉，安祿山陷東京，留守李憕死之。"是歲乙未，而源年八歲，則是生於天寶七年戊子也，至長慶元年辛丑止七十四歲爾。……況德裕爲中丞正長慶時，時源實未八十矣。

按："長慶初"，舊傳作"長慶三年"，唐會要卷五五作"長慶二年三月"。此事與上文太宗之年相同，古人敘述時喜夸張，喜雙不喜單，疑天寶時李源不止八歲，故以八歲顯其小，長慶時李德裕表薦，李源時已近八十，故以八十推辭。

卷一九二

顏杲卿傳

顏杲卿字昕，與真卿同五世祖。（第五五二九頁）

互證卷一八：舊書"曾祖勤禮"，按舊書叙杲卿世系甚詳，與魯公所撰顏氏家廟碑合，蓋與魯公皆爲勤禮曾孫，同曾祖也。新書誤。

按：據元和姓纂卷四，勤禮生顯甫，顯甫生元孫、惟貞，元孫生杲卿，惟貞生允南、真卿、允臧。但"顯甫"，顏魯公集神道碑作"昭甫"。據此，則二人乃同曾祖。

忠義傳贊

以疲卒數萬，嬰孤墉，抗方張不制之虜，鯁其喉牙，使不得搏食東南，牽掣首尾，豗潰梁、宋間。（第五五四四頁）

糾謬卷四張巡用兵人數誤：今按巡所用戰兵止數千，不滿萬人，贊之所云誤矣。

按：通鑑卷二一九曰："巡有兵三千人，與遠兵合六千八百人。"

卷一九三

符令奇傳

符令奇，沂州臨沂人，初爲盧龍軍裨將，會幽州亂，挈子璘奔昭義，節度使薛嵩署爲軍副。（第五五五〇頁）

金石錄卷三〇義陽郡王符璘碑：右唐苻璘碑，按唐書列傳璘姓符而碑作苻，以姓氏書考之，瑯琊符氏出於魯頃公之孫公雅，爲秦符節令，因以爲氏。而武都苻氏出於有扈之後，爲啟所滅，奔西戎，代爲氏酋，本姓蒲，苻堅以背有文，改焉。今此碑以璘爲苻氏，又云其先瑯琊人，皆不可知。然按璘與弟瑶皆封邑於瑯琊，豈書碑者誤以符爲苻，其家出於武吏，不知是正乎。

金石文字記卷四義陽郡王苻璘碑：宋王楙野客叢書曰："苻堅其先本姓蒲，其祖以讖文改爲苻。符融其先魯頃公孫，仕秦爲符璽郎，以符爲氏。"故苻堅之姓從草，符融之姓從竹，二姓固自不同。而唐義陽郡王苻璘碑合從竹，而書作苻，而苻堅之苻又有書從竹者，皆失於不契勘耳。余考漢碑隸書，率以竹爲艹少有，從竹者如符節，字皆然，今前漢書符瑞多從艹，魏晉以下真書碑亦有書符節爲苻節者，蓋古者皆通用故耳，此又不可不知。

經史避名匯考卷一一：廣業按：世說注載車頻秦書正作苻，書云本姓蒲，父洪，詐稱讖文，改曰苻，言已當王，應符命也。其言堅初生，亦祇云背赤色隱起，若篆文。初不言有艹，付字則苻似，亦從竹。又蜀志後主建興十四年，徙武都氐王苻健於廣都，晉書宣紀又有苻雙，則氐之有苻姓亦不始洪也。

賈直言傳

監軍劉承偕與悟不平，陰與慈州刺史張汶謀縛悟送闕下，以汶代節度。事洩，悟以兵圍承偕，殺小使，直言遽入責曰："司空縱兵脅天子使者，是欲效李司空邪？它日復爲軍中所指笑。"悟聞感悔，匿承偕於第以免。悟每有過，必爭，故悟能以臣節光明於朝。（第五五五八頁）

糾謬卷一〇劉悟賈直言傳不同：劉悟傳云："……即撝兵退，匿承偕因之。帝重違其心，貶承偕，然悟自是頗專肆，上書言多不恭。天下負罪亡命者多歸之，彊列其冤。"……且在劉悟傳則言其自是專肆，上書不恭，彊列負罪者冤。在直言傳則云悟能以臣節光明，在悟傳以爲都將張問，直言傳則云慈州刺史張汶，而又質責應答之詞皆不同，覽者莫知所從。此蓋未嘗以兩傳互相考究，但各就本傳直加筆削，故舛謬至是。

互證卷一九：按通鑑作"張汶"，考異曰："杜牧上李司徒書云：'其軍大亂，殺磁州刺史張汶。'今名從杜書。"

按："慈州刺史張汶"，新書卷二一四劉悟傳作"都將張問"，通鑑卷二四二作"磁州刺史張汶"，樊川集卷八上李司徒相公論用兵書曰："殺大將磁州刺史張汶，因劫監軍劉承階……汶既因依承階謀，欲殺悟自取，軍人忌怒，遂至大亂，非悟獨能使其如此。"因此，"張汶"應是。"慈州"，樊川集卷八上李司徒相公論用兵書作"磁州"，此文還曰："唯昭義一軍於臨城縣北同果堡下大戰。"據此可得知此戰事發生在臨城縣北，靠近臨城縣乃磁州，因此，"磁州"爲是。關於二者所述不同，此爲敘述角度不同而致。

龐玉傳

故授玉領軍、武衛二大將軍……出爲梁州總管……徙越州都督。（第五五四七頁）

會稽志卷二：按唐太守題名"武德元年自右衛將軍授，二年七月移揚州都督"，與此不合。

按：出爲梁州都督及平獠之事，冊府卷三六五亦載。據通鑑卷一八六，武德元年，龐玉爲右武侯大將軍。通鑑卷一八七曰："（武德二年十月）癸卯，以左武候大將軍龐玉爲梁州總管。"疑會稽志有訛脱。

黃碣傳

徙婺州，治有績，劉漢宏遣兵攻之，兵寡，不可守，棄州去，客蘇州。（第五五六一頁）

新書考異卷一六：按僖宗紀中和四年婺州將王鎮執其刺史，黃碣叛降於董昌。此傳云棄州去，則未嘗被執也。

按："攻之"非"攻黃碣"，乃"王鎮"，新紀卷九曰："婺州將王鎮執其刺史黃碣，叛附于董昌。"通鑑卷二五五曰："婺州人王鎮執刺史黃碣，降于錢鏐，劉漢宏遣其將婁資殺鎮而代之，浦陽鎮將蔣瓌召鏐兵共攻婺州，擒資而還。"吳越備史卷一曰："婺州王鎮執刺史黃碣，請降於王。漢宏聞之，使其下婁資殺鎮而代之。"因此，新傳記載頗誤，乃爲王鎮攻黃碣，劉漢宏攻王鎮。

卷一九四

陽城傳

薛約者，狂而直，言事得罪，謫連州。吏捕跡，得之城家。城坐吏於門，引約飲食訖，步至都外與別。帝惡城黨有罪，出爲道州刺史，太學諸生何蕃、季償、王魯卿、李讜等二百人頓首闕下，請留城。……蕃，和州人……蕃居太學二十年，有死喪無歸者，皆身爲治喪。償，魯人。魯卿，第進士，有名。（第五五七一至五五七二頁）

餘瀋卷二遮留陽城之太學生：舊唐書一九二陽城傳："出爲道州刺史。太學生王魯卿、季償等二百七十人詣闕乞留。"元龜六〇〇引此，作："太學生魯郡李賞等二百七十人"。按河東集九陽城遺愛碣云："太學生魯郡季儻、廬江何蕃等百六十人，投業奔走，稽首闕下，叫閽籲天，願乞復舊。"舊注"儻"一作"償"（考異一九引作"償"），參合比觀，知無論爲季儻、季償或李賞，實爲同一姓名之訛轉。舊傳之"魯卿"，必魯郡之訛，"王"字殆"生"之衍文。詎新書一九四城傳竟云："太學諸生何蕃、季儻、王魯卿、李讜等二百人，頓首闕下請留城。"于季儻、何蕃而外，復重出王魯卿、李讜，蓋雜采柳集、舊傳，堆砌成文，絕不稍加考索也。河東集三四與太學諸生注作"諸生何蕃、李儻、王魯卿、李譚"，蓋引新傳而再訛"讜"爲"譚"者。季儻之名，有"儻"、"償"、"賞"、"讜"四樣寫法，今石碣已亡，難言其孰是。姓又有"季"、"李"兩寫，考廣韻李姓十二望，無魯郡，季出於魯之季友，柳文廬江爲何姓望，則魯郡亦當指郡望言之，故知作"李"者誤。或云，新傳稱"魯卿第進士，有名"，譏余以魯卿爲魯郡之妄。然太學生留城，必有其率領者，宗元舉何蕃、季儻，而舊傳洽有字極相類之季償，一可疑也；元龜六〇〇實轉錄舊書——否則亦必同其史源，而元龜固作魯郡李賞，二可疑也；"卿"字除去左旁，甚類"郡"字，三可疑也。

按：據岑文我們可知"太學生魯郡"到舊傳訛爲"太學生王魯卿"，

而新傳，由於其雜采柳集、舊傳則訛爲"何蕃、季償、王魯卿、李儻"四人，到與太學諸生注則又訛爲"何蕃、李儻、王魯卿、李譚"。此事東雅堂昌黎外集注卷九順宗實錄卷四亦載，曰："有薛約者，嘗學於城，狂躁以言事，得罪將徙連州，客寄有根蒂，吏縱求得城家。坐吏於門，與約飲決別，涕泣送之郊外。德宗聞之，以城爲黨罪人，出爲道州刺史，太學生魯郡李儻等二百七十人詣闕乞留，詣闕乞留住，數日吏遮止之，疏不得上。"以上文字與舊書陽城傳基本相同，則舊書陽城傳應據順宗實錄改寫而成，但此太學生則爲李儻。檢聞人詮刻本舊書乃作"太學生魯郊、季償等二百七十人詣闕乞留"，再檢百衲本舊書，爲"太學生魯郡季償等二百七十人詣闕乞留"，此與陽城遺愛碣"太學生魯郡季償"相吻合。百衲本本卷末有"左奉議郎充紹興府府學教授朱倬校正"，由此可知本卷百衲本底本乃南宋紹興越州殘刻本。疑舊書原本應爲"太學生魯郡季償"，到聞人詮刻本則訛爲"太學生魯郊季償"。殿本參校新書，妄改爲"太學生王魯卿季償"，中華本以出於殿本的懼盈齋本爲底本，從而又致誤。舊書之"魯郡季償"，由此可以反證出舊書撰者所見之順宗實錄應爲"太學生魯郡季償"。再考新傳之王魯卿，檢昌黎先生文集外集卷九順宗實錄曰："太學王魯卿、李儻等二百七十人詣闕乞留。"新刊經進詳注昌黎先生文集本、朱文公校韓昌黎先生集本亦同。由此可以推出，"太學王魯卿李儻"乃"太學生魯郡李儻"之誤，疑"生"寫作"王"後，人們考慮"王魯郡"不通，便疑"郡"爲"卿"，岑氏亦曰："'卿'字除去左旁，甚類'郡'字。"遂改作"卿"字。據上可推，新書在撰寫時，首先據舊書，同時參考了陽城遺愛碣，於是增加何蕃，再之又參考了已經訛誤的版本順宗實錄，以至衍出李儻、王魯卿二人。按季償、季儻、李償、李儻、李賞究竟何者爲是呢，餘潘曰："季儻之名……宗元舉何蕃、季儻……"可見岑氏雖未下定論，而是默認季儻爲是。通檢文獻，季償、季儻、李償、李儻，除此事之外，餘暫未發現其他記載。李賞，舊書卷一六六元稹傳曰"有李賞者，知于方之謀，以稹與裴度有隙，乃告度云云"，此事發生于長慶二年以後，距太學生爲陽城請命之貞元十五年已近二十五年，以時間推之，似爲遠矣。對於李姓，據上文岑氏郡望所推，可知爲誤。對於岑氏一疑"宗元舉何蕃、季儻"，參陽城遺愛碣亦有版本作"何蕃、季償"；而二疑，元龜應不是來源於舊傳。季償、季儻又何者爲是呢？首先，據上文可知，舊傳作"季償"，四庫本柳河東集陽城遺愛碣作"季償"，與舊傳相吻合，四庫本爲內府藏本，解題曰：："此四十五卷之本出自穆修家，云即禹錫原本……政和中，胥山沈晦取各本參校，獨據此本爲正，而以諸本所餘者別作外集二卷。"新書撰寫之時又重新參考了此碣文，並未修做"季儻"，可見新書修訂者所見應爲"季償"，通鑑考異卷一九引用此碑文亦曰："太學生魯郡季償。"因此陽城遺愛碣的最初版本應以"季償"爲是。其次，由上文可知舊傳來源於順宗實錄，那麼可推知修舊書之時，其撰者所見順宗實錄應爲"太學生魯郡季償"，而現存之順宗實錄亦有作"太學生魯郡李償"之明證，如新刊五百家注音辨昌黎先生文集外集卷九順宗實錄于"太學王魯卿、李儻等"下雙行小注曰："一本'王'作'生'、'卿'作'郡'、'儻'作'償'。"可以肯定的說，南宋時期有一版本順宗實錄乃作"太學生魯郡李償"，這與舊傳之"太學生魯郡季償"基本吻合。第三，冊府作"李賞"，疑"李賞"當爲"李償"之誤，依前推李姓既誤，疑此史料原本作"季償"。據上，作"季償"明矣。關於王魯卿，新書曰："魯卿，第進士，有名。"當爲王魯卿。岑氏曰："譏余以魯卿爲魯郡之妄……又安知非果有王魯卿其人者。"明周嬰則認爲有二王魯卿，其卮林卷一〇曰："一集州刺史沼子，一太學生第進士，有名，見陽城傳。"考新書卷七二宰相世系表，王魯卿乃王綝玄孫，定州刺史王俌孫，集州刺史王沼子，其子有質、丞、寶、賀、贇、賈。王俌，新書卷一一六有傳，"字靈龜……安祿山叛，拜博陵、常山二太守，副河北招討。"王沼，舊書卷一一八楊炎傳曰："道州錄事參軍王沼有微恩於炎，舉沼爲監察禦史。"建中四年九月爲叛賊所殺。據此，其子王魯卿應主要生活于德宗、憲宗時期，疑其中過進士，由於其生平時間與太學生爲陽城請命時間相吻合，疑新傳根據訛本順宗實錄得到王魯卿，便認爲是此王魯卿，進而便將之載入何蕃傳後，至於其是否是太學生，是否參加過爲陽城請命之活動，一切均不得而知了。

司空圖傳

哀帝弒，圖聞，不食而卒，年七十二。（第五五七四頁）

十七史商榷卷九二：王禹偁五代史闕文……云："梁祖受禪，以禮部尚書徵，辭以老疾，卒時年八十餘。"……亦當以闕文爲正。

按：舊書卷一九〇下司空圖傳作"七十二"。

卷一九五

武弘度傳

武弘度，士彟兄之子。（第五五八一頁）
餘審卷一武弘度異名複傳：武弘度，舊書無傳，唯元龜七五七云……今新書一九五弘度傳，蓋即據是以增編者。考新書七四上，士讓子弘度，字懷運……又舊書一八三武承嗣傳："乾封年，惟良與弟淄州刺史懷運以岳牧集於泰山之下……"新書即立弘度傳而不記其終官及誅死，二〇六外戚傳又採入舊書懷運之事，皆由不知弘度、懷運本是一人。

宋思禮傳

宋思禮，字過庭，事繼母徐為聞孝，補蕭縣主簿。（第五五八一頁）
餘審卷一宋思禮傳：舊唐書疑義四："毛奇齡蕭山縣志刊誤云，唐宋思禮字過庭，廣平人。……但舊唐書云'補蕭縣主簿'，蕭屬徐州，遂有疑非吾地者。……後檢文苑英華，知頌文中有蕭尉柳晃，英華作'前尉'，且注云，'前'，集誤作'蕭'，始悟集中'蕭'字乃'前'字之誤……乃今舊書並無有宋思禮傳……"余按舊書確無宋思禮傳，唯新書卷一九五孝友傳中有之……

裴敬彝傳

（裴敬彝）父智周，補臨黃令。（第五五八二頁）
合鈔卷二四五：（舊書卷一八八裴敬彝傳曰："父智周，時為內黃令。"）新書作"臨"，誤。

中華本新書校記:"臨黃",舊書卷一八八裴敬彝傳及御覽卷四一三作"內黃"。

張琇傳

永徽初,同官人同蹄智壽,父爲族人所害。(第五五八五頁)

新書考異卷一一:智壽兄弟,舊史姓周,而新史作"同蹄"。同蹄,羌複姓,此必校書家不學,以"同"與"周"字形相似而妄改耳。

按:"同蹄智壽",冊府卷八九六同,舊書卷一八八有周智壽傳,按重修廣韻卷一曰:"羌複姓有同蹄氏,望在勃海。"而冊府卷八九六内容與舊傳相同,只是姓爲"同蹄"。疑錢氏所說爲是。

卷一九六

盧鴻傳

盧鴻字顥然。(第五六〇三頁)

困學紀聞卷一四：石林序盧鴻一草堂圖云"唐舊史鴻一蓋二名，與中嶽劉真人碑書合。新史刪去一字，不知何據，當以舊史爲正。"愚按南齊張融曰："昔有鴻飛天，首積遠難明，越人以爲鳧，楚人以爲乙，人自楚、越，鴻常一耳。""鴻一"之義取於此。"

按："盧鴻"，舊紀卷八、冊府卷九八、通鑑卷二一二同，舊傳、舊書卷一九一、御覽卷五〇六、冊府卷八一〇、八六一作"盧鴻一"，通鑑考異卷一二曰："舊傳作'盧鴻一'，本紀、新傳皆作'鴻'，按中岳真人劉君碑云'盧鴻撰'，今從之。"

卷一九七

李素立傳

曾祖義深，仕北齊爲梁州刺史。父政藻，爲隋水部郎，使淮南，死於盜。（第五六一九頁）

糾謬卷九李素立世系不同：今按宰相世系表政藻乃素立之伯父，爲宜州長史；政期乃素立之父，爲水部郎中，與傳不同，未知孰是。又按隋朝諱忠，凡郎中皆無中字，今此本有之，亦恐誤也。

按：新傳是襲舊書卷一八五上李素立傳而來，疑表是。

薛大鼎傳

鄭德本在瀛州，賈敦頤爲冀州。（第五六二一頁）

合鈔卷二三九：（舊書卷一八五薛大鼎傳作"瀛州"。）新書"冀州"，誤。

按：舊傳曰"瀛州刺史賈敦頤，曹州刺史鄭德本"，御覽卷二五八及七五七、冊府卷六七七均爲"瀛州刺史賈敦頤，冀州刺史鄭德本"，新書本卷及舊書卷一八五上賈敦頤傳亦曰其爲瀛州刺史。因此，舊傳"冀州"誤書作"曹州"，新傳此處爲兩州名倒訛。

賈敦頤傳

賈敦頤，曹州冤句人。（第五六二二頁）

金石錄卷二五唐洛州刺史賈公清德頌："……蒲州刺史賈敦賾，体業強正，識用優敏"。蓋其名乃敦賾也。又武后實錄敦實傳中亦作"敦賾"，以此知唐史傳寫之誤。

韋丹傳

乃拜晉慈隰州觀察使，封咸陽郡公。（第五六三〇頁）

新書考異卷一六："咸陽"，當作"武陽"。

按：錢氏是，東雅堂昌黎集註卷二五唐故江西觀察使韋公墓誌銘曰："拜晉慈隰等州觀察使御使，自扶風縣男進封武陽郡開國公，食邑二千戶。"

韋岫傳

宙在嶺南，以從女妻小校劉謙，或諫止之，岫曰："吾子孫或當依之。"（第五六三二頁）

新書考異卷一六：此事又見劉知謙傳，本名知謙而云謙者，疑後人避漢祖諱去之。

互證卷一八：按劉知謙傳已載此事，彼傳以爲宙語，此以爲岫語，互異。

按："岫曰：'吾子孫或當依之。'"舊五代史卷一三五劉陟傳爲韋宙所曰。通鑑考異卷二五曰："北夢瑣言曰：'丞相韋公宙出鎮南海，有小將劉謙者……乃以從女妻之……諸幕僚諫止之，丞相曰："此人非常流也，佗日吾子孫或可依之。"……'十國紀年曰：'劉謙望字德光，亦名知謙，後止名謙，唐咸通中爲廣州牙將，韋宙以兄女妻之。'"

卷一九八

儒學傳序

文宗定五經，鏤之石，張參等是正訛文。（第五六三七頁）

新書考異卷一六：參，代宗時人，非文宗時。

按：舊書卷一三一李勉傳曰："禮賢下士，終始盡心，以名士李巡、張參爲判官。"卷一五九鄭絪傳曰："絪少有奇志，好學善屬文，大曆中有儒學高名，如張參、蔣乂、楊綰、常袞，皆相知重。"因此，張參爲大曆名士。考劉禹錫集卷八國學新修五經壁本記："初，大曆中，名儒張參爲國子司業，始定五經，書于論堂東西廂之壁，……揭揭高懸。積六十歲，崩剥汙衊，渙然不鮮。"因此，大曆中張參書寫五經六十年後，乃崩剥，於是文宗時重新壁書。

孔穎達傳

孔穎達字仲達，冀州衡水人。（第五六四三頁）

集古錄卷五唐孔穎達碑：碑云"字沖遠"。

十七史商榷卷八四：新舊皆云"字仲達"，而本碑云"字沖遠"，此以字相似而誤也。

帝問："孔子稱'以能問於不能，以多問於寡，有若無，實若虛'，何謂也？"對曰："此聖人教人謙耳。"（第五六四四頁）

糾謬卷一一孔穎達傳誤：今按論語，此乃曾子之語，非孔子所言也，太宗誤問而穎達誤對，史臣誤書也。

互證卷一八：按舊書作"太宗問論語"，而穎達所對亦云聖人設教，欲人謙光。又考新書獨孤及傳亦稱孔子云"以能問於不能"，可見唐人皆以此爲孔子之言，吳氏未之知也。

  按：貞觀政要卷六曰：“貞觀三年，太宗問給事中孔穎達曰：‘論語云"以能問於不能，以多問於寡，有若無，實若虛"，何謂也？'穎達對曰：‘聖人設教，欲人謙光……'"舊書卷七三孔穎達傳亦同。此應爲新書修撰者誤書爾。

  穎達子志，終司業。（第五六四四頁）
  潛研堂金石文跋尾卷四曲阜憲公孔穎達碑：穎達長子名志元，碑與表同，而傳但作‘志'，蓋避宋人諱，去下一字。

張後胤傳

  張後胤字嗣宗，蘇州崑山人。（第五六五〇頁）
  石墨鐫華卷二唐尚書張後胤碑：碑額題"故禮部尚書"，碑已殘，其可讀者有云"故金紫光祿大夫張胤"，有云"二十三年除散騎常侍，出陪鸞輅"；有云"第四子巽、第六子小師并早亡，第五子律師泗州司馬"云云。考唐史儒學傳有張後胤，即其人，而碑曰張胤，豈字後胤耶？舊史無字，而新唐書曰"字嗣宗"，然則"後"字衍耶？

  按：新書張後胤傳，其字嗣宗，曾任散騎常侍。碑云"第四子巽、第五子律師、第六子小師"，與新書卷七二下宰相世系表同。因此，二者應爲同一人。

蕭德言傳

  蕭德言字文行，陳吏部郎引子也。（第五六五三頁）
  糾謬卷九蕭至忠父引官誤：今按宰相世系表引爲陳吏部侍郎，又按南史引歷官金部、庫部、中書、黃門、吏部侍郎，則是新書傳之誤也。
  互證卷一八：按蕭德言傳，吳氏誤作蕭至忠傳。

卷一九九

徐齊聃傳

時姑爲帝婕妤，嫌以恩進，故求出爲桃林令。（第五六六一頁）

糾謬卷四賢妃徐惠爲齊聃姊又爲姑：子堅傳末又云："齊聃姑爲太宗充容，仲爲高宗婕妤。"今按后妃傳云："太宗賢妃徐惠，太宗召爲才人，再遷充容，卒，贈賢妃。惠之弟齊聃，（齊聃）子堅，皆以學聞，女弟爲高宗婕妤。"然則徐齊聃在本傳則爲賢妃、婕妤之姪，而堅爲姪孫，在賢妃傳則齊聃乃賢妃、婕妤之弟，而堅乃姪也，未知何者爲是。

按："時姑爲帝婕妤"，舊書卷一九〇上徐齊聃傳云："父孝德，以女爲才人，官至果州刺史。"文苑英華卷八九四西臺舍人贈泗州刺史徐府君碑曰："公諱齊聃……以公考果州府君，高學才華，香名省闥，武帝賢妃，姊也；大帝婕妤，妹也。"因此，新書后妃傳爲是。

殷踐猷傳

與賀知章、陸象先、韋述最善，知章嘗號爲"五總龜"，謂龜千年五聚，問無不知也。（第五六八三頁）

野客叢書卷三〇五總龜九齡：而顏真卿所撰踐猷墓碑曰："顏元孫、韋述、賀知章、陸象先與踐猷凡五人相聚，故曰'五總龜'。"其說不同。

按：顏魯公集卷一一殷君墓碣銘曰："與賀知章、陸象先、我伯父元孫、韋述友善，賀呼君爲'五總龜'，以龜千年五聚，問無不知也。"顏魯公集卷九顏君神道碑銘又曰："我伯舅聰明純粹，博學稽古，相國陸象先、祕書監賀知章愛我世父濠州刺史元孫府君友善，呼爲'五總龜'，龜千年而五總，問無不知也。"

卷二〇〇

褚遂良傳

乃選郗常亨、郭謙光、潘元祚等爲太子、諸王侍讀。（第五六八九頁）

互證卷一八：舊書作"郗恒通"。按唐穆宗名恒，諱"恒"爲"常"，肅宗名亨，諱"亨"爲"通"，二書似各諱其一。又按宋自當諱"恒"，其名當是郗恒亨也。

元行沖傳

少孤，養於外祖司農卿韋機。（第五六九〇頁）

新書考異卷一六：疑即弘機，避諱省上一字。

陸堅傳

有詔起復，遣中官敦諭，不就。（第五七〇四頁）

新書考異卷一六："有詔"之上，當有"親喪"字。

啖助傳

嗚呼！孔子沒乃數千年，助所推著果其意乎？（第五七〇八頁）

糾謬卷五啖助傳贊誤：今按孔子以魯哀公十六年壬戌歲卒，鉅嘉祐五年庚子進新書之歲，止一千五百三十九年。又按啖助以大曆五年庚戌歲卒，止距孔子之卒才一千二百四十九年，今乃云"孔子沒數千年"，無乃誤歟。

按：吳縝將文學之語與考實之語混同。

陳京傳

司馬晉以高皇、太皇、征西四府君爲別廟。（第五七一一頁）

新書考異卷一六：按晉初追尊宣帝以上四親，所謂征西、豫章、潁川、京兆四府君也，曷嘗有高皇、太皇之稱乎？詳其文義，則"司馬晉"之上，當有"曹魏"二字。魏明帝嘗追尊武帝父嵩爲太皇帝，祖騰爲高皇帝也。魏以武帝爲太祖，而高皇、太皇在別廟，晉以宣帝爲太祖，而征西四府君在別廟，正同一例。

互證卷一八：按舊書禮儀志載京此議云："伏請據魏晉舊制爲比，則搆築別室，東晉以征西四府君爲別廟。"唐會要同。其上，亦似脱一句。然東晉下本無"高皇"、"太皇"字，新傳因下文有別廟祭高皇、太皇、征西四府君之語而誤增之。

故有連王廟之制。（第五七一二頁）

新書考異卷一六："王廟"當作"五廟"，下文同。

按："連王廟"，通典卷五〇作"違王廟"，下文同；舊書卷二六禮儀作"違五廟"，下文同；唐會要卷一三作"連五廟"。疑"違五廟"是。

天子尚尤豫未剛定。（第五七一五頁）

糾謬卷二〇陳京傳：今按尤字必誤，合是冘字，如馬璘傳"諸將冘疑"，張文瓘傳"冘豫少決"，李抱真傳"内冘豫"，皆與此同意也。

卷二〇一

袁朗傳

袁朗，其先雍州長安人，父樞，仕陳爲尚書左僕射。（第五七二六頁）

糾謬卷七袁朗鄉里：今按朗之先出於後漢司徒滂，而後漢靈帝紀："光和元年二月癸丑，光祿勳陳國袁滂爲司徒。"此袁滂爲陳國人，而初見於漢史甚明者也，至其子渙仕魏爲郎中令，本傳亦云陳郡扶樂人，至渙曾孫瓌，仕東晉，本傳亦云陳郡陽夏人，瓌族孫湛仕宋，本傳亦云陳郡陽夏人。其後湛之一族，如淑、洵、濯、顗、覬、粲、昂、彖、君正、敬、憲、樞、朗，凡累世，皆仕江左，無入北爲官者。至陳亡，朗始仕隋耳，故昂嘗自稱"陳國賤男子"。然則朗之先世皆本諸陳國，未嘗遷徙。今新史乃云其先雍州長安人，未審自何得之，豈非失其實歟？

按：舊書卷一九〇上袁朗傳曰："袁朗，雍州長安人，陳尚書左僕射樞之子。其先自陳郡仕江左，世爲冠族，陳亡，徙關中。"由此而推，"雍州長安"是其所居之地。吳縝曰"新書皆本其先里"，此爲誤。如殷開山，新書卷九〇於其本傳曰："世居江南，祖不害，仕陳爲司農卿，陳亡，徙京兆爲鄠人。"又如韓愈，卷一七六其傳亦曰其"鄧州南陽人"，改其舊傳昌黎郡望。

主簿薛收、李道玄。（第五七二七頁）

糾謬卷一一袁朗傳誤：今按太宗文學館學士姓名中，止有主簿李玄道，而無李道玄，且又玄道自有本傳甚明，此作道玄蓋誤也。

按：舊書卷七二李玄道傳曰："東都平，太宗召爲秦王府主簿、文學館學士。"本書卷一〇二及舊書卷七二褚亮傳、通鑑卷一八九記秦王府十八學士亦曰"主簿李玄道"，應是。

典籤蘇幹。（第五七二七頁）

新書考異卷一六：按蘇幹傳云："父勖，武德中爲秦王諮議、典籤、文學館學士。"又褚亮傳載秦府十八學士亦有蘇勖而無蘇幹，則"幹"乃"勖"字之譌。

自滂至朗凡十二世，其間位司徒、司空者四世，淑、顗、察皆死宋難，昂著節齊、梁時。（第五七二七頁）

糾謬卷六袁朗傳袁粲名誤：今按袁朗之先仕宋而死于國難者有淑、顗、粲三人，然未嘗有名察者，則此言"察"乃"粲"字之誤也。

按：吳縝是，新書卷二〇一袁朗傳襲舊書卷一九〇上袁朗傳之誤。

崔信明傳

崔信明，青州益都人。高祖光伯，仕後魏爲七兵尚書。（第五七三一頁）

合鈔卷二四九：（舊書"光伯曾孫也"。）新書作"高祖"，誤。

互證卷一八：舊書"光伯曾孫也"。按世系表是光伯曾孫。

按：舊書卷一九〇上崔信明傳曰："崔信明……後魏七兵尚書光伯曾孫也，祖紹，北海郡守。"按魏書卷六六崔光伯傳曰："子滔，武定末殷州別駕。"紹滔應爲一人，因此，崔光伯爲崔信明之曾祖。

崔行功傳

崔行功，恒州井陘人。……行功兄子玄暐，別有傳。（第五七三四至五七三五頁）

糾謬卷七崔行功鄉里：今按玄暐傳則云"博陵安平人"，二者不同，未知孰是。又按宰相世系表，崔損亦行功族也，而損傳亦云系本博陵，無乃博陵者是耶？或者系望博陵，而實則恒州耶？不可得而知。然史家止當考按從一，不可二者皆存而無辯也。

按：舊書卷一九〇上崔行功傳云："崔行功，恆州井陘人，北齊鉅鹿太守伯讓曾孫也，自博陵徙家焉。"因此，"博陵"爲其郡望。

祖謙之，仕北齊，終鉅鹿太守。（第五七三四頁）

糾謬卷九崔行功祖表傳不同：今按宰相世系表行功曾祖名伯謙，字士遜，而無名謙之者，與傳不同，未知孰是。

互證卷一八：舊書"北齊鉅鹿太守伯讓曾孫也"。按行功傳末云："兄子元暐，別有傳。"新舊書皆同，以世系表考之，元暐高祖名伯謙，則當爲行功曾祖也，舊書不誤。而名伯讓，考北史伯謙字士遜，與世系表合，其弟名仲讓，則舊傳作"伯讓"亦誤。

按：崔伯謙，北齊書卷四六有傳，曰："崔伯謙字士遜……除南鉅鹿守。"

王勃傳

客劍南，嘗登葛憒山曠望，慨然思諸葛亮之功。（第五七三九頁）

糾謬卷二〇王勃傳：今按地理志，彭州九隴縣有葛璝山，作"憒"者誤也。

勃往省，度海溺水，瘁而卒，年二十九。（第五七三九頁）

新書考異卷一六：楊盈川撰勃文集序云"春秋二十有八，卒於上元三年八月"。

按：舊傳作"二十八"。

王勮傳

勮，長壽中爲鳳閣舍人，壽春等五王出閣，有司具儀，忘載册文，群臣已在，乃悟其闕，宰相失色。勮召五吏執筆，分占其辭，粲然皆畢，人人嗟服。（第五七四一頁）

糾謬卷三王勮傳以壽春等五王降封入閣爲出閣：今按寧王憲傳云：

"憲初名成器。文明元年，武后以睿宗爲皇帝，故憲立爲皇太子，睿宗降爲皇嗣，更册爲皇孫，與諸王皆出閣，開府置官屬。長壽二年，降王壽春，與衡陽、巴陵、彭城三王同封，復詔入閣。"此三王同封之文，當作四王，蓋史氏誤，不載臨淄郡王一人耳，其説見別篇。又按武后紀："長壽二年臘月丁卯，降封皇孫成器爲壽春郡王，恒王成義衡陽郡王，楚王隆基臨淄郡王，衛王隆範巴陵郡王，趙王隆業彭城郡王。"然則王勵傳所謂長壽中壽春等五王事即此是也。推考紀、傳乃是五王降封而復入閣，勵傳以爲出閣，則失其實也。

　　互證卷一八：按此新書承舊書之文，然觀舊書云"五王初出閣"，似實爲出閣也。考舊書元宗本紀云："天授三年出閣，尋却入閣，長壽二年改封臨淄郡王，聖曆元年出閣。"以曾兩出閣，故云"初出閣"，天授無三年，即長壽元年，且其文又似入閣，而後降封，則非獨出閣時，不當云"壽春五王"，即入閣時，亦不當云"壽春五王"也。恐其誤不在出閣，而在"壽春五王"之稱耳，後又見唐會要載此事爲天授元年，則爲出閣無疑。恐舊本紀誤以元年爲三年，傳又因三年而誤易爲長壽中也，會要當得其實。

　　按：互證爲是。舊書卷九五讓皇帝憲傳曰："及睿宗降爲皇嗣，則天册授成器爲皇孫，與諸弟同日出閣，開府置官屬。長壽二年，改封壽春郡王，仍却入閣。"新紀卷四曰："（天授元年九月乙酉）降皇帝爲皇嗣，賜姓武氏，皇太子爲皇孫。"因此，出閣日當在天授元年，并在九月乙酉後。唐會要卷五五曰："天授元年，壽春郡王成器兄弟五人初出閣，同日受册。有司授選儀注，忘載册文……中書舍人王勵立召小吏五人……"與新傳略同。考舊書卷九五睿宗諸子傳，讓皇帝憲、惠文太子範、惠宣太子業均曰長壽二年入閣。因此，天授元年出閣，長壽二年入閣，後復出閣。新傳此敍乃未詳考，張冠李戴爾。

盧照鄰傳

照鄰，字昇之，范陽人。（第五七四二頁）
　　金石錄卷二四唐黎尊師碑：題云"盧子昇字照鄰撰"，按唐史盧照鄰字昇之，與此碑不合，蓋唐初人多以字爲名尔，至以子昇爲昇之，則疑史之誤。
　　按：舊書卷一九○上盧照鄰傳、朝野僉載均曰"盧照隣字昇之"。

卷二〇二

孫成傳

子公器，亦至邕管經略使。（第五七六一頁）

合鈔卷二五〇：（舊書卷一九〇中孫逖傳曰："宿子公器。"）新書"成子"，誤。

按：元和姓纂卷四曰："宿，中書舍人，華州刺史，生公器，邕州經略使。"唐代墓誌彙編大中一六三樂安孫府君墓志銘並序曰："大父府君諱宿，皇朝中書舍人，華州刺史；烈考府君諱公器，皇朝邕管經略招討等使、御史中丞。"舊傳、新書卷七三下宰相世系表，公器亦爲宿之子。

王維傳

縉爲蜀州刺史未還，維自表："己有五短，縉五長，臣在省戶，縉遠方，願歸所任官，放田里，使縉得還京師。"議者不之罪。久乃召縉爲左散騎常侍。（第五七六五頁）

糾謬卷一九王維王縉兄弟：今按縉傳云："祿山亂，擢太原少尹，佐李光弼，以功加憲部侍郎，遷兵部。史朝義平，詔宣慰河北，使還有指，俄拜黃門侍郎、同中書門下平章事。"則縉未嘗歷爲蜀州及常侍，此可疑者一也。又縉傳云："祿山亂，擢太原少尹，佐李光弼，以功加憲部侍郎，遷兵部。史朝義平，詔宣慰河北。"而維傳云："維以上元初卒。"今按祿山以天寶十四載作亂，與其子慶緒及史思明及其子朝義相繼叛逆，至代宗廣德元年而朝義平，中間歷天寶十五載……廣德元年，是年春，史朝義死，縉宣慰河北。是時，維之卒已久矣。自丙申至庚子，五六年之間，縉未嘗有入蜀及爲常侍之事，此可疑者二也。又維傳云："祿山反，維爲賊得，迫爲給事中。賊平，皆下獄。時縉位已顯，請削官贖維罪，肅宗亦自憐之，下遷太子中允。久之，遷中庶子，三遷尚書右丞。"今按安祿山以天寶十五載六月陷京師，至至德二載九月復京師，十月復東京，凡陷賊官下獄，當在此際，方是時，縉官位已顯，則何由復有爲蜀州刺史等事，此可疑者三也。由是言之，維傳所言殆皆無之。

互證卷一八：按舊書王縉傳云"加憲部，兼本官，入拜國子祭酒，改鳳翔尹、秦隴州防禦使，歷工部侍郎、左散騎常侍，屬平殄史朝義"云云。據錢氏言"維表稱縉在太原五年"，則入爲國子祭酒，改鳳翔尹、秦隴州防禦使，此與蜀州刺史或即是一事。當即在己亥、庚子之間。

按：文苑英華卷六一一載王維責躬薦弟表曰："臣弟蜀州刺史縉，太原五年撫養百姓，盡心爲國，竭力守城，臣即陷在賊中，苟且死命，臣忠不如弟一也；縉前後効任，所在著聲，臣忝職甚多，曾無裨益，臣政不如弟二也；臣頃負累，狀在三司，縉上表祈哀，請代臣罪，臣之於縉，一無優恤，臣義不如弟三也。"舊書卷一一八王縉傳曰："祿山之亂，選爲太原少尹，與李光弼同守太原，功效謀略，眾所推先，加憲部侍郎，兼本官。時兄維陷賊，受僞署，賊平，維付吏議，縉請以己官贖維之罪，特爲減等。縉尋入拜國子祭酒，改鳳翔尹、秦隴州防禦使，歷工部侍郎、左散騎常侍。"新書卷一四五王縉傳曰："祿山亂，擢太原少尹，佐李光弼，以功加憲部侍郎，遷兵部，史朝義平，詔宣慰河北。"舊書王維傳曰："會縉請削己刑部侍郎以贖兄罪。"責躬薦弟表曰其弟太原五年撫養百姓，安史之亂開始于天寶十四載，假設於同年王縉任太原少尹，那麽，於太原任職五年後則爲乾元二年，舊書王縉傳曰"加憲部郎中，兼本官"，因此王縉後任憲部侍郎、兵部侍郎、刑部侍郎，疑均爲太原少尹兼。據其上可推出，乾元二年左右調王縉爲蜀州刺史，王維上書，便改授左散騎常侍，而平定史朝義則爲以後之事，疑未正式到蜀州上任，故新舊書王縉傳則略去，而舊書王縉傳只簡單提及歷工部侍郎、左散騎常侍。因此，糾謬所推誤矣。

客有以按樂圖示者，無題識，維徐曰："此霓裳第三疊最初拍也。"客未然，引工按曲，乃信。（第五七六五頁）

學林卷五霓裳羽衣曲：李肇國史補曰："客有以按樂圖示王維，維曰：'此霓裳第三疊第一聲也。'客引工按曲，乃信。"今新唐書王維傳亦載此事，蓋用國史補語也。觀國竊謂圖畫奏樂者皆但能舉一聲，豈知其爲霓裳第三疊第一聲也？沈存中亦嘗辨之，蓋國史補雖唐人小説，然其記事多不實。

按：夢溪筆談卷一七對國史補之文字亦作懷疑。疑事有其事，但具體細節方面出錯。

蕭穎士傳

蕭穎士，字茂挺。（第五七六七頁）

糾謬卷九蕭頴士：今按新史中皆作"穎"，惟藝文志第五十內作"頴"，未知孰是。

按：蕭穎士之"穎"寫法頗混，新舊書三者寫法均有，以"穎"爲主，如舊書卷一九○下蕭穎士傳作"穎"，但新傳作"頴"。

宰相李林甫欲見之，穎士方父喪。（第五七六八頁）

習學記言序目卷四三：昌黎作諍臣論，年甚少，是時意盛，謂天下事但當如是爲之，及出入憂患，終不能有所爲，去陽城遠矣。……蕭穎士仕不爲己，而以誨俗進人爲任，蓋又其次也。其與李林甫相失事，新舊史載不同，以其所立考之，舊史妄矣。然舊史言穎士以縗服至政事堂，爲林甫所逐，不過門生賓客下俚謗讟之辭，自無足辨。而新史乃稱"宰相李林甫欲見之，穎士方父喪，不詣。林甫嘗至故人舍邀穎士，穎士前往，哭門內以待，林甫不得已前弔乃去，怒其不下已"云云，疑亦出於門人所傳，非其實也。蓋以今準古，宰相至故人舍求見名士，大爲難事。戰國相傾，容或有之；田蚡過竇嬰，同列尚不肯，遂成死禍；侯霸召見嚴光，光報以腰領絕，霸怒，封奏其書，然則雖古宰相，亦未必肯下士也。自"父喪不詣"以下，當削去別修。

按：舊傳曰："李林甫採其名，欲拔用之，乃召見。時穎士寓居廣陵，母喪，即縗麻而詣京師，徑謁林甫于政事省。林甫素不識，遽見縗麻，大惡之，即令斥去。"御覽卷九六九亦載，與新傳頗不同。因話錄卷三有辨析，曰："或傳功曹爲李林甫所召，時在禫制中謁見林甫，薄之不復用，蕭遂作伐櫻桃樹賦以刺，此蓋不與者所誣也。功曹孝愛著於士林，李吏部華稱其冒難葬親，豈有越禮之事？此事且下，蕭公數等者不爲。余嘗聞外族長老説，林甫聞功曹名，欲見之，知在艱棘。後聞禫制已畢，令功曹所厚之人導意，請於蕭君所居側僧舍一見，遂許之。林甫出中書至寺，自以宰輔之尊，意謂功曹便於下馬處趨見，功曹乃於門內哭以待之，林甫不得已前弔，由此怒其恃才，敢與宰相敵禮，竟不問。後余見今丞相崔公鉉説正同。"

卷二〇三

崔元翰傳

李華字遐叔，趙州贊皇人。（第五七七五頁）

十七史商榷卷八三：考朱文公校昌黎先生集卷二十四李元賓墓銘云"李觀，字元賓，隴西人"，則非趙郡甚明。其下文又言"觀登進士第，舉宏辭，爲太子校書郎"，新書文藝傳皆與之合……乃文藝傳先言"李華，趙州贊皇人"，是趙郡矣，其下文言"從子觀，字元賓"云云，不合一也。文藝傳華曾祖太沖，今世系表趙郡東祖下，太沖雖爲華曾祖一行，而華曾祖自名贊王，太沖曾孫中無華，不合二也。文藝傳太沖官祠部郎中，華官右補闕，而世系表太沖官雍王友，華無位，不合三也。表、傳抵牾如此。

按："趙州贊皇"，唐文粹卷九二唐左補闕李翰前集序同。考世系表，希禮生孝貞、孝基、孝俊、孝威、孝衡，孝俊生壽王、勤王、觀王、贊王。贊王，蘭州長史，濮陽男，其三子處義，都水使者，生楚，楚生華，明顯，此李華非字遐叔之李華。孝威生大真、太初、太沖，據此，疑大真應作太真；太沖，雍王友，生固、隆業、嗣業，嗣業生虛己、恕己，恕己生華，字遐叔，吏部員外郎。王鳴盛將二李華相混，故致此誤。李觀之籍貫，因其早死，生平材料缺乏，韓愈所記可否，不得而知。

父良佐，與齊國公日用從昆弟也。（第五七八三頁）

糾謬卷四崔良佐傳誤：藝文志："崔良佐三國春秋。"注云："良佐，深州安平人，日用從子。"今按崔日用傳，乃滑州靈昌人。而又崔元翰傳述良佐云"與日用從昆弟也"。此二傳鄉里宗族與藝文志不同，未知孰是。然以宰相世系表考之，則良佐乃日用之再從姪，以是言之，則從子者是而從昆弟者誤歟？

知本糾謬錢氏注：博陵安平，崔之族望，靈昌蓋日用所居之地也。世系表曰用出博陵第三房。

按：新唐書卷七二下宰相世系表載崔承摀、日用、日新、日知爲從兄弟，崔良佐爲崔承摀子，以此看，"從子"應是。元和郡縣誌卷二一敘深州安平縣曰："本漢舊縣，屬涿郡，高帝以鄂千秋爲安平侯，後魏以來博陵諸崔即此邑人也。"同卷曰："獲鹿縣：皇唐貴族有土門崔家爲天下甲族，今土門諸崔是也。源出博陵安平。"因此，"安平"爲其郡望。

李賀傳

以父名晉肅，不肯舉進士。（第五七八八頁）

學林卷三史訛：觀國按韓愈諱辨曰："賀舉進士，有與爭名者毀之曰：'賀父名晉肅，不舉進士爲是。'"以此知賀嘗舉進士矣……唐史與諱辨意不同矣。唐人康駢作小說劇談錄曰："元稹以明經擢第，願結交李賀，執贄造賀門，賀覽刺不答，積慚憤而退。稹登要路，因指賀祖稱諱進，不合應進士舉，遂致轗軻。韓愈惜其才，爲著諱辨。"觀國按唐人小說雖未可全信，然記賀事與諱辨合，則知史辭所載未之盡也。

按：韓愈諱辯曰："愈與進士李賀書，勸賀舉進士。舉進士，有名，與賀爭名者毀之曰'賀父名晉肅，賀不舉進士爲是'。"舊書卷一三七李賀傳曰："父名晉肅，以是不應進士，韓愈爲之作諱辨，賀竟不就試。"新書是。

爲協律郎，卒，年二十七。（第五七八八頁）

十七史商榷卷八九：考職官志，太常之屬有奉禮二人，從九品上，協律郎二人，正八品上。李商隱作賀小傳云："生二十七年，位不過奉禮、太常。"賀集有始爲奉禮憶昌谷山居詩，賀未及第，太約不過以恩澤得官，豈能遽正八品上階，當作奉禮爲是，新書亦作協律，誤與舊同。

新書考異卷一六：李賀，卒年二十七。此據杜牧所撰詩集序也。李商隱爲賀小傳，則云生二十四年。

按："二十七"，昌谷集杜牧序、李商隱昌谷集李長吉小傳同，舊傳、太平廣記卷四九所引宣室志作"二十四"。錢大昕曰"李商隱爲賀小傳則云生二十四年"應爲誤。

吳武陵傳

吳武陵，信州人。（第五七八八頁）

新書考異卷一六：按李紳傳："始澧人吳汝納者，韶州刺史武陵兄子也。"汝納既爲武陵兄子，而一稱信州人，一稱澧人，疑有一誤。

按："信州"，河東先生集卷二一濮陽吳君文集序作"濮陽"，魏仲舉注曰："吳君系本濮陽，後居信州。"

李商隱傳

李商隱，字義山，懷州河內人。或言英國公世勣之裔孫。（第五七九二頁）

互證卷一八：舊書"曾祖叔恒、祖俌、父嗣"，新書考異引馮養吾曰："義山詩云'我系本王孫'，又曰'我家在山西'，山西即隴西也，蓋亦涼武昭王之後，非世勣裔也。"按新傳刪舊傳所載世系而引異說爲疑辭，非是。

卷二〇四

李淳風傳

太宗得祕讖，言"唐中弱，有女武代王"。以問淳風，對曰……（第五七九八頁）

陔余叢考卷一一：按是時武后已在宮中，而淳風之言果如此，是明指武姓之女之在宮者，太宗豈不覺悟而尚肯留之？若謂因淳風之言而不殺，太宗以李君羨小名五娘，封武連郡公，其屬邑皆有"武"字，恐其應謠言女武王之語，遂因事誅之，是未嘗不欲除禍根者。何其果于除宮外之功臣，而昧于除宮內之侍妾也？此不過作傳者欲神奇其術而附會之。舊書既載其詳，新書亦全載之，何以無識若此！

張憬藏傳

裴光廷當國，憬藏以紙大署"台"字投之，光廷曰："吾既台司矣，尚何事？"後三日，貶台州刺史。（第五八〇二頁）

新書考異卷一六：按光庭以開元十七年六月入相，二十一年三月薨，初無貶斥之事。後讀劉賓客嘉話錄云："中書令河東公開元中居相位，有張憬藏者能言休咎，一日忽詣公，以一幅紙大書'台'字授公，公曰：'余見居台司，引意何也？'後數日貶台州（長）[刺]史。"李綽尚書故實亦具載斯事，兩書所稱河東公者，張嘉貞也，新史乃以裴光庭當之，謬之甚矣。考嘉貞由中書令罷爲幽州刺史，其後雖貶台州，去作相之日久矣。小說家附會之說，不盡足信。

按："裴光廷"，尚書故實、劉賓客嘉話錄作"中書令河東公"，尚書故實作者自序本書系其於唐末避難莆田時得聞於兵部尚書河東張公，據此，此河東公應非裴光廷。

嚴善思傳

　　重福敗，坐關通論死，吏部尚書宋璟、戶部郎中李邕薄其罪，給事中韓思復固請，乃流靜州。（第五八〇八頁）

　　糾謬卷一一嚴善思傳誤：今按睿宗紀及宰相表、宋璟傳，景雲元年八月，重福以反伏誅，是時璟以檢校吏部尚書、同中書門下三品，則是宰相也，今捨璟宰相不書而載其檢校官，是捨大而錄小，其誤一也。又李邕傳云："重福謀反，邕與洛州司馬崔日知捕支黨，遷戶部員外郎，玄宗即位，召爲戶部郎中。"則是重福反時，邕未爲戶部郎中，其誤二也。

　　按：舊紀卷七曰："（景雲元年）八月癸巳，新除集州刺史譙王重福潛入東都構逆，州縣討平之。"新紀卷五略同，則譙王重福之敗乃景雲元年之時。舊書卷九二韋巨源傳曰："睿宗即位，贈特進、荊州大都督。太常博士李處直議巨源諡曰'昭'，戶部員外郎李邕駁之曰……"新書卷一二三韋巨源傳略同。因此，李邕此時官職應爲戶部員外郎。

姜撫傳

　　撫內慚悸，請求藥牢山，遂逃去。（第五八一二頁）

　　訂訛類編續補卷下：按南史"明僧紹隱于長廣郡之嶗山"，本草"天麻生太山、嶗山諸山"，則字本作"嶗"，若魏書地形志、唐書姜撫傳并作"牢"，乃傳寫之誤。

桑道茂傳

　　（杜佑）俄拜饒州刺史，後終司徒。（第五八一三頁）

　　糾謬卷四杜佑所終之官與桑道茂傳不同：今按佑傳以太保致仕，而終非司徒也。

　　按：舊書卷一四七杜佑傳曰："每入奏事，憲宗優禮之，不名，常呼司徒。……元和七年，被疾，六月，復祈骸骨，表四上，情理切至，憲宗不獲已許之。詔曰：'……金紫光祿大夫、守司徒、同中書門下平章事、兼充弘文館大學士、太清宮使、上柱國、岐國公、食邑三千戶杜佑……可光祿大夫、守太保致仕，宜朝朔望。'"因此，"後終司徒"亦爲有理。

會中和日，泌雖篤，彊入。德宗見泌不能步，詔歸第，卒。（第五八一三頁）

糾謬卷四以三月二日爲中和日：今按李泌請以二月朔爲中和節，帝悦。又按本紀泌以三月甲辰薨，是歲正月甲辰朔，而鄴侯家傳以爲三月二日寒食，而泌力疾赴內宴，不能步，歸而卒。然則泌以三月二日甲辰寒食日薨，而道茂傳以爲中和節日，則誤也。

按：吳縝之說爲是，"中和日"，舊紀卷一三曰："貞元五年春正月壬辰朔。乙卯，詔：'……自今宜以二日一日爲中和節，以代正月晦日，備三令節數，內外官司休假一日。'……三月甲辰，中書侍郎、同平章事李泌卒。"新紀卷七、通鑑卷二三三亦曰："三月甲辰，李泌薨。"

卷二〇五

王琳妻傳

王琳妻韋者，士族也。（第五八二二頁）
糾謬卷六目錄著王綝而傳乃王琳；目錄第一百三十烈女傳有王綝妻韋，……未知孰是。
按：傳乃數見，目錄一見，疑傳是。

卷二〇六

獨孤懷恩傳

元貞皇后弟之子也……懷恩之幼，隋文帝獻皇后以姪養宮中。（第五八三四頁）

糾謬卷四獨孤懷恩獻后之弟而以爲姪：今按元正皇后即高祖之母，而高祖紀云："隋文帝獨孤皇后，高祖之從母也。"由此言之，則元正后與隋文獻后乃姊妹，而懷恩則弟也，安得謂之姪哉。

知本糾謬錢氏注：隋文獻皇后，獨孤信之女；懷恩則信少子整之子，於文獻皇后爲姪，高祖紀稱獨孤后爲從母，則元貞皇后亦信之女。懷恩乃元貞皇后弟之子，史脫去"子"字爾。吳氏未考隋書，以懷恩爲文獻后弟，殊誤。又按唐書作元貞皇后，吳氏避宋諱改。

中華本新書校記：各本無原"之子"兩字，舊書卷一八三獨孤懷恩傳作"元貞皇后弟之子也"，按周書卷一六獨孤信傳曰："信長女，周明敬后；第四女，元貞皇后；第七女，隋文獻后。"本卷下文既云懷恩爲文獻后姪，則于元貞后亦當爲姪。又本書及舊書卷一高祖紀并謂文獻后爲高祖從母，本卷下文高祖呼懷恩爲弟，亦足證明懷恩爲元貞后之姪，而不爲弟。今補正。

君寶與開府劉讓私侮懷恩曰……（第五八三四頁）

讀史舉正卷七：按"劉讓"應作"劉世讓"。

按：此應爲避諱去"世"字爾。

武士彠傳

　　后歸罪惟良等，誅之，諷有司改姓蝮氏，絕屬籍。元爽緣坐死，家屬投嶺外。（第五八三六頁）
　　新書考異卷一一：后妃傳先云元爽坐事死振州，後及后毒殺魏國事，似元爽別坐他事誅。
　　按：舊書卷一八三武承嗣傳曰："元爽自濠州又配流振州而死。乾封年，惟良與弟淄州刺史懷運以岳牧例集於泰山之下……"通鑑卷二〇一略同。所敘與新書則天傳略同。因此，疑外戚傳誤。

　　士讓之孫攸寧爲建昌王、攸歸九江王、攸望會稽王，士逸孫懿宗河內王、嗣宗臨川王、仁範河間王、仁範子載德潁川王，士稜孫攸暨千乘王，惟良子攸宜建安王、攸緒安平王，從子攸止恒安王、重規高平王。（第五八三七至五八三八頁）
　　新書考異卷一六：今按宰相世系表，攸暨與攸寧皆懷道之子，與攸歸、攸止、攸望同爲士讓之孫，而傳獨以攸暨爲士稜孫，其可疑一也。表以仁範爲士逸子，重規與載德均爲仁範之子，傳則以仁範爲士逸孫，以重規爲惟良從子，其可疑二也。
　　按：此處新傳所曰甚亂。"士稜孫攸暨"，據元和姓纂卷六，士讓生懷道，懷道生攸暨，新書本卷攸暨傳及唐書卷七四上宰相世系表亦曰"攸暨爲士讓孫"，則應是。關於仁範，元和姓纂卷六曰："士逸，韶州刺史、六安縣公，生志元、仁範、安業……仁範，雲陽令，生尚賓、重規、載德。"文苑英華卷八九武公神道碑："太原生鄡國節公，諱士逸，節公生河間郡王，諱仁範。"因此，仁範爲士逸子。

武攸暨傳

　　天授中，自千乘郡王進封定王……長安中，降王壽春……中宗時拜司徒，復王定。（第五八四三頁）
　　糾謬卷五武攸暨傳年次誤：今按武承嗣傳云："中宗復位，侍中敬暉等言諸武不當王，帝柔昏不斷，纔降封一級，三思王德靜郡，攸暨壽春。"然則攸暨之降王壽春乃中宗神龍時事也，而傳以爲長安中，則誤矣。

互證卷一九：考是時宋王成器方爲壽春郡王，或亦當從舊書乎？

按："長安中"，同卷武承嗣傳作"中宗復位"，舊紀卷七曰："（神龍元年五月）癸卯，降梁王武三思爲德靜郡王，定王武攸暨爲樂壽郡王。"通鑑卷二〇八亦曰"神龍元年爲樂壽郡王"。當以"神龍元年"爲是。

"壽春"，舊紀卷七、通鑑卷二〇八卷曰"神龍元年爲樂壽郡王"，舊書卷一八三武延基傳曰"中宗即位……定王、駙馬都尉武攸暨爲樂壽郡王"，同卷其本傳亦曰"神龍中隨例降封樂壽郡王"，按舊紀卷六曰："（長壽二年）臘月，改封皇孫成器爲壽春郡王。"舊紀卷七曰："（景龍四年六月）壽春郡王成器爲宋王。"因此，壽春應爲成器之封號，以此推，"樂壽"應是，亦爲神龍元年降封。

中宗時，拜司徒，復王定……延秀之誅，降楚國公……景龍中卒。（第五八四三頁）

糾謬卷四武攸暨傳年號誤：今按武延秀傳，延秀以韋后敗時與安樂公主同斬，則是景龍四年六月中事也。是歲六月壬午，韋后弑中宗；甲申，改元唐隆；庚子，臨淄王以兵誅韋氏及安樂公主、武延秀等；甲辰，睿宗即位；七月己巳，改元景雲。由是言之，延秀既誅之後，何緣復有景龍年號乎？

按：舊紀卷七："（景龍二年）夏四月庚午，左散騎常侍、樂壽郡王、駙馬都尉武攸暨讓郡王，改封楚國公。"關於武攸暨卒年，舊傳作"延和元年"，通鑑卷二一〇作"延和元年六月丁未"，另通鑑卷二一〇曰："（景雲二年正月）璟與姚元之密言於上曰：'……太平公主請與武攸暨皆於東都安置。'"舊紀卷七曰："（景雲二年）五月庚戌，復武氏昊陵、順陵，仍量置官屬。太平公主爲武攸暨請也。"因此，景雲二年時尚未卒，"延和元年"應是。

楊國忠傳

　　先此，南詔質子閣羅鳳亡去，帝欲討之，國忠薦鮮于仲通爲蜀郡長史，率兵六萬討之，戰瀘川，舉軍没。（第五八四七頁）

　　通鑑考異卷一四：按南詔傳："七年，蒙歸義死，詔閣羅鳳襲雲南王。"不云嘗爲質子亡歸也。九年，姚州自以張虔陀侵之，故反，時鮮于仲通已爲益州長史，國忠傳與南詔傳相違，新舊書皆如此，恐誤。

　　互證卷一九：按爲質子者，閣羅鳳之子鳳迦異也。舊南詔傳云："歸國，恩賜甚厚。"新書雖不言，然下文云："異牟尋出銀盤笛工歌女，稱先君歸國所賜。"則必無亡歸之事可知。

　　尋遣劍南留後李宓率兵十餘萬，擊閣羅鳳，敗死西洱河。（第五八五〇頁）

　　容齋隨筆卷四：唐天寶中，南詔叛，劍南節度使鮮于仲通討之，喪士卒六萬人……至十三載，劍南留後李宓將兵七萬往擊南詔……士卒瘴疫及饑死什七八，乃引還，蠻追擊之，宓被擒，全軍皆没。國忠隱其敗，更以捷聞，益發兵討之。此通鑑所紀。舊唐書云："李宓率兵擊蠻於西洱河，糧盡軍旋，馬足陷橋，爲閣羅鳳所擒。"新唐書亦云"宓敗死於西洱河"。予按高適集中有李宓南征蠻詩一篇，序云："天寶十一載，有詔伐西南夷，丞相楊公兼節制之寄，乃奏前雲南太守李宓涉海自交趾擊之，往復數萬里，十二載四月至於長安……因賦是詩。其略曰：'……鼓行天海外，轉戰蠻夷中。長驅大浪破，急擊群山空。餉道忽已遠，縣軍垂欲窮。野食掘田鼠，哺餐秉僮。收兵列亭候，拓地彌西東。瀘水夜可涉，交州今始通。歸來長安道，召見甘泉宮。'"其所稱述如此。雖詩人之言，未必皆實，然當時之人所賦，其事不應虛言，則宓蓋歸至長安，未嘗敗死，其年又非十三載也。味詩中掘鼠餐僮之語，則知糧盡危急，師非勝歸明甚。

　　按：舊書卷一九七南詔蠻傳曰："十二年，劍南節度使楊國忠執國政，仍奏徵天下兵，俾留後、侍御史李宓將十餘萬輂餉者在外，涉海瘴死者相屬於路，天下始騷然苦之，宓復敗於太和城北，死者十八九。"舊紀卷九曰："（十三載六月）侍御史、劍南留後李宓率兵擊雲南蠻於西洱河，糧盡軍旋，馬足陷橋，爲閣羅鳳所擒，舉軍皆沒。"新紀卷五略同。據此可知李宓攻打南詔蠻之事應在十三年。由舊書南蠻傳可知，十二年楊國忠徵天下兵，十三年李宓戰敗，疑十一年下詔，李宓已與南詔戰，戰敗，楊國忠隱之；十二年，大徵天下兵，李宓出征前夕至京城，高適賦詩爲其壯行，詩中所記，并無諷刺其戰敗之意，應爲高適想像其出征勝利回來後之語，詩中掘鼠餐僮之語疑爲想像出征艱苦生活之語。

四子，暄、昢、曉、晞。……昢尚萬春公主。(第五八五二頁)

糾謬卷六楊昢名不同：貴妃傳亦同，其字皆從日。今按公主傳及宰相世系表其"昢"字皆從月，蓋誤也。

按："楊昢"，舊書卷一〇六及新書卷二〇六楊國忠傳、新書卷七六玄宗元獻皇后楊氏傳、冊府卷三〇六同，舊紀卷九、新書卷八三萬春公主傳、冊府卷三〇〇作"楊朏"。楊國忠四子，其新舊傳均從"日"，新書卷七一下宰相世系表除楊朏外，餘三子均從"日"，通鑑卷二一六曰："國忠子暄，舉明經，學業荒陋，不及格。"冊府卷三〇六曰："國忠子暄……尚延和郡主。"因此，從"日"應是。

鄭光傳

大中四年，詔除其租賦，宰相言……(第五八五三頁)

合鈔卷二〇：(舊紀大中六年二月，右衛大將軍鄭光以賜田請免租稅，宰相魏謩奏曰……)按是年魏謩尚未入相，誤，當從舊紀。

按：通鑑卷二四九曰大中六年廢鄭光租稅。

卷二〇七

高力士傳

高力士，馮盎曾孫也。（第五八五八頁）

十七史商榷卷九二：舊高力士傳，其出甚微，但云"潘州人，本姓馮。少閹，爲嶺南討擊使李千里進入宮……"予得力士碑揭本……有云"天子廣錫類之恩，覽先賢之狀。初贈潘州刺史，又贈廣州大都督"，據盎傳……盎爲高州都督，封越國公，貴盛無比。據碑，智祋，盎長子，襲位云云，是指智祋之子襲盎都督國公官爵，即力士父，而"錫類贈官"云云，則指力士貴，贈其父也。據新舊書言嶺南節度使送力士本母麥氏至京，贈力士父廣州大都督，麥氏越國夫人，正與碑合，然力士父特一嶺南人姓馮耳，必非盎之孫也……碑乃文人代力士附會爲此説……新書據碑添入，甚謬，從舊爲是。

按：王鳴盛所述爲是。縱觀高力士一生，深得玄宗寵幸，位高权重，晚年受李辅国排挤，终死于流放之中。反观其一生，待人很为中庸，受其恩惠者较多。因此，为其撰碑文者或提供撰写材料者或从对死者崇敬之情出发，便说其为冯盎之孙，撰者定知其误矣。

魚朝恩傳

京師平，爲三宫檢責使，以左監門衛軍知内侍省事。（第五八六三頁）

糾謬卷六魚朝恩傳脱字：今按監門衛軍疑不成號，當是將軍也。

按："將"字新書大字本、元刻本脱，此字疑新書初刻本便脱。

仇士良傳

　　<u>崔慎</u>慎<u>由</u>爲翰林學士，直夜未半，有中使召入，至秘殿，見<u>士良</u>等坐堂上……（第五八七四頁）

　　通鑑考異卷二一：按舊傳<u>崔慎由</u>大中初始入朝，爲右拾遺、員外郎、知制誥，<u>文宗</u>時未爲翰林學士，蓋<u>崔胤</u>欲重宦官之罪而誣之。<u>新傳</u>承<u>皮錄</u>之誤也。

卷二〇八

田令孜傳

　　帝沖駿，喜鬭鵝走馬，數幸六王宅，興慶池與諸王鬭鵝，一鵝至五十萬錢。（第五八八四頁）
　　通鑑考異卷二四：按鵝非可鬭之物，至直五十萬錢，亦恐失實，新傳誤也。今從續寶運錄。
　　按：通鑑卷二五三作"五十緡"。

　　復光部將鹿宴弘、王建等，以八都眾二萬取金、洋等州。（第五八八七頁）
　　糾謬卷六鹿晏弘名誤：今按下文及僖宗紀中和三年，皆曰晏弘，然則此景弘字誤也。
　　按：中華本作"鹿宴弘"，關於田令孜傳之鹿景弘，考新書版本，"景"，百衲十四行本、大字本同，元大德本作"宴"。鹿宴弘於新舊唐書、冊府、通鑑等多次出現，景弘僅此一例，"鹿宴弘"應是。

卷二〇九

來俊臣傳

　　如意初，誣告大臣狄仁傑、任令暉、李游道、袁智弘、崔神基、盧獻等下獄。（第五九〇六頁）

　　互證卷一九：舊書略同。按新書武后紀長壽元年一月庚午，貶任知古爲江夏令、狄仁傑彭澤令，流裴行本於嶺南；二月戊午，秋官尚書袁智宏同鳳閣鸞臺平章事；八月，司賓卿崔神基同鳳閣鸞臺平章事；九月癸丑，流李游道、袁智宏、王璿、崔神基、李元素於嶺南。然則此六族非以同時下獄，新舊傳皆誤也。

　　按：太平廣記卷二六七引御史臺記、大唐新語卷一二曰："天授中，春官尚書狄仁傑、天官侍郎任令暉、文昌右丞盧獻等五人，並爲其羅告。"疑新舊傳或與此同源。通鑑卷二〇五曰："左臺中丞來俊臣羅告同平章事任知古、狄仁傑、裴行本、司禮卿崔宣禮、前文昌左丞盧獻、御史中丞魏元忠、潞州刺史李嗣真謀反。……乃知其詐，於是出此七族。庚午，貶知古江夏令、仁傑彭澤令、宣禮夷陵令、元忠涪陵令、獻西鄉令、流行本、嗣真于嶺南。"再結合武后紀所載，可知，與狄仁傑同時被誣告大臣中無李游道、袁智弘、崔神基，此三人爲後來入獄，新舊傳所述有誤。

　　聞吐蕃酋阿史那斛瑟羅有婢善歌舞，令其黨告以謀反，而求其婢。（第五九〇七頁）

　　讀書札記：舊書作"西蕃酋長"，是也。阿史那乃突厥姓，與吐蕃無涉。

　　中華本校記：阿史那斛瑟羅爲西突厥步真子。

周興傳

天授中，人告子珣、興與丘神勣謀反。（第五九〇八頁）

互證卷一九：按上文云"子珣俄流死愛州"，下文云"詔誅神勣而宥興嶺表"，舊書子珣傳"長壽元年配流愛州卒"，周興傳"天授二年十一月徙於嶺表"，邱神勣傳"天授二年十月伏誅"，是興、神勣得罪在子珣前一年，非一事也。

按：通鑑卷二〇四曰："或告文昌右丞周興與丘神勣通謀。"舊書卷一八六上周興傳曰："二年十一月，與丘神勣同下獄。"并無來子珣。丘神勣與周興下獄時間，新紀卷四及通鑑二〇五均為天授二年正月，而舊書卷一八六上來子珣傳曰其"長壽元年，配流愛州卒"，再據通鑑卷二〇五其配流愛州在長壽元年九月，時間已相差二年，由通鑑二〇四可知，天授二年，來子珣誣尚衣奉御劉行感兄弟謀反。因此，此處"子珣"為衍。

周利貞傳

利貞，湜內兄也。（第五九一二頁）

糾謬卷一〇崔湜及周利貞傳述內外兄不同：崔湜傳云："進其外兄周利貞。"今按周利貞傳，利貞湜內兄也，未知孰是。

按："內兄"，舊傳、舊書卷七四崔湜傳作"表兄"，舊書卷九一桓彥範傳曰："特令湜姨兄嘉州司馬周利貞攝右臺侍御史。"因此，"外兄"應是。

未幾，賜死梧州。（第五九一三頁）

十七史商榷卷九二：舊酷吏周利貞傳："玄宗正位，利貞與薛季昶、宋之問同賜死於桂州驛。""桂州"新書作"梧州"。

按："梧州"，舊傳作"桂州驛"，太平寰宇記卷一六四曰："梧州：蒼梧，州理蒼梧，秦屬桂林郡，漢為蒼梧。"

王旭傳

王旭者，貞觀時侍中珪孫也。(第五九一四頁)

糾謬卷四王燾等世次不明：王珪傳及酷吏王旭傳皆云燾及旭乃珪之孫。今按宰相世系表則二人皆珪之曾孫，未知孰是。

互證卷一二：按舊書酷吏王旭傳亦云"曾祖珪"，與世系表同，當爲是。

按：舊書卷七〇王珪傳曰："長子崇基……崇基孫旭，開元初，爲左司郎中兼侍御史。"舊書卷一八六王旭傳曰："王旭，太原祁人，曾祖珪。"因此，王旭爲珪之曾孫。

王燾，唐代墓誌彙編大和〇一五王府君墓誌銘并序曰："公諱師正，字中權。五代祖珪……襲永寧公崇基，公之高祖也。皇朝洛州武臨縣令、贈陳州刺史茂時，公之曾祖也……太子少師燾，公之皇祖也……贈衛尉卿邁，公之皇考也。"因此，王燾亦爲王珪之曾孫。

吉溫傳

見溫繦葆時。(第五九一六頁)

糾謬卷二〇吉溫傳：今按其字當爲"褓緥"，今作"繦葆"，非也。

知本糾謬注：顧張思云：集韻"繦"與"褓"同，說文"繦，小兒衣也"，徐鉉以褓爲俗字，史記衛將軍傳"青子在繦褓中"，亦從系，又魯世家"成王在強葆之中"，索隱云"即褓褓字，古字少假借用之"，則"葆"與"褓"皆可用也。

崔器傳

曾祖恭禮，尚真定公主。(第五九一七頁)

糾謬卷四館陶公主所尚不同：今按公主傳高祖女真定公主嫁崔恭禮，

又館陶公主下嫁崔宣慶，今器傳乃云恭禮尚館陶，未知孰是。

　　按："真定公主"，中華本新唐書卷二〇九崔器傳校記曰："各本原作'館陶'。按本書卷八三諸帝公主傳、冊府卷三〇〇俱云館陶公主嫁崔宣慶，真定公主嫁崔恭禮；唐會要卷六亦同，惟'真'作'貞'。今從諸帝公主傳改。"新傳當襲舊書卷一一五崔器傳而誤。

卷二一〇

藩鎮傳序

遂使其人自視由羌狄然。（第五九二一頁）

糾謬卷二〇藩鎮傳序：今按"由"蓋"猶"字，史臣之誤也。

容齋四筆卷七：……據字義"由"當爲"猶"，故吳縝作唐書音訓有糾謬一篇，正指其失，彼元不深究孟子也。……如"以齊王，由反手也"，"由弓人而恥爲弓"，"王由足用爲善"，"是由惡醉而強酒"，"由己溺之，由己飢之"，"由射於百步之外"，"見且由不得亟"，其義皆然，蓋"由"與"猶"通用也。

田承嗣傳

代宗以寇亂甫平，多所含宥，因就加同中書門下平章事，封鴈門郡王，寵其軍曰天雄。（第五九二四頁）

新書考異卷一六：按舊書承嗣傳無"寵其軍曰天雄"之文，方鎮表亦不載，至天祐元年始云"賜魏博節度，號天雄軍節度"。然則昭宗以後，乃有天雄軍號，謂田承嗣時已有之者，非也。舊書羅紹威傳稱"文德初，充天雄軍節度副使"，文德紀元在天祐之前，恐亦追稱之。

按：舊紀卷一八上曰："（會昌元年六月）以魏博兵馬留後何重霸檢校工部尚書、魏州大都督府長史，充天雄軍節度使，仍賜名重順。"因此，會昌以前便有天雄軍之號。則舊書羅紹威傳之"天雄軍節度副使"并非追稱。

詔子華尚永樂公主。（第五九二四頁）

互證卷一〇：又按藩鎮傳"田華尚永樂公主"，而公主傳肅、代、德三帝公主，無封永樂。

互證卷一九：按此代宗時事。公主傳華尚新都公主則在貞元時，自是兩事。

按："永樂公主"，舊傳同，通鑑卷二二五曰："（大曆九年）三月戊申，以皇女永樂公主許妻魏博節度使田承嗣之子華。"卷二二七曰："（建中二年）十一月戊午，以永樂公主適檢校比部郎中田華，上不欲違先志故也。"疑尚永樂公主應爲實。舊書卷一四一田承嗣傳曰："華，太常少卿、駙馬都尉，尚永樂公主，再尚新都公主。"據此，田華尚二公主。關於新都公主，唐會要卷六曰："新都，降王贊，後降田華。"冊府卷三〇〇曰："王贊爲同州朝邑尉，授光祿少卿同正，尚代宗女新都公主。後降田華。"

大曆八年，相衛薛嵩死，弟崿求假節，牙將裴志清逐崿，崿以眾歸承嗣。（第五九二四頁）

互證卷一九：舊書略同。按新書代宗紀："大曆十年正月，昭義軍兵馬使裴志清逐其節度使薛崿，叛附於田承嗣。"薛嵩傳："大曆七年卒，詔其弟崿知留後事。十年，爲其將裴志清所逐，以兵歸田承嗣。崿奔洺州。"舊紀舊傳並同。然則嵩以八年卒，崿代帥且三年，非以邀節見逐，而歸承嗣者志清，非崿也。此處新舊傳皆誤。

按：趙紹祖所曰爲是。舊紀卷一一曰："（大曆）十年春正月乙未朔，己酉，昭義牙將裴志清逐其帥薛崿，薛崿奔洺州，上章待罪，志清率眾歸田承嗣。"舊書卷一四二薛嵩傳曰："十年正月丁酉，昭義軍兵馬使裴志清盜所將兵逐崿，舉眾歸田承嗣以叛，崿奔于洺州，上表乞入朝，許之。"新紀卷六、通鑑卷二二五略同，舊紀卷一一及本傳下文均曰田承嗣遣裴志清攻圍冀州。因此，應是大曆十年，裴志清降於田承嗣，而非崿，新傳將此系於八年後，不妥。

"薛崿"，御覽卷一一二同，舊紀卷一一作"薛嶺"，舊傳、新紀卷六、新書卷二二五上史思明傳、通鑑卷二二五作"薛崿"。

十四年死，年七十五，贈太保。（第五九二六頁）

合鈔卷一九二：（舊書卷一四一田承嗣傳作"十三年九月"。）舊書代宗紀"十四年二月卒"。

按："十四"，舊傳作"十三年九月"，文苑英華卷九一五魏博節度使田公神道碑作"十三年九月甲午",冊府卷四三六作"十三",舊紀卷一一、新紀卷六、冊府卷一七六、通鑑卷二二五作"十四年二月癸未",疑爲奏到日。

田悅傳

建中二年,鎮州李惟岳、淄青李納求襲節度,不許,悅爲請,不答,遂合謀同叛。(第五九二七頁)

新書考異卷一六:按李惟岳傳:"寶臣死,軍中推爲留後。求襲父位,帝不許,田悅爲請,不聽,遂與悅、李正己謀拒命。"又李正己傳:"建中初,聞城汴州,乃約田悅、梁崇義、李惟岳偕叛。"是李正己未死之前,已與悅偕叛,非因子納求襲鎮不許而始叛也。考德宗紀,田悅反在建中二年正月,李正己卒、其子納自稱留後在是年八月,以是推之,悅未叛以前但爲惟岳請襲,未嘗爲納請明矣。

互證卷一九:按新書德宗紀:"建中二年正月,成德軍節度使李寶臣卒,其子惟岳自稱留後,魏博節度使田悅反。八月,平盧軍節度使李正己卒,其子納自稱留後。"舊紀略同,新惟岳傳"求襲父位,帝不許,田悅爲請,不聽,遂與悅、正己謀拒命",舊書亦同。然則合謀同叛在正己未死之先,而會於邵者正己,非納也,其即爲納,要亦正己使之,非納不許承襲而始與悅合謀也。此處新舊傳皆因田悅敗歸,軍門持刀之言而誤,不知此乃田悅假此以釋於衆,非事實也。

按:錢大昕、趙紹祖所曰爲是。此通鑑記載甚詳,其卷二二六曰:"(建中)二年春正月戊辰,成德節度使李寶臣薨……及薨,孔目官胡震、家僮王它奴勸惟岳匿喪二十餘日,詐爲寶臣表,求令惟岳繼襲,上不許……悅屢爲惟岳請繼襲。"通鑑卷二二七曰:"(建中二年七月)時平盧節度使李正己已薨,子納祕之,擅領軍務。……八月,李納始發喪,奏請襲父位,上不許。"五、六月間,田悅已反,自不能爲李納求襲節度。趙氏所曰"會於邵",乃人名于邵,此爲其理解錯誤。

田緒傳

兄朝……過滑，緒將篡取之，賈躭以兵援接，乃免。（第五九三三頁）

糾謬卷二〇田緒傳：目錄"賈躭"。今按"躭"當從"耳"，今皆從"身"，非也。

按："賈躭"，舊書卷一三八賈躭傳同，舊紀卷一二、一三、一四、新紀卷七、新書卷一六六賈耽傳作"賈耽"。

史憲誠傳

復遣大將亓志沼率師二萬攻德州。（第五九三六頁）

糾謬卷二〇史憲誠傳：今按其傳作"志沼"，及文宗紀亦"沼"，然則作"紹"者，誤也。

月日考卷一二：然"丌""亓"字固可通也。

按：新書卷二一〇史憲誠傳作"丌志沼"，非"丌志紹"。通鑑卷二四三、二四四作"丌志紹"，其卷二四三胡注曰："'开'，苦堅翻。按考異從'亓'，當音渠之翻，二音皆姓也。……考異曰：'實錄或作"于志沼"，或作"开志沼"，或作"亓志紹"，舊紀作"开志紹"，新紀、傳作"亓志沼"，今從之。'據考異，'紹'當作'沼'。"

卷二一一

李寶臣傳

寶臣慚而還，俄進封隴西郡王，又拜同中書門下平章事。（第五九四七頁）

十七史商榷卷九〇：碑説拒史朝義初來降事，故封清河，此碑立於永泰二年，隴西乃後來改封也。

潛研堂金石文跋尾卷六李寶臣紀功載政頌：寶臣之降唐，封清河郡王。唐書藩鎮傳不載，卻有進封隴西郡王事，然宰相世系表止稱清河郡王，疑傳之誤也。

李惟簡傳

初，惟岳叛，弟惟簡以家僮票士百餘奉母鄭奔京師，帝拘於客省。（第五九五〇頁）

互證卷一九：舊書"初王武俊既誅惟岳，又械惟簡送京師，德宗拘於客省"。按二傳所言絶異，而下文言惟簡之忠於王室，雖有詳略，而意則同。

按：舊傳所述，册府卷七五九、卷七六二同。考新傳，來源於舊書卷一四二李惟簡傳，其之差異應參考韓愈鳳翔隴州節度使李公墓誌銘而成，通鑑卷二二七曰："惟岳憂懼，掌書記邵真復説惟岳，密爲表，先遣弟惟簡入朝，然後誅諸將之不從命者，身自入朝……惟簡既行……"似墓誌銘及新傳所載并爲不誣，考舊書卷一八七邵真傳曰："又勸惟岳遣其弟惟簡入朝。"新書卷二一一李惟岳傳曰："惟岳懼，召真議遣使詣河東馬燧，令其弟惟簡見帝。"并未有"惟簡既行"之語，應爲李惟岳在邵真勸説下，曾令李惟簡入京，疑其未動身時，李惟岳想法又加改變，故有後來王武俊械惟簡送京師之說。新傳參考其墓志銘對舊傳作了修改，疑通鑑又參考新傳及墓誌銘添加"惟簡既行"之語，殊不知，此乃墓志銘避李惟簡諱，虛構"兄弟讓嗣，公竟棄其家，自歸京師"之事，目的爲反映李惟簡仁德同時，亦體現其心系朝廷。輾轉相因，史誤便現。

王景崇傳

中和三年死，年三十七。（第五九六二頁）

合鈔卷一九三：（舊書卷一四二王景崇傳作"中和二年十二月"。）新書"三年"，誤。

按："三年"，通鑑卷二五五作"三年正月"，舊紀卷一九下作"二年十二月己亥"，"三年"應爲奏到之日。

卷二一二

朱滔傳

貞元元年死，年四十二。（第五九七三頁）

合鈔卷一九四：（舊書卷一四三朱滔傳作"年四十"。）按滔大曆八年來朝，云"年二十八"，至貞元元年正爲四十。新書誤。

按：新傳所曰定有據，云"年二十八"，或爲隨口之語，虛曰其小。

李載義傳

大和四年，爲兵馬使楊志誠所逐，奔易州。（第五九七八頁）

合鈔卷二三一：（舊傳"五年"。）新書"四年"，誤。

新書考異卷一六：按文宗紀在大和五年正月，舊紀、傳亦作"五年"，此誤。

按："四年"，舊傳、冊府卷一三四作"五年春"，舊紀卷一七下、新紀卷八作"五年正月庚申"，冊府卷一七七曰："五年正月庚申，幽州監軍使上言：'節度李載義於毬場送宣賜德政碑中使，後院副兵馬使楊志誠同打毬，志誠等遂於毬場叫呼謀亂，載義當日走投易州。'……壬戌，李載義遣從事上言：'自破滄州後，累表請赴闕廷，頻奉詔旨不許，今月十三日於毬場爲管衙兵馬將楊志誠靦動。'"因此，"五年正月十三日"（壬子）爲其被逐之日，"五年正月庚申"（二十一日）爲奏到之日。

張仲武傳

烏介失勢，往依康居，盡徙餘種，寄黑車子部。（第五九八一頁）

通鑑考異卷二三：蓋以李德裕紀聖功碑云："烏介併丁令以圖安，依康居而求活，盡徙餘種，屈意黑車。"彼所謂康居，用郅支故事耳，致此誤也。

李可舉傳

全忠遁還，盡失芻糧仗鎧，懼得罪，乃衷餘眾反攻幽州。（第五九八三頁）

互證卷一九：舊書同。按唐北嶽廟李克用題字云："幽州請就和斷，遂却班師。"是李全忠但請和而未嘗敗，蓋懷叛志，特揚言敗還，出其不意而反攻幽州，史不知而誤書之。

劉仁恭傳

羅紹威求救於朱全忠，全忠使李思安、葛從周赴之，屯內黃。（第五九八六頁）

互證卷一九：舊書昭宗紀"光化二年三月，朱全忠遣大將張存敬率師援之"。又按五代史劉守光傳亦作"李思安"，未知孰是。

按：舊五代史卷二曰："帝遣朱友倫、張存敬、李思安等先屯於內黃，帝遂親征。三月與燕軍戰於內黃北，燕軍大敗，殺二萬餘眾，奪馬二千餘匹擒，都將單無敵已下七十餘人。是月，葛從周自山東領其部眾馳以救魏。"因此，此戰役，李思安、葛從周、張存敬皆參與，而屯內黃并無葛從周。

卷二一三

程懷直傳

懷信，其從昆也。（第五九九六頁）

互證卷一九：舊書同。新書德宗紀："貞元十一年，橫海軍兵馬使程懷信逐其兄節度使程懷直。"在本紀則懷直爲兄，在傳則懷信爲從兄，未知孰是。又新舊傳記懷直、懷信之死舊傳謂"懷信死而懷直歸滄"，新書謂"懷直前死"。并程權事，舊傳謂"權爲懷直子"，新傳謂"權爲懷信子"。絶不同，亦未知孰是。

按："從昆"，舊傳、册府卷四三七作"從父兄"，新紀卷七作"兄"，應誤。

通鑑考異卷一九曰："舊傳曰：'程懷信死，懷直子執恭知留後事，乃遣懷直歸滄洲，十六年卒。執恭代襲父位，朝廷因而授之。'按懷信逐懷直而奪其位，安肯以懷直之子知留後？又德宗實録俱無此事，順宗實録略本亦無，蓋舊傳誤也。惟詳本'永貞元年七月癸巳，橫海軍節度使程懷信卒，以其子副使執恭爲橫海軍節度使'。路隋憲宗實録'元和元年五月丙子，以橫海留後程執恭爲節度使'，蓋順録'留後'字誤爲'使'字耳。"

李同捷傳

自重胤卒後，李寰、傅良弼不終事，更以左金吾大將軍李祐代。（第五九九八頁）

互證卷一九：按新書文宗紀"大和元年五月，橫海軍節度使烏重允討李同捷，十一月橫海軍節度使李寰討李同捷，三年四月，滄景節度使李祐克德州，李同捷降"。滄景即橫海軍也，中間更無傅良弼其人，又按傅良弼傳亦不載此事。

按：舊紀卷一七上曰："（大和二年九月）以前夏州節度使傅良弼爲橫海軍節度使。"通鑑卷二四三曰："（大和二年九月）加王智興守司徒，以前夏綏節度使傅良弼爲橫海節度使……（十月）傅良弼至陝而薨，乙酉。以左金吾大將軍李祐爲橫海節度使。"因此，大和二年九月傅良弼接受任命後從夏州出發，至陝後卒，十月，便任命李祐爲橫海節度使。

卷二一四

吴元濟傳

庚申，予其臨門送汝。（第六〇〇八頁）

月日考卷二〇：按本紀元和十二年七月丙辰裴度爲淮西宣慰處置使，丙辰乃廿九日，庚申即丙辰後四日，乃八月三日也。此文先云庚申，至下文乃云十二年八月丞相度至師，幾疑庚申在十一年矣。錢氏大昕曰："庚申有日而無年月，此學尚書而先之在也。"

劉悟傳

劉悟，其祖正臣，平盧軍節度使，襲范陽不克，死。（第六〇一二頁）

互證卷一九：按新書劉全諒傳"正臣襲范陽，爲史思明所敗，奔還，王元志酖殺之"，與此不同，舊全諒傳亦云爲元志所酖，自當以彼傳爲是。

卷二一五上

突厥傳

其地三垂薄海，南抵大漠。（第六〇二八頁）

十七史商榷九二：愚謂西北兩面似不應薄海，何至如此之遠，殊難信。

突厥集史卷一三：按新傳此兩句乃周書"東自遼海以西"數句之縮寫，就其羈屬者言之，西北固亦至海也。

按：周書卷五〇突厥傳曰："其地東自遼海以西，西至西海萬里，南自沙漠以北，北至北海五六千里，皆屬焉。"

頡利執我使者漢陽公瓌。（第六〇三〇頁）

新書館臣注：高紀作"漢陽郡王"，未詳孰是。

突厥傳擬注：余按舊書六〇瓌本傳"武德元年封漢陽郡公，五年進爵爲王。"按時爲武德四年，傳稱漢陽郡公是也。

（武德）四年，頡利率萬騎與苑君璋合寇鴈門，定襄王李大恩擊却之……由是寇代州，敗行軍總管王孝基。（第六〇三〇頁）

糾謬卷五突厥傳叙永安王孝基誤：今按永安王孝基傳云："武德二年，劉武周寇太原……官師大敗，孝基及筠等皆執於賊，謀亡歸，爲賊所害。晉陽平，購尸不獲。"又按本紀："武德二年十月，劉武周寇晉州……十二月，永安王孝基及劉武周戰於下邽，敗績。三年二月甲寅，獨孤懷恩謀反伏誅，四月壬戌，秦王世民及劉武周戰於洺州，敗之。武周亡入於突厥，克并州。"由是言之，永安王孝基在武德三年四月劉武周未破敗之前已被害矣，何緣四年猶爲行軍總管而與突厥戰乎？此蓋誤也。

互證卷一九：按新書高祖本紀"武德四年八月癸卯，突厥寇代州，執行軍總管王孝基"，蓋姓王名孝基，非永安王孝基也，此傳誤增"永安"

二字耳。

中華本新書校記：各本"王孝基"上原有"永安"二字。按本書卷一高祖紀曰："（武德四年八月），突厥寇代州，執行軍總管王孝基。"冊府卷三九三亦記此戰役，稱代州總管李大恩"遣刺史王孝基出戰，一軍皆沒"。突厥集史卷四謂隋、唐往往以刺史充行軍總管。今一曰行軍總管，一曰刺史，名異實同。考本書卷七八宗室傳，永安王孝基于武德二年戰劉武周被俘，謀歸亡，爲所殺。則此時不得更爲行軍總管，其爲王孝基之誤無疑。"永安"二字當衍出，今刪。

明年，還順德等，且請和，贄魚膠……又明年，與黑闥、君璋小小入寇定、匡、原、朔等州。（第六〇三〇、六〇三一頁）

互證卷一九：按上文既言四年事，則言明年者五年也，又明年者六年也。考高祖本紀，黑闥自五年十二月魏州之敗至六年正月被執，二月伏誅，未嘗復奔突厥，此必誤也。

突厥集史卷一三：黑闥之誤，新舊唐書互證一九已正之，即謂其會同入寇，然依新紀卷一，黑闥被執在六年正月三日乙卯，則亦不得此辨也。

突厥傳擬注：按北方一帶，當日無匡州，蓋宋人避諱，改"恒"爲"匡"。

按："還順德等"，唐會要卷九三曰："四年三月，頡利遣使送鄭元璹等還。""還順德，請和贄魚膠"事舊傳、通典卷一九七、冊府卷九八〇均以之爲貞觀四年事。

俄又破代地一屯，進擊渭、幽二州。（第六〇三一頁）

突厥集史卷一三：寇渭，通鑑一九〇在八月癸酉。又舊紀一，武德六年九月，高開道引突厥寇幽州，通鑑系是月壬寅下，無寇幽州事，"幽"當爲"幽"之誤。

（武德）八年，頡利攻靈、朔，……於是張瑾兵屯石嶺，李高遷屯大谷。（第六〇三二頁）

糾謬卷六突厥傳季高遷姓誤：今按突厥傳云："武德五年，進擊忻州，爲李高遷所破。"又李高遷自有傳，則此爲季字者誤也。

知本糾謬錢氏注：今本唐書作"李"。

按："李"，通鑑卷一九一同，新書宋紹興本、元刻本作"季"。張元濟新唐書卷二一五上突厥傳校勘記曰："原本作'季'，據北監本、殿本修，備註欄曰：本傳'李'。"

遂攻廣武，爲任城王道宗所破。（第六〇三二頁）

通鑑考異卷九曰：實錄、統紀並云寇廣武，按北邊地名無廣武，下云靈州都督（道宗）敗之，蓋靈武字誤耳。

突厥傳擬注：此與上文攻靈州爲複出。

俄寇原州，折威將軍楊屯擊之。（第六〇三二頁）

突厥集史卷一三：知必傳誤。

按：冊府卷九八五及九九〇、通鑑卷一九一作"楊毛"，按大唐創業起居注卷一及卷二亦有大將楊毛之記載。

我敕長孫无忌、李靖潛師幽州以須。（第六〇三二頁）

通鑑卷一九一胡注：幽州當作豳州，自渭北北歸，歸路正經豳州，此史書傳寫誤耳。開元十三年以"豳"字類"幽"改曰"邠州"，則當時亦病此矣。

中華本新書校記：舊傳同，舊書卷六七李靖傳及冊府卷四五、九九一作"豳州"。按唐幽州治在今北京城西南，豳州治在陝西彬縣。是役突厥進軍至今陝西西安市北渭水附近，則李靖等不得遠至幽州以待，當以豳州爲是。

於是詔并州都督李世勣出通漠道。（第六〇三五頁）

突厥傳擬注："通漠"乃"通漢"之謂，通典、舊傳皆作"漢"。

按："通漠"，舊書卷六六及新書卷九三李世勣傳、新紀卷二、通鑑卷二〇二、太平寰宇記卷一九五、通典卷一九七同，舊紀卷二、通鑑卷一九三作"通漢"。

捷書日夜至，帝謂群臣曰："往國家初定，太上皇以百姓故，奉突厥，詭而臣之……"（第六〇三五頁）

十七史商榷卷九二：其上文既言高祖待突厥用敵國禮，其下文敘至貞觀元年帝謂群臣曰："……故奉突厥，詭而臣之。"二文自相矛盾。蓋高祖起事之時倚仗突厥，屈體稱臣，乃其實也。

突厥集史卷一三：余按唐初確嘗稱臣突厥，已見前卷三大業十三年注，用敵國禮此傳敘在武德八年，正見八年以前非用敵國禮，兩文亦非自相矛盾也。

頡利子疊羅支，有至性，既舍京師，諸婦得品供，羅支預焉；其母最後至，不得給，羅支不敢嘗品肉。（第六〇三六頁）

糾謬卷六突厥傳李靖傳不同：今按李靖傳作"疊羅施"，未知孰是。

按：此爲譯音，未有定字。

擢酋豪爲將軍、郎將五百人。（第六〇三八頁）

突厥集史卷一三：按政要九及通鑑、舊傳均云"皆拜將軍、中郎將布列朝廷五品以上者百餘人"，會要卷七三略同，此作"五百人"，誤。

於是趙郡王孝恭、鴻臚卿劉善就思摩部。（第六〇四〇頁）

突厥集史卷一三：元龜一五七，貞觀十五年八月，善因（原訛'固'）尚官鴻臚卿，永徽五年萬年宮銘碑陰稱前同州刺史上護軍平恩郡開國公劉善因，說之集二五馮昭泰碑，昭泰後夫人爲鴻臚卿善因之孫，"劉善"乃"劉善因"之奪。

按：舊傳卷一九四下突厥傳、通典卷一九九、新書卷二一五下突厥傳曰於貞觀七年，遣鴻臚少卿劉善因冊授西突厥咄陸可汗。

又詔左屯衞將軍阿史那忠爲左賢王，左武衞將軍阿史那泥孰爲右賢王。（第六〇四〇頁）

十七史商榷卷九二：新書諸夷蕃將列傳第三十五阿史那忠，突厥列傳第一百四十上阿史那泥孰，本一人。前既有忠傳則後不必別立泥孰傳也。前傳略云阿史那忠字義節，蘇尼失子……但突厥傳篇首先總敘突厥來歷，其餘每一可汗輒提行另起，各爲之傳，今於思摩傳中牽及阿史那忠，因於敘畢思摩下，即提行另起，特敘忠事，不與前傳犯複乎？且其上文思摩傳中牽敘處竟誤認忠與泥孰爲二人，及徐讀至下文，方知忠即泥孰，並非二人，豈非謬中之謬乎？

合鈔卷二五五：右賢王阿史那泥孰，蘇尼失子也，始歸國，妻以宗女，賜名忠。按那泥孰與忠本二人，忠別有傳，附阿史那社爾，非那泥孰也，新書作一人，非是。

突厥集史卷一三：新書兩傳阿史那忠，確如王氏所糾，但左、右賢王應是兩人，突厥降附者甚多，未必令忠身兼二職，'泥孰'二字，正新傳誤中之誤耳。

按：舊傳所述亦同。按本卷下文曰阿史那泥孰賜名忠，據此，疑阿史那泥孰與阿史那忠爲一人。新書於諸夷蕃將傳和突厥傳每人各立一傳，應承舊書之誤。

思摩慚，因入朝願留宿衛，更拜爲右武衛將軍。（第六〇四〇頁）

突厥傳擬注：此作"右武衛"，與政要、通典異，與舊傳同。

按："右武衛"，舊傳、冊府卷三八三同，通典卷一九七、御覽卷三七五、七八三作"右衛"。按唐會要卷二一陪葬昭陵名氏族亦作"右衛大將軍李思摩"，疑"右衛"是。

始置單于都護府領狼山雲中桑乾三都督、蘇農等二十四州。（第六〇四二頁）

通鑑卷一九九胡注：新書作蘇農二十四州，舊書作一十四州，又考是後調露元年，溫傅、奉職二部反，二十四州皆叛應之，則二字爲是。然單于都護府所領見於史者蘇、農等四州，舍利等五州，及桑乾府所領郁射、藝失、畢失、叱略等四州，呼延府所領賀魯、葛邏、跌跌等三州，才十九州耳，其五州逸無所考。

突厥傳擬注：通典作"十四州"，舊傳作"一十四州"，此作"二十四"，非也，蓋涉下文二十四州皆叛而誤，但二十四州舉其全，單于都護府所領祇一部，可見無二十四之多也。會要九四作"二都護、十都督、二十二州"，十四加八，洽爲二十二。

左領軍將軍苑大智。（第六〇四二頁）

突厥集史卷一三：姓氏書辨證一二，花姓有花太智，誤"苑"爲"花"。錢氏校注已辨之。舊紀五，儀鳳四年下亦作"花"，校勘記三云：張氏宗泰依新書本傳改"花"作"苑"。按通鑑亦作"花"。

按："苑大智"，冊府卷四四三同，舊紀卷五、冊府卷九八六、通鑑卷二〇二作"花大智"。

明年，行儉戰黑山，大破之，其下斬泥孰匐，以首降，禽溫傅、奉職以還。（第六〇四三頁）

合鈔卷二五五上：新書"并擒溫傅"，誤。溫傅開耀元年擒。

按：舊書卷八四裴行儉傳曰："又擒其大首領奉職而還。"無溫傅，按本卷及舊書裴行儉傳下文均曰阿史那伏念與溫傅又反，則此溫傅爲衍出。

詔右武衞將軍程務挺爲單于道安撫大使備邊。（第六〇四四頁）

突厥傳擬注：元龜九九六及新書三均作"右武衞將軍"，唯舊傳作"左武威衞大將軍"，舊務挺傳作"左武衞大將軍"，舊紀祇稱將軍，事在永淳二年十一月。

以左豹韜衞將軍閻知微即部冊拜遷善可汗。（第六〇四五頁）

突厥傳擬注：通典、舊傳作"右豹韜衞"，舊書一八五上及元龜九六四作"左豹韜衞"，又稱將軍者唯舊書卷一八五及新紀、本傳，餘均稱大將軍也。

盡得孫萬榮妻子輜重。（第六〇四五頁）

突厥傳擬注：萬榮姓孫，並未賜姓李，宋氏誤讀"李盡忠孫萬榮"，之"孫"爲子孫之孫，而稱曰李萬榮，尤妄。

中華本新書校記："孫萬榮"，"孫"各本原作"李"。據舊書卷一九四上突厥傳、通典卷一九八、冊府卷九七三、九八六、通鑑卷二〇五改。

謂之河曲六州降人。（第六〇四五頁）

突厥傳擬注：通典、舊傳均無"河曲"字，朔、代西去河曲甚遠，此宋氏不知地理而妄增之一端也。

突厥集史卷一三："曲"當"西"之訛。豐、勝、靈、夏、朔、代六州名，亦同通典、舊傳，此六州固不得謂之河曲，然亦非河西，舊傳一八五上田歸道傳則作"六胡州"，按：六胡州見伯玉集八，調露元年置，見會要七三。

按：按太平寰宇記卷三九曰："宥州寧北郡理長澤縣，即漢三封縣之地，自後河曲、靈、夏、原等州有蕃故部落，後周武帝乃六立胡州以統之。唐貞觀以後漸得其地，至永徽中又置魯、契、依、塞、舍、麗六州，用華人爲刺史以管之，謂之六胡州。開元九年酉胡帥康待賓反，朔方節度使王晙討戮之，遂廢六州，至二十年以六州之殘人置宥州，於夏州西南長澤縣之地，以寬爲名，及延恩、懷德、歸仁三縣，領諸降户。"舊書卷九三王晙傳記其奏疏曰："今者河曲之中，安置降虜……今有降者部落，不受軍州進止，輒動兵馬，屢有傷殺，詢問勝州左側，被損五百餘人。"因此，此河曲、河西應爲泛指黃河曲折之地，均應是矣。

默啜又請粟田種十萬斛，農器三千具，鐵數萬斤，后不許，宰相李嶠亦言不可。（第六○四五頁）

突厥傳擬注：據舊書六本紀，聖曆元年十月，李嶠始自麟臺少監同鳳閣鸞臺平章事，默啜已挾知微入寇大掠而去，"宰相"二字誤。

按："宰相"，通鑑卷二○六作"麟臺少監知鳳閣侍郎"，舊紀卷六曰："（聖曆元年）冬十月，夏官侍郎姚元崇、麟臺少監李嶠並同鳳閣鸞臺平章事。"按此事應發生于神功元年，此時李嶠未作宰相。

右羽林大將軍閻敬容、李多祚爲天兵西道後軍總管。（第六○四六頁）

突厥集史卷一三：通典、舊傳、新紀四及通鑑同，惟説之集一四裴行儉碑及武承嗣傳作"敬客"。考千唐，聖曆三年正月故唐州司馬閻基誌云："府君之子辰州刺史敬客者……拜右玉鈐衛大將軍，封漁陽縣開國公，充懷遠大將軍。"又芒洛三編閻虔福誌云："公諱虔福，字敬客，河南洛陽人。"則作"客"者不誤，作"容"者誤。……兩誌均有玉鈐衛大將軍，而此獨稱右羽林衛大將軍者，考舊書四四，"龍朔二年置左右羽林軍"，意敬客兼領其軍。

按："右"，舊傳同，通典卷一九八、冊府卷九八六、通鑑卷二○六作"左"。突厥集史卷一一通典本傳注曰："按新書四稱李多祚爲左羽林大將軍，舊書六稱多祚爲右羽林大將軍，疑此時多祚是右而敬容是左也。"

將軍崛夷公福富順爲奇兵總管。（第六〇四六頁）

突厥集史卷一三新書本傳校注："信"、"順"涉音近而訛，"福"字廣韻不云姓，"富"則有之。

按："福富順"，新紀卷四作"富福信"。

乃高選魏元忠檢校並州長史，爲天兵軍大總管……又徙元忠靈武道行軍大總管。（第六〇四六頁）

突厥集史卷一三：（徙元忠靈武道行軍大總管）見舊紀六、新紀四大足元年辛丑五月，新紀并著丁丑日下，通鑑二〇七不著日。……復考元龜九八六，元忠以久視元年閏七月充隴右諸軍大使（新紀四書八月庚戌下，通鑑二〇七書閏七月庚戌，然閏七月無庚戌。）又依新紀四，同年十月辛亥，元忠爲蕭關道行軍大總管（通鑑同），元忠亦非自天兵軍大總管徙靈武也。

后使平恩郡王重俊、義興郡王重明盛服立諸朝。（第六〇四七頁）

突厥傳擬注：通典、舊傳均作"平恩王重俊義興王重明"，考舊書卷八六："庶人重福，中宗第二子也，初封唐昌王。聖曆三年，徙封平恩王。長安四年，進封譙王。"是平恩王應爲重福。又中宗四子，依舊書八六、新書八一，均無初名重明者，舊書八六云："重俊，中宗第三子也，聖曆元年封義興郡王。"此作"平恩重俊義興重明"，係沿通典、舊傳之誤。

更以刑部尚書郭元振代璟。（第六〇四七頁）

突厥傳擬注：舊書九七元振傳及元龜九九二均作"吏部"，惟新紀五與此作"刑部"，似從舊傳爲是。

使子移涅可汗引同俄特勒、火拔頡利發石失畢精騎攻北庭。（第六〇四七頁）

突厥傳擬注：通典、舊傳、舊郭虔瓘傳及元龜九七七均作"石阿失畢"，元和姓纂作"右（石）失畢"，舊紀卷八作"石矢畢"。

突厥集史卷一一：舊傳、寰宇記作"移涅"，舊書卷一〇三虔瓘傳作"移江"，疑以"移涅"爲是。

卷二一五下

突厥傳

惟暾欲谷者以女婆匐爲默棘連可敦。（第六〇五一頁）

突厥集史卷一三：通典、舊傳無"婆匐"字，元龜九八六"娑匐"，伯希和氏以爲應從元龜（中亞史地譯叢二五—六頁），余按：王忠嗣碑有"娑匍（匍匐雙聲）可敦"，可證。近人朱延豐氏暾欲谷碑箋證欲改新葛邏祿傳之'婆匐'爲'娑匐'，且謂舊突傳之"塞匐"即其異譯，因擬暾欲谷爲葛邏祿部人。余按：突厥族與葛邏祿族有異（參看闕特勤碑北一行），暾碑擘首即自認突厥族，兩者殊不可混同，況改文以就己說乎！舊突厥傳之文實是'及拔塞匐'，見前校記，非'乃拔'爲一名，有此種種不合，無怪乎朱氏所計暾欲谷歲數，與舊史不符矣。

按："婆匐"，金石萃編卷一〇〇王忠嗣碑、冊府卷九八六、全唐文卷三六三平定諸番奏作"娑匐"。

突厥默啜子左賢王墨特勒、左威衛將軍右賢王阿史那毗伽特勒、燕山郡王火拔石失畢等蕃漢士悉發。（第六〇五二頁）

金石錄卷二八唐右神武將軍史繼先墓誌：云："公諱繼先……祖墨啜可汗諱環，父墨特勒諱逾輪。肇歸皇化，封右賢王。"……又史云"墨啜"，而墓誌作"墨"，史云墨特勒爲左賢王，而墓誌作右賢王，皆當以墓誌爲據。

按："左賢王墨特勒"，"左"，冊府卷九八六、金石錄卷二八唐右神武將軍史繼先墓誌作"右"，應是。因此，"左威衛將軍右賢王阿史那毗伽特勒"，冊府卷九八六作"右威衛將軍左賢王阿史那毗伽特勒"，寶刻叢編卷七有"唐左賢王阿史那毗伽特勒碑"，冊府是。

我當前三日悉眾北徙。（第六〇五二頁）

突厥集史卷一三：通典、舊傳本云："侯其臨到，即移牙帳向北三日"，蓋謂移帳向北行三日程之地，非謂唐兵未至前三日始移去，宋氏不明欲谷之計，妄行改造，遂至意義迥殊。

默棘連遣大臣阿史德頡利發入獻。（第六〇五三頁）

突厥傳擬注：通典、舊傳皆作"阿史德頡利發"，唯曲江集一二及元龜九七五、九七一均作"執失頡利發"。

十九年，闕特勒死。（第六〇五三頁）

突厥傳擬注：據元龜九九四及九七五，事在十九年四月，舊傳作二十年者誤。

按："十九"，冊府卷九六四、七六五作"十九年四月"，舊傳作"二十"。突厥集史卷一五闕特勤碑拓本作"二十年七月七日"。校注曰："今碑云開元二十年七月七日建，蓋市石察看，非番人所習，亦須遣高手，故遲至一年有半也。"

明年，射匱使使來，以曷薩那有世憾，請殺之，帝不許。（第六〇五六頁）

互證卷一九：舊書"曷薩那先與始畢有隙，及在京師，始畢遣人請殺之"。按射匱西突厥，始畢北突厥，二書不同，通鑑亦作"北突厥請殺之"，但載於始畢已死之後，又與舊書不同，未知孰是。

按："射匱"，通典卷一九九作"始畢"，唐會要卷九四作"北突厥"。

神龍中，封懷德郡王，是歲，烏質勒死。（第六〇六六頁）

合鈔卷二五五下：新書"神龍中卒"，誤。

按：舊傳曰："景龍二年，詔封為西河郡王，令攝御史大夫解琬就加冊立，未至，烏質勒卒。"唐會要卷九四曰："景龍二年十一月，突厥施烏質勒卒，子娑葛自立為可汗。"據此，則為"景龍二年卒"。但舊書卷九七郭元振傳曰："神龍中，遷左驍衛將軍，兼檢校安西大都護。時西突厥首領烏質勒部落強盛，款塞通和，元振就其牙帳計會軍事，時天大雪……烏質勒年老，不勝寒苦，會罷而死。其子娑葛以元振故殺其父，謀勒兵攻之。"新書卷一二二郭元振傳略同。通鑑卷二〇八作"神龍二年十二月",冊府卷九六四曰:"中宗神龍二年二月,封突騎施烏質勒爲懷德郡王。十二月戊戌,命唱鹿州都督突騎施娑葛襲父烏質勒爲左驍騎大將軍,兼衛尉卿、懷德郡王,仍令右屯衛大將軍十姓可汗阿史那懷道充使冊命。"通鑑卷二〇八曰:"(神龍二年正月)甲戌,以突騎施酋長烏質勒爲懷德郡王。"因此,神龍二年,烏質勒爲懷德郡王。但冊府卷九六七曰:"神龍中,烏質勒死,子娑葛代立,仍封金河郡王。"據舊傳"景龍二年,詔封爲西河郡王",新書卷一〇九宗楚客傳曰:"景龍二年,詔突厥娑葛爲金河郡王。"因此,金河郡王乃景龍二年封。張燕公集卷二五兵部尚書國公贈少保郭公行狀曰:"景龍年中,宗楚客、韋處訥等潛結朋黨,爭功害能,授公驍騎大將軍,兼安西大都護、四鎮經略使、金山道大總管,時烏質勒久恃衆倨傲……公以衆寡不敵,難以力制,因率麾下數十騎徑入部落。烏質勒大出兵衛出迎……自朝至暮,雪深尺餘,竟不移足,質勒頻拜伏,語畢歸帳,相去二十餘里,質勒久立雪中,倉卒疾發,是夜暴卒。"因此,"景龍二年"應是。

以武衛中郎將王惠持節拜蘇祿左羽林大將軍,順國公。(第六〇六七頁)

餘審卷二授冊蘇祿之年:緣王惠之使未行。

按:參新書卷一三三郭虔瓘傳。

以阿史那懷道女爲交河公主妻之。(第六〇六七頁)

餘審卷二金河或交河公主:元龜九七五,開元二十八年,"四月辛未,冊十姓可汗阿史那斯妻李氏爲交河公主。"……一種稱懷道女爲交河公主,一種稱史昕妻爲交河公主……顧懷道之女,即昕妻之小姑……易言之,即元龜、新書之文,必有一誤。……廣記二八〇引廣異記云:"上元初,豆盧榮爲温州別駕卒,榮之妻即金河公主女也。公主嘗下嫁辟葉,辟葉內屬,其王卒,公主歸來,榮出佐温州,公主隨在州數年。"兩"辟葉"皆碎葉之訛,蘇祿與昕雖同可稱王,但云"下嫁",則廣異記之金河,似指懷道之女……末檢唐大詔令四二冊交河公主詔:"……阿史那昕妻涼國夫人李氏……是用冊爲交河公主。"……"金河"、"交河"之混糾,至此已可告解決矣。

卷二一六上

吐蕃傳

儀鳳四年……明年……永隆元年，文成公主薨。（第六〇七、六〇九頁）

餘審卷一新書吐蕃傳承襲舊傳之誤：余按儀鳳四年即調露元年，其明年則永隆元年……是"永隆元年"四字爲複出。

永昌元年，詔文昌右相韋待價爲安息道大總管……明年，復詔文昌右相岑長倩爲武威道行軍大總管，討之。（第六〇七八頁）

餘審卷一新書吐蕃傳承襲舊傳之誤：按待價等奉命征討，實錄初書在垂拱三年末，舊傳置於永昌元年前者以此。但實錄於永昌元年五月下再書其事，新傳採後一條書之……若長倩之遣，舊新紀均系天授二年，非永昌元年之明年。

按：關於韋待價之命，見卷四則天本紀考證。

孝傑以肅邊道大總管戰素羅汗山，虜敗還，又攻涼州。（第六〇七九頁）

合鈔卷二一六：（舊書卷一九六上吐蕃傳"與吐蕃將論欽陵、贊婆戰於素羅汗山，官軍敗績，孝傑坐免官"。）新書"虜敗還"，誤。

互證卷一九：按新書武后紀素羅汗山之戰在萬歲通天元年……又此戰紀、傳并書敗績，又不得爲"虜敗還"也，當從舊書。

中華本新書校記：按本書卷四則天紀及舊書卷一九六上吐蕃傳均謂唐軍敗績，與兩書王孝傑傳及婁師德傳相合。"虜"字疑衍，或當移至"又攻"上。

于時虜已踰大非山，留輜重疲弱濱海，君㚟縱兵俘以旋。時中書令張說以吐蕃出入數十年，勝負略相當，甘、涼、河、鄯之人奉調發困甚，願聽其和。(第六〇八三頁)

互證卷一九：舊書"及封禪禮畢，中書令張說"云云，"十五年正月，君㚟破吐蕃於青海之西"云云。按新舊本紀封禪在開元十三年十一月，張說罷在十四年四月，王君㚟破吐蕃於青海在十五年正月，君㚟本傳在十四年冬十二月，新書此傳叙君㚟破吐蕃於張說請和之前，誤矣，當從舊書。

天寶元年，隴右節度使皇甫惟明破虜大嶺軍；戰青海，破莽布支，斬首三萬級。明年，破洪濟城，戰石堡，不克，副將諸葛訶死之。(第六〇八六頁)

新書考異卷一六：按玄宗紀："天寶元年十二月，隴右節度使皇甫惟明及吐蕃戰於青海，敗之。"二年四月，"皇甫惟明克吐蕃洪濟城"，四載八月，"皇甫惟明及吐蕃戰于石堡城，副將褚訶死之。"是石堡之役在破洪濟之後二年，傳合爲一事，誤矣。紀云褚訶，而傳云諸葛訶，未知孰是。

按：皇甫惟明戰石堡之事，舊紀卷九、新紀卷五、通鑑卷二一五卷作"四年九月"，錢大昕所曰應是。"四載八月"應爲"四載九月"，錢氏誤書。"諸葛訶"，新紀卷五、通鑑卷二一五、冊府卷四二五作"褚訶"，舊紀卷九作"褚直廉"，疑"直廉"乃字，則"褚葛訶"爲誤。

卷二一六下

吐蕃傳下

秦州刺史高駢誘降延心及渾末部萬帳……駢收鳳林關，以延心爲河、渭等州都游弈使。（第六一〇八頁）

通鑑考異卷二二：按舊傳，高駢懿宗時始爲秦州刺史，新傳誤也。

按：舊書卷一八二高駢傳曰："會党項羌叛，令率禁兵萬人戍長武城，時諸將禦羌無功，唯駢伺隙用兵，出無不捷，懿宗深嘉之。西蕃寇邊，移鎮秦州，尋授秦州刺史、本州經略使。"新書卷二二四下高駢傳略同。因此，高駢出任秦州刺史應爲懿宗即位後。舊紀卷一八下曰："（大中十一年）九月，以秦州刺史李承勛爲朝散大夫、檢校工部尚書、涇州刺史，充四鎮北庭涇原渭武節度等使。"則大中末李承勛爲秦州刺史，遷涇州刺史後奏其爲都游奕使。新書高駢傳又曰："取河、渭二州，略定鳳林關，降虜萬餘人。"通鑑卷二五〇曰："（咸通三年）是歲，嗢末始入貢。"渾末即嗢末，其入貢時間與高駢授秦州刺史吻合。據此，收鳳林關及降渾末乃高駢。

卷二一七上

回鶻傳

或曰敕勒，訛爲鐵勒。（第六一一一頁）

突厥集史卷一四：此因通典鐵勒傳及舊回紇傳均謂鐵勒即敕勒，而魏書高車傳又謂敕勒即高車，故本傳云然。

按：舊傳曰："號鐵勒部落……近謂之特勒。" 冊府卷九五六略同。據此，回紇之名稱有敕勒、鐵勒、特勒之稱。

其部落曰袁紇……（第六一一一頁）

突厥集史卷一四：袁紇一名，隋唐間鐵勒回紇傳均未見，本傳之有是號，亦因牽入魏之高車而然。王靜如氏云："袁紇一名，魏書高車傳及北史高車傳均作表紇，吾人自語言學上及字體學上觀察，'表'字當位'袁'字，因形近而誤，北史同傳中袁紇又誤爲'袁統'，是'紇'誤而'袁'不誤也。……若以與回紇語之民族名號比擬，則頗似碑文中十姓回紇，乃爲回紇民族之一部，殊非回紇一名之轉也。" 按高車，余以爲即漢康居，回紇又當漢之呼揭，則高車中之袁紇氏，是否回紇別稱，殊待定論，尚不必急於回紇語求其源也。至余見本北史九八，如 "遂推表紇樹者爲主"，字作"表"，然如 "北襲高車餘種袁紇烏頻，破之"，則作'袁'（魏書一〇三同），通典一九七亦作 "其種有狄氏、袁紇氏"。

韋紇乃并僕骨、同羅、拔野古叛去，自爲俟斤，稱回紇。（第六一一一頁）

突厥集史卷一四：按：無論袁紇、回紇、回鶻，漢文之寫法如何，彼之自稱，Uyɣur，并未變也。本傳初用回紇，繼溯袁紇，繼回紇，末回鶻，若累經改號者，此皆由史家不明外情，故以爲叛去之後，又改稱回紇矣。

（武后時）然唐常取其壯騎佐赤水軍云。（第六一一四頁）

按：突厥集史卷一四舊書本傳據會要"天寶末"條析新傳誤。唐會要卷七八曰："故天寶末取驍壯以充赤水軍騎士。""天寶末"與新傳時間不符，但會要本卷下文曰："獨解支卒，子伏帝匐立，爲河西經略副使兼赤水軍使。"伏帝匐充赤水軍使，可見武后之時唐應取其壯騎佐赤水軍爲不謬矣。

徙牙烏德鞬山、昆河之間。（第六一一四頁）

突厥集史卷一四："昆"上脫"嗢"字。

按："昆河"，新書卷四三下地理志、唐會要卷九八作"嗢昆河"。

帝以幼女寧國公主下嫁，即冊磨延啜爲英武威遠毗伽可汗。（第六一一六頁）

互證卷一九：按公主傳"肅宗七女，寧國第二"，非幼也，且傳云："蕭國公主始封寧國，下嫁鄭巽，又嫁薛康衡，乾元元年降回紇，二年還朝。"又和政公主傳云："安祿山陷京師，寧國公主方褒居。"是先實已嫁矣，唐會要云寧國降鄭巽，後降回紇可汗，三降薛康衡，封蕭國，似較史傳所載爲得實。

至三葛祿、白眼突厥素臣回鶻者尤怨苦，皆密附吐蕃。（第六一二五頁）

合鈔卷二五七：（舊傳作"服"），新書"眼"，下同誤。

突厥集史卷一〇：按今土耳其有所謂黑眼族，余以爲作"白眼"者是也。

按："白眼"，冊府卷四四四、卷四五二同，舊傳、舊書卷一九六下吐蕃傳、唐會要卷七三、通鑑卷二三三作"白服"，

卷二一七下

薛延陀傳

夷男率其部稍東，保都尉揵山獨邐水之陰。（第六一三五頁）

突厥集史卷一四：名沿舊傳，誤，應乙爲尉都揵山。丁謙云："鬱都軍山即回紇傳烏德鞬山，蓋鬱都軍、烏德鞬爲一音之轉，都尉揵山即突厥傳都斤山，今稱都蘭哈拉山，在土謝圖汗旗正北、土拉河與鄂爾坤河中間，此山西距鬱督軍山樹牙處僅五六百里，故曰稍東，是南去長安均不過三千餘里，乃傳云都尉揵山去京師三千餘里，而於鬱都軍山則云直京師西北六千里，足徵地學之疏。"以都尉揵爲都斤及駁傳載里數，尚偶爾道中，但彼不知都斤應作於都斤，故仍將鬱督軍、尉都揵分作兩山，且謂相距僅五六百里，尤見妄說。若六千餘里之記，更別有誤，因稍東係由金山東遣，非丁見所及，其餘吾不復觀之矣。西突厥史料（七七頁）亦以兩鬱都軍爲疑，皆未明舊傳之誤。

帝恐後彊大爲患，欲產其禍，乃下詔拜其二子皆爲小可汗。（第六一三五頁）

突厥集史卷五貞觀十二年校注：再讀此詔，復知頡利苾只冊爲達度莫賀咄葉護，非冊爲可汗，與夷男庶長子曳莽彼自封爲突利可汗者，名即不同，顯是兩人。舊書一九九下云"遣使備禮冊命，拜其二子皆爲小可汗"，大抵舊史（實錄）早衍"汗"字，故皆有小可汗之誤解。新書二一七下乃云"勝兵二十萬，以二子大度設、突利失分將之……乃下詔拜其二子皆爲小可汗"，似拜爲小可汗者乃大度設及突利失。下文又云"始延陀請以庶子曳莽爲突利失可汗，統東方；嫡子拔灼爲肆葉護可汗，統西方"（本會要九六及元龜九六四，引見下條）。請者請唐命也，似拜爲小可汗者又爲拔酌及突利失，已覺頭臉不清。今核諸當年冊詔及後引謝偃可汗山銘，則所拜者一可汗，一葉護，非皆爲小可汗也。抑所拜者非大度設及突利失，亦非拔灼及突利失，乃拔灼及大度設也。新書即沿舊書之誤，再襲用會要、元龜（實錄）舊文，皆不留心詔敕之過也。

按：唐大詔令集卷一二八薛延陀真珠毗伽可汗詔曰："其子沙鉢彌葉護拔酌、達度莫賀咄沒頡利苾，……拔酌可錫葉護可汗，仍賜狼頭纛四，鼓四。頡利苾可汗達度莫賀咄葉護，賜狼頭纛一、鼓二。"冊府卷九六四略同。岑仲勉先生分析或爲真，但冊府卷九六四之"初延陀請以其庶長子曳莽爲突利失可汗，居東方，所統皆雜種；嫡子拔灼爲西葉護可汗，居西方"之載因人名不同，并不能簡單曰衍"汗"之文析，或大度設之敗後被廢，延陀請以其庶長子曳莽、嫡子拔灼爲小可汗，相關詔令已失傳亦爲有可能，新書撰者理解之誤，亦將二事混而爲一，亦有可能。當世之時，此文獻記載必真，後世史官沿襲抄錄，理解之誤間或成爲必然。

俄遣使請率師助伐高麗……固請助軍。（第六一三七至六一三八頁）

突厥集史卷一四：據通典、舊傳，均是太宗先行責讓，延陀乃請助軍，彼所云"復請"者猶"並請"之謂，非有兩次也；宋氏誤會其意，乃以爲先請不許，後再固請，非矣。

俄爲回紇所殺，盡屠其宗，衆五六萬奔西域。（第六一三八頁）

突厥集史卷一四：當從舊書。

中華本新書校記："西域"，各本原作"西城"。舊書卷一九九下鐵勒傳作"西域"。按唐人所謂"西城"，一般指"西受降城"，是時尚未筑。

拔野古傳

風俗大抵鐵勒也，言語少異。（第六一四〇頁）

突厥集史卷一四：自"良馬精鐵"至此一段，皆說拔野古東北千餘里外別一部落之事，非說拔野古，宋氏不知細讀，混而爲一。不然，人固知拔野古爲鐵勒一部，何又言俗與鐵勒同，言語稍別耶？

僕骨傳

開元初，爲首領僕固所殺，詣朔方降，有司誅之。子曰懷恩，至德中以功至朔方節度使，自有傳。（第六一四〇頁）

互證卷一九：按此傳文意不明，則未知懷恩爲歌濫拔延之子與？或首領僕固之子也。考新書僕固懷恩傳，"貞觀二十年以僕骨歌濫拔延爲右武衛大將軍、金微都督，訛爲僕固氏，生乙李啜，乙李啜生懷恩，世襲都督"。……至新書此傳，尤自相矛盾，無論懷恩傳無拔延見殺之事，即貞觀二十年丙午至開元元年癸丑，凡六十八年亦無懷恩爲拔延之子之理也。余家藏顏魯公所撰臧懷恪碑，言懷恩父設之隨懷恪來降，與二書所載皆不同，魯公爲懷恩同時人，其言當可據也。

同羅傳

貞觀二年，遣使入朝。（第六一四〇頁）

突厥集史卷一四：同卷拔野古傳、又二一五上突厥傳及會要九四、元龜九七〇均作"三年"，"二"訛。

渾傳

回貴死，子大壽嗣。（第六一四一頁）

新書考異卷一〇：表以元慶爲回貴子，大壽爲元慶子，多元慶一世。考路巖撰渾瑊神道碑，敘其先世正與表同，則回紇傳誤也。

按：舊書卷一三四渾瑊傳曰元慶乃大壽之父，與新書卷七五下宰相世系表同，錢大昕是。

拔悉蜜傳

天寶初，與回紇葉護擊殺突厥可汗，立拔悉蜜大酋阿史那施爲賀臘毗伽可汗……不三歲，爲葛邏祿、回紇所破，奔北庭。（第六一四三至六一四四頁）

互證卷一九：按葛邏祿傳亦云又與回紇擊拔悉蜜，走其可汗阿史那施於北廷，而回紇傳云襲破拔悉蜜，斬頡跌伊施可汗，與二傳不同，未知孰是。

按：按新書卷二一七上回紇傳曰："襲破拔悉蜜，斬頡跌伊施可汗。"唐會要卷九四略同，通鑑卷二一五曰："（天寶元年）突厥拔悉密、回紇、葛邏祿三部共攻骨咄葉護，殺之，推拔悉密酋長爲頡跌伊施可汗，回紇、葛邏祿自爲左右葉護。"唐會要卷九四曰："會回紇葛邏祿共攻拔悉蜜頡跌伊施，殺之。"同書卷一〇〇曰："其年冬，又與回鶻同擊破拔悉密部落，其可汗阿史那施奔北庭，後朝于京師。"疑阿史那施爲名，頡跌伊施、賀臘毗伽爲可汗稱號簡稱一部份。

卷二一八

沙陀傳

王仙芝陷荆、襄，朝廷發諸州兵討捕，國昌遣劉遷統雲中突騎逐賊，數有功。乾符三年，段文楚爲代北水陸發運、雲州防禦使。（第六一五六頁）

新書考異卷一六：按國昌以咸通十四年拒命，朝廷遣太原、幽州諸軍討之，王仙芝陷荆、襄，在乾符四年，其時國昌父子尚未歸命，安得有遣突騎逐賊之事乎？考舊唐書，是年，賊陷江陵之郛，楊知溫求援於襄陽，時沙陀軍五百騎在襄陽，軍次荆門，騎軍擊賊，敗之。蓋沙陀軍別有從征襄陽者，非國昌所遣也。

互證卷二〇：按錢氏所考最是，然新書之誤以國昌父子拒命在乾符五年也。此處下文"乾符三年段文楚"云云，三年乃五年之譌，說已見本紀乾符五年下。蓋新書或緣此沙陀擊賊之事，而以爲國昌拒命後，不應復有沙陀助戰。故決謂克用殺文楚在乾符五年也。

按：參見卷九僖宗本紀考證。

光啓元年，幽州李可舉、鎮州王景崇言："易定故燕、趙境，請取分之。"於是可舉攻易州，下之；景崇攻無極。（第六一五九頁）

新書考異卷一六：按景崇以中和三年卒，子鎔繼之，光啓改元之際，鎮州帥乃王鎔，非景崇也。

互證卷二〇：按李可舉傳云"乃遣票將李全忠率眾六萬圍易州，鎔以兵攻無極"，是攻無極者鎔，此傳偶誤耳。

乾寧元年，克用次新城，鐸膝行詣軍門降，克用鞭而縱之。（第六一六一頁）

互證卷二〇：按新書昭宗紀"乾寧元年六月，大同軍防禦使赫連鐸及李克用戰於雲州，死之"，與此自相矛盾，舊本紀亦袛言鐸爲克用所執，不言死也。

按：通鑑卷二五九曰："李克用大破吐谷渾，殺赫連鐸，擒白義誠。"其考異卷二六曰："舊紀'六月壬辰，克用攻陷雲州，執赫連鐸，以薛志勤守雲中'，按唐太祖紀年錄、莊宗列傳、薛居正五代史武皇紀皆云'大順二年，武皇拔雲州，鐸奔吐谷渾'，誤也。新紀'六月，赫連鐸及李克用戰于雲州，死之'，太祖紀年錄'十月，討李匡籌，師次新城，邊兵願從者衆，赫連鐸、白義誠數敗，至是窮蹙無歸，自縶膝行，詣於軍門，太祖微數其罪，笞而脫之'，薛史武皇紀、吐谷渾傳亦云'鐸等來歸，命笞而釋之'，薛志勤傳云'王暉據雲州叛，討平之，以志勤爲大同防禦使'，與舊紀異。唐末見聞錄'六月，收雲州，處置赫連鐸，活擒白義誠，進軍幽州界，巡檢迴府'，新紀蓋據此，今從之。"

（友寧）遂圍太原……克用大恐，身荷版築，率士拒守，陰於嗣昭、德威謀奔雲州。李存信曰："不如依北蕃。"國昌妻劉語克用曰："聞王欲委城入蕃，審乎？計誰出？"曰："存信等爲此。"劉曰："彼牧羊奴，安辦遠計。王常笑王行瑜失城走而死，若何效之？且王頃居達靼，危不免。必一朝去此，禍不旋跬，渠能及北虜哉？"克用悟，乃止。（第六一六四至六一六五頁）

陔餘叢考卷一二：（新書沙陀傳）據此則勸止克用者，國昌妻也。……然五代史唐家人傳云"克用正室劉夫人……曰：'存信牧羊兒，安足計成敗？公常笑王行瑜棄州爲人所擒，今乃自爲此乎！'"則劉夫人乃克用妻也。通鑑及北夢瑣言亦謂克用妻劉夫人勸克用固守。其下又云："夫人無子，姬曹氏生存勖，夫人待曹加厚。"是劉夫人之爲克用妻也明矣。乃新書以爲國昌妻，不知何據。又通鑑謂是時克用甚懼，嗣昭、德威曰："兒輩在此，必能固守。"五代史嗣昭傳亦云："存信勸奔雲州，嗣昭爲爭以爲不可。是二人亦不主出奔之策者也。"而舊書謂與二人謀奔雲州，亦誤。

按：趙翼所辨爲是。而"舊書謂與二人謀奔雲州，亦誤"，舊書此事無載，趙翼所曰當爲新傳，新傳曰："陰於嗣昭、德威謀奔雲州。"與其它史料記載并不衝突，因爲事件角度不同，致記載情況亦不同。

卷二一九

契丹傳

鬱于來朝，授率更令，以宗室所出女慕容爲燕郡公主妻之。（第六一七〇頁）

新書館臣注：沈炳震曰："諸夷大酋入朝，無授東宮官者。"按舊書（"鬱于來朝"）下文云："上封從妹夫率更令慕容嘉賓女爲燕郡公主以妻之。"而新書下文止云："以宗室所出女慕容爲燕郡公主妻之。"刪"嘉賓"名而以"率更令"移上，誤矣。

黑水靺鞨傳

太宗貞觀二年，乃臣附，所獻有常，以其地爲燕州。（第六一七八頁）

互證卷二〇：舊書："武德初遣間使朝貢，以其部落置燕州，仍以突地稽爲總管。又徙其部落於幽州之昌平城，賜姓李氏，尋卒。子謹行。"按新書爲李謹行立傳，此處自可略……又按舊書地理志營州都督府有燕州，武德元年置。新書地理志幽州幽都下注云"武德元年燕州"，則此言貞觀二年者誤也，當以舊書爲是。

乃遣弟門藝及舅任雅相發兵擊黑水。（第六一八〇頁）

合鈔卷二五九下：按雅相武后時人，非夷人也，"相"字當衍。

按：舊書卷一九九下、通鑑卷二一三無"相"字。武后時仁雅相，據舊紀卷四、新紀卷三其卒於龍朔二年二月甲戌。

卷二二〇

高麗傳

詔拜男生特進、遼東大都督，兼平壤道安撫大使，封玄菟郡公。（第六一九六頁）

合鈔卷二五九：新書封麗同善，誤。

互證卷二〇：舊書"男生脫身來奔，詔授"云云。按泉男生傳云"封元菟郡公"，則此言拜同善者，誤也，當從舊書。

中華本新書校記："男生"，各本原作"同善"。按所授官爵，當是男生，詳本書卷一一〇泉男生傳、舊書卷一九九上高麗傳及王德真泉君墓誌銘，據改。

道琛保任孝城，自稱領軍將軍。（第六二〇〇頁）

合鈔卷二五九：（舊書）"退保任存"，新書"孝"，誤。

中華本新書校記：本書卷一〇八劉仁軌傳、舊書卷一九九上百濟傳和通鑑卷二〇〇俱作"存"，通鑑考異云："實錄或作'任孝城'，未知孰是，今從其多者。"

新羅傳

真德織錦爲頌以獻，曰："……深仁諧日月，撫運邁時康……昭我唐家唐。"（第六二〇三頁）

互證卷二〇：舊書作"撫運邁陶唐"……舊書作"昭我唐家光"。按二書所載小異，未知孰是。

按："時康"，文苑英華卷一六七、冊府卷九六二同，御覽卷七八一作"陶唐"。"昭我唐家唐"，冊府卷九六二同，文苑英華卷一六七作"昭我皇家唐"，御覽卷七八一作"昭我家大唐"。

日本傳

　　長安元年，其王文武立，改元曰太寶，遣朝臣真人粟田貢方物。（第六二〇八頁）

　　互證卷二五九上：（舊書"三年"）武后紀"二年"。

　　中華本新書校記："長安元年"，舊書卷一九九上日本傳、唐會要卷一〇〇"元"作"三"，通典卷一八五作"二"。

卷二二一上

西域傳

是時，伏允耄不能事，其相天柱王用事，拘天子行人鴻臚卿趙德楷……貞觀九年，詔李靖等爲西海道行軍大總管……擊之。(第六二二五頁)

糾謬卷五吐谷渾傳貞觀九年誤：今按本紀，其吐谷渾執趙德楷及命李靖等六總管伐之，皆貞觀八年十二月事，非九年也。

按：詔李靖等六總管討伐之事，舊書卷一九八吐谷渾傳亦作"貞觀九年"，冊府卷一一九、卷九八五作"八年十二月"，舊紀卷三、通鑑卷一九四作"八年十二月辛丑"。

焉耆國，直京師西七千里而贏。(第六二二八頁)

合鈔卷二五八：(舊書)在京師西四千三百里。新書"七"，此疑誤。

按：舊書卷一九八焉耆傳曰："焉耆國在京師西四千三百里。"御覽卷七九五曰："唐書曰：'焉耆在京師西七千三百里。'"

太宗貞觀六年，其王龍突騎支始遣使來朝。自隋亂，磧路閉，故西域朝貢皆道高昌，突騎支請開大磧道以便行人，帝許之。高昌怒，大掠其邊，西突厥莫賀設與咄陸弩失畢作難，來奔，咄陸弩失畢復攻之，遣使言狀，并貢名馬。(第六二二九頁)

唐史餘瀋卷一新焉耆傳一事分敘：察其文義，似遣使言狀貢馬與六年之使，各爲一事，蓋既開磧得請而爲高昌所掠，其間必須經過若干時期也。但考通典卷一九二焉耆條云："大唐貞觀六年正月，又遣貢方物。"又舊書一九八焉耆傳："西突厥莫賀設與咄陸弩失畢不協，奔于焉耆，咄陸復來攻之。六年，遣使言狀，並貢名馬。"是所謂言狀貢馬者即前文六年之使，新傳不及比覈而致一事複出。

屈利啜囚栗婆準，更使吐屯攝王，遣使以告，帝曰："焉耆我所下，爾乃王之邪？"吐屯懼不敢王，焉耆立栗婆準，而從兄薛婆阿那支自爲王。（第六二二九頁）

餘審卷一新焉耆傳失句：即如舊焉耆傳："太宗數之曰：'焉耆者我兵擊得，汝何人，輒來統攝？'吐屯懼而返國，焉耆又立栗婆準從父兄薛婆阿那支爲王。"固謂吐屯走後，國人又立栗婆準從父兄，於文甚明。

龍朔初，拜其王修鮮等十一州諸軍事。（第六二四一頁）

合鈔卷二五八：（舊書卷一九八西域傳作"龍朔初"。）新書作"神龍初"，疑誤。

中華本新書校記：各本原作"神龍初"。舊書卷一九八罽賓傳、唐會要卷九九及冊府卷九六六均作"龍朔初"，據改。

君姓溫，本月氏人，始居祁連北昭武城，爲突厥所破。（第六二四三頁）

讀書札記："突厥"當作"匈奴"，此誤改舊文所致。

卷二二一下

西域傳

武德十年始遣使来獻。（第六二四四頁）

唐史餘瀋卷一：舊書卷一九八康國傳："武德十年，屈尤支遣使獻名馬。"按太宗以貞觀元年正月乙酉朔改元，則武德似不得有十年。校勘記六六云："唐會要'十'作'七'，冊府元龜（九百七十）'十'作'九'，'尤'作'木'，'支'誤'友'；（九百六十六）又作'屋木支'，寰宇記作'屈木支'。"余檢元龜九七〇，武德九年下書"十二月……唐國王屈木支遣使獻名馬"，與校勘記見本略異，"唐"即"康"之訛，唯"支"不訛"友"。會要多訛字，"九""七"形近，會要九九之"七年"，可斷爲"九年"之訛。若新書……則因沿襲舊傳之文，未及思考而重謬也。

按："屈尤支"，冊府卷九六六同，新書卷二二一下西域傳、唐會要卷九九、冊府卷九七〇作"屈木支"。

"十年"，舊書卷一九八西域傳同，冊府卷九七〇作"九年"，唐會要卷九九、冊府卷九六六作"七年"。

永徽二年，大食王黴密莫末膩始遣使者朝貢，自言王大食氏，有國三十四年，傳二世。（第六二六二頁）

新唐書大食傳注：永徽二年，爲西元六五一年。回曆三十年至三十一年。此言"有國三十四年"者，陳垣先生云："今考永徽二年爲回曆三十年至三十一年，與三十四年之說不合。據舊唐書本紀及冊府，則永徽六年大食再朝貢，大食傳誤以永徽六年使者之言爲永徽二年使者之言。永徽六年爲回曆三十四年至三十五年，正回教第三代哈里發奧自蠻在位之時。"（回回教入中國史略，東方雜誌第二十五卷第一號。）

或曰大食族中有孤列種，世酋長，號白衣大食。種有二姓，一曰盆尼末換，二曰奚深。有摩訶末者，勇而智，衆立爲王。闢地三千里，克夏臘城。傳十四世，至末換，殺兄伊疾自王，下怨其忍……即殺末換，求奚深種孫阿蒲羅拔爲王，更號黑衣大食。(第六二六三頁)

　　新唐書大食傳注：此襲賈耽四夷述而略變其文。……按四夷述所據之原報告，其意顯然以末換以上十四代爲白衣大食，由末換逆數之，則共十四代，適構成阿拉伯史上之烏梅亞王朝。四夷述所謂白衣大食，其原意當指烏梅亞王朝，穆罕默德即本傳之所謂摩訶末，及其以後之四大哈里發爲歷史上另一時期，與所謂白衣大食無關。本傳改易四夷述之文，竟以孤列種稱爲白衣大食而置於其下，蓋不免於望文之誤也。

卷二二二上

南蠻傳

玄宗詔特進何履光以兵定南詔境，取安寧城及井，復立馬援銅柱，乃還。（第六二七〇頁）

陔餘叢考卷一二：銅柱在林邑國，相距七八千里，南詔安得有之？此皆傳聞之誤。蓋宋時南詔已不入版圖，故子京無從考訂耳。

按：蠻書卷七曰："天寶八載，玄宗委特進何履光統領十道兵馬從安南進軍伐蠻國，十載已收復安寧城，並馬援銅柱。"舊紀卷五曰："（天寶八載十月）特進何履光率十道兵以伐雲南。"據此，"南詔"或爲"安南"、"雲南"之訛，但復立馬援銅柱乃爲實爾。

會楊國忠以劍南節度當國，乃調天下兵凡十萬，使侍御史李宓討之，輦餉者尚不在，涉海而疫死相踵於道。（第六二七一頁）

陔餘叢考卷一二：按南詔雖有滇池、洱海，然自蜀至大理皆陸路，初不渡此也。

按：高適集中有李宓南征蠻詩一篇，序云："天寶十一載，有詔伐西南夷，丞相楊公兼節制之寄，乃奏前雲南太守李宓涉海自交趾擊之，往復數萬里。"

其子閣勸及清平官與佐時盟點蒼山……大破吐蕃於神川……明年夏六月，冊異牟尋爲南詔王。（第六二七四頁）

通鑑考異卷一九：舊南詔傳："十年八月，遣溱羅棟獻吐蕃印。"……按實錄乃今年六月，新舊傳皆誤也。韋皋奏狀皆稱雲南王，而竇滂雲南別錄曰："詔袁滋冊異牟尋爲南詔。"蓋從其請，南詔之名自此始也。蠻語詔即王也，新傳云"南詔王"，亦誤。

按：新傳曰："時貞元四年……後五年"，依此，"盟點蒼山"及"破吐蕃於神川"皆於九年，"明年"則"十年"。考舊書卷一九七、通鑑卷二三四，"盟點蒼山"作"十年正月"，"破吐蕃於神川"，舊紀卷一三、新紀卷七、冊府卷九九五亦皆作"十年正月"，新傳誤。

卷二二二中

南蠻傳

　　大中時，李琢爲安南經略使……夷人不堪，結南詔將段酋遷陷安南都護府……然朝貢猶歲至，從者多。杜悰自西川入朝，表無多內蠻僆，豐祐怒，即慢言索質子。會宣宗崩，使者告哀。是時，豐祐亦死，坦綽酋龍立……遂僭稱皇帝，建元建極……懿宗以其名近玄宗嫌諱，絕朝貢。乃陷播州。安南都護李鄠屯武州，咸通元年，爲蠻所攻，弃州走。（第六二八二頁）

　　互證卷二〇：通鑑考異曰："實錄或作'琢'，又作'涿'，樊綽蠻書亦作'涿'。實錄、新書皆有李琢傳……不云曾爲安南都護，疑作都護者別一李涿。"又曰："宣宗時，南詔未嘗陷安南，據新傳則似大中時已陷安南，咸通元年又陷武州也。且李鄠安南失守，然後奔武州，非在武州而弃之，新傳誤也。今從實錄。"又曰："杜悰以咸通二年七月入朝，而豐祐大中十三年死，則建議減蠻僆必非悰入朝後事，新傳誤也。"按新傳、通鑑皆謂安南再陷。……按通鑑云："咸通元年十月，安南都護復取播州；十二月，安南土蠻引南詔兵合三萬餘人乘虛攻交趾，陷之。"此即溫公所謂安南失守，從實錄書之者。考地理志，安南都護府治宋平，交趾，則安南之一縣也，特以其地爲漢交趾郡，故通言交趾，或曰交州，如舊紀："其年冬，蠻竟陷交州。"此實陷安南而云交州是也。其實分言之，則交趾自交趾，安南自安南，如新書此傳下文有云"南詔攻交州，進略安南"是也。恐實錄誤以陷交趾爲陷安南，而遂以爲安南失守也。……李琢、杜悰二事，則溫公考之確矣。

　　酋龍怨殺其使，十年，乃入寇，以軍綴青溪關，密引眾伐木開道，徑雪岐，盛夏，卒凍死者二千人。出沐源，闚嘉州。（第六二八五頁）

　　通鑑考異卷二三：按蠻以十一月至沐源，非盛夏。新傳誤。

　　互證卷二〇：按懿宗本紀"十年十二月雲南蠻寇嘉州"，本不誤，此因"雪岐"二字，欲極言之，遂不覺誤耳。

故瀘州刺史楊慶復爲耽治攻具。（第六二八六頁）

互證卷二〇：按下文言"楊慶諫曰"云云，通鑑考異曰："新傳作'瀘州刺史楊慶'，誤。"今本此處正作"楊慶復"，但下又祇言"楊慶爲違背耳"。又前言"南詔酋將楊思僭"，通鑑考異曰"當從蠻書作'楊思縉'"。

南詔知蜀彊，故襲安南，陷之，都護曾袞奔邕府，戍兵潰。（第六二九二頁）

互證卷二〇：按上文言乾符四年，又云是時駢徙節鎮海，則此五年後事。今考新舊僖宗紀及通鑑，此數年中并無蠻陷安南事，祇新紀六年有黃巢陷安南一語。然參考諸傳，亦無巢陷安南事，不知何故。此兩處皆言陷安南而不相應也。

按：通鑑卷二五三曰："（廣明元年三月）安南軍亂，節度使曾袞出城避之，諸道兵戍邕管者往往自歸。"本傳下文曰"時盧攜復輔政"，按盧攜復輔政在乾符六年十二月，與此時間相吻合，通鑑曰廣明元年三月應是。

（環王，本林邑也）王衣白氎，古貝斜絡臂，飾金琲爲纓，鬖髮，戴金華冠如章甫。妻服朝霞，古貝短裙，冠纓如王⋯⋯（婆利者）俗黑身，朱髮而拳，鷹爪獸牙，穿耳傅璫，以古貝橫一幅繚于腰。古貝，草也，緝其花爲布，粗曰貝，精曰氎。（第六二九八、六二九九頁）

嶺外代答卷六吉貝：吉貝木如低小桑枝，萼類芙蓉花之心，葉皆細⋯⋯唐史以爲古貝，又以爲草屬，顧"古"、"吉"字訛，草、木物異，不知別有草生之古貝，非木生之吉貝耶？⋯⋯雷化廉州及南海黎峒富有，以代絲紵，雷化廉州有織，匹幅長濶而潔白細密者，名曰"慢吉貝"，狹幅麤疎而色暗者，名曰"麤吉貝"⋯⋯吉貝是也。

按："古貝"之名，北史卷九五真臘國傳、南史卷七八林邑國傳、通典卷一八八、舊書卷一九七林邑國及婆利國傳均有載。但水經注卷一、元經卷八、梁書卷五四林邑國傳均作"吉貝"，從字形上看，疑"吉"訛成"古"。

卷二二二下

南蠻傳

　　至上元間，國人推女子爲王，號"悉莫"，威令整肅，道不舉遺。大食君聞之，齎金一囊置其郊，行者輒避，如是三年。太子過，以足躪金，悉莫怒，將斬之，群臣固請，悉莫曰："而罪實本於足，可斷趾。"群臣復爲請，乃斬指以徇。（第六三〇二頁）

　　習學記言序目卷四三：此與商鞅事同。古人勤心苦力爲民除患致利，遷之善而遠其罪，所以成民也……而後世更爲霸、王雜用之說，自以爲甚恕矣，至於書傳間時得其一若申、商之類者，未嘗不拊卷嗟惜，以爲偶舉而必效，當行而無疑也。今史載其事而不辨其失，意亦出此，哀哉。

　　按：此爲葉適臆測，未有事實依據，新書所記，應有依據。

　　繇崑崙小王所居，半日行至磨地勃柵，海行五月，至佛代國，有江，支流三百六十。（第六三〇七頁）

　　餘審卷四佛代國：按緬甸之南曰Martaban海股，齒音n與t通轉，即爲磨地勃之音對。然據同傳，驃國長祗三千里，廣五千里，即使由極東至極西，何需五月行程，"五月"應是"五日"之誤。所謂大江支流三百六十者，正今伊拉瓦底江，曰海行者因其地本頻海，猶吾粵呼過河爲過海矣。

　　十曰野鵝，謂飛止必雙。（第六三一四頁）

　　互證卷二〇：此下似脫"驃曰某某"某某一句，以上下文知之。

　　（貞觀三年）又有南謝首領謝彊亦來朝，以其地爲莊州，授彊刺史。（第六三二〇頁）

　　互證卷二〇：舊書爲"南壽州刺史，後改莊州"。按地理志莊州下注云：“本南壽州，貞觀三年以南謝蠻首領謝疆置，四年更名。”則當以舊傳爲是。

貞元十年，黃洞首領黃少卿者……俄陷欽、橫、潯、貴四州……乃以唐州刺史陽旻爲容管招討經略使……皆破之，侵地皆復。元和初，邕州擒其別帥黃承慶，明年，少卿等歸款。未幾復叛。（第六三三〇頁）
互證卷二〇：按憲宗本紀，"元和二年二月，邕管經略使路恕敗黃洞蠻，執其首領黃承慶；三年六月，黃少卿降；十二年，容管經略使陽旻克欽、橫、潯、貴四州"，則陽旻事在路恕後且十年矣。當是少卿降而復叛後也，今乃載之元和初前，可乎？

公素劾元宗擅以羅陽縣還黃少度，元宗懼，引兵一百持印章依少度。穆宗遣監察御史敬僚按之，僚嘗爲容州從事，與公素昵，傅致元宗罪，以母老，流驪州，衆以爲不直。（第六三三一頁）
互證卷二〇：按穆宗本紀"長慶元年五月，邕州刺史李元宗叛，奔於黃洞蠻"，元宗果叛者，豈不加兵，而可以一御史按而罪之乎？且罪無過於叛，公素所劾即誣，而引兵持印依少度，亦無以自明矣，而尚得減死，而罪止流，衆且以爲不直，何也？竊疑紀所謂叛，傳所謂引兵依少度，皆不得其實。

卷二二三下

崔昭緯傳

至昭宗時，仕寖顯，以戶部侍郎同中書門下平章事，居位凡八年。(第六三五八頁)

新書考異卷一六：按宰相表及本紀，昭緯以大順二年辛亥正月拜相，至乾寧二年乙卯八月罷爲右僕射，居位實不滿五年。

按：崔昭緯爲乾寧二年八月罷相，以此上推八年，無論實年還是虛年，都已在僖宗之時。據本卷上文曰："至昭宗時，仕寖顯。"因此，"八年"之說爲誤。據舊紀卷二〇上、冊府卷七四，崔昭緯爲大順元年十二月爲相，新紀卷一〇、新書卷六三宰相表，則爲大順二年正月爲相，據此，崔昭緯居相位至多六年矣。

卷二二四上

僕固懷恩傳

於是雍王以元帥爲中軍，拜懷恩同中書門下平章事，爲之副，乃與左殺爲先鋒。時諸節度皆以兵會，次黃水。（第六三六七頁）

糾謬卷一六僕固懷恩爲副元帥及橫水之戰紀傳前後不同："黃"即"橫"字之誤。今按代宗紀"寶應二年十月辛酉，雍王适討史朝義，甲戌，敗史朝義于橫水；十一月，僕固懷恩爲朔方河北副元帥"，在本紀則懷恩先破賊後爲副元帥，在傳則先爲副元帥而後破賊，二者未知孰是。

按：通鑑卷二二二曰："（寶應元年十月）上欲以郭子儀爲适副，程元振、魚朝恩等沮之而止。加朔方節度使僕固懷恩同平章事，兼絳州刺史，領諸軍節度行營，以副适。……（十一月）郭子儀以僕固懷恩有平河朔功，請以副元帥讓之。己亥，以懷恩爲河北副元帥，加左僕射，兼中書令、單于鎮北大都護、朔方節度使史。"因此，懷恩先爲适副，後爲副元帥，新傳未誤。

"黃"，舊傳同，舊書卷一一代宗統、新書卷六代宗紀、卷二二五上史朝義傳、册府卷九七三、通鑑卷二二二均作"橫"。

史朝義退守莫州，於是都知兵馬使薛兼訓、郝廷玉、兗鄆節度使辛雲京會師城下。（第六三六八頁）

糾謬卷六辛雲京官誤：今按肅宗紀云："寶應元年建卯月癸丑，河東軍亂，殺其節度使鄧景山，都知兵馬使辛雲京自稱節度使。"又代宗紀云："廣德元年正月甲申，史朝義自殺。"今僕固懷恩傳載雲京等會師于莫州城下，正是寶應元年、廣德元年冬春之際。又按辛雲京傳雲京自爲河東節度使之後，未嘗移鎮，卒于太原，亦未嘗爲兗鄆節度使。況雲京新得太原，必不敢輕出會師討賊，此蓋誤書也。

互證卷二〇：按是時爲兗鄆節度使者田神功也，蓋神功與兼訓、庭玉皆禀命於李光弼而來會師。新書既沿舊書之誤，以神功爲雲京。

按：據通鑑卷二二二，寶應元年兗鄆節度使爲田神功，新傳當襲舊書卷一二一僕固懷恩傳而誤。

副將范志誠諫，以爲"嫌隙成矣，奈何入不測之朝，獨不見來瑱、李光弼乎？二臣功高不賞，瑱已及誅。"（第六三七一頁）

互證卷二〇：按此等皆非當時實有此語，史臣妄作之……考李光弼上元二年二月，以邙山之敗罷太尉、副元帥，五月復爲太尉、河南道副元帥，罷不三月也。……廣德元年……是此數年前光弼方宣力行間，未嘗與朝廷有隙，而朝廷亦未嘗有薄待光弼之事也。至是年十月朔，代宗幸陝；十二月，自陝還京師，始以東京留守召光弼，而光弼未赴，則又非九月時范志誠之所預知也，而與來瑱並言之，豈非史臣妄意造作。

按：新傳與舊書卷一二一僕固懷恩傳有不同。舊書卷一一三裴遵慶傳曰："懷恩引過聽命，將隨遵慶朝謁，爲副將范志誠以邪說惑之。"通鑑卷二二三曰："副將范志誠以爲不可，曰：'公信其甘言，入則爲來瑱，不復還矣。'"因此，范志誠定說僕固懷恩。關於李光弼，新書卷二〇七程元振傳曰："素惡李光弼，數媒蘗以疑之。瑱等上將，冕、光弼元勳，既誅斥，或不自省，方帥繇是攜解。"曰"朝廷亦未嘗有薄待光弼之事"，此句未穩。

李懷光傳

貞元元年八月，朔方都將牛名俊斬懷光，傳首以獻。（第六三七八頁）

十七史商榷卷八九：陸宣公集制誥第三卷誅李懷光後原宥河中將吏并招諭淮西詔敘此事云："渠魁授首，餘眾革心，制勝以謀，兵無血刃。"則知非擒獲伏誅，亦非臨陣斬之，但爲部將所殺，與自縊有別。

互證卷二〇：按新書韓游瓌傳云："懷光自縊死。"余家藏李元諒懋功昭德頌碑云："懷光自絞中閣。"則游瓌傳爲得實。

陳少游傳

佶但諸史如江、鄂州，以表內蠟丸以聞。（第六三八〇頁）

糾謬卷一一劉賁陳少游傳脫字：劉賁傳云："號曰'北司'，凶醜朋挺，外群臣，內掣侮天子。"……今按"外群臣"字句內及"佶但諸史"句內，必皆有脫字。

互證卷二〇：舊書"佶但領胥史，如江、鄂等州"。按新書語不如舊書之明。

按："外群臣"，新書大字本、百衲本、十四行本同，小字本甲作"外脅群臣"。

"佶但諸史如江、鄂州"，"但"，小字本乙、元大德本作"佀"；張元濟校勘記曰：原本、北監本、殿本作"但"，汲古閣本作"佀"，備註欄曰：修"佀"。舊傳曰："佶但領胥吏往江、鄂等州。"就此看，新傳應有脫字。

李錡傳

擢子良檢校工部尚書……裴行立泌州刺史。（第六三八四頁）

糾謬卷一一裴行立授泌州刺史：今按裴行立本傳云授沁州刺史，又地理志云："泌州，本昌州，武德五年更名唐州。天祐三年，朱全忠徙治泌陽，表更名。"然則是天祐三年方有泌州之名，而元和之初未有泌州，以此見書為"沁"者得其實，而"泌"字誤也。

卷二二四下

李忠臣傳

以忠臣爲汝、仙、蔡六州節度使，兼安州。（第六三八八頁）
　　新書館臣注：按方鎮表，淮南西道節度于上元二年增領陳、鄭等九州，徙治安州，號淮西十六州節度使，無所爲六州與十一州節度也。疑新書"六"字上脱"十"字。舊書"十一州""一"字當是"六"字之訛耳。但仙州于大曆元年始增入淮西節度，至五年復省，此時淮西管内不應有仙州，新書疑誤。
　　按："六州節度使"，舊傳、册府卷三五八作"淮西十一州節度"。據新書卷六五方鎮表，乾元二年復置淮南西道節度使，領申、光、壽、安、沔、蘄、黄七州；上元元年，增領陳、鄭、穎、亳、汴、曹、宋、徐、泗九州，號淮西十六州，尋分出亳、徐二州；寶應元年，增領許、隋、唐三州，分出鄭、穎、宋、汴、曹、泗、申，則淮西剩餘十州。李忠臣任淮西節度據舊傳爲寶應元年七月，則其任前夕或剩十四州，加汝、仙、蔡三州爲十七州，但據元和郡縣志卷七，仙已廢入汝州，此當爲舊稱，故淮西領州爲十六州。以此推，以"六"上脱"十"字。或李忠臣任後，實領爲原十州，加汝、仙、蔡爲十三，汝、仙爲一，故爲十二。但新舊本傳下文曰："大曆五年，加蔡州刺史。"疑初蔡州爲虛領，故舊傳、册府不計入，曰其爲"淮西十一州節度使"矣。

陳敬瑄傳

敬瑄殺五十人，尸諸衢，由是道路不譁。（第六四〇四頁）
　　考異卷二四：錦里耆舊傳曰："有内園小兒三箇連手行遶行宮，數内一人笑云云。巡者亂打，執之。敬瑄咄曰：'今日且欲棒殺汝三五十輩，必不令錯。'"按三五十輩者，敬瑄語也，非實殺五十人也，新傳誤。

　　俄而令孜得罪，敬瑄被流端州。會昭宗立，敬瑄拒詔，帝召爲左龍武統軍，以宰相韋昭度代領節度使。(第六四〇七頁)
　　互證卷二〇：按田令孜傳俄削官，長流儋州，然猶依敬瑄不行，非敬瑄以令孜得罪而被流也。且敬瑄既被流而拒詔矣，乃召之爲龍武統軍乎？此必誤可知。
　　按：舊書卷一八四田令孜傳曰："昭宗即位，三川大亂，詔宰相韋昭度鎮西川，陳敬瑄不受代。"舊紀卷二〇上曰："（文德元年）六月丁卯朔，以川賊王建大亂，劍南陳敬瑄告難，制以……韋昭度檢校司徒、門下侍郎、平章事、兼成都尹，充劍南西川節度副大使、知節度事，兼兩川招撫制置等使。"因此，陳敬瑄被昭爲龍武統軍，但不受代，非因田令孜得罪。通鑑卷二五六曰："（光啟三年二月）戊辰，削奪三川都監田令孜官爵，長流端州，然令孜依陳敬瑄，竟不行。"因此，是田令孜流端州，非陳敬瑄。按田令孜傳"長流儋州"乃誤，見通鑑考異卷二五。

卷二二五上

安祿山傳

范陽節度使張仁愿遣搜廬帳，欲盡殺之，匿而免。（第六四一一頁）

互證卷二〇：按方鎮表開元二年始置幽州節度，天寶元年更幽州節度使爲范陽節度使，張仁愿以聖曆元年爲幽州都督，時無范陽節度使之名也。

十一載，率河東兵討契丹。（第六四一五頁）

互證卷二〇：舊書同。按元宗本紀在天寶十載八月，此誤。

按：舊書卷二〇〇上安祿山傳、御覽卷一一一作"十一載八月"，冊府卷九八七作"十一載三月"，冊府卷四四三作"十一載"；新紀卷五、通鑑卷二一六作"十載八月"；安祿山事迹卷上作"十載"，所敘與新傳略同，又曰："十一載三月，祿山引蕃奚步騎二十萬直入契丹，以報去秋之役。"疑十一載安祿山二次入討契丹，新傳所敘乃第一次爾。

祿山以張通儒守東京。（第六四一九頁）

合鈔卷二六〇上：新書"守東京"，訛。

中華本新書校注：按是時祿山方攻據長安，舊書卷二〇〇上及通鑑卷二一八並謂以張通儒爲西京留守。

祿山至，怒，乃大索三日。（第六四二〇頁）

通鑑考異卷一四：按舊傳通儒爲西京留守，徧檢諸書，祿山自反後，未嘗至長安，新傳誤也。

尹子奇已殺張巡，悉衆十萬來，并力營陝西，次曲沃。先是回紇傍南山設伏，按軍北崦以待，**莊大戰新店**，以騎挑戰，六遇輒北。（第六四二一頁）

互證卷二〇：按新紀"至德二載十月戊申，廣平郡王俶及安慶緒戰于新店，敗之。癸丑，安慶緒陷睢陽。"戰新店在陷睢陽前五日，與此傳矛盾。舊紀傳皆言陷睢陽在戰新店前，通鑑陷睢陽在癸丑，與新紀同日，戰新店在己未，又後陷睢陽六日，未知孰是。

史思明傳

至德二載，與蔡希德、高秀巖合兵十萬攻太原……時光弼固守且十月，不能拔，而安慶緒襲位。（第六四二八頁）

互證卷二〇：舊書"思明留十月，會安祿山死，慶緒令歸范陽，希德留百餘日，皆不能拔而歸。"按新紀至德元載十一月戊午，史思明寇太原。二載正月乙卯，慶緒弒祿山，二月戊子，李光弼及安慶緒之衆戰於太原，敗之。丁酉，慶緒將蔡希德寇太原。即自十一月戊午至二月丁酉，僅百日耳，安得有十月之久？且二載正月，祿山已死，則二書之序事顛倒可知。

思明又遣田承嗣擊申、光等州，王同芝擊陳，許敬釭擊兗、鄆……思明大怒，召朝義并駱悅、蔡文景、許季常，將誅而釋之。（第六四三〇至六四三一頁）

糾謬卷六史思明朱泚傳各有敬釭許季常：今按朱泚僭即皇帝位，以敬釭爲御史大夫，許季常京兆尹，斯二人名姓皆同。然史思明之亂至朱泚建中之變已二十五六年矣，二人者果存而助亂歟？或者姓名偶同歟，其誤記歟？不可得而知，修史家亦當定其去取也。

按：據通鑑卷二二二，許季常乃許叔冀之子，史思明之亂至朱泚建中之變僅二十五六年，疑爲同一人。

卷二二五中

朱泚傳

渾瑊伏兵漠谷，引數十騎跳攻長安，泚大驚，踣榻前。瑊引郤，日月尾追，遇伏鬭，射日月殺之。（第六四四五頁）

互證卷二〇：按新舊二書渾瑊傳不載此事。上文云"渾瑊以數十騎自夾城入北內裒兵，欲擊賊，聞乘輿出，乃奔奉天"，彼方倉皇之際，故瑊得以數十騎入，此則在高重傑已死之後，奉天圍方合，瑊守禦不暇，安得引數十騎攻長安乎？疑此與前所云本是一事，而射殺日月則在此時戰奉天城下事也……考新紀"十月丁巳，朱泚犯奉天。乙丑，將軍高重傑死之。十一月癸巳，李懷光及朱泚戰於魯店"，則此時正在重圍之際，而泚亦在奉天城下，不在長安也。下文"泚自將逼奉天"亦是敘次顛倒之故耳。

卷二二五下

黃巢傳

仙芝去攻汝州，殺其將，刺史走，東都大震。（第六四五二頁）

互證卷二〇：按僖宗本紀"乾符三年九月丙子，王仙芝陷汝州，執刺史王鐐"，通鑑亦同，且言"鐐在賊中，爲巢求官"，而此與王鐸傳皆不言其降賊，舊紀亦言"虜刺史王鐐"，而傳則言其守汝州，爲賊所害，其不同如此。

攻荊南……知溫不出，有詔以高駢代之，駢以蜀兵萬五千齎糒糧，期三十日至，而城已陷，知溫走。（第六四五三頁）

互證卷二〇：按本紀"乾符五年正月丁酉，王仙芝陷江陵外郛"。又考新舊書李福傳並云："福以沙陀五百救之，賊聞福至，乃走。"則此云"城陷，知溫走"者，非也。

復光遣其屬吳彥宏以詔諭賊，仙芝乃遣蔡溫球、楚彥威、尚君長來降，欲詣闕請罪。（第六四五三頁）

新書考異卷一六：舊書僖宗紀作"蔡溫玉"。

合鈔卷二二：當從黃巢傳作"球"。

互證卷二〇：按本紀"乾符四年十一月，尚君長降，宋威殺之"。在陷江陵外郛前，此敘於後，未知孰是。

按："蔡溫球"，舊書卷二〇〇下黃巢傳、通紀卷一一同，舊紀卷一九下、御覽卷一一六作"蔡溫玉"。

關與尚君長與陷江陵外郛，參見卷九僖宗本紀考證。

轉寇浙東，執觀察使崔璆。……詒節度使李迢書，求表爲天平節度。（第六四五四頁）

互證卷二〇：按新紀"崔璆"作"崔琢"，當是紀誤。舊紀"李迢"

作"李巖",未知孰是。

按:"李迢",新紀卷九、通鑑卷二五三同,"李巖"僅此一見,疑誤。

帝餞令孜章信門,資遣豐優。(第六四五七)

通鑑考異卷二四:按令孜雖爲招討都統,賜節賚物,其實不離禁闥,是日所遣者承範等耳,新傳云"餞令孜",誤也。

其徒上巢號承天應運啓聖睿文宣武皇帝,以妻曹爲皇后,以尚讓、趙璋、崔璆、楊希古爲宰相,鄭漢璋御史中丞……皮日休、沈雲翔、裴渥翰林學士。(第六四五八頁)

老學庵筆記卷一〇:該聞錄言皮日休陷黃巢爲翰林學士,巢敗被誅,今唐書取其事。按尹師魯作大理寺丞皮子良墓誌,稱曾祖日休避廣明之難,徙籍會稽,依錢氏,官太常博士,贈禮部尚書;祖光業,爲吳越丞相;父璨,爲元帥府判官。三世皆以文雄江東。據此則日休未嘗陷賊,爲其翰林學士被誅也。……師魯文章傳世,且剛直有守,非欺後世者,可信不疑。故予表而出之,爲襲美雪謗於泉下。

史糾卷四:按尹洙爲一時正人,不輕立於襲美,果如輞川之王聲于祿山,義興之蔣污于朱泚,則師魯必厭薄其人,絕其子孫,安肯受諛墓之金,奮筆爲之作誌耶?

按:舊紀卷一九下曰:"(廣明元年十二月)壬辰,黃巢據大內,僭號大齊,稱年號金統。悉陳文物,據丹鳳門偽赦。以太常博士皮日休、進士沈雲翔爲學士。"新書黃巢傳相較舊紀多出裴渥。因此,或新傳別有來源。

劉瑭、朱溫、張全……等爲諸將軍游弈使。(第六四五九頁)

新書館臣注:"張全",南、北監本、汲古閣本皆同,獨沈炳震作"張全義",當從之。

巢復入京師,怒民迎王師,縱擊殺八萬人,謂之"洗城",血流於路可涉也。諸軍退保武功,於是中和二年二月也。(第六四六〇頁)

互證卷二〇:舊書略同。按舊紀亦在二年二月,惟新紀在中和元年四月，通鑑以新紀書日之詳，從之。

程宗楚營京右。（第六四六〇頁）

互證卷二〇：按本紀"中和元年四月丁亥，弘夫、宗楚死之。"（程宗楚營京右）即在二年二月，二人之死必在巢復入京師時也。此傳上文但言"賊執弘夫害之"，而此處有"程宗楚營京右"之文，紀、傳不相應。

按：通鑑卷二五四同新紀，唐大詔令集卷五改元天復敕曰："故西面行營副都統、涇原節度使程宗楚，故收復京城、行營都統行軍司馬、前朔方軍節度使唐弘夫各持將節來佐台旄，爭鋒而深入王城，力屈而銜冤寇壘，莫覩歸元之貌，空留不朽之勳，言念竭忠，更隆茂典。"則二人應於黃巢復入京城而死，疑此句爲衍。

秦宗權傳

使秦彥寇淮、肥。（第六四六五頁）

互證卷二〇：舊書略同。按此非和州刺史秦彥也，通鑑作"陳彥"，或爲是。

參考書目

一 經部：

宋陳彭年撰：重修廣韻，四部叢刊影宋本。
宋丁度撰：集韻，中國書店一九八三影印揚州使院重刻本。
清吳玉搢撰：別雅，影印文淵閣四庫全書本，台北台灣商務印書館一九八六年版，第二二二冊。
宋司馬光撰：類篇，影印文淵閣四庫全書本，第二二五冊。

二 史部：

漢司馬遷撰：史記，中華書局一九八二年版。
漢班固撰：漢書，中華書局一九六二年版。
南朝宋范曄撰：後漢書，中華書局一九六五年版。
晉陳壽撰：三國志，中華書局一九八二年版。
唐房玄齡等撰：晉書，中華書局一九七四年版。
南朝梁沈約撰：宋書，中華書局一九七四年版。
南朝梁蕭子顯：南齊書，中華書局一九七二年版。
北齊魏收撰：魏書，中華書局一九七二年版。
唐姚思廉撰：梁書，中華書局一九七三年版。
唐李百藥撰：北齊書，中華書局一九七二年版。
唐令狐德棻等撰：周書，中華書局一九七一年版。
唐李延壽撰：北史，中華書局一九七四年版。
唐李延壽撰：南史，中華書局一九七五年版。
唐魏徵等撰：隋書，中華書局一九七三年版。
後晉劉昫等撰：舊唐書，中華書局一九七五年版。
宋歐陽脩、宋祁撰：新唐書，中華書局一九七五年版。
宋薛居正撰：舊五代史，中華書局一九七六年版。
宋歐陽脩撰：新五代史，中華書局一九七四年版。
元脫脫等撰：宋史，中華書局一九七七年版。

元脫脫等撰：金史，中華書局一九七五年版。
隋王通撰：元經，明刻漢魏叢書本。
唐溫大雅撰，大唐創業起居注，明津逮秘書本。
唐吳兢撰：貞觀政要，上海古籍出版社一九七八年版。
唐馬總撰：通紀，嘉慶宛委別藏本。
唐樊綽撰：蠻書，武英殿聚珍版叢書本。
宋路振撰：九國志，清守山閣叢書本。
宋司馬光撰：資治通鑑，中華書局一九五六年版。
宋李燾撰：續資治通鑑長編，中華書局一九八五年版。
宋王稱撰：東都事略，齊魯出版社二〇〇〇年版。
宋范坰林禹撰：吳越備史，四部叢刊續編影清鈔本。
明孫慤撰：唐紀，四庫存目叢書本，齊魯書社一九九七年版，史部第三三冊。
明晏璧撰：史鉞，續修四庫全書本，上海古籍出版社二〇〇二年版，史部第四四九冊。
元佚名：宋史全文，影印文淵閣四庫全書本，第三三〇冊。
唐李林甫撰：唐六典，正德十三年刻本。
唐杜佑撰：通典，中華書局一九八八年版。
宋宋敏求撰：唐大詔令集，中華書局二〇〇八年版。
宋王溥撰：唐會要，中華書局一九五五年版。
清嵇璜撰：欽定續通志，影印文淵閣四庫全書本，第三九二冊。
唐林寶撰：元和姓纂，中華書局一九九四年版。
宋歐陽修撰：集古錄，四部叢刊影元刊本。
宋趙明誠撰：金石錄，齊魯書社二〇〇九年版。
宋陳思撰：寶刻叢編，十萬卷樓叢書本。
明都穆撰：金薤琳琅，乾隆四十三年汪氏刻本。
明趙崡撰：石墨鐫華，知不足齋叢書本。
清顧炎武撰：山東考古錄，光緒刻顧亭林遺書補遺本。
清顧炎武撰：金石文字記，清指海本。
清葉奕苞撰：金石錄補，道光二十四年別下齋刻本。
清王昶撰：金石萃編，嘉慶十年刻錢寶傳等補修本。
清王言撰：金石萃編補略，光緒八年刻本。

清錢大昕撰：潛研堂金石文跋尾，嘉定錢大昕全集第六冊，江蘇古籍出版社一九九七年版。

清畢沅撰：山左金石志，嘉慶刻本。

清畢沅撰：關中金石記，經訓堂刻本。

清洪頤煊撰：平津讀碑記，嘉慶二十一年刻本。

清錢吉儀撰：碑傳集，中華書局一九九三年版。

清楊守敬：湖北金石志，民國十年朱印本。

清閔爾昌撰：碑傳集補，民國十二年刻本。

宋晁公武撰：郡齋讀書志校證，上海古籍出版社二〇一一年版。

宋陳振孫撰：直齋書錄解題，上海古籍出版社一九八七年版。

明周復俊撰：全蜀藝文志，嘉靖刻本。

後魏酈道元撰：水經注，嘉靖十三年刻本。

唐李吉甫：元和郡縣誌，中華書局一九八三年版。

唐莫休符撰：桂林風土記，清初傳錄謝氏小草齋鈔本。

宋樂史撰：太平寰宇記，中華書局二〇〇七年版

宋宋敏求撰：長安志，乾隆經訓堂叢書本。

宋程大昌撰：雍錄，明古今逸史本。

宋施宿撰：（嘉泰）會稽志，嘉靖十三年刻本。

清王士俊撰：（雍正）河南通志，影印文淵閣四庫全書本，第五三五冊。

清王昶撰：直隸太倉州志，嘉慶七年刻本。

清永瑢等撰：四庫全書總目，中華書局一九六五年版。

清周中孚撰：鄭堂讀書記，民國十五年刻吳興叢書本。

宋司馬光撰：資治通鑑考異，四部叢刊影宋刊本。

宋吳縝撰：新唐書糾謬校證，王東、左宏閣校證，四川大學出版社二〇一四年版。

宋吳縝撰：五代史纂誤，知不足齋叢書本。

明朱明鎬撰：史糾，清指海本。

清沈炳震撰：新舊唐書合鈔，楊家駱主編，國學名著珍本彙刊第一冊，臺北鼎文書局一九七二年版。

清王鳴盛撰：十七史商榷，鳳凰出版社二〇〇八年版。

清錢大昕撰：廿二史考異，鳳凰出版社二〇〇八年版。

清錢大昕撰：新唐書糾謬補遺，錢大昕全集，江蘇古籍出版社一九九七年版，第四冊。

清錢大昕撰：新唐書糾謬校補，錢大昕全集，江蘇古籍出版社一九九七年版，第四冊。

清錢大昕撰：諸史考異，商務印書館一九五八年版。

清趙翼撰：陔餘叢考，中華書局一九六三年版。

清趙翼撰：廿二史劄記，中華書局一九八四年版。

清四庫館臣撰：武英殿新唐書考證，武英殿本二十三史考證，第四十四、四十五冊。

清四庫館臣撰：新唐書考證，國學名著珍本彙刊第八冊。

清邵晉涵撰：舊五代史考異，面水層軒鈔本。

清趙紹祖撰：新舊唐書互證，二十五史三編第七冊，嶽麓出版社一九九四年影印本。

清汪曰楨撰：舊唐書月日考，歷代正史文獻叢刊第五、六冊，北京圖書館出版社二〇〇五年影汪氏稿本。

清汪曰楨撰：新唐書月日考，歷代正史文獻叢刊第六、七冊，北京圖書館出版社二〇〇五年影汪氏稿本。

清張熷撰：讀史舉正，光緒間刻仰視千七百二十九鶴齋叢書本。

清唐景崇撰：唐書注，徐蜀編，隋唐五代正史訂補文獻彙編第二冊，北京圖書館出版社二〇〇四年版。

清丁謙撰：新唐書各外國傳地理考證，張舜徽主編，二十五史三編第七冊，嶽麓書社一九九四年版。

清羅士琳撰：舊唐書校勘記，懼盈齋刻本。

清周廣業撰：經史避名匯考，上海古籍出版社二〇一五年版。

三　子部：

戰國韓非撰：韓非子校注，韓非子校注組編寫，周勛初修訂，鳳凰出版社二〇〇九年版。

宋王欽若等撰：冊府元龜，中華書局一九六〇年影明本。

宋李昉等撰：太平御覽，中華書局一九六一年版。

宋李昉等撰：太平廣記，中華書局一九六〇年影宋本。

宋佚名撰：分門古今類事，影印文淵閣四庫全書本，第一〇四七冊。

唐張鷟撰：朝野僉載，中華書局一九七九年版。
唐劉肅撰：大唐新語，中華書局一九八五年版。
唐趙璘撰：因話錄，明稗海刻本。
唐姚汝能撰：安祿山事跡，上海古籍出版社一九八三年版。
唐胡璩撰：譚賓錄，清鈔本。
唐段成式撰：酉陽雜俎，上海古籍出版社一九八一年版。
唐韋絢撰：劉賓客嘉話錄，顧氏文房小說本。
唐李涪撰：刊誤，明刻百川學海本。
唐李綽撰：尚書故實，民國影寶顏堂秘笈本。
宋孫光憲撰：北夢瑣言，上海古籍出版社一九八一年版。
宋錢易撰：南部新書，中華書局二〇〇二年版。
宋沈括撰：新校正夢溪筆談，中華書局一九五七年版。
宋沈括撰：夢溪補筆談，叢書集成初編本，商務印書館，中華民國二十八年。
宋王讜撰：唐語林校證，周勛初校證，中華書局一九八七年版。
宋王觀國撰：學林，湖海樓叢書本。
宋汪應辰撰：石林燕語辨，民國校刻儒學警悟本
宋叶梦得撰：避暑錄話，津逮祕書本。
宋吳曾撰：能改齋漫錄，上海古籍出版社，一九七九年版。
宋洪邁撰：容齋隨筆，中華書局二〇〇五年版。
宋陸游撰：老學庵筆記，中華書局一九七九年版。
宋周去非撰：嶺外代答，知不足齋叢書本。
宋葉適撰：習學記言序目，中華書局一九七七年版。
宋張淏撰：雲谷雜記，中華書局一九五八年版。
宋王楙撰：野客叢書，影印文淵閣四庫全書本，第八五二冊。
宋陳善撰：捫虱新話，叢書集成初編本，商務印書館，中華民國二十八年版。
宋王應麟撰：困學紀聞，上海古籍出版社二〇〇八年版。
金王若虛：滹南遺老集，遼海出版社二〇〇六年版。
元陶宗儀撰：說郛三種，上海古籍出版社一九八八年版。
明陳士元撰：名疑，清指海本。
明王世貞撰：弇州四部稿，萬曆刻本。

明胡應麟撰：少室山房筆叢，上海書店出版社二〇〇一年版。

明周聖楷撰：楚寶，崇禎十四年刻本。

明周嬰撰：卮林，湖海樓叢書本。

清錢大昕撰：十駕齋養新錄，江蘇古籍出版社二〇〇〇年版。

清沈濤撰：交翠軒筆記，清人考訂筆記（七種），中華書局二〇〇四年影印本。

清杭世駿撰：訂訛類編續補，中華書局一九九七年版。

清嚴可均撰：鐵橋漫稿，道光十八年四錄堂刻本。

清勞格撰：讀書雜識，光緒四年刻本。

清孫詒讓撰：籀廎述林，民國五年刻本。

四　集部：

北周庾信撰：庾子山集，四部叢刊影屠隆本。

唐高適撰：高適集校注，孫欽善校注，山海古籍出版社一九八四年版。

唐陳子昂撰：陳伯玉集，四部叢刊影明本。

唐張說撰：張燕公集，武英殿聚珍叢書本。

唐張九齡撰：曲江集，四部叢刊影成化本。

唐顏真卿撰：顏魯公文集，清三長物齋叢書本。

唐李華撰：李遐叔文集，影印文淵閣四庫全書本，第一〇七二冊。

唐獨孤及撰：毘陵集，四部叢刊影亦有生齋校刻本。

唐陸贄撰：唐陸宣公集，四部叢刊影宋本。

唐權德輿撰：權載之文集，四部叢刊影嘉慶本。

唐韓愈撰：東雅堂昌黎集注，影印文淵閣四庫全書本，第一〇七五冊。

唐韓愈撰：昌黎先生文集，宋蜀刻本唐人集叢刊，上海古籍出版社一九九四年影印本。

唐韓愈撰：新刊經進詳注昌黎先生文集，中華再造善本，據國家圖書館藏宋刻本影印。

唐韓愈撰：朱文公校韓昌黎先生集，四部叢刊影元刊本。

唐劉禹錫，劉禹錫集，上海人民出版社一九七五年版。

唐柳宗元撰：河東先生集，上海古籍出版社二〇〇八年版。

唐柳宗元撰：柳集點勘，陳景雲注，民國二十五年石印本。

唐白居易撰：白氏長慶集，四部叢刊影日本翻宋大字本。
唐李翱撰：李文公集，四部叢刊影成化本。
唐李德裕撰：會昌一品集，上海古籍出版社一九九四年版。
唐李德裕撰：李文饒文集，四部叢刊影明本。
唐李賀撰：李長吉昌谷集句解，丘象隨注，清初丘象隨刻本。
唐杜牧撰：樊川集，四部叢刊影明翻宋本。
宋張方平撰：樂全先生文集，宋刻本。
宋洪适撰：盤洲集，四部叢刊影宋本。
宋朱熹撰：晦庵先生朱文公集，四部叢刊影嘉靖本。
元劉因：靜修先生文集，四部叢刊影元本。
明李濂撰：嵩渚文集，嘉靖刻本。
清錢大昕撰：潛研堂文集/錢大昕全集，江蘇古籍出版社一九九七年版第九冊。
清盧文弨撰：抱經堂文集，乾隆六十年刻本。
宋姚鉉編撰：唐文粹，四部叢刊影元翻宋小字本。
宋李昉等編：文苑英華，中華書局一九六六年版。
明胡震亨撰：唐音癸籤，清內府本。
清董誥等編：全唐文，中華書局一九八三年影印本。

五　民國及今人著作：

陳寅恪撰：讀書札記，上海古籍出版社一九八九年版。
岑仲勉撰：突厥集史，中華書局一九五八年版。
岑仲勉撰：唐史餘瀋，中華書局二〇〇四年版。
岑仲勉撰：西突厥史料補闕及考證，中華書局一九五八年版。
岑仲勉撰：新唐書突厥傳擬注，輔仁學誌一九三七年第六卷。
張元濟撰：新唐書校勘記，商務印書館二〇〇四年影印本。
唐長孺撰：唐書兵志箋正，中華書局二〇一一年版。
白壽彝著：新唐書大食傳校注，史學集刊一九三七年第三期。
周紹良編：唐代墓誌彙編，上海古籍出版社一九九二年版。
武秀成撰：舊唐書辨證，上海古籍出版社二〇〇三年版。
漆永祥撰：乾嘉考據學研究，中國社會科學出版社一九九八年版。
何占濤撰：新唐書釋音聲類研究，學林出版社二〇〇九年版。